해커스 텝스 BASIC LISTENING 200% 활용법

무료 텝스 ___ ___기

해커스인강(HackersIngang.com) 접속 ▶ 상단의 [텝스 → MP3/자료 → 온라인 모의고사] 클릭 ▶
본 교재의 [온라인 모의고사] 클릭해 이용하기

무료 받아쓰기 & 쉐도잉 프로그램 이용하기

해커스인강(HackersIngang.com) 접속 ▶ 상단의 [텝스 → MP3/자료 → 받아쓰기 & 쉐도잉 프로그램] 클릭 ▶
본 교재의 [받아쓰기 & 쉐도잉 프로그램] 클릭해 이용하기

무료 단어암기자료(단어암기장 + 단어암기 MP3) 이용하기

방법1

해커스인강(HackersIngang.com) 접속 ▶
상단의 [텝스 → MP3/자료 → 무료 MP3/자료] 클릭 ▶
본 교재의 [단어암기 MP3 & 단어장] 클릭해 이용하기

방법2

해커스ONE 어플 다운로드 및 실행 ▶
어플 메인 상단 [텝스] → [교재 · MP3] ▶
[무료MP3/무료자료] 클릭해 이용하기

무료 교재 MP3 이용하기

해커스인강(HackersIngang.com) 접속 ▶ 상단의 [텝스 → MP3/자료 → 문제풀이 MP3] 클릭 ▶
본 교재의 MP3 클릭해 이용하기

* QR 코드로 교재 MP3 바로가기 ▶

해커스 텝스
BASIC LISTENING

David Cho

해커스 어학연구소

www.HackersTEPS.com

서문

텝스 입문자들의 체계적이고 탄탄한 영어 기초 확립의 길잡이가 되어줄《해커스 텝스 Basic Listening》교재를 출간하게 되었습니다.

《해커스 텝스 Basic Listening》은 텝스에 대한 막막함과 두려움을 가진 수많은 초보 학습자들이 필수적으로 짚고 넘어가야 하는 내용을 한 권으로 압축한 '텝스 초보 필수 학습서'로, 초보자들의 눈높이에 맞추어 텝스 청해에 관한 방대한 내용의 핵심 포인트를 엄선하여 구성하였습니다. 본 교재는 청해 영역별로 최적화된 학습이 이루어질 수 있도록 교재 구성에 세심한 노력을 기울였으며, 텝스 출제 경향을 철저히 분석하여 교재 내 지문과 문제에 반영하였기 때문에 텝스 청해 영역에 효과적으로 대비할 수 있습니다. 또한 진단테스트를 통해 수준에 맞는 학습 플랜을 선택한 후, 제시된 학습플랜에 따라 꾸준히 학습하면 탄탄한 기본기를 바탕으로 한 실력 향상을 기대하실 수 있을 뿐만 아니라 실생활에서의 영어 활용에도 큰 도움이 될 것이라 확신합니다.

더불어, 텝스 전문 커뮤니티 해커스텝스 사이트(HackersTEPS.com)에서 교재 학습 중 궁금한 점을 다른 학습자들과 나누고, 다양한 무료 텝스 학습 자료를 함께 이용한다면, 학습 효과를 더욱 높일 수 있을 것입니다. 또한, 실시간으로 공유하는 텝스 시험 정보를 통해 보다 효과적으로 시험에 대비할 수 있을 것입니다.

오랜 기간의 땀과 정성, 그리고 핵심 정보 공유의 해커스 철학이 담긴《해커스 텝스 Basic Listening》과 함께 원하는 목표를 이루고 큰 꿈을 향해 한걸음 더 나아 가시기를 바랍니다.

David Cho

CONTENTS

Part 1 & 2

기본기 다지기

대화 상황

질문 유형

정답 · 해석 · 해설 [책 속의 책]

무료 텝스 온라인 실전모의고사

받아쓰기 & 쉐도잉 프로그램

무료 단어암기장 & 단어암기 MP3

해커스인강 (HackersIngang.com)

책의 특징 베이직 리스닝, 이런 점이 좋아요!

01 **텝스 초보자를 위한 필수 학습서**

텝스 초보자를 위한 필수 학습서로서 텝스 시험을 처음 접하거나 텝스 청해의 기초를 다지고자 하는 학습자들이 청해 전반에 걸쳐 기초를 확실히 다질 수 있도록 꼭 필요한 내용을 선별하여 구성하였습니다.

02 **텝스 시험 분석과 전략 제시**

텝스 청해 시험을 철저하게 연구, 분석하여 교재 내 모든 파트에 반영하였으며, 이 분석을 근거로 한 효과적인 문제 풀이 전략을 제시하였습니다. 학습자들이 책의 내용을 따라 공부하면서 텝스 시험에 대해 충분히 대비할 수 있도록 하였습니다.

03 **텝스 청해 입문 4주 완성**

텝스 청해 영역을 4주 학습 분량으로 구성하여 텝스 청해의 기초를 단기간에 계획적으로 학습할 수 있도록 구성하였습니다. 또한 학습 플랜을 따라 꾸준히 학습하면, 중급 수준의 청해 실력을 갖출 수 있도록 하였습니다.

04 **초보 학습자를 위한 기본기 다지기 코너**

효과적인 텝스 청해 학습을 위해 필요한 간접 응답 이해하기, Paraphrase된 문장 이해하기, 긴 문장 끊어 듣기 등, 기본기를 다질 수 있는 코너를 마련하였습니다. 본 학습에 앞서 파트별 특징에 맞는 필수 기본기를 통해 학습자들로 하여금 텝스 듣기 실력을 기본부터 탄탄히 다질 수 있도록 하였습니다.

05 **청해 빈출 표현 및 어휘 수록**

대화 상황에 자주 나오는 빈출 표현을 세부 상황별로 외우기 쉽게 제시하고, 담화 유형에 따른 빈출 어휘를 토픽별로 엄선하여 수록하였습니다. 따라서 진도에 따라 학습하는 과정에서 자연스럽게 청해 빈출 표현 및 어휘를 충분히 접하고 익힐 수 있도록 하였습니다.

06 상세한 해설과 정확한 해석 수록

오답 분석, Paraphrase된 문장 표시 및 본문에서 배운 전략을 적용한 상세하고 꼼꼼한 해설을 수록하였습니다. 또한 끊어 듣기에 따른 의미 단위별 해석과 자연스러운 해석을 제공하고, 정답의 단서가 되는 곳을 표시하여 학습자가 혼자서도 쉽게 학습할 수 있도록 하였습니다.

07 텝스 온라인 모의고사 무료 제공 - HackersIngang.com

실전과 동일한 구성 및 내용을 갖춘 텝스 온라인 모의고사를 해커스인강 사이트(HackersIngang.com) 에서 무료로 제공하고 있습니다. 이 무료 온라인 모의고사를 통해 학습자들이 시험 응시 전 자신의 실력을 미리 평가하고 점검할 수 있도록 하였습니다.

08 청취력 향상을 위한 받아쓰기&쉐도잉 프로그램 무료 제공 - HackersIngang.com

교재에서 학습한 빈출 표현 및 문장을 교재 구성에 맞춰 복습할 수 있도록 해커스만의 받아쓰기&쉐도잉 프로그램을 제공하였습니다. 프로그램에 수록된 문장을 받아쓰기와 쉐도잉(듣고 따라하기)을 통해 반복 학습하면서 청취력을 향상시킬 수 있을 뿐만 아니라 실생활에서도 유용하게 활용할 수 있습니다.

09 단어암기장 & 단어암기 MP3 무료 제공 - HackersIngang.com

교재에서 학습한 문제에 포함된 단어를 반복적으로 복습하고 암기할 수 있도록 정리한 단어 암기장과 이를 녹음한 단어 암기 MP3 파일을 해커스인강(HackersIngang.com)에서 무료로 다운로드 받을 수 있습니다.

10 텝스 학습 자료 무료 제공 - HackersTEPS.com

해커스텝스 사이트(HackersTEPS.com)를 통해 매일매일 올라오는 텝스 문제를 풀어보고 시험에 대한 정보를 공유하며 의문점에 대해 토론할 수 있습니다. 또한 영어 회화나 AP 뉴스 받아쓰기 등 방대한 학습 자료를 통해 시험 준비뿐만 아니라 전반적인 영어 실력을 향상시킬 수 있습니다.

책의 구성 베이직 리스닝, 미리 살펴봐요!

Part 1&2

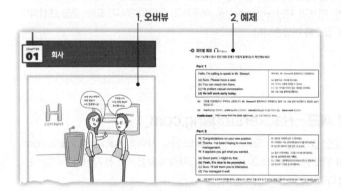

1. 오버뷰
2. 예제

1. 오버뷰

해당 챕터에서 다룰 대화 상황 및 질문 유형을 삽화와 함께 소개하고 있습니다.

2. 예제

본격적인 학습에 앞서 실제 기출 유형을 확인할 수 있도록 파트별 예제를 제시하고 있습니다.

3. 빈출 상황 및 표현

3. 빈출 상황 및 표현

Part 1&2에서 자주 등장하는 상황에 따른 표현을 정리하여 설명하였습니다.

4. Hackers Practice
5. Hackers Test

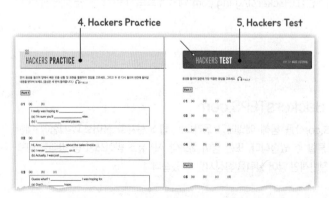

4. Hackers Practice

본문에서 학습한 상황별 표현과 질문 유형에 따른 빈출 응답을 간단한 문제를 통해 단계적으로 연습할 수 있습니다.

5. Hackers Test

본문에서 배운 내용을 실전 문제를 통해 점검할 수 있습니다.

Part 3

1. 오버뷰　　　　　**3. Step별 문제 풀이 전략**

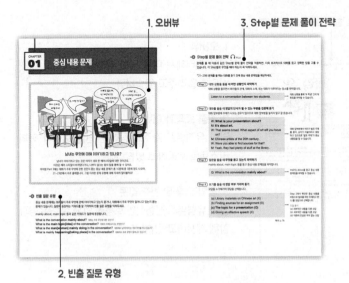

2. 빈출 질문 유형

1. 오버뷰
해당 챕터에서 다룰 문제 유형을 삽화와 함께 소개하고 있습니다.

2. 빈출 질문 유형
Part 3에 자주 출제되는 질문 유형을 키워드와 함께 제시하고 있습니다.

3. Step별 문제 풀이 전략
Part 3의 문제 유형에 따른 Step별 문제 풀이 전략을 제시하고 문제에 적용하는 과정을 보여주고 있습니다.

4. Hackers Practice　　　　**5. Hackers Test**

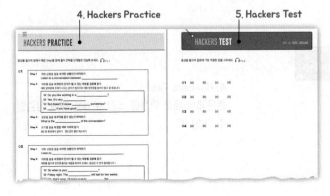

4. Hackers Practice
본문에서 학습한 문제 유형별 전략을 간단한 문제를 통해 단계적으로 연습할 수 있습니다.

5. Hackers Test
본문에서 배운 내용을 실전 문제를 통해 점검할 수 있습니다.

Part 4&5

1. 오버뷰

3. 담화 흐름 및 빈출 질문

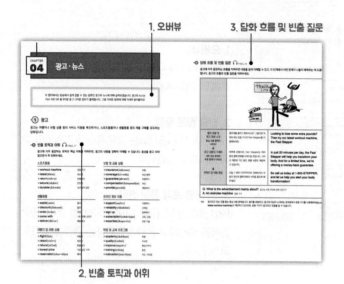

2. 빈출 토픽과 어휘

1. 오버뷰
해당 챕터에서 다룰 담화 유형을 소개하고 출제 빈도를 알려주고 있습니다.

2. 빈출 토픽과 어휘
담화 유형별로 자주 등장하는 빈출 토픽과 어휘 리스트를 제공하고 있습니다.

3. 담화 흐름 및 빈출 질문
담화 유형별로 전형적인 흐름을 빈출 질문 유형과 함께 제시하고 있습니다.

4. Hackers Test

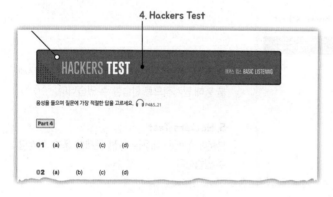

4. Hackers Test
본문에서 배운 내용을 실전 문제를 통해 점검할 수 있습니다.

정답·해석·해설

1. 끊어 듣기와 끊어 해석하기

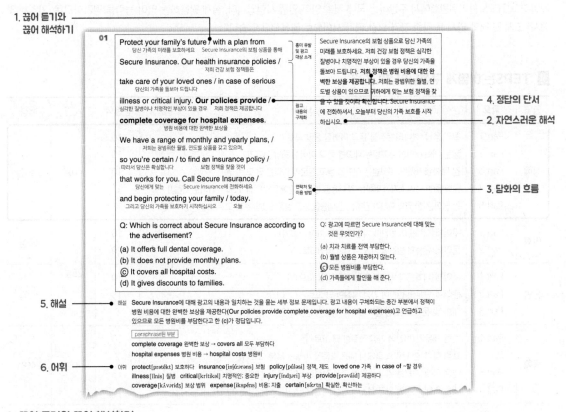

01

Protect your family's future / with a plan from
당신 가족의 미래를 보호하세요   Secure Insurance의 보험 상품을 통해

Secure Insurance. Our health insurance policies /
저희 건강 보험 정책들은

take care of your loved ones / in case of serious
당신의 가족을 돌보아 드립니다

illness or critical injury. **Our policies provide /**
심각한 질병이나 치명적인 부상이 있을 경우   저희 정책은 제공합니다

complete coverage for hospital expenses.
병원 비용에 대한 완벽한 보상을

We have a range of monthly and yearly plans, /
저희는 광범위한 월별, 연도별 상품을 갖고 있으며,

so you're certain / to find an insurance policy /
따라서 당신은 확실합니다   보험 정책을 찾을 것이

that works for you. Call Secure Insurance /
당신에게 맞는   Secure Insurance에 전화하세요

and begin protecting your family / today.
그리고 당신의 가족을 보호하기 시작하십시오   오늘

Q: Which is correct about Secure Insurance according to the advertisement?

(a) It offers full dental coverage.
(b) It does not provide monthly plans.
(c) It covers all hospital costs.
(d) It gives discounts to families.

(marginal labels): 흥미 유발 및 광고 대상 소개 / 광고 내용의 구체화 / 연락처 및 이용 방법

Secure Insurance의 보험 상품으로 당신 가족의 미래를 보호하세요. 저희 건강 보험 정책은 심각한 질병이나 치명적인 부상이 있을 경우 당신의 가족을 돌보아 드립니다. 저희 정책은 병원 비용에 대한 완벽한 보상을 제공합니다. 저희는 광범위한 월별, 연도별 상품이 있으므로 귀하에게 맞는 보험 정책을 찾을 수 있을 것이라 확신합니다. Secure Insurance에 전화하셔서, 오늘부터 당신의 가족 보호를 시작하십시오.

4. 정답의 단서
2. 자연스러운 해석

Q: 광고에 따르면 Secure Insurance에 대해 맞는 것은 무엇인가?

(a) 치과 치료를 전액 부담한다.
(b) 월별 상품은 제공하지 않는다.
(c) 모든 병원비를 부담한다.
(d) 가족들에게 할인을 해 준다.

3. 담화의 흐름

5. 해설 ── 해설 Secure Insurance에 대해 광고의 내용과 일치하는 것을 묻는 세부 정보 문제입니다. 광고 내용이 구체적이는 중간 부분에서 정책이 병원 비용에 대한 완벽한 보상을 제공한다(Our policies provide complete coverage for hospital expenses)고 언급하고 있으므로 모든 병원비를 부담한다고 한 (c)가 정답입니다.

[paraphrase된 부분]
complete coverage 완벽한 보상 → covers all 모두 부담하다
hospital expenses 병원 비용 → hospital costs 병원비

6. 어휘 ── 어휘 protect[prətékt] 보호하다 insurance[inʃúərəns] 보험 policy[pάləsi] 정책, 제도 loved one 가족 in case of ~할 경우
illness[ílnis] 질병 critical[krítikəl] 치명적인; 중요한 injury[índʒəri] 부상 provide[prəváid] 제공하다
coverage[kʌ́vəridʒ] 보상 범위 expense[ikspéns] 비용; 지출 certain[sə́ːrtn] 확실한, 확신하는

1. 끊어 듣기와 끊어 해석하기
긴 문장을 쉽게 들을 수 있도록 의미 단위별 끊어 듣기를 표시하였고, 해석이 용이하도록 의미 단위별 해석을 제공하고 있습니다.

2. 자연스러운 해석
자연스러운 해석을 별도로 제공하여 내용의 흐름 파악을 돕고 있습니다.

3. 담화의 흐름
담화의 흐름을 표시하여 담화의 흐름을 자연스럽게 익힐 수 있도록 하였습니다.

4. 정답의 단서
정답의 단서가 되는 부분을 표시하여 한 눈에 쉽게 알 수 있도록 했습니다.

5. 해설
본문에서 배운 내용을 적용한 상세한 해설과 paraphrase된 부분에 대한 설명을 제공합니다.

6. 어휘
문제에 사용된 어휘의 뜻을 발음 기호와 함께 정리하였습니다.

텝스 시험 소개 텝스 시험은 어떻게 출제되나요?

■ TEPS란 무엇인가요?

TEPS란 Test of English Proficiency developed by Seoul National University의 약자로, 서울대학교 언어교육원에서 개발하고 TEPS 관리위원회에서 주관하는 국내 개발 영어 인증 시험입니다. 실제 활용하는 영어 능력을 평가하므로, 기업체 및 공사, 고시 및 대학 입시 등 각종 자격 요건 평가 시험으로 활용되고 있습니다.

■ TEPS는 어떻게 구성되어 있나요?

영역	파트	내용	문항 수	시간	배점
청해	Part 1	질의 응답 (하나의 문장을 듣고 이어질 응답 고르기)	10	40분	240점
	Part 2	짧은 대화 (3턴의 주고받는 대화를 듣고 이어질 응답 고르기)	10		
	Part 3	긴 대화 (6~8턴의 주고받는 대화를 듣고 질문에 알맞은 답 고르기)	10		
	Part 4	담화문 (한 명의 화자가 말하는 긴 내용을 듣고 질문에 알맞은 답 고르기) (1지문 1문항)	6		
	Part 5	긴 담화문 (한 명의 화자가 말하는 긴 내용을 듣고 질문에 알맞은 답 고르기) (1지문 2문항)	4		
어휘	Part 1	구어체 (대화문의 빈칸에 가장 적절한 어휘 고르기)	10	25분	60점
	Part 2	문어체 (단문의 빈칸에 가장 적절한 어휘 고르기)	20		
문법	Part 1	구어체 (대화문의 빈칸에 가장 적절한 답 고르기)	10		60점
	Part 2	문어체 (단문의 빈칸에 가장 적절한 답 고르기)	15		
	Part 3	대화 및 문단 (어법상 틀리거나 어색한 부분 고르기)	5		
독해	Part 1	빈칸 채우기 (빈칸에 가장 적절한 답 고르기)	10	40분	240점
	Part 2	흐름 찾기 (한 단락의 글에서 내용 흐름상 어색한 부분 고르기)	2		
	Part 3	내용 이해 (지문을 읽고 질문에 가장 적절한 답 고르기) (1지문 1문항)	13		
	Part 4	내용 이해 (지문을 읽고 질문에 가장 적절한 답 고르기) (1지문 2문항)	10		
14개 파트			135문항	105분	600점

* 각 문항의 난이도에 따른 반응 패턴을 근거로 평가하는 문항 반응 이론 적용

시험은 어떻게 접수하나요?

텝스 시험은 인터넷 접수와 방문 접수가 가능합니다.

- 인터넷 접수: www.teps.or.kr로 접속합니다. 사진 파일을 미리 준비해야 하고, 응시료는 신용카드 또는 계좌이체로 결제할 수 있습니다.
- 방문 접수: www.teps.or.kr의 시험 접수 → 접수처 안내에서 가까운 접수처를 확인한 후 방문하여 접수합니다. 3*4 사진 한 장과 응시료가 필요합니다.

시험 당일에는 무엇을 지참해야 하나요?

시험 당일에는 다음과 같은 준비물을 지참해야 합니다. 시험 전, 반드시 체크해 보세요.

- ☐ 규정 신분증 (주민등록증, 운전면허증, 청소년증 등이 인정되며, 자세한 신분증 규정은 www.teps.or.kr에서 확인하세요!)
- ☐ 컴퓨터용 사인펜 (연필은 사용할 수 없어요!)
- ☐ 수정 테이프 (수정액을 가져가면 안 돼요!)
- ☐ 아날로그 손목시계 (전자식 시계를 가져가면 안 돼요!)
- ☐ 수험표 (검사하지 않으므로 반드시 소지하지 않아도 괜찮아요!)

시험일 팁! 이것만은 알고 가세요!

1. 고사장 가기 전
- 체크리스트를 확인하여 시험에 필요한 준비물을 챙기고, 규정된 입실 시간에 늦지 않도록 유의합니다.

2. 고사장 입구에서
- 수험표에 기재된 수험 번호가 적힌 고사실을 확인합니다.

3. 시험 전
- 모든 영역의 시험이 끝날 때까지 휴식 시간이 없으므로 화장실은 미리 다녀옵니다.

4. 시험 시
- 답안은 마킹할 시간이 따로 없으므로 풀면서 바로 마킹합니다.
- 연필이나 볼펜으로 먼저 마킹한 후 사인펜으로 마킹하면 OMR 카드에 오류가 날 수 있으니 주의합니다.
- 정해진 영역을 푸는 시간에 다른 영역의 문제를 풀면 부정 행위로 간주되므로 주의합니다.
- 대부분의 영역이 앞에는 쉬운 문제가, 뒤에는 어려운 문제가 나오므로 앞부분을 빨리 풀어 시간을 확보합니다.
- 문항 난이도, 변별도 및 영역별 특정 가중치에 따라 문항 배점이 다르므로, 어려운 문제를 많이 맞히면 높은 점수를 받을 확률이 더 높습니다.
- 청해 시험 시 문제지의 빈 공간에 조금씩 필기하는 것은 괜찮습니다.

5. 시험 후
- 해커스텝스 사이트 (HackersTEPS.com)의 텝스자유게시판에서 유저들과 정답을 확인해보고, 맞은 개수를 해커스텝스 점수 환산기에 입력해서 예상 점수를 알아봅니다.

파트별 문제 유형 문제 유형을 살펴봐요!

텝스 청해 영역의 Part 1~3는 각각 10문항, Part 4는 6문항, Part 5는 4문항을 풀도록 구성되어 있습니다. Part 1~4는 각 대화나 담화마다 하나의 문제가 출제되며, Part 5는 한 담화에 두 문제가 출제됩니다. 순수하게 들어서 이해한 것만을 평가하기 위해 문제와 보기 모두 시험지에 인쇄되어 있지 않습니다.

Part 1 하나의 문장을 듣고 이어질 응답 고르기 1번~10번 (10문항)

Part 1은 화자의 말을 듣고 그 말에 가장 적절한 응답을 4개의 보기 중에서 고르는 유형입니다. 내용은 일상적인 생활 영어 표현으로 되어 있습니다. 짧지만 한 번만 들려주기 때문에 그만큼 상황 판단을 빨리하여 적절한 응답을 찾아내야 합니다.

> W: Hi, I'm here to see Ms. Jones.
> M: _____.
>
> **(a) OK, please have a seat.**
> (b) I gave her your message.
> (c) You can leave it over there.
> (d) I'll ask her later.

Part 2 3턴의 주고받는 대화를 듣고 이어질 응답 고르기 11번~20번 (10문항)

Part 2는 짧은 대화를 듣고 마지막 화자의 말에 대한 알맞은 응답을 4개의 보기 중에서 고르는 유형입니다. Part 1과 마찬가지로 일상적인 대화 내용이며 대화와 보기는 한 번만 들려줍니다.

> W: I'm thinking about going to Hong Kong.
> M: You should. It's a fun city.
> W: Oh, yeah? When did you go there?
> M: _____.
>
> (a) It's famous for its skyline.
> (b) Flights are cheap these days.
> **(c) A couple of years ago.**
> (d) Let's go during winter.

Part 3 6~8턴의 주고받는 대화를 듣고 질문에 알맞은 답 고르기 21번~30번 (10문항)

Part 3는 두 사람이 주고받는 긴 대화를 듣고 1개의 질문에 답하는 유형입니다. 대화 상황 → 대화 → 질문 → 보기 순으로 한 번만 들려주기 때문에 처음부터 끝까지 주의 깊게 들어야 합니다.

Listen to a conversation between two classmates.

W: Where were you today? I didn't see you in class.
M: I was sick, so I stayed home.
W: Oh. Are you feeling better now?
M: Yeah, my stomach was just upset.
W: Well, make sure to get some rest.
M: Don't worry. I'll be fine.

Q: Which is correct about the man according to the conversation?

(a) He was sick last week.
(b) He didn't attend class today.
(c) His condition has not improved.
(d) His grades are getting worse.

Part 4 **한 명의 화자가 말하는 긴 내용을 듣고 질문에 알맞은 답 고르기 (1지문 1문항)** 31번~36번 (6문항)

Part 4는 한 명의 화자가 말하는 광고, 안내, 강의 등의 담화를 듣고 담화 내용에 관련된 1개의 질문에 답하는
유형입니다. 담화 → 질문 → 담화 → 질문 → 보기 순으로 들려줍니다. 담화와 질문을 두 번 들려주지만 어휘 수준이
높고 내용이 길기 때문에 약간 어렵게 느껴질 수 있습니다. 담화를 처음 들을 때에는 무엇에 대한 담화인지 파악하며
듣고, 담화를 두 번째 들을 때에는 두 질문의 정답의 단서가 될 부분을 집중해서 들어야 합니다.

> Another change I want to talk about is China's position in the world economy. In the 19th
> century, the size of China's economy was small compared to its large population. But during
> the 20th century, China's exports rose steadily. As incomes grew, China became a major
> importer as well. Now China accounts for over 5 percent of all international trade.
>
> Q: What is the main topic of the lecture?
>
> (a) World trade in the 20th century
> (b) Changes in China's trade policies
> (c) China's major trading partners
> **(d) China's increased role in global trade**

Part 5 **한 명의 화자가 말하는 긴 내용을 듣고 질문에 알맞은 답 고르기 (1지문 2문항)** 37번~40번 (4문항)

Part 5는 한 명의 화자가 말하는 광고, 안내, 강의 등의 담화를 듣고 담화 내용에 관련된 2개의 질문에 답하는 유형입니다. 담화 → 첫 번째 질문 → 두 번째 질문 → 담화 → 첫 번째 질문 → 첫 번째 보기 → 두 번째 질문 → 두 번째 보기 순으로 들려줍니다. 담화와 질문을 두 번 들려주지만 어휘 수준이 높고 Part 4보다 내용이 길기 때문에 가장 어렵다고 느껴질 수 있습니다. 담화를 처음 들을 때에는 무엇에 대한 담화인지 파악하며 듣고, 담화를 두 번째 들을 때에는 두 질문의 정답의 단서가 될 부분을 집중해서 들어야 합니다.

It is impossible to predict a natural disaster. However, with adequate preparation, I believe you can ensure that your family stays safe. First, you should keep your home stocked with a first aid kit, a flashlight, bottled water, and nonperishable food. You should also have a battery-operated radio. I think this is the most important item to have as it will enable you to receive instructions and keep up with the news. I also believe it is vital to make your family aware of any emergency plan in advance so they know what to do if a disaster strikes.

Q: What is the speaker's main point?

(a) Planning ahead can help protect people in times of crisis.
(b) Equipment used to predict natural disasters is inadequate.
(c) Emergency supplies must be replaced regularly.
(d) Governments must provide advance warning of disaster.

Q: According to the speaker, what equipment is the most important to have?
(a) A flashlight
(b) A water purifier
(c) A battery charger
(d) A radio

수준별 학습 플랜 나에게 맞는 학습 플랜을 찾아봐요!

아래의 진단테스트를 풀면서 자신의 실력을 확인해 보세요. 그리고 진단테스트 점수에 따라 자신의 학습 플랜을 알아보세요.

진단테스트 🎧 진단테스트

[01~06] 음성을 듣고 자연스러운 대화가 되도록 연결하세요.

01 •
02 •
    ⓐ I know. I'm so excited.
    ⓑ I think I will.
    ⓒ Fine. And you?

03 •
04 •
    ⓐ I went to a few during college.
    ⓑ Well, we have a good chance.
    ⓒ We can go see it together.

05 •
06 •
    ⓐ OK, I'd love to.
    ⓑ Reschedule it for another time.
    ⓒ Sorry I was late.

[07~08] 음성을 듣고 대화의 상황으로 알맞은 그림을 선택하세요.

07 ⓐ ⓑ ⓒ

08 ⓐ ⓑ ⓒ

[09~12] 음성을 듣고 질문에 답하세요.

09 화자들은 무엇에 대해 이야기하고 있나요?

    ⓐ MP3 플레이어   ⓑ 핸드폰   ⓒ 노트북

10 여자는 나무를 왜 없애버렸나요?

    ⓐ 땔감으로 사용하기 위해
    ⓑ 집을 그늘지게 만들어서
    ⓒ 떨어지는 가지가 위험해서

11 무엇이 광고되고 있나요?

    ⓐ ⓑ ⓒ

12 담화의 주제는 무엇인가요?

    ⓐ 독감 백신의 대안
    ⓑ 독감을 예방하는 방법
    ⓒ 필수 독감 백신의 필요성

배점 01~06 : 2점
07~08 : 3점
09~12 : 4점

나의 점수: _____ 점

수고하셨습니다. 정답 및 스크립트, 해석은 책 속의 책 p.2에 있습니다.

왕초보 탈출 8주 코스 (진단테스트 점수: 0~15점)

일일 학습법

1. 아래의 학습 플랜이 제시하는 부분을 먼저 교재로 학습한 후, 음성을 들으며 다시 한 번 복습합니다.
2. 앞서 학습한 내용을 바탕으로 Hackers Practice를 풀어봅니다. 문제를 풀며 모호한 부분이 있는 경우, 다시 본문으로 돌아가 모호한 부분을 완벽히 익히며 Hackers Practice를 풀어봅니다.
3. Hackers Test를 풀며 해당일에 학습한 내용을 실전 문제에 적용시켜 봅니다. 이 경우에도 모호한 부분이 있는 경우, 다시 본문으로 돌아가 확인하며 학습 플랜이 제시하는 부분을 완벽히 학습합니다.
4. 그 후 받아쓰기 & 쉐도잉 프로그램의 문제를 반복해서 들으며 빈칸을 채웁니다. 잘 들리지 않는 부분은 완벽히 들릴 때까지 쉐도잉 합니다.
5. 받아쓰기 시 틀린 문제는 다시 교재로 돌아가 확인합니다.

	1일	2일	3일	4일	5일
1주	진단테스트	P1&2 기본기 다지기	P1&2 Ch 01	P1&2 Ch 02	P1&2 Ch 03
2주	P1&2 Ch 04	P1&2 Ch 05	P1&2 Ch 06	P1&2 Ch 07	P1&2 Ch 08
3주	P1&2 Ch 09	P1&2 Ch 10	P1&2 PART TEST	P1&2 Ch 01, 02 복습	P1&2 Ch 03, 04 복습
4주	P1&2 Ch 05, 06 복습	P1&2 Ch 07, 08 복습	P1&2 Ch 09, 10 복습	P1&2 전체 복습	P3 기본기 다지기
5주	P3 Ch 01	P3 Ch 02	P3 Ch 03	P3 PART TEST	P4&5 기본기 다지기
6주	P4&5 Ch 01	P4&5 Ch 02	P4&5 Ch 03	P4&5 Ch 04	P4&5 Ch 05
7주	P4&5 Ch 06	P4&5 Ch 07	P4&5 PART TEST	P3 Ch 01, 02 복습	P3 Ch 03 P4&5 Ch 01 복습
8주	P4&5 Ch 02, 03 복습	P4&5 Ch 04, 05 복습	P4&5 Ch 06, 07 복습	P3 전체 복습	P4&5 전체 복습

텝스 기초 다지기 6주 코스 (진단테스트 점수: 15~30점)

일일 학습법

1. 아래의 학습 플랜이 제시하는 부분을 음성과 함께 학습합니다.
2. 앞서 학습한 내용을 바탕으로 Hackers Practice와 Hackers Test를 풀어봅니다. 이 때 모호한 문제에 체크를 하며 문제를 풀어봅니다.
3. 틀린 문제와 체크해 둔 문제들을 왜 틀렸는지, 왜 모호하게 느껴졌는지를 확인한 후, 완벽히 들릴 때까지 음성을 듣고 따라 읽으며 익혀 둡니다.
4. 그 후 받아쓰기&쉐도잉 프로그램의 문제를 두 번에서 세 번만 들으며 빈칸을 채워봅니다.
5. 두 번에서 세 번에 채울 수 없는 문제는 쉐도잉을 반복하며 완벽히 익혀 둡니다.

	1일	2일	3일	4일	5일
1주	진단테스트	P1&2 기본기 다지기	P1&2 Ch 01	P1&2 Ch 02	P1&2 Ch 03
2주	P1&2 Ch 04	P1&2 Ch 05	P1&2 Ch 06	P1&2 Ch 07	P1&2 Ch 08
3주	P1&2 Ch 09	P1&2 Ch 10	P1&2 PART TEST	P1&2 전체 복습	P3 기본기 다지기
4주	P3 Ch 01	P3 Ch 02	P3 Ch 03	P3 PART TEST	P3 전체 복습
5주	P4&5 기본기 다지기	P4&5 Ch 01	P4&5 Ch 02	P4&5 Ch 03	P4&5 Ch 04
6주	P4&5 Ch 05	P4&5 Ch 06	P4&5 Ch 07	P4&5 PART TEST	P4&5 전체 복습

텝스 기초 마무리 4주 코스 (진단테스트 점수: 30점 이상)

일일 학습법

1. 아래의 학습 플랜이 제시하는 부분을 음성과 함께 학습합니다.
2. Hackers Practice 및 Hackers Test를 풀어보며 학습한 내용을 정리합니다.
3. 틀린 문제는 왜 틀렸는지 확인한 후 눈을 감고 음성을 들으며 따라 말하며 익혀봅니다.
4. 그 후 받아쓰기&쉐도잉 프로그램의 문제를 한 번만 듣고 빈칸을 채워봅니다.
5. 받아쓰기 시 틀린 문제는 스크립트를 감춘 상태로 쉐도잉을 하며 완벽히 익혀둡니다.

	1일	2일	3일	4일	5일
1주	진단테스트 P1&2 기본기 다지기, Ch 01	P1&2 Ch 02	P1&2 Ch 03	P1&2 Ch 04	P1&2 Ch 05
2주	P1&2 Ch 06	P1&2 Ch 07	P1&2 Ch 08	P1&2 Ch 09	P1&2 Ch 10 PART TEST
3주	P3 기본기 다지기 Ch 01	P3 Ch 02	P3 Ch 03 PART TEST	P4&5 기본기 다지기 Ch 01	P4&5 Ch 02
4주	P4&5 Ch 03	P4&5 Ch 04	P4&5 Ch 05	P4&5 Ch 06	P4&5 Ch 07 PART TEST

성향별 학습 방법 나에게 맞는 학습 방법을 찾아봐요!

혼자 공부할 때 더 집중이 잘되는 당신!

개별 학습형
- 교재와 해커스텝스 사이트 등을 적극적으로 활용하여 실력을 쌓습니다.
- 계획을 세워 공부하고, 한 번 세운 계획은 절대 미루지 않습니다.

여러 사람과 함께 토론하며 공부할 때 더 이해가 잘되는 당신!

스터디 학습형
- 팀원끼리 스터디 원칙을 정해 놓고 문제 토론도 하고 시험도 칩니다.
- 스터디 시작 전에 미리 공부할 분량을 정해 해당 부분을 각자 예습합니다.
- 너무 긴 잡담으로 인하여 휴식 시간이 늘어지지 않도록 하며, 틀린 문제에 대한 벌금 제도 등은 학습에 건전한 자극이 될 수 있습니다.

선생님의 강의를 들으며 확실하게 공부하는 것을 선호하는 당신!

학원 학습형
- 학원 강의를 듣고, 반별 게시판을 적극 활용해 공부합니다.
- 선생님과 상호 작용을 통해 모르는 것을 바로 바로 해결합니다.
- 결석하지 않겠다는 의지를 가지고 수업에 임하며 반드시 복습합니다.

때와 장소에 구애 받지 않고 공부하길 원하는 당신!

동영상 학습형
- 해커스인강의 선생님께 질문하기 코너를 적극 활용합니다.
- 시간에 구애 받지 않고 학습할 수 있지만, 시작 전에 공부 시간과 계획을 미리 정해두고 꼭 지키도록 합니다.
- 인터넷 접속 시 절대 다른 사이트의 유혹에 빠지지 않도록 합니다.

교재 | 날짜별로 계획하여 학습 → Practice · Test로 확인 → 받아쓰기 & 쉐도잉 프로그램으로 복습

HackersTEPS.com | 교재 / 무료MP3 > 정보나눔터 > 교재 Q&A에서 궁금증 해결 → 텝스 > 텝스 무료학습 >
　　　　　　　　　　매일텝스풀기에서 연습

HackersIngang.com | MP3/자료 > 텝스 > 무료 MP3/자료에서 단어암기장과 단어암기 MP3를 다운로드 받아 암기

교재 | 스터디 계획대로 예습 → 팀원끼리 쪽지 시험(단어 등) → 헷갈리는 문제나 틀린 문제는 토론하여 해결 → 받아쓰기 &
　　　쉐도잉 프로그램으로 복습

HackersTEPS.com | 교재 / 무료MP3 > 정보나눔터 > 교재 Q&A에서 궁금증 해결 → 텝스 > 텝스 무료학습 >
　　　　　　　　　　매일텝스풀기에서 연습

HackersIngang.com | MP3/자료 > 텝스 > 무료 MP3/자료에서 단어암기장과 단어암기 MP3를 다운로드 받아 암기

교재 | 수업에 빠짐없이 참여 → 의문점은 선생님께 질문하여 해결 → 받아쓰기 & 쉐도잉 프로그램으로 복습

Hackers.ac | 반별 게시판에서 선생님 및 학생들과 상호 작용

HackersTEPS.com | 교재 / 무료MP3 > 정보나눔터 > 교재 Q&A에서 궁금증 해결 → 텝스 > 텝스 무료학습 >
　　　　　　　　　　매일텝스풀기에서 연습

HackersIngang.com | MP3/자료 > 텝스 > 무료 MP3/자료에서 단어암기장과 단어암기 MP3를 다운로드 받아 암기

교재 | 날짜별로 계획하여 학습 → Practice · Test로 확인 → 받아쓰기 & 쉐도잉 프로그램으로 복습

HackersIngang.com | 강의를 보면서 몰랐던 부분 확실히 학습 → 핵심 내용 노트 정리 → 게시판에 모르는 부분 질문
　　　　　　　　　　→ MP3/자료 > 텝스 > 무료 MP3/자료에서 단어암기장과 단어암기 MP3를 다운로드 받아 암기

HackersTEPS.com | 교재 / 무료MP3 > 정보나눔터 > 교재 Q&A에서 궁금증 해결 → 텝스 > 텝스 무료학습 >
　　　　　　　　　　매일텝스풀기에서 연습

받아쓰기 & 쉐도잉 프로그램 활용법 프로그램 활용법을 익혀봐요!

청취력 향상을 위한 받아쓰기&쉐도잉 프로그램은 해커스 텝스 Basic Listening 교재에 수록된 빈출 표현 및 문장을 받아쓰기를 통해 완벽히 복습할 수 있도록 해커스 어학연구소에서 제작한 프로그램입니다. 본 프로그램을 교재와 함께 매일매일 꾸준히 학습한다면 청취력 향상에 큰 도움이 될 것입니다. 프로그램은 해커스인강 사이트(HackersIngang.com)에서 이용 가능합니다.

프로그램 활용법 화면

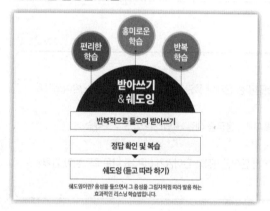

본격적인 학습에 앞서, 음성을 들으며 청취력 향상 받아쓰기&쉐도잉 프로그램의 특징과 본 프로그램을 효과적으로 학습하기 위한 세 단계, 즉 반복적으로 들으며 받아쓰기, 정답 확인 및 복습, 그리고 *쉐도잉에 대해 미리 익혀둡니다.

*쉐도잉이란: 음성을 들으면서 그 음성을 바로 그림자처럼 따라 발음하는 효과적인 리스닝 학습법을 의미합니다.

메뉴 화면

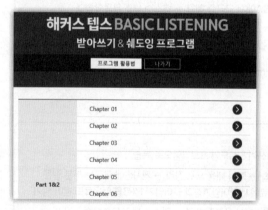

학습 플랜에 따라 학습한 교재의 부분을 메뉴에서 클릭하고, 그날 학습한 내용을 받아쓰기와 쉐도잉을 통해 복습합니다.

받아쓰기 화면

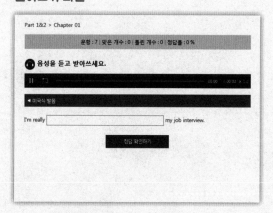

음성을 들으며 표현 및 문장을 받아씁니다. 음성을 반복해서 들을 수 있으므로 충분히 들으며 정확히 받아씁니다. 자신이 적은 것과 음성이 일치한다고 생각되면 정답 확인 화면으로 넘어갑니다.

정답 확인 화면

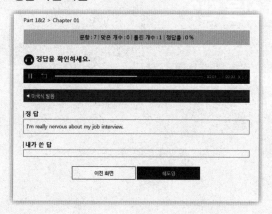

자신이 쓴 답과 정답을 대조하고 해석을 통해 의미를 확인합니다. 틀린 부분이 있을 경우, 자신이 무엇 때문에 틀린 것인지를 점검하고 틀린 부분을 정확히 익힌 후 쉐도잉으로 넘어갑니다.

쉐도잉 화면

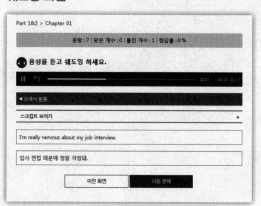

받아쓰기를 통해 익힌 문장을 실제로 따라 읽어 봅니다. 먼저 스크립트를 보지 않고 쉐도잉 연습을 해보고, 필요에 따라 '스크립트 감추기/스크립트 보기' 버튼을 활용하면서 제시된 내용을 완전히 익히도록 철저히 반복 연습합니다.

시험에 나올 문제를 미리
풀어보고 싶을 땐?

해커스텝스(HackersTEPS.com)에서
텝스 적중예상특강 보기!

해커스 텝스 BASIC LISTENING

Part 1 & 2

Part 1&2 소개 및 학습 전략 〰️

Part 1&2 소개 ▶

Part 1 1번부터 10번까지 총 10문제로, 한 문장을 듣고 그에 대한 응답으로 가장 적절한 것을 4개의 보기 중에서 고르는 형식입니다.

Part 2 11번부터 20번까지 총 10문제로, 남녀가 주고 받는 3턴(A-B-A)의 대화를 듣고 마지막 화자가 한 말에 대한 응답으로 가장 적절한 것을 4개의 보기 중에서 고르는 형식입니다.

Part 1&2 유형 분류 ▶

Part 1&2는 대화의 상황과 질문의 종류에 따라 자주 등장하는 표현 및 전형적인 응답 방식이 있으므로 Part 1&2에 출제되는 문제들을 대화 상황과 질문 유형으로 분류하여 학습해 봅시다.

대화 상황
- 회사
- 여가
- 학교
- 여행
- 쇼핑 · 외식
- 교통 · 의료
- 가정

질문 유형
- 의문사 의문문
- 일반 의문문
- 평서문

Part 1&2 학습 전략

01 간접 응답을 익혀둡니다.

Part 1에는 '그렇다', '아니다'의 의미를 우회적으로 표현하거나, '모르겠다', '상관없다'고 하는 것과 같은 간접 응답이 정답으로 자주 출제됩니다. 따라서 이러한 간접 응답의 종류와 대표적인 예를 익혀두는 것이 중요합니다.

02 조동사 표현을 외워둡니다.

Part 2에는 대화와 보기에 조동사 표현이 자주 나올 뿐만 아니라, 그 의미를 알아야 정답을 고를 수 있는 문제가 많이 출제됩니다. 따라서 자주 쓰이는 조동사 표현의 의미를 많이 외워두는 것이 중요합니다.

03 대화 상황별로 자주 나오는 표현을 외워둡니다.

Part 1&2에는 대화 상황에 따라 자주 나오는 표현이 있습니다. 따라서 각 상황별로 빈출 표현을 외워두면 대화 내용을 정확히 이해할 수 있습니다.

04 질문 유형별로 전형적인 응답 방식을 익혀둡니다.

Part 1&2에는 질문 유형에 따라 전형적으로 응답하는 방식이 있습니다. 따라서 각 유형과 전형적인 응답 방식을 짝을 지어 함께 익혀두면 정답을 쉽게 고를 수 있습니다.

05 오답 유형을 익혀둡니다.

Part 1&2에는 전형적으로 등장하는 오답 유형이 있습니다. 따라서 자주 출제되는 오답 유형을 익혀두면 오답을 소거하면서 정답을 쉽게 고를 수 있습니다.

Part 1&2에는 대화에 나온 단어나 문맥을 함정으로 사용한 오답이 주로 출제됩니다. 이러한 오답에 속지 않기 위해서 자주 출제되는 오답 유형을 익혀봅시다.

01 의미가 관련된 단어를 사용한 오답

대화에 나왔던 단어의 의미와 관련하여 연상되는 단어를 함정으로 사용한 오답이 출제됩니다.

This **letter** arrived for you today. (a) I bought several **stamps**. (b) Thanks. Just set it on the table.	이 편지는 오늘 당신에게 도착했어요. (a) 저는 우표를 몇 장 샀어요. (b) 고마워요. 그냥 탁자 위에 두세요.

정답　(b)

오답 분석　(a)는 대화에 나온 letter(편지)와 관련된 stamp(우표)를 함정으로 사용한 오답입니다.

02 같은 단어를 사용한 오답

대화에 나왔던 것과 같은 단어를 함정으로 사용한 오답이 출제됩니다.

Do you think I need to lock my **bike** up? (a) Yes, just to be safe. (b) No, I left my **bike** at home.	제가 자전거를 잠가놔야 한다고 생각하나요? (a) 네, 그냥 안전을 위해서요. (b) 아니요, 저는 자전거를 집에 두고 왔어요.

정답　(a)

오답 분석　(b)는 대화에 나온 bike(자전거)를 반복하여 함정으로 사용한 오답입니다.

03 대명사를 사용한 오답

대화에 나왔던 사람이나 사물에 해당하는 대명사를 함정으로 사용한 오답이 출제됩니다.

How does your **leg** feel? (a) I hurt **it** while jogging. (b) Much better now.	다리는 좀 어떤 것 같아? (a) 조깅하다가 다리를 다쳤어. (b) 지금은 훨씬 나아.

정답　(b)

오답 분석　(a)는 대화에 나온 leg(다리)에 해당하는 대명사인 it을 함정으로 사용한 오답입니다.

04 그럴듯한 응답으로 시작한 오답

그럴듯한 말로 시작해 정답처럼 들리지만 그 뒤의 내용이 대화에 맞지 않는 오답이 출제됩니다. 이 유형의 오답은 특히 Part 2에서 많이 출제됩니다.

M: Did you get a haircut? W: Yes, I needed a change. M: It looks good on you. (a) I think it's more my style. (b) **Thanks**. But I haven't done anything.	M: 머리 잘랐니? W: 응, 변화가 필요했어. M: 너한테 잘 어울리는 거 같아. (a) 이게 더 내 스타일인 것 같아. (b) 고마워. 하지만 난 아무 것도 안 했어.

정답   (a)

오답 분석   (b)는 Thanks(고마워)로 시작해 정답처럼 들리지만 그 뒤의 내용이 대화에 맞지 않는 오답입니다.

05 대화의 마지막 화자가 이어서 할 만한 말을 사용한 오답

대화의 마지막 문장을 말한 사람이 이어서 할 만한 말을 함정으로 사용한 오답이 출제됩니다. 이 유형의 오답은 특히 Part 2에서 많이 출제됩니다.

W: Hey, Brad. How's it going? M: Hi, Ginger. Not so good, actually. W: **What's the matter?** (a) **You look upset.** (b) I lost my wallet.	W: 이봐, Brad. 요즘 어때? M: 안녕, Ginger. 사실, 별로 좋지 않아. W: 무슨 일인데? (a) 너 화난 것처럼 보여. (b) 내 지갑을 잃어버렸어.

정답   (b)

오답 분석   (a)는 대화의 마지막 문장에서 무슨 일이 있는지 물은 사람이 이어서 할 만한 말을 함정으로 사용한 오답입니다.

기본기 다지기

01 간접 응답 이해하기 🎧 P1&2_2

Do you like to travel?	여행하는 거 좋아하세요?
(a) I went there last year.	(a) 저는 작년에 거기 갔었어요.
(b) I go on a trip every month.	(b) 저는 매달 여행을 가요.
(c) I'll call my travel agent.	(c) 여행사에 전화할 거예요.
(d) Have a good time.	(d) 좋은 시간 보내세요.

여행을 좋아하는지 묻는 질문에 Yes(네)를 사용하지 않고 여행을 좋아해서 매달 여행을 간다고 응답한 **(b)**가 정답이네요. 이와 같이 Part 1에는 질문에 직접적으로 답하지 않고 돌려서 간접적으로 답하는 간접 응답이 정답으로 많이 출제됩니다. 그럼 이러한 간접 응답에 대해 살펴볼까요!

'그렇다', '아니다'를 간접적으로 표현한 응답

Yes나 No를 사용하여 직접적으로 답하지 않고 '그렇다', '아니다'의 의미를 간접적으로 표현하는 응답입니다.

Q Would you like some more cake? 케이크 좀 더 드실래요?

그렇다	**A1** Maybe just a small slice. 그럼 작은 조각으로 주세요.
	A2 That'd be great. 좋아요.
아니다	**A1** I've had too much already. 저는 이미 너무 많이 먹었어요.
	A2 I'm full, thanks. 고맙지만, 배가 불러요.

'모르겠다'는 응답

질문 내용에 대해 '모르겠다'는 의미를 표현하는 응답으로, 다양한 질문에 답이 될 수 있습니다.

Q Which cabinet should we buy? 어떤 캐비닛을 사는 게 좋을까요?

	A1 I'm not sure. 확실히 모르겠어요.
모르겠다	**A2** I have no idea. 전 잘 모르겠어요.
	A3 I don't know which one is best. 어떤 게 가장 좋은지 모르겠어요.

'상관없다'는 응답

질문 내용에 대해 '상관없다'는 의미를 표현하는 응답으로, 다양한 질문에 답이 될 수 있습니다.

Q What should we make for dinner? 저녁 식사로 우리 뭘 만들어야 할까요?

	A1 I don't care. 전 상관없어요.
상관없다	**A2** It's up to you. 당신 선택에 달려 있어요.
	A3 Anything is fine with me. 전 어떤 것이든 좋아요.

Quiz

대화를 들으며 응답하는 사람이 의미하는 바를 바르게 나타낸 것을 고르세요. 그리고 다시 들으며 빈칸에 들어갈 내용을 받아써 보세요. (음성은 두 번씩 들려줍니다.) 🎧 P1&2_3

01 차를 (a) 고쳤다. (b) 고치지 않았다.

> Q: Did you get your car fixed yet?
> A: It'll be ready _____.

02 집에 태워다 줄 수 (a) 있다. (b) 없다.

> Q: Could you give me a ride home?
> A: I _____ today.

03 휴일에 무엇을 할 지 (a) 정했다. (b) 모르겠다.

> Q: What are you doing for the holiday?
> A: I _____ yet.

04 그림 거는 것을 도와줄 수 (a) 있다. (b) 없다.

> Q: I need some help hanging up a picture.
> A: I'll be _____.

05 회의를 (a) 원하는 시간이 따로 있다. (b) 언제 하든 상관없다.

> Q: When would you like to have our meeting?
> A: I'm _____.

정답 p.4

M: I heard the traffic is bad on Main Street.
W: Then maybe we shouldn't drive.
M: Yeah, we **would be better off** taking a train.

(a) Well, my car is broken.
(b) You don't have to travel alone.
(c) I would rather do that.
(d) I was late getting to the station.

M: 중앙로의 교통 상황이 좋지 않다고 들었어요.
W: 그럼 아마 운전을 하지 않는 게 낫겠네요.
M: 네, 기차를 타는 편이 낫겠어요.

(a) 음, 제 차는 망가졌어요.
(b) 혼자서 여행할 필요가 없어요.
(c) 그렇게 하는 편이 좋겠어요.
(d) 저는 역에 늦게 도착했어요.

would be better off ~ing(~하는 편이 낫겠다)를 사용하여 기차를 타자는 말에 would rather(~하는 편이 좋겠다)를 사용하여 그러자고 응답한 (c)가 정답이네요. 이와 같이 Part 2에는 자주 쓰이는 조동사 표현을 알아야 정답을 고를 수 있는 문제가 많이 출제됩니다. 그럼 이러한 조동사 표현에 대해 살펴볼까요!

빈출 조동사

01 **should**
~해야 한다

You **should** exercise more.
당신은 운동을 좀 더 해야 해요.

02 **could**
~할 수 있을 것이다

I **could** help you with your homework.
내가 네 숙제를 도와줄 수 있을 거야.

03 **would**
~ 할 것이다

I **would** ask for a refund.
저는 환불을 요청할 거예요.

04 **must**
~임에 틀림없다

He **must** be happy about the news.
그는 그 소식에 대해 기쁠 것임에 틀림없어요.

빈출 조동사 표현

05 **have to**
~해야 한다

We **have to** close the store early today.
우리는 오늘 가게 문을 일찍 닫아야 해요.

06 **had better**
~하는 게 낫다

You **had better** get some rest.
휴식을 취하는 게 낫겠어요.

07 **would like to**
~하고 싶다

I **would like to** reserve a table for four.
네 명이 앉을 수 있는 테이블을 예약하고 싶어요.

08 **would rather**
~하는 편이 좋겠다

I **would rather** stay home tonight.
오늘 밤에 집에 있는 편이 좋겠어요.

09 **would be better off ~ing**
~하는 편이 낫겠다

You **would be better off** hiring a babysitter.
아이를 맡길 사람을 구하는 편이 낫겠어요.

Quiz

문장을 들으며 조동사 표현이 포함된 문장이 의미하는 바를 바르게 나타낸 것을 고르세요. 그리고 다시 들으며 빈칸에 들어갈 내용을 받아써 보세요. (음성은 두 번씩 들려줍니다.) P1&2_5

01 저는 혼자서 (a) 공부하는 편이 좋겠어요.   (b) 공부할 수 있을 거예요.

I _____ study on my own.

02 저는 그림 그리는 것을 (a) 배우고 싶어요.   (b) 배워야만 해요.

I _____ learn how to paint.

03 우리는 오늘 보고서를 (a) 제출하는 편이 낫겠어요.   (b) 제출해야만 해요.

We _____ turn in the report today.

04 저는 그들이 오도록 (a) 설득할 수 있을 거라고   (b) 설득해야 한다고 생각해요.

I think we _____ convince them to come.

05 우리는 누군가에게 방향을 (a) 물어봐야 해요.   (b) 물어보는 게 낫겠어요.

We _____ ask someone for directions.

정답 p. 5

회사

일을 잘 했다고 칭찬하고 있군요!

상사가 영업에 대한 발표가 훌륭했다고 칭찬하고 있어요.
이 말에 부하 직원은 준비를 열심히 했다고 답하고 있네요. 이렇게 일을 잘 했다고 칭찬하는 것과 같은
회사와 연관된 상황을 담은 문제는 Part 1과 2의 총 20문제 중 평균 3문제 정도 출제됩니다.
그럼 이러한 문제에 대해 자세히 알아볼까요!

Part 1&2에서 회사 관련 대화 문제가 어떻게 출제되는지 확인해보세요!

Part 1

Hello. I'm calling to speak to Mr. Stewart.	여보세요. Mr. Stewart와 통화하려고 전화했어요.
(a) Sure. Please have a seat.	(a) 물론이죠. 자리에 앉으세요.
(b) You can reach him there.	(b) 거기서 그에게 연락할 수 있어요.
(c) He prefers casual conversation.	(c) 그는 격식을 차리지 않는 대화를 선호해요.
(d) He left work early today.	(d) 그는 오늘 일찍 퇴근했어요.

해설   전화를 연결해달라고 부탁하는 상황입니다. Mr. Stewart와 통화하려고 전화했다는 말에 그는 오늘 일찍 퇴근했다고 응답한 (d)가 정답입니다.

어휘   **reach**[riːtʃ] 연락하다   **prefer**[prifə́ːr] 선호하다   **casual**[kǽʒuəl] 격식을 차리지 않는   **leave work** 퇴근하다

Possible Answer   He's away from his desk right now.   그는 지금 자리에 안 계세요.

Part 2

W: Congratulations on your new position.	W: 새로운 직위에 오른 거 축하해요.
M: Thanks. I've been hoping to move into management.	M: 고마워요. 저는 관리직에 들어가기를 바라 왔어요.
W: It appears you got what you wanted.	W: 당신이 원하던 것을 얻은 것 같군요.
(a) Good point. I might try that.	(a) 좋은 지적이에요. 그것을 시도해 봐야겠네요.
(b) Yeah, it's nice to be promoted.	(b) 네, 승진하게 되어 기뻐요.
(c) Sure. I'll tell them you're interested.	(c) 그럼요. 그들에게 당신이 관심이 있다고 전할게요.
(d) You managed it well.	(d) 당신은 그것을 잘 관리했어요.

해설   직장 동료가 승진하여 축하를 해주는 상황입니다. 원하던 것을 얻게 된 것 같다는 말에 그렇다며 승진하게 되어 기쁘다고 응답한 (b)가 정답입니다.

어휘   **management**[mǽnidʒmənt] 관리직   **appear**[əpíər] ~인 것 같다, ~인 듯하다   **promote**[prəmóut] 승진하다

Possible Answer   Yes, I look forward to the new challenge.   네, 새로운 도전을 기대하고 있어요.

빈출 상황 및 표현 🎧 P1&2_7

회사와 관련하여 자주 나오는 대화 상황별 표현을 익혀두면, 대화를 들을 때 대화의 상황을 쉽게 파악하고 대화 내용을 정확히 이해할 수 있습니다. 음성을 듣고 따라 읽으면서 꼭 외워두세요!

전화

업무와 관련하여 전화를 하는 상황

Hi. I'm **calling to speak to** Mr. Smith.	안녕하세요. Mr. Smith와 통화하려고 전화했어요.
May I speak to the director, please?	이사님과 통화할 수 있을까요?

전화를 바꿔줄 수 없는 이유를 설명하는 상황

He's **out for lunch**.	그는 점심 식사하러 나가셨어요.
She's **on the other line** right now.	그녀는 지금 통화 중이에요.

승진·해고 및 임금 인상

승진이나 해고 소식을 전하는 상황

Great news! I **got the promotion**.	좋은 소식이 있어요! 저 승진했어요.
The secretary **got fired** yesterday.	비서가 어제 해고당했어요.

임금 인상에 대해 이야기하는 상황

Unfortunately, I didn't **get a raise**.	안타깝게도, 저는 임금 인상을 받지 못했어요.
I **deserve a bonus** this year.	저는 올해에 보너스를 받을 자격이 있어요.

업무 평가

업무를 마치지 않은 것에 대해 질책하는 상황

Why haven't you **filed the report**?	왜 아직 보고서를 정리하지 않았나요?
You should've **turned in the proposal** by now.	지금쯤 제안서를 제출했어야 해요.

업무를 잘 해낸 것에 대해 칭찬하는 상황

Great job on **getting the contract**!	계약 체결을 잘 마쳤어요!
Your **presentation on management** was great.	경영에 대한 발표가 훌륭했어요.

회의

회의 참석 여부나 회의 참석 인원에 대해 이야기하는 상황

Jay didn't **show up** at the sales meeting.	Jay는 판매 회의에 참석하지 않았어요.
How many people **attended the meeting**?	몇 명이나 회의에 참석했나요?

회의 의제나 일정에 대해 이야기하는 상황

The agenda for the meeting has been changed.	회의의 의제가 바뀌었어요.
How about **rescheduling the meeting** for Monday?	월요일로 회의를 다시 잡는 게 어떨까요?

구직 및 이직

구직이나 이직에 대해 고민하거나, 지원 여부를 물어보는 상황

I'm thinking about **applying for the position**.	그 자리에 지원할까 생각 중이에요.
Have you **submitted your application** yet?	당신은 지원서를 벌써 제출했나요?

구직이나 이직에 대해 조언하는 상황

You shouldn't **quit your job**.	직장을 그만 두지 않는 게 좋겠어요.
I'd recommend **waiting for a better offer**.	저는 좀 더 나은 제안을 기다리는 것을 권해요.

면접

앞으로 있을 면접에 대해 이야기하는 상황

I'm **nervous about my interview** tomorrow.	저는 내일 있을 면접 때문에 긴장돼요.
I hope I **make a good impression** in the interview.	저는 면접에서 좋은 인상을 줄 수 있기를 바라요.

면접 결과에 대해 문의하거나, 면접 결과를 걱정하는 상황

Have you **made a final decision**?	당신은 최종 결정을 내리셨나요?
I think they prefer **someone with experience**.	그들이 경험이 있는 사람을 선호한다고 생각해요.

먼저 음성을 들으며 앞에서 배운 빈출 상황 및 표현을 활용하여 정답을 고르세요. 그리고 두 번 다시 들으며 빈칸에 들어갈
내용을 받아써 보세요. (음성은 세 번씩 들려줍니다.) 🎧 P1&2_8

Part 1

01   (a)   (b)

> I really was hoping to _____.
> (a) I'm sure you'll _____ else.
> (b) I _____ several places.

02   (a)   (b)

> Hi, Ann. _____ about the sales invoice.
> (a) I never _____ on it.
> (b) Actually, I was just _____.

03   (a)   (b)   (c)

> Guess what? I _____ I was hoping for.
> (a) Don't _____ hope.
> (b) That's _____.
> (c) _____ so far.

04   (a)   (b)   (c)

> I'm really _____ my job interview.
> (a) I can _____ for you.
> (b) I haven't gotten _____ yet.
> (c) Just _____.

Part 2

05 (a)   (b)

> W: Hi, this is Ms. Steele from Gate Software. Is Larry in?
> M: Well, he's _____ right now.
> W: Would you mind _____? It's urgent.
> (a) Well, you'll _____ Larry.
> (b) OK, I'll see if I can _____.

06 (a)   (b)   (c)

> M: Did you have your _____ yet?
> W: No, it's in two hours.
> M: So are you _____?
> (a) It's _____ 2 p.m.
> (b) I'll contact you _____.
> (c) I'm _____.

07 (a)   (b)   (c)

> M: You did an _____ on your presentation.
> W: You think so? I wasn't sure if it was effective.
> M: Oh, yes. _____ everything so clear.
> (a) _____ it. I put a lot of work into those.
> (b) It's because _____ to make.
> (c) I'll _____ the charts when they're finished.

Part 1&2

Part 3

Part 4&5

해커스 텝스 BASIC LISTENING

음성을 들으며 질문에 가장 적절한 응답을 고르세요. 🎧 P1&2_9

Part 1

01　(a)　　(b)　　(c)　　(d)

02　(a)　　(b)　　(c)　　(d)

03　(a)　　(b)　　(c)　　(d)

04　(a)　　(b)　　(c)　　(d)

Part 2

05　(a)　　(b)　　(c)　　(d)

06　(a)　　(b)　　(c)　　(d)

07　(a)　　(b)　　(c)　　(d)

08　(a)　　(b)　　(c)　　(d)

정답 p.8

🖥️ 받아쓰기 & 쉐도잉 프로그램으로 Hackers Practice와 Hackers Test를 꼭 복습하세요.

공연을 보고 소감을 말하고 있군요!

남자가 연극을 보고 별로였다고 말하고 있어요.
이 말에 여자는 남자와 달리 마음에 들었다고 답하고 있네요. 이렇게 공연을 보고 소감을 말하는 것과 같은
여가와 연관된 상황을 담은 문제는 Part 1과 2의 총 20문제 중 평균 3문제 정도 출제됩니다.
그럼 이러한 문제에 대해 자세히 알아볼까요!

Part 1&2에서 여가 관련 대화 문제가 어떻게 출제되는지 확인해보세요!

Part 1

Let's go see that new musical tonight.	오늘 밤에 새로운 뮤지컬 보러 가요.
(a) I have plans tomorrow night.	(a) 저는 내일 밤에 약속이 있어요.
(b) I wasn't too impressed by it.	(b) 저는 별로 감동받지 않았어요.
(c) OK, that sounds like fun.	(c) 좋아요, 재미있을 것 같네요.
(d) Sure. I'll come see you perform.	(d) 그럼요. 당신이 공연하는 거 보러 갈게요.

해설   뮤지컬을 보러 가자고 제안하는 상황입니다. 오늘 밤에 새로운 뮤지컬을 보러 가자는 말에 좋다며 재미있을 것 같다고 응답한 (c)가
정답입니다.

어휘   impress[imprés] 감동을 주다   perform[pərfɔ́ːrm] 공연하다

Possible Answer   Sorry, but I have to work late. 미안하지만, 오늘 늦게까지 일해야 해요.

Part 2

M: Our team's going to miss the playoffs again.	M: 우리 팀이 플레이오프에 또 진출 못하겠어.
W: Yeah, it's too bad.	W: 응, 정말 안됐어.
M: But at least we did better than last year.	M: 하지만 적어도 작년보다는 잘했잖아.
(a) I guess you have a point.	(a) 네 말이 맞는 것 같아.
(b) We'll do fine in the playoffs.	(b) 플레이오프에서 우리는 잘할 거야.
(c) True. Last season was better.	(c) 맞아. 지난 시즌이 나았어.
(d) We have a good chance to win.	(d) 우리는 이길 가능성이 많아.

해설   이번 시즌의 운동 경기 결과에 대해 이야기하는 상황입니다. 플레이오프에 진출 못하더라도 적어도 작년보다는 잘했다는 말에 그 말이
맞는 것 같다고 응답한 (a)가 정답입니다.

어휘   miss[mis] 못 미치다, 놓치다   playoff[pléiɔ̀ːf] 플레이오프, 결승 시합   at least 적어도

Possible Answer   Yeah, I should look on the bright side. 응, 좋은 면을 보는 게 좋겠어.

빈출 상황 및 표현 🎧 P1&2_11

여가와 관련하여 자주 나오는 대화 상황별 표현을 익혀두면, 대화를 들을 때 대화의 상황을 쉽게 파악하고 대화 내용을 정확히 이해할 수 있습니다. 음성을 듣고 따라 읽으면서 꼭 외워두세요!

공연

콘서트나 영화 등의 공연을 보러 가자고 제안하는 상황

Would you like to **go out for a concert** tomorrow?	내일 콘서트 보러 가실래요?
Let's go to the movie that's **coming out**.	새로 개봉하는 영화 보러 가자.

영화나 연극 등의 공연을 보고 소감을 나누는 상황

I thought the actor **did an excellent job**.	나는 그 배우가 아주 훌륭했다고 생각해.
I didn't **care** much **for that play**.	나는 그 연극이 별로 좋지 않았어.

운동

운동 경기 결과에 대해 이야기하는 상황

Our team **won the game** last night.	우리 팀이 어젯밤 경기에서 이겼어요.
We **did our best**, but we lost the game.	우리는 최선을 다했지만, 경기에서 졌어요.

운동을 하자고 제안하는 상황

How about **joining** me **for golf** later?	나중에 나랑 같이 골프 치는 게 어때?
Are you **up for a soccer game** tonight?	오늘 밤에 축구 경기 할래?

파티

파티 계획에 대해 이야기하거나, 파티를 준비하는 상황

We're **throwing a surprise party** for Richard.	우리는 Richard를 위해 깜짝 파티를 열거야.
Have you **booked a caterer** for the party yet?	파티를 위한 요식업체를 벌써 예약했나요?

파티를 떠나는 상황

Thank you for **inviting** me **to the party**.	저를 파티에 초대해 주셔서 감사해요.
It's too bad you couldn't **stay longer**.	당신이 더 오래 머무르지 못해서 안타까워요.

독서

어떤 책에 관심이 있는지, 책을 어느 정도 읽었는지 물어보는 상황

Are you **interested in fiction**?	당신은 소설에 관심이 있으세요?
Did you read that book **cover to cover**?	그 책을 처음부터 끝까지 다 읽었나요?

책을 읽고 소감을 나누는 상황

I thought that novel was **a big turnoff**.	저는 그 소설이 재미없다고 생각했어요.
The book doesn't **suit my tastes**.	그 책은 제 취향에 맞지 않아요.

행사

결혼식이나 소풍 등의 행사 일정에 대해 이야기하는 상황

Have you **set a date** for your wedding?	당신은 결혼식 날짜를 잡았나요?
We **postponed the picnic** due to the weather.	우리는 날씨 때문에 소풍을 연기했어요.

행사가 끝나고 소감을 나누는 상황

I was very **impressed by your speech**.	저는 당신의 강연에 아주 감동받았어요.
I didn't **see the appeal** of the ceremony.	저는 그 의식에 흥미를 갖지 못했어요.

여가 활동 및 취미

여가 활동에 대해 물어보는 상황

How do you **spend your free time**?	당신은 어떻게 여가 시간을 보내세요?
Do you **have** anything **in mind** for the holiday?	휴일을 위해 생각해둔 무언가가 있나요?

취미가 무엇인지 이야기하는 상황

I like **going for walks** in the park.	저는 공원에 산책 가는 것을 좋아해요.
I **work out** three times a week.	저는 일주일에 세 번씩 운동을 해요.

먼저 음성을 들으며 앞에서 배운 빈출 상황 및 표현을 활용하여 정답을 고르세요. 그리고 두 번 다시 들으며 빈칸에 들어갈 내용을 받아써 보세요. (음성은 세 번씩 들려줍니다.) 🎧 P1&2_12

Part 1

01　(a)　　　(b)

> How do you _____ your _____?
>
> (a) I have plenty of _____.
>
> (b) I usually _____ friends.

02　(a)　　　(b)

> We're _____ on Saturday.
>
> (a) I thought you were _____.
>
> (b) That sounds like _____.

03　(a)　　　(b)　　　(c)

> Have you _____ your new comic book?
>
> (a) My favorite _____ is in it.
>
> (b) I'll _____ later.
>
> (c) No, I haven't _____.

04　(a)　　　(b)　　　(c)

> How about _____ tomorrow?
>
> (a) I'd rather _____.
>
> (b) It was a _____.
>
> (c) Sure, I love _____.

Part 2

05   (a)   (b)

> M: The sky is getting _____.
> W: What if it rains? It will ruin our picnic.
> M: Well, we could _____ until tomorrow.
> (a) Yeah, _____ than sorry.
> (b) I brought an _____.

06   (a)   (b)   (c)

> W: How was the volleyball game?
> M: Our team didn't _____ we had hoped.
> W: So what was the _____?
> (a) Sure. I stayed _____.
> (b) _____ to eleven.
> (c) No, I know we can _____.

07   (a)   (b)   (c)

> W: How about seeing the _____ tomorrow?
> M: Sounds great. What's it about?
> W: Well, it's a _____.
> (a) I'd like to _____ again.
> (b) It's about two people who _____.
> (c) I'm really _____ that genre.

정답 p. 12

음성을 들으며 질문에 가장 적절한 응답을 고르세요. 🎧 P1&2_13

Part 1

01 (a) (b) (c) (d)

02 (a) (b) (c) (d)

03 (a) (b) (c) (d)

04 (a) (b) (c) (d)

Part 2

05 (a) (b) (c) (d)

06 (a) (b) (c) (d)

07 (a) (b) (c) (d)

08 (a) (b) (c) (d)

정답 p.14

💻 받아쓰기 & 쉐도잉 프로그램으로 Hackers Practice와 Hackers Test를 꼭 복습하세요.

학교

시험 준비를 함께 하자고 제안하고 있군요!

여자가 같이 시험 공부하는 게 어떤지 물어보고 있어요.
이 말에 남자도 좋다고 답하고 있네요. 이렇게 시험 준비를 함께 하자고 제안하는 것과 같은
학교와 연관된 상황을 담은 문제는 Part 1과 2의 총 20문제 중 평균 1~2문제 정도 출제됩니다.
그럼 이러한 문제에 대해 자세히 알아볼까요!

Part 1&2에서 학교 관련 대화 문제가 어떻게 출제되는지 확인해보세요!

Part 1

I'm not doing well in my math class.	난 수학 수업에서 그다지 잘하고 있지 않아.
(a) It's a famous theory.	(a) 그것은 유명한 이론이야.
(b) But I've studied every night.	(b) 하지만 난 매일 밤 공부해왔어.
(c) The essays are due tomorrow.	(c) 에세이는 기한이 내일까지야.
(d) I may be able to help you.	(d) 내가 도와줄 수 있을 거야.

해설   수업에서 겪고 있는 문제에 대해 이야기하고 있는 상황입니다. 수학 수업에서 그다지 잘하고 있지 않다는 말에 자신이 도와줄 수 있을 거라고 응답한 (d)가 정답입니다.

어휘   **famous**[féiməs] 유명한   **theory**[θíːəri] 이론   **due**[djuː] 기한이 ~인   **be able to** ~할 수 있다

Possible Answer   You should probably study harder. 아마 좀 더 열심히 공부하는 게 좋겠어.

Part 2

M: Did you get the results of your exam?	M: 시험 결과 받았어?
W: Yeah, the teacher handed them back today.	W: 응, 오늘 선생님이 돌려주셨어.
M: So how did you do?	M: 그래서 시험을 어떻게 봤어?
(a) Better than I expected.	(a) 예상했던 것보다 괜찮아.
(b) I thought you'd do better.	(b) 네가 더 잘할 수 있을 거라고 생각했어.
(c) I think I'm prepared for it.	(c) 그것을 위한 준비가 된 것 같아.
(d) I'll find out first thing tomorrow.	(d) 내일 바로 알아볼게.

해설   시험 결과에 대해 이야기하는 상황입니다. 시험을 어떻게 봤는지 묻는 질문에 예상했던 것보다 괜찮다고 응답한 (a)가 정답입니다.

어휘   **result**[rizʌ́lt] 결과   **hand**[hænd] 주다   **expect**[ikspékt] 예상하다   **prepare**[pripέər] 준비하다

Possible Answer   Surprisingly well, actually. 사실, 놀라울 만큼 잘했어.

빈출 상황 및 표현 🎧 P1&2_15

학교와 관련하여 자주 나오는 대화 상황별 표현을 익혀두면, 대화를 들을 때 대화의 상황을 쉽게 파악하고 대화 내용을
정확히 이해할 수 있습니다. 음성을 듣고 따라 읽으면서 꼭 외워두세요!

수업

수업에서 겪고 있는 문제점을 이야기하는 상황

I can't **keep up** in my physics class.	물리학 수업을 따라가지 못하고 있어.
These science problems **have me stumped**.	이 과학 문제들이 골치 아프게 만들어.

수강 신청에 대해 물어보는 상황

Is there **a prerequisite for** this class?	이 수업을 위한 필수 과목이 있나요?
When is the last day to **sign up for classes**?	수강 신청하는 마지막 날이 언제인가요?

성적

시험 성적에 대해 물어보는 상황

How did you **do on the test**?	시험 어떻게 본 거 같아?
What was your score on **the makeup test**?	보충 시험 점수가 몇 점이야?

선생님이 성적에 대해 실망하거나 칭찬하는 상황

You didn't do well **on the midterm**.	중간 고사에서 별로 잘하지 못했구나.
Congratulations on being **top in your class**.	반에서 1등한 거 축하한다.

시험

시험 공부를 같이 하자고 제안하는 상황

Let's **get together** and study for the test.	같이 모여서 시험 공부하자.
Why don't we **brush up** on our grammar?	문법을 복습하는 게 어때?

시험을 앞두고 걱정하거나, 시험을 망쳤다고 실망하는 상황

I hope I don't **fail the exam**.	시험에 낙제하지 않았으면 좋겠어.
I **flunked** the biology **test**.	나 생물학 시험을 망쳤어.

전공

전공 선택에 대해 이야기하는 상황

I'm thinking of **studying engineering**.
I've decided to **major in accounting**.

공학을 전공할까 생각 중이야.
회계를 전공하기로 결정했어.

전공을 바꾸는 것에 대해 이야기하는 상황

Changing your major isn't a good move.
You'd better **stick with your major**.

네 전공을 바꾸는 건 좋지 않아.
네 전공을 바꾸지 않는 게 좋을 것 같아.

과제 및 교재

과제 기한에 대해 이야기하는 상황

What is **the due date** for the report?
I can't **complete** the assignment **on time**.

보고서 제출 기한일이 언제야?
숙제를 제시간에 마칠 수가 없어.

교재를 빌리거나 돌려받는 상황

Can I **borrow your notebook**?
Could you **give my textbook back**?

네 노트 좀 빌려도 될까?
내 교재 좀 돌려줄 수 있어?

행사

학교 연극 참여에 대해 이야기하는 상황

Why don't you **try out for** the school play?
I'd like to **participate in** the school play.

학교 연극에 지원해보는 게 어때?
나 학교 연극에 참여하고 싶어.

학교 축제나 선거 결과에 대해 이야기하는 상황

I heard our school is **hosting a festival**.
I'm sorry Tom **lost the election**.

우리 학교가 축제를 열 거라고 들었어.
Tom이 선거에서 떨어져서 유감이야.

HACKERS **PRACTICE**

먼저 음성을 들으며 앞에서 배운 빈출 상황 및 표현을 활용하여 정답을 고르세요. 그리고 두 번 다시 들으며 빈칸에 들어갈 내용을 받아써 보세요. (음성은 세 번씩 들려줍니다.) 🎧 P1&2_16

Part 1

01 (a)　　(b)

> I'm going to _____ education.
> (a) It's a _____.
> (b) That's probably a _____.

02 (a)　　(b)

> I'm really _____ my exam today.
> (a) Well, at least _____.
> (b) _____. You'll do fine.

03 (a)　　(b)　　(c)

> Good job, Helena. You got _____!
> (a) Thanks. I _____.
> (b) We'll get the _____ today.
> (c) I'll have to _____ next time.

04 (a)　　(b)　　(c)

> Is there a _____ this class?
> (a) I've _____ that one.
> (b) It's his first time _____.
> (c) No, it's open to _____.

Part 2

05 (a)   (b)

> W: I can't _____ my book report _____.
> M: But you've known about it for weeks!
> W: Yeah, but I had _____.
> (a) I'm amazed you _____.
> (b) Well, all you can do is _____.

06 (a)   (b)   (c)

> M: Hey, Lynn. What's going on?
> W: I got my final _____ today.
> M: And did you _____?
> (a) _____ I had hoped.
> (b) _____, the class is going well.
> (c) I'm still waiting _____.

07 (a)   (b)   (c)

> M: You still plan to attend the _____, right?
> W: Actually, I changed my mind.
> M: But you were _____ it.
> (a) That's not how I _____.
> (b) Well, now I'm _____.
> (c) I'm glad you _____.

정답 p.18

Part 1&2 Part 3 Part 4&5 해커스 텝스 BASIC LISTENING

음성을 들으며 질문에 가장 적절한 응답을 고르세요. 🎧 P1&2_17

Part 1

01   (a)   (b)   (c)   (d)

02   (a)   (b)   (c)   (d)

03   (a)   (b)   (c)   (d)

04   (a)   (b)   (c)   (d)

Part 2

05   (a)   (b)   (c)   (d)

06   (a)   (b)   (c)   (d)

07   (a)   (b)   (c)   (d)

08   (a)   (b)   (c)   (d)

정답 p. 20

🖥 받아쓰기 & 쉐도잉 프로그램으로 Hackers Practice와 Hackers Test를 꼭 복습하세요.

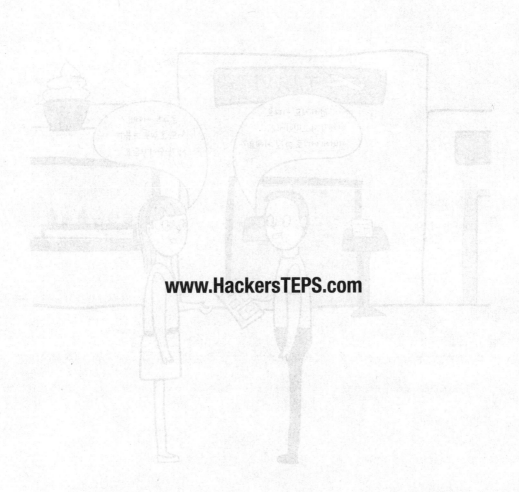

여행 계획을 세웠는지 묻고 있군요!

남자가 어디로 여행을 갈 건지 물어보고 있어요.
이 말에 여자는 호주가 좋을 것 같다고 답하고 있네요. 이렇게 여행 계획에 대해 이야기하는 것과 같은
여행과 연관된 상황을 담은 문제는 Part 1과 2의 총 20문제 중 평균 2~3문제 정도 출제됩니다.
그럼 이러한 문제에 대해 자세히 알아볼까요!

Part 1&2에서 여행 관련 대화 문제가 어떻게 출제되는지 확인해보세요!

Part 1

I'd like to book a flight to Beijing, please. (a) Sure. It just arrived. (b) We're on the same flight. **(c) OK. For what time and date?** (d) I'd prefer an aisle seat.	베이징으로 가는 항공편을 예약하고 싶어요. (a) 물론이죠. 그건 막 도착했어요. (b) 우리는 같은 비행기를 타요. (c) 네, 몇 시 며칠에요? (d) 저는 통로 자리를 선호해요.

해설　항공편 예약을 요청하고 있는 상황입니다. 베이징으로 가는 항공편을 예약하고 싶다는 말에 몇 시 며칠에 가냐는 질문으로 응답한 (c)가 정답입니다.

어휘　**book**[buk] 예약하다　**flight**[flait] 항공편　**prefer**[prifə́ːr] 선호하다　**aisle**[ail] 통로, 복도

Possible Answer　One-way or round-trip? 편도인가요, 왕복 여행인가요?

Part 2

M: Where are you going for vacation? W: I'm not sure. What about you? M: I got a travel package for Malaysia. (a) I plan to stay a week. (b) It's a package tour. (c) Not until the end of the month. **(d) Sounds like fun.**	M: 휴가 때 어디 가세요? W: 잘 모르겠어요. 당신은요? M: 저는 말레이시아 여행 패키지를 구입했어요. (a) 일주일 동안 머무르는 것을 계획하고 있어요. (b) 그건 패키지 여행이에요. (c) 월말까지는 아니에요. (d) 재미있을 것 같네요.

해설　휴가 계획에 대해 이야기하는 상황입니다. 말레이시아 여행 패키지를 구입했다는 말에 재미있을 것 같다고 응답한 (d)가 정답입니다.

어휘　**travel package** 여행 패키지　**stay**[stei] 머무르다

Possible Answer　Maybe I should consider that. 아마 저도 그것을 고려해 봐야겠어요.

여행과 관련하여 자주 나오는 대화 상황별 표현을 익혀두면, 대화를 들을 때 대화의 상황을 쉽게 파악하고 대화 내용을 정확히 이해할 수 있습니다. 음성을 듣고 따라 읽으면서 꼭 외워두세요!

항공편

항공편을 예약하는 상황

I'd like to **book a ticket** to Los Angeles.	로스앤젤레스로 가는 항공편을 예약하고 싶어요.
Would **a nonrefundable ticket** be cheaper?	환불이 불가능한 티켓이 더 저렴할까요?

항공편 예약 변경이나 티켓 분실에 대해 이야기하는 상황

Can I **change my flight schedule**?	제 비행 일정을 변경할 수 있을까요?
I've **misplaced my ticket**.	저는 제 티켓을 잃어버렸어요.

비행기

비행기가 지연되거나, 정시에 도착한 상황

Our flight was **delayed due to a storm**.	폭풍 때문에 비행기가 지연되었어요.
Your flight **made it on time**!	당신이 탄 비행기가 정시에 도착했군요!

비행기 좌석을 고르는 상황

Do you have **a seating preference**?	원하시는 자리가 있으신가요?
Would you prefer **an aisle or window seat**?	통로와 창가 자리 중 어느 것을 선호하시나요?

공항 이용

공항 검색대나 입국 심사대를 통과하는 상황

You can't carry golf clubs **on board**.	골프채는 비행기에 들고 탈 수 없습니다.
We finally **got through immigration**.	우리가 드디어 입국 심사를 마쳤어요.

가방을 맡기거나, 수하물을 분실한 상황

You can **check your bags in** over there.	저기서 가방을 맡길 수 있어요.
Where do I **report lost luggage**?	어디서 수하물 분실 신고를 하나요?

여행 계획 및 기간

여행 계획에 대해 이야기하는 상황

Is everything **all set** for your trip?	여행을 위해 모든 것이 준비되었나요?
Did you **come up with a plan** for your vacation?	당신은 휴가를 위한 계획을 생각해 놓으셨나요?

여행 기간을 물어보는 상황

When will you be **back from your vacation**?	언제 휴가에서 돌아오실 건가요?
How long will you be **away on vacation**?	얼마 동안 휴가를 떠나있을 건가요?

여행 경험 및 제안

여행 경험에 대해 물어보는 상황

Have you ever been to South America?	남미에 가본 적이 있나요?
Which one was your **favorite city**?	가장 좋아하는 도시가 어디였나요?

여행을 제안하는 상황

You should **pay a visit** to the islands.	그 섬에 놀러 가는 것이 좋겠어요.
Let's **take an all-inclusive trip** to Hawaii.	하와이로 모든 게 포함된 패키지 여행을 가자.

호텔

호텔을 예약하는 상황

Do you **have vacancies** for Friday night?	금요일 밤에 빈방이 있나요?
I'd like to **make a reservation** for two nights.	이틀 밤을 예약하고 싶어요.

호텔 서비스를 요청하거나 문의하는 상황

I need **a wake-up call** tomorrow at 8 a.m.	내일 오전 8시에 모닝콜을 부탁해요.
Does your hotel offer **complimentary breakfast**?	호텔에서 무료 조식을 제공하나요?

HACKERS **PRACTICE**

먼저 음성을 들으며 앞에서 배운 빈출 상황 및 표현을 활용하여 정답을 고르세요. 그리고 두 번 다시 들으며 빈칸에 들어갈 내용을 받아써 보세요. (음성은 세 번씩 들려줍니다.) 🎧 P1&2_20

Part 1

01 (a) (b)

_____ will you be _____ in France?
(a) I'll be there for _____.
(b) I was _____.

02 (a) (b)

Why was your _____?
(a) There was _____.
(b) I have to _____.

03 (a) (b) (c)

Can I get a _____ tomorrow at eight?
(a) _____ a call later.
(b) _____ if he's awake.
(c) _____. We'll take care of it.

04 (a) (b) (c)

Is it possible to _____?
(a) _____ a later departure.
(b) Yes, but there may be _____.
(c) It's the _____.

Part 2

05 (a)   (b)

M: Laura, have you _____ India?
W: Yeah, several times.
M: So would you _____ there?
(a) _____ about nine hours.
(b) Yes. The culture is _____.

06 (a)   (b)   (c)

W: How may I help you, sir?
M: I think I lost my _____.
W: I see. Then we'll _____ to issue another one.
(a) I'll apply for a _____.
(b) I've already bought _____.
(c) _____. Here's my passport.

07 (a)   (b)   (c)

W: Does the hotel offer _____?
M: Yes, it's part of our service.
W: And can you _____ when I leave?
(a) _____. We can _____.
(b) I'm sorry, but _____ is not until 2 p.m.
(c) I hope you _____.

음성을 들으며 질문에 가장 적절한 응답을 고르세요. 🎧 P1&2_21

Part 1

01 (a)   (b)   (c)   (d)

02 (a)   (b)   (c)   (d)

03 (a)   (b)   (c)   (d)

04 (a)   (b)   (c)   (d)

Part 2

05 (a)   (b)   (c)   (d)

06 (a)   (b)   (c)   (d)

07 (a)   (b)   (c)   (d)

08 (a)   (b)   (c)   (d)

정답 p. 26

받아쓰기 & 쉐도잉 프로그램으로 Hackers Practice와 Hackers Test를 꼭 복습하세요.

쇼핑 · 외식

다른 사이즈를 원하고 있군요!

손님이 더 작은 사이즈의 셔츠가 있는지 물어보고 있어요.
이 말에 점원은 가져다 주겠다고 답하고 있네요. 이렇게 다른 사이즈가 있는지 묻는 것과 같은
쇼핑, 또는 외식과 연관된 상황을 담은 문제는 Part 1과 2의 총 20문제 중 평균 3~4문제 정도 출제됩니다.
그럼 이러한 문제에 대해 자세히 알아볼까요!

Part 1&2에서 쇼핑·외식 관련 대화 문제가 어떻게 출제되는지 확인해보세요!

Part 1

Where can I find children's books?	아동 도서는 어디에서 찾을 수 있나요?
(a) It's a very famous story.	(a) 그것은 아주 유명한 이야기예요.
(b) That one may be too hard for kids.	(b) 그건 아마 아이들에게 너무 어려울 거예요.
(c) Go over to aisle 2.	(c) 2번 통로 쪽으로 가세요.
(d) I was looking for that book.	(d) 저는 그 책을 찾고 있었어요.

해설   손님이 제품의 위치를 물어보는 상황입니다. 아동 도서를 어디서 찾을 수 있는지 묻는 질문에 2번 통로 쪽으로 가라고 응답한 (c)가 정답입니다.

어휘   famous[féiməs] 유명한 aisle[ail] 통로, 복도 look for ~을 찾다

Possible Answer   They're on the second floor. 그것들은 2층에 있어요.

Part 2

W: Did you eat lunch?	W: 점심 식사 하셨어요?
M: Not yet. I'm starving.	M: 아직이요. 배가 고프네요.
W: Me too. How about a bite to eat?	W: 저도요. 간단히 뭐 먹으러 가는 게 어때요?
(a) I would, but I'm full.	(a) 그러고 싶지만, 배가 불러요.
(b) Sounds good.	(b) 좋아요.
(c) I heard the food there is good.	(c) 거기 음식이 맛있다고 들었어요.
(d) Let's order some more.	(d) 좀 더 주문하죠.

해설   점심 식사를 하러 가자고 제안하는 상황입니다. 간단히 뭐 먹으러 가자는 말에 좋다고 응답한 (b)가 정답입니다.

어휘   starve[stáːrv] 배고프다 bite[bait] 간단한 식사 order[óːrdər] 주문하다

Possible Answer   OK, I'll get my bag. 좋아요, 제 가방 좀 가져올게요.

쇼핑·외식과 관련하여 자주 나오는 대화 상황별 표현을 익혀두면, 대화를 들을 때 대화의 상황을 쉽게 파악하고 대화 내용을 정확히 이해할 수 있습니다. 음성을 듣고 따라 읽으면서 꼭 외워두세요!

제품 문의

제품의 위치를 물어보는 상황

Where can I find the milk?	우유를 어디에서 찾을 수 있나요?
Which section has sportswear?	운동복은 어느 구역에 있나요?

다른 색상이나 사이즈가 있는지 물어보는 상황

Do these shoes **come in other colors**?	이 신발은 다른 색으로도 나오나요?
Do you **have** this shirt **in a smaller size**?	이 셔츠는 더 작은 사이즈도 있나요?

제품에 대한 의견

제품이 잘 어울리는지 물어보는 상황

Does this jacket **go with these pants**?	이 재킷이 바지와 잘 어울리나요?
Do you think this dress **suits me**?	이 드레스가 저에게 잘 어울린다고 생각하나요?

구입한 제품에 대해 불만을 이야기하는 상황

My new stereo isn't **working properly**.	새 스테레오가 잘 작동하지 않아요.
I'm not **satisfied with my camera**.	저는 제 카메라가 별로 만족스럽지 않아요.

제품 구입 및 환불

제품 값에 대해 이야기하는 상황

I **can't afford a car** that expensive.	저는 그렇게 비싼 차를 살 형편이 안돼요.
These curtains are **on sale**.	이 커튼은 세일 중이에요.

지불 방법에 대해 이야기하거나, 제품을 환불하는 상황

I'll **put** it **on my credit card**.	제 신용 카드로 계산할게요.
I'd like to **return** this CD **for a refund**.	이 CD를 환불하고 싶어요.

제품 판매 및 배송

제품 찾는 것을 도와주거나, 제품을 소개하는 상황

Do you **need a hand** finding anything?
물건 찾는 데 도움이 필요하세요?

Would you like to **have a look** at our latest products?
저희 신제품을 보시겠어요?

제품 배송 상태에 대해 이야기하는 상황

The deliveryman said he's **running behind**.
상품 배달원이 좀 늦을 거라고 했어요.

The delivery truck **dropped off** your new sofa.
배달 차가 당신의 새 소파를 배달하고 갔어요.

외식 제안 및 음식 주문

외식을 제안하는 상황

Let's **grab a bite** after shopping.
쇼핑 하고 나서 간단히 뭐 먹으러 가요.

How about **eating out** tonight?
오늘 밤에 외식하는 게 어때요?

음식을 주문하거나 받는 상황

I'd like to **place my order** now.
지금 주문하고 싶은데요.

Are you **ready to order**, sir?
손님, 주문하시겠어요?

식당·음식 평가 및 계산

식당이나 음식을 평가하는 상황

The food there was **overpriced for the portions**.
거기 음식은 양에 비해 지나치게 비싸요.

The soup here **tastes exquisite**.
여기 수프가 아주 맛있어요.

계산을 하거나 팁을 남기는 상황

I'd be happy to **pay the bill**.
제가 기꺼이 계산할게요.

Don't forget to **tip the waiter**.
종업원에게 팁 주는 거 잊지 마세요.

먼저 음성을 들으며 앞에서 배운 빈출 상황 및 표현을 활용하여 정답을 고르세요. 그리고 두 번 다시 들으며 빈칸에 들어갈 내용을 받아써 보세요. (음성은 세 번씩 들려줍니다.) 🎧 P1&2_24

Part 1

01   (a)   (b)

> I thought the food was _____.
> (a) Yes, it was _____.
> (b) Really? Mine was _____.

02   (a)   (b)

> Would you like to _____ with me?
> (a) _____. I thought you were finished.
> (b) Actually, I _____.

03   (a)   (b)   (c)

> Excuse me, _____ cookware?
> (a) I don't _____.
> (b) It's in the _____.
> (c) _____ tomorrow.

04   (a)   (b)   (c)

> We _____ a new table right now.
> (a) _____ the finest wood.
> (b) Then _____ sell it.
> (c) We could buy it _____.

Part 2

05 (a)   (b)

> M: Good afternoon. May I help you?
> W: Yes. I need a _____.
> M: Do you have anything specific _____?
> (a) We no longer _____.
> (b) Something not _____.

06 (a)   (b)   (c)

> M: I'll _____, please.
> W: OK. How would you like it?
> M: Medium-rare. And does it _____ salad?
> (a) No, that _____.
> (b) It's my _____.
> (c) You'll _____.

07 (a)   (b)   (c)

> W: _____ what you were looking for?
> M: Yes, thanks. I'd like to buy this backpack.
> W: And will that be _____?
> (a) It's for _____.
> (b) We're _____ of those.
> (c) I'll put it on my _____.

정답 p. 30

음성을 들으며 질문에 가장 적절한 응답을 고르세요. 🎧 P1&2_25

Part 1

01   (a)   (b)   (c)   (d)

02   (a)   (b)   (c)   (d)

03   (a)   (b)   (c)   (d)

04   (a)   (b)   (c)   (d)

Part 2

05   (a)   (b)   (c)   (d)

06   (a)   (b)   (c)   (d)

07   (a)   (b)   (c)   (d)

08   (a)   (b)   (c)   (d)

정답 p. 32

받아쓰기 & 쉐도잉 프로그램으로 Hackers Practice와 Hackers Test를 꼭 복습하세요.

교통 시설에 대해 말하고 있군요!

남자가 도로 공사가 있는 것 같다고 말하고 있어요.
이 말에 여자는 다른 길로 돌아가자고 답하고 있네요. 이렇게 교통 시설에 대해 말하는 것과 같은
교통, 또는 의료와 연관된 상황을 담은 문제는 Part 1과 2의 총 20문제 중 평균 3문제 정도 출제됩니다.
그럼 이러한 문제에 대해 자세히 알아볼까요!

Part 1&2에서 교통·의료 관련 대화 문제가 어떻게 출제되는지 확인해보세요!

Part 1

Excuse me. Where is the closest gas station?	실례합니다. 가장 가까운 주유소가 어디 있나요?
(a) It's the cheapest in town.	(a) 그것은 시내에서 가장 싸요.
(b) Past the next traffic light.	(b) 다음 신호등 지나서 있어요.
(c) No, I have plenty of gas.	(c) 아니요, 저는 가스가 충분해요.
(d) Yes. Fill up the tank, please.	(d) 네. 탱크를 가득 채워 주세요.

해설　주유소의 위치를 묻고 있는 상황입니다. 주유소가 어디 있는지 묻는 질문에 다음 신호등 지나서 있다고 응답한 (b)가 정답입니다.

어휘　close[klous] 가까운　cheap[tʃi:p] 싼　traffic light 신호등　plenty of 충분한　fill up 채우다

Possible Answer　There's one around the corner. 모퉁이 근처에 하나가 있어요.

Part 2

M: So, Mary, what are your symptoms?	M: Mary, 증상이 뭔가요?
W: My throat is sore, and I have a fever.	W: 목이 아프고, 열이 나요.
M: OK, and any other complaints?	M: 네, 그리고 다른 불편한 점이 있나요?
(a) Yes, please.	(a) 네, 그렇게 해주세요.
(b) Almost three days.	(b) 거의 3일 동안이요.
(c) I'd rather not.	(c) 저는 그러지 않겠어요.
(d) Well, also body aches.	(d) 음, 그리고 온몸이 아파요.

해설　병의 증상에 대해 이야기하는 상황입니다. 목이 아프고 열이 나는 것 외에 다른 불편한 점이 있는지 묻는 질문에 온몸이 아프다고 응답한 (d)가 정답입니다.

어휘　symptom[símptəm] 증상　throat[θrout] 목　fever[fí:vər] 열　ache[eik] 아프다

Possible Answer　I don't think so. 없는 것 같아요.

교통·의료와 관련하여 자주 나오는 대화 상황별 표현을 익혀두면, 대화를 들을 때 대화의 상황을 쉽게 파악하고 대화 내용을 정확히 이해할 수 있습니다. 음성을 듣고 따라 읽으면서 꼭 외워두세요!

길 안내

목적지의 위치를 물어보는 상황

I'm **looking for** the fish market.	저는 수산 시장을 찾고 있어요.
Is there a movie theater **close by**?	근처에 영화관이 있나요?

목적지로 가는 방법을 물어보는 상황

What's the best way to get to the park?	공원으로 가는 가장 좋은 방법은 무엇인가요?
How can I get to the bank?	은행에 어떻게 가나요?

교통 및 수리 관련 문제

교통 체증이나 사고에 대해 이야기하는 상황

I **got stuck in traffic**.	저는 교통 체증에 갇혔어요.
James was **in a crash** on Sunday.	James는 일요일에 교통 사고를 당했어요.

자동차 수리에 대해 이야기하는 상황

I **need my car repaired** before Monday.	월요일 전에 제 차를 수리해야 해요.
I'll **take my car to the mechanic** tomorrow.	내일 제 차를 수리공에게 맡길 거예요.

대중교통

대중교통 이용에 대해 이야기하는 상황

You can get to the zoo **by bus**.	버스를 타고 동물원에 갈 수 있어요.
Sorry I'm late. I **got off** at the wrong bus stop.	늦어서 미안해. 다른 버스 정류장에서 내렸어.

대중교통 시설에 대해 이야기하는 상황

The highway is **under construction**.	그 고속도로는 공사 중이에요.
Are they going to **expand the city bus system**?	도시 버스 시스템이 확대될 예정인가요?

법규 위반 및 면허 시험

교통 법규를 위반한 상황

Alan **got a ticket** for running a stop sign.	Alan은 정지 신호를 위반하여 딱지를 뗐어요.
A police officer **pulled** me **over** for speeding.	과속을 해서 경찰이 제 차를 길가에 세웠어요.

면허 시험을 앞두고 걱정하거나, 면허 시험에서 탈락한 상황

I'm worried I won't **pass my driving test**.	면허 시험을 통과하지 못할까 봐 걱정돼.
I failed the written test, so I didn't **get my license**.	필기 시험에서 탈락해서 면허증을 따지 못했어.

병의 증상 및 부상

병의 증상에 대해 이야기하는 상황

I've been **suffering from a headache** all day.	저는 하루 종일 두통을 앓아 왔어요.
I think I'm **coming down with a fever**.	저는 열이 있는 것 같아요.

부상에 대해 이야기하는 상황

I heard you **sprained your ankle**.	네가 발목을 삐었다고 들었어.
I hope you **recover from your injuries** soon.	부상에서 곧 회복하길 바라.

진료 및 입원

진료를 예약하거나, 검진을 받으러 간 상황

I need to **make a doctor's appointment**.	진료 예약을 해야 해요.
I'm here for my **regular checkup**.	정기 검진을 받으러 왔어요.

입원이나 경과에 대해 이야기하는 상황

I was **in the hospital** last week.	저는 지난주에 입원했었어요.
She is **getting back to normal**.	그녀는 회복 중에 있어요.

HACKERS PRACTICE

먼저 음성을 들으며 앞에서 배운 빈출 상황 및 표현을 활용하여 정답을 고르세요. 그리고 두 번 다시 들으며 빈칸에 들어갈 내용을 받아써 보세요. (음성은 세 번씩 들려줍니다.) 🎧 P1&2_28

Part 1

01 (a)　　(b)

I think I've _____.
(a) _____ that.
(b) I'll go _____.

02 (a)　　(b)

How can I _____ from here?
(a) I don't have time _____.
(b) You should probably _____.

03 (a)　(b)　(c)

Have you _____ about Ann's _____?
(a) Don't _____.
(b) She was _____.
(c) Yes. I hope she _____ soon.

04 (a)　(b)　(c)

Is the new _____ supposed to _____ soon?
(a) _____ at this hour.
(b) Sometime _____.
(c) We can take _____.

Part 2

05 (a)　　　(b)

> W: There's something _____ with _____.
> M: I may be able to help. What's the problem?
> W: It won't start. I think _____.
> (a) I think your car _____.
> (b) I can _____ for you.

06 (a)　　　(b)　　　(c)

> M: Did you study for the _____?
> W: I did, but I'm not sure if I'm ready.
> M: Try to relax. _____.
> (a) Don't forget your _____.
> (b) I've _____ times before.
> (c) I hope _____.

07 (a)　　　(b)　　　(c)

> W: What's the _____ to get to Central Park?
> M: Well, you could walk or take a cab.
> W: What would _____?
> (a) The park has _____.
> (b) A _____ would be _____.
> (c) I'll point you in the _____.

정답 p. 36

음성을 들으며 질문에 가장 적절한 응답을 고르세요. 🎧 P1&2_29

Part 1

01   (a)   (b)   (c)   (d)

02   (a)   (b)   (c)   (d)

03   (a)   (b)   (c)   (d)

04   (a)   (b)   (c)   (d)

Part 2

05   (a)   (b)   (c)   (d)

06   (a)   (b)   (c)   (d)

07   (a)   (b)   (c)   (d)

08   (a)   (b)   (c)   (d)

정답 p. 38

받아쓰기&쉐도잉 프로그램으로 Hackers Practice와 Hackers Test를 꼭 복습하세요.

집안일을 도와달라고 부탁하고 있군요!

아내가 설거지를 해줄 수 있는지 물어보고 있어요.
이 말에 남편은 그러겠다고 답하고 있네요. 이렇게 집안일을 도와달라고 부탁하는 것과 같은
가정과 연관된 상황을 담은 문제는 Part 1과 2의 총 20문제 중 평균 2문제 정도 출제됩니다.
그럼 이러한 문제에 대해 자세히 알아볼까요!

Part 1&2에서 가정 관련 대화 문제가 어떻게 출제되는지 확인해보세요!

Part 1

Could you help me with the dishes?	설거지 좀 도와줄래요?
(a) No, I like the other dishes better.	(a) 아니요. 저는 다른 접시가 더 좋아요.
(b) But I did them last time.	**(b) 하지만 지난번에 제가 설거지를 했어요.**
(c) She's busy right now.	(c) 그녀는 지금 바빠요.
(d) I'll help you pick them out.	(d) 제가 그것들을 고르는 것을 도와줄게요.

해설   집안일을 도와달라고 부탁하는 상황입니다. 설거지를 도와달라는 요청에 지난번에 자신이 설거지를 했다고 응답한 (b)가 정답입니다.

어휘   pick out 고르다

Possible Answer   Sure. Let me change this light, first.   물론이죠. 이 전등 좀 먼저 갈고 나서요.

Part 2

M: Hi, Christy. Come on in.	M: 안녕하세요, Christy. 들어오세요.
W: Thanks. It's getting cold.	W: 고마워요. 날씨가 추워지네요.
M: Yes, it is. So, did you find my place easily?	M: 네, 그래요. 저희 집을 쉽게 찾았어요?
(a) OK, I'll shut the door.	(a) 좋아요, 제가 문을 닫을게요.
(b) Then how about my place?	(b) 그럼 우리 집은 어때요?
(c) No. The roads were icy.	(c) 아니요. 길이 얼음으로 덮여 있었어요.
(d) Sure. The directions were easy.	**(d) 물론이죠. 안내가 쉬웠어요.**

해설   집을 방문한 사람을 맞이하는 상황입니다. 집을 쉽게 찾았는지 묻는 질문에 물론이라며 안내가 쉬웠다고 응답한 (d)가 정답입니다.

어휘   shut[ʃʌt] 닫다

Possible Answer   Yeah, I had no trouble at all.   네, 전혀 문제 없었어요.

가정과 관련하여 자주 나오는 대화 상황별 표현을 익혀두면, 대화를 들을 때 대화의 상황을 쉽게 파악하고 대화 내용을 정확히 이해할 수 있습니다. 음성을 듣고 따라 읽으면서 꼭 외워두세요!

집안일

집안일을 도와달라고 요청하는 상황

Could you **take out the garbage**?	쓰레기 좀 버려줄 수 있어요?
It's your turn to **do the dishes**.	당신이 설거지할 차례예요.

집안일에 대해 불평하는 상황

I can't be **bothered with** all your laundry.	당신 빨래 때문에 방해 받기 싫어요.
I'm **sick of housecleaning**.	저는 집 안 청소가 지겨워요.

집

집에 온 손님을 맞이하는 상황

I'm glad you had no trouble **finding my place**.	우리 집을 찾는 데 문제가 없었다니 기뻐요.
Thanks for **coming to my house**, Lisa.	우리 집에 와줘서 고마워요, Lisa.

집 안 인테리어를 칭찬하는 상황

Your new furniture is **perfect for this room**.	당신의 새 가구가 이 방에 아주 잘 어울리네요.
Your kitchen **looks fantastic**.	당신의 부엌이 아주 멋지네요.

이사

이사 준비나 이사하려는 이유에 대해 물어보는 상황

Did you find an apartment **in your price range**?	당신이 생각하는 가격대의 아파트를 찾았나요?
Why do you want to **move out**?	왜 이사 나가기를 원하나요?

새로 이사한 집에 대해 이야기하는 상황

I purchased a house **with a great view**.	저는 전망이 좋은 집을 샀어요.
This apartment is **much better than** your old place.	이 아파트가 예전 집보다 훨씬 좋네요.

자녀

가족 계획에 대해 이야기하는 상황

John and I are hoping to **start a family**.
I heard your wife's **expecting a baby**.

John과 저는 첫 아이를 갖기 원하고 있어요.
당신 아내가 임신 중이라고 들었어요.

부모가 자녀를 꾸짖는 상황

I told you to **keep** your room **in order**.
You should **behave yourself**.

네 방을 정리하라고 말했잖니.
예의 바르게 행동하는 게 좋겠다.

경조사

가족의 결혼이나 결혼 기념일에 대해 이야기하는 상황

My brother is going to **get married**.
Your wedding anniversary is **coming up**, isn't it?

제 남동생이 결혼을 할 거예요.
결혼 기념일이 다가오고 있죠, 그렇지 않나요?

친척이 돌아가신 것에 대해 이야기하는 상황

My grandfather **passed away** yesterday.
I'm sorry you **lost** your aunt **to cancer**.

제 할아버지가 어제 돌아가셨어요.
당신 이모가 암으로 돌아가셨다니 유감이에요.

이웃

이웃에 대해 이야기하는 상황

Your landlord is **charging** you **too much**.
My neighbors **get along well** with others.

당신 집주인이 세를 너무 비싸게 받고 있어요.
제 이웃은 다른 사람들과 잘 어울려요.

이웃에게 불평하는 상황

Could you please **keep it down**?
You need to **keep** your dogs **under control**.

좀 조용히 해주실래요?
당신 개를 잘 관리할 필요가 있어요.

먼저 음성을 들으며 앞에서 배운 빈출 상황 및 표현을 활용하여 정답을 고르세요. 그리고 두 번 다시 들으며 빈칸에 들어갈 내용을 받아써 보세요. (음성은 세 번씩 들려줍니다.) P1&2_32

Part 1

01 (a)   (b)

> Did you have trouble _____?
>
> (a) _____, but I found it.
>
> (b) No problem. _____.

02 (a)   (b)

> _____ haven't you done your _____?
>
> (a) Sorry. I will _____ right away.
>
> (b) Fine. I'll _____ again.

03 (a)   (b)   (c)

> I'm _____ the kitchen every time.
>
> (a) I'm almost _____.
>
> (b) I agree. We should have _____.
>
> (c) Sorry. I'll try to _____ more.

04 (a)   (b)   (c)

> Tonight is my parents' 30th _____.
>
> (a) I didn't _____ there.
>
> (b) That requires a _____.
>
> (c) The wedding's _____.

Part 2

05 (a)　　　(b)

> W: Hi, Charlie. What's wrong?
> M: I found out my uncle _____.
> W: Oh, that's terrible. Was _____?
> (a) No. He'd been _____.
> (b) He decided to _____ to me.

06 (a)　　　(b)　　　(c)

> M: Hi, Ms. Clark. I'm calling _____.
> W: Oh? Is there a problem?
> M: They're _____ outside my window.
> (a) I'm so sorry. I'll _____ it.
> (b) I'll pay to _____.
> (c) You should _____ better.

07 (a)　　　(b)　　　(c)

> M: How do you like your _____?
> W: I love it. It has a great view.
> M: And is the _____?
> (a) You should talk to _____.
> (b) It's a one-year _____.
> (c) It's _____ this area.

정답 p.42

음성을 들으며 질문에 가장 적절한 응답을 고르세요. 🎧 P1&2_33

Part 1

01   (a)   (b)   (c)   (d)

02   (a)   (b)   (c)   (d)

03   (a)   (b)   (c)   (d)

04   (a)   (b)   (c)   (d)

Part 2

05   (a)   (b)   (c)   (d)

06   (a)   (b)   (c)   (d)

07   (a)   (b)   (c)   (d)

08   (a)   (b)   (c)   (d)

정답 p. 44

🖥 받아쓰기 & 쉐도잉 프로그램으로 Hackers Practice와 Hackers Test를 꼭 복습하세요.

의문사 의문문

'언제(When)'를 이용하여 시점을 물어보고 있군요!

남자가 막차가 출발하는 시점을 물어보고 있어요. 이 말에 여자는 11시라며 시간으로 답하고 있네요.
이처럼 '언제(When)'나 '왜(Why)'와 같은 의문사로 묻고 그에 알맞게 답하는
의문사 의문문 문제는 Part 1과 2에서 각각 2~3문제 정도 출제됩니다.
그럼 이러한 문제에 대해 자세히 알아볼까요!

Part 1&2에서 의문사 의문문 문제가 어떻게 출제되는지 확인해보세요!

Part 1

What do you do for a living?	직업이 무엇인가요?
(a) I left it in the office.	(a) 저는 그것을 사무실에 두고 왔어요.
(b) I'm a high school teacher.	(b) 저는 고등학교 선생님이에요.
(c) I work eight hours a day.	(c) 저는 하루에 8시간 일해요.
(d) It's 8:15.	(d) 8시 15분이에요.

해설   의문사 What(무엇)을 이용하여 직업이 무엇인지 묻고 있습니다. 이에 대해 고등학교 선생님이라고 응답한 (b)가 정답입니다.

어휘   leave[liːv] 두다; 떠나다

Possible Answer   I'm between jobs right now. 지금은 구직 중이에요.

Part 2

M: Let's go jogging in the morning.	M: 아침에 같이 조깅하러 가요.
W: I have to be at the office early tomorrow.	W: 내일 일찍 사무실에 있어야 해요.
M: Then how about going after work?	M: 그럼 퇴근 후에 가는 건 어때요?
(a) I had to work late too.	(a) 저도 늦게까지 일해야 했어요.
(b) Right before breakfast is better.	(b) 아침 식사 바로 전이 나아요.
(c) Sorry. I was running late.	(c) 미안해요. 제가 늦었어요.
(d) That should be fine.	(d) 괜찮을 것 같아요.

해설   의문사 How(어떤지)를 이용하여 퇴근 후에 조깅하러 가는 것이 어떤지 묻고 있습니다. 이에 대해 괜찮을 것 같다고 응답한 (d)가 정답입니다.

어휘   jog[dʒɑg] 조깅하다   breakfast[brékfəst] 아침 식사   run late 늦다

Possible Answer   Sure. I don't have any plans. 좋아요. 약속이 없거든요.

의문사 의문문과 관련하여 자주 나오는 질문과 응답을 익혀두면, 질문을 들을 때 응답을 미리 예상하고 정답을 쉽게 고를 수 있습니다. 음성을 듣고 따라 읽으면서 꼭 외워두세요!

의문사에 해당하는 정보를 묻는 의문사 의문문

What(무엇), How(어떻게) 등의 의문사를 이용하여 각각의 의문사에 해당하는 정보를 묻습니다.

What · Which

What(무엇) · Which(어떤)로 취미, 선택, 금액 등 다양한 정보를 물을 때에는 질문 내용에 알맞은 정보로 답하는 응답이 주로 출제됩니다.

Q **What** do you **do** on the weekends? [취미] 주말에 뭐하세요?	**A** I enjoy playing baseball. 저는 야구를 즐겨 해요.
Q **Which** do you prefer, bacon or sausage? [선택] 베이컨과 소시지 중에 어떤 것이 더 좋으세요?	**A** I like bacon better. 저는 베이컨이 더 좋아요.

How

How(어떻게; 얼마나)로 방법을 물을 때에는 구체적인 방법을 설명하는 응답이, 정도를 물을 때에는 시간이나 거리로 답하는 응답이 주로 출제됩니다.

Q **How** do you turn on the printer? [방법] 어떻게 프린터를 켜나요?	**A** Press the yellow button. [구체적 방법] 노란색 버튼을 누르세요.
Q **How long** will it take to fix the TV? [정도] TV를 고치는 데 얼마나 걸릴까요?	**A** About two hours. [시간] 두 시간 정도 걸려요.

주의! How come(왜)을 이용하여 이유를 묻기도 합니다.

Q **How come** you didn't eat all of your food? [이유] 왜 음식을 다 안 드셨어요?	**A** I wasn't very hungry. 배가 많이 고프지 않았어요.

Why · Where · When

Why(왜)로 이유를 물을 때에는 because 없이 이유를 설명하는 응답이, Where(어디)로 장소를 물을 때에는 장소나 위치, 방향으로 답하는 응답이, When(언제)으로 시점을 물을 때에는 시간이나 날짜로 답하는 응답이 주로 출제됩니다.

Q **Why** do you have to go to the mall? 왜 쇼핑몰에 가야 하나요?	**A** I need a battery for my radio. [이유] 라디오에 쓸 배터리가 필요해요.
Q **Where** did you work previously? 이전에 어디서 근무하셨어요?	**A** I was at a real estate company. [장소] 부동산 회사에 있었어요.
Q **When** does the last train depart? 마지막 기차가 언제 출발하나요?	**A** It leaves at 11. [시간] 11시에 출발해요.

그 외의 정보를 묻는 의문사 의문문

의문사가 포함된 표현을 이용하여 상대방의 안부 및 의견을 묻거나, 상대방에게 제안을 합니다.

안부 묻기

How have you been(어떻게 지내는지)나 What have you been(무엇을 하며 지내는지) 등을 이용하여 상대방의 안부를 물을 때에는 근황을 이야기하거나 안부를 되묻는 응답이 주로 출제됩니다.

Q **How have you been** these days? 요즘 어떻게 지내세요?	**A1** I've been quite well. [근황] 그럭저럭 잘 지냈어요. **A2** Not bad. And you? [되묻기] 나쁘지 않아요. 당신은요?
Q **What have you been** up to? 요즘 뭐하면서 지내세요?	**A1** Just the usual, I guess. [근황] 그냥 일상적이었어요. **A2** Mostly work. How about you? [되묻기] 거의 일만 했어요. 당신은요?

의견 묻기

How(~이 어떤지)나 What do you think of(~에 대해 어떻게 생각하는지) 등을 이용하여 상대방의 의견을 물을 때에는 그에 대해 긍정적이나 부정적으로 답하는 응답이 주로 출제됩니다.

Q **How** is your new aerobics class? 새로운 에어로빅 수업은 어떤가요?	**A1** It's much better than my last one. [긍정] 지난번보다는 훨씬 나아요. **A2** I don't think it's very effective. [부정] 별로 효과적이지 않은 것 같아요.
Q **What do you think of** this used sofa? 이 중고 소파에 대해 어떻게 생각하세요?	**A1** It seems to be in good condition. [긍정] 상태가 좋은 것 같네요. **A2** Well, it's not exactly my style. [부정] 음, 정확히 제 취향은 아니에요.

제안하기

How about(~이 어때)나 Why don't we / you(~하는 게 어때) 등을 이용하여 상대방에게 제안을 할 때에는 그를 수락하거나 거절하는 응답이 주로 출제됩니다.

Q **How about** painting the living room? 거실을 페인트 칠하는 것이 어때요?	**A1** That's a good idea. [수락] 좋은 생각이네요. **A2** I prefer it like it is. [거절] 저는 지금이 더 좋아요.
Q **Why don't we** look for a detour? 우회로를 찾아보는 게 어때요?	**A1** OK, that might be faster. [수락] 좋아요, 그게 더 빠를 수도 있겠네요. **A2** There's no point. It's rush hour. [거절] 소용없어요. 차가 막히는 시간이에요.

먼저 음성을 들으며 앞에서 배운 빈출 질문 및 응답을 활용하여 정답을 고르세요. 그리고 두 번 다시 들으며 빈칸에 들어갈 내용을 받아써 보세요. (음성은 세 번씩 들려줍니다.) 🎧 P1&2_36

Part 1

01　(a)　　　(b)

_____ to your arm?
(a) I'll take good _____.
(b) _____ playing tennis.

02　(a)　　(b)

_____ are your cousins _____?
(a) They'll be here _____ of June.
(b) I haven't _____.

03　(a)　　(b)　　(c)

_____ will you buy?
(a) _____ first.
(b) I got it _____.
(c) Probably the _____.

04　(a)　　(b)　　(c)

_____ think of the new vacation policy?
(a) I have no idea _____.
(b) I _____.
(c) It's a perfect time _____.

Part 2

05   (a)   (b)

W: Ted, do you still work downtown?
M: Yes, but I don't _____ anymore.
W: _____ do you _____ now?
(a) I have a meeting _____.
(b) A _____ on the west side.

06   (a)   (b)   (c)

W: Did you find what you were looking for?
M: Yes, thanks. I'd like to buy _____.
W: OK. _____ would you _____?
(a) It _____ well.
(b) I'm _____ for my daughter.
(c) _____ is fine.

07   (a)   (b)   (c)

W: I'd like _____.
M: OK, I'll make you a cup.
W: Well, why don't we _____ instead?
(a) I only have _____.
(b) OK, _____ to me.
(c) I prefer _____.

정답 p.48

음성을 들으며 질문에 가장 적절한 응답을 고르세요. 🎧 P1&2_37

Part1

01 (a) (b) (c) (d)

02 (a) (b) (c) (d)

03 (a) (b) (c) (d)

04 (a) (b) (c) (d)

Part 2

05 (a) (b) (c) (d)

06 (a) (b) (c) (d)

07 (a) (b) (c) (d)

08 (a) (b) (c) (d)

정답 p. 50

받아쓰기 & 쉐도잉 프로그램으로 Hackers Practice와 Hackers Test를 꼭 복습하세요.

일반 의문문

날씨에 대해 물어보고 있군요!

여자가 일기 예보를 들었는지 사실을 물어보고 있어요. 이 말에 남자는 그렇다고 답하고 있네요.
이처럼 상대방에게 사실을 묻고 그에 답하는 등의
일반 의문문 문제는 Part 1과 2에서 각각 2~4문제 정도 출제됩니다.
그럼 이러한 문제에 대해 자세히 알아볼까요!

Part 1&2에서 일반 의문문 문제가 어떻게 출제되는지 확인해보세요!

Part 1

Did you do the sales report? **(a) No, I've been too busy.** (b) I'm sure we can sell it. (c) Report it to the supervisor. (d) Yes, I like it very much.	판매 보고서를 작성했나요? (a) 아니요, 저는 너무 바빴어요. (b) 우리가 팔 수 있을 거라고 확신해요. (c) 상사에게 보고하세요. (d) 네, 저는 그걸 아주 좋아해요.

해설　일반 의문문을 이용하여 판매 보고서를 작성했는지 묻고 있습니다. 이에 대해 너무 바빠서 못했다고 응답한 (a)가 정답입니다.

어휘　sales[seilz] 판매의　report[ripɔ́ːrt] 보고서; 보고하다　supervisor[súːpərvàizər] 상사; 감독

Possible Answer　I'm almost done. 거의 다 했어요.

Part 2

W: Did you say you used to go bowling a lot? M: Yes, when I was younger. Why do you ask? W: Well, I'd like to learn. Could you give me some tips? (a) I'm not so young anymore. (b) I used to be on a bowling team. (c) It's an inexpensive hobby. **(d) Of course. I'd be happy to.**	W: 예전에 자주 볼링을 치러 다니셨다고 하셨죠? M: 네, 어렸을 때요. 그건 왜 물으세요? W: 음, 저도 배우고 싶어서요. 저에게 조언 좀 해주시겠어요? (a) 저는 더 이상 그렇게 어리지 않아요. (b) 저는 볼링 팀에 있었어요. (c) 그건 비용이 많이 들지 않는 취미예요. (d) 물론이죠. 기꺼이 해드릴게요.

해설　일반 의문문을 이용하여 볼링에 대한 조언을 해달라고 요청하고 있습니다. 이에 대해 물론이라며 기꺼이 조언을 해주겠다고 응답한 (d)가 정답입니다.

어휘　used to ~하곤 했다　learn[ləːrn] 배우다　tip[tip] 조언　inexpensive[ìnikspénsiv] 비용이 많이 들지 않는

Possible Answer　It would be my pleasure. 저에게도 즐거운 일일 거예요.

일반 의문문과 관련하여 자주 나오는 질문과 응답을 익혀두면, 질문을 들을 때 응답을 미리 예상하고 정답을 쉽게 고를 수 있습니다. 음성을 듣고 따라 읽으면서 꼭 외워두세요!

사실이나 의견을 묻는 일반 의문문
Do나 Have와 같은 조동사나, Be 동사 등으로 시작하여 사실이나 의견을 묻습니다.

사실 묻기
Are you(~인가요)나 Have you(~한 적 있어요) 등을 이용하여 사실을 물을 때에는 Yes(네)나 No(아니요) 뒤에 부연 설명을 하거나, 질문에 간접적으로 답하는 응답이 주로 출제됩니다.

Q **Are you** going to the banquet? 연회에 갈 건가요?	**A1** **Yes.** It'll be an enjoyable evening. [Yes] 네. 즐거운 저녁이 될 거예요. **A2** **No.** I have other plans. [No] 아니요. 저는 다른 계획이 있어요.
Q **Have you** spoken to Kate recently? Kate와 최근에 이야기해 본 적 있어요?	**A1** I just got off the phone with her. [간접 Yes] 방금 그녀와 통화를 마쳤어요. **A2** She never answers her phone. [간접 No] 그녀가 전화를 받지 않아요.

의견 묻기
Do you like(~을 좋아하세요) 등을 이용하여 의견을 물을 때에는 Sure(물론이죠)나 Not really(별로요) 뒤에 부연 설명을 하거나, 질문에 간접적으로 답하는 응답이 주로 출제됩니다.

Q **Do you like** to watch baseball? 야구 보는 거 좋아하세요?	**A1** **Sure.** It's a fascinating game. [Yes] 물론이죠. 흥미로운 경기예요. **A2** **Not really.** I find it rather boring. [No] 별로요. 저한테 야구는 좀 지루해요.
Q This place has good salads, doesn't it? 여기 샐러드가 맛있죠, 그렇지 않나요?	**A1** The best in town. [간접 Yes] 시내에서 최고예요. **A2** Personally, I don't like them. [간접 No] 개인적으로, 저는 좋아하지 않아요.

요청이나 제안을 하는 일반 의문문

Can(Could)이나 May 등으로 시작하여 상대방에게 무언가를 요청하거나, Would나 Shall(Should) 등으로 시작하여 제안을 합니다.

요청하기

Can You(~해 줄 수 있나요)나 May I(~할 수 있을까요) 등을 이용하여 요청을 할 때에는 Certainly(그럼요) 등을 이용하여 그를 수락하거나, Sorry(미안해요) 등을 이용하여 거절하는 응답이 주로 출제됩니다.

Q **Can you** proofread this memo for me? 이 메모를 교정해 주실 수 있나요?	**A1** **Certainly.** I'll do it after lunch. [수락] 그럼요. 점심 식사 후에 할게요. **A2** **Sorry.** I'm a little busy now. [거절] 미안해요. 제가 지금 좀 바빠요.
Q **May I** speak to Rosie? Rosie랑 통화할 수 있을까요?	**A1** One moment, please. [수락] 잠시만 기다리세요. **A2** **I'm sorry.** She's not in. [거절] 미안해요. 그녀가 없어요.

제안하기

Would you like(~하실래요)나 Shall we(~할까요) 등을 이용하여 제안을 할 때에는 Sure(물론이죠)나 OK(좋아요) 등을 이용하여 그를 수락하거나, Well(글쎄요)이나 Actually(사실) 등을 이용하여 거절하는 응답이 주로 출제됩니다.

Q **Would you like** to go for a walk? 산책하러 가실래요?	**A1** **Sure,** just let me grab my coat. [수락] 물론이죠, 코트 좀 가져올게요. **A2** **Well,** I've got a prior commitment. [거절] 글쎄요, 저는 선약이 있어요.
Q **Shall we** go see a movie tonight? 오늘 밤에 영화 보러 갈까요?	**A1** **OK.** Let's see what's playing. [수락] 좋아요. 뭐가 상영하고 있는지 찾아봐요. **A2** **Actually,** I'd rather stay in. [거절] 사실, 저는 그냥 있을래요.

먼저 음성을 들으며 앞에서 배운 빈출 질문 및 응답을 활용하여 정답을 고르세요. 그리고 두 번 다시 들으며 빈칸에 들어갈 내용을 받아써 보세요. (음성은 세 번씩 들려줍니다.) 🎧 P1&2_40

Part 1

01 (a) (b)

_____ your lecture _____?

(a) No, I don't _____.

(b) _____. Here you are.

02 (a) (b)

_____ to go dancing tomorrow night?

(a) Actually, I'm going _____.

(b) I had a _____.

03 (a) (b) (c)

_____ a _____ store around here?

(a) _____ two blocks ahead.

(b) I was _____ yesterday.

(c) It's very _____.

04 (a) (b) (c)

Did you and Tim finally _____?

(a) I've enjoyed _____.

(b) We're still _____.

(c) _____, we'll take care of it later.

Part 2

05 (a)   (b)

> M: How's your _____ going?
> W: So far, not so good.
> M: _____ do to help?
> (a) No, I can _____.
> (b) Sure. I'd be glad _____.

06 (a)   (b)   (c)

> M: _____ really going to _____ those curtains?
> W: Yes. They're beautiful.
> M: They seem to be _____, don't they?
> (a) I don't _____.
> (b) But we can't _____.
> (c) I find them _____.

07 (a)   (b)   (c)

> M: Rachel, your face looks pale. Are you all right?
> W: Actually, I don't _____.
> M: _____ have any particular _____?
> (a) I would have to make an _____.
> (b) No. I just feel _____.
> (c) I don't need a _____.

정답 p.54

음성을 들으며 질문에 가장 적절한 응답을 고르세요. 🎧 P1&2_41

Part 1

01　(a)　　　(b)　　　(c)　　　(d)

02　(a)　　　(b)　　　(c)　　　(d)

03　(a)　　　(b)　　　(c)　　　(d)

04　(a)　　　(b)　　　(c)　　　(d)

Part 2

05　(a)　　　(b)　　　(c)　　　(d)

06　(a)　　　(b)　　　(c)　　　(d)

07　(a)　　　(b)　　　(c)　　　(d)

08　(a)　　　(b)　　　(c)　　　(d)

정답 p. 56

🖥 받아쓰기 & 쉐도잉 프로그램으로 Hackers Practice와 Hackers Test를 꼭 복습하세요.

www.HackersTEPS.com

추리 소설이 좋다고 의견을 말하고 있군요!

여자가 추리 소설을 좋아한다고 의견을 말하고 있어요. 이 말에 남자도 그렇다며 동의하고 있네요.
이처럼 질문이 아닌 형태로 상대방에게 의견을 전달하고 그에 답하는 등의
평서문 문제는 Part 1과 2에서 각각 4~5문제 정도 출제됩니다.
그럼 이러한 문제에 대해 자세히 알아볼까요!

Part 1&2에서 평서문 문제가 어떻게 출제되는지 확인해보세요!

Part 1

I made dinner. It's on the table. (a) Sorry. I can't help tonight. **(b) Wow! It smells delicious.** (c) OK, I'll make it for you. (d) Thanks. It's a family recipe.	내가 저녁 식사 차렸어. 탁자 위에 있어. (a) 미안해. 오늘 밤에 도와줄 수 없어. (b) 와! 냄새가 맛있을 것 같아. (c) 좋아, 내가 널 위해 만들어 줄게. (d) 고마워. 이건 우리 집만의 요리법이야.

해설　평서문을 이용하여 저녁 식사를 탁자 위에 차려 놓았다고 이야기하고 있습니다. 이에 대해 냄새가 맛있을 것 같다고 응답한 (b)가
　　　정답입니다.

어휘　delicious[dilíʃəs] 맛있는　recipe[résəpì] 요리법

Possible Answer　Really? You didn't have to do that. 정말? 그러지 않았어도 되는데.

Part 2

M: I finally got your printer to work. W: Thanks. I really appreciate your help. M: But I think you'd better get a new one. (a) I know. It also prints in color. (b) That one's out of my price range. **(c) I would, but I don't have the money.** (d) I have one you can borrow.	M: 드디어 당신 프린터를 고쳤어요. W: 고마워요. 도와주셔서 정말 감사해요. M: 하지만 새것을 사는 게 나을 것 같아요. (a) 알아요. 그건 컬러로도 출력할 수 있어요. (b) 그건 제가 원하는 가격대가 아니에요. (c) 그러고 싶지만, 돈이 없어요. (d) 당신에게 빌려줄 수 있는 게 하나 있어요.

해설　평서문을 이용하여 새 프린터를 사는 게 낫겠다고 이야기하고 있습니다. 이에 대해 그러고 싶지만 돈이 없다고 응답한 (c)가 정답입니다.

어휘　appreciate[əpríːʃièit] 감사하다　range[reindʒ] 범위

Possible Answer　OK, if it would be best. 네, 그게 최선이라면요.

🎧 빈출 질문 및 응답 🎧 P1&2_43

평서문과 관련하여 자주 나오는 질문과 응답을 익혀두면, 질문을 들을 때 응답을 미리 예상하고 정답을 쉽게 고를 수 있습니다. 음성을 듣고 따라 읽으면서 꼭 외워두세요!

객관적인 정보 전달하기
우편물 도착과 같은 객관적인 정보를 전달할 때에는 정보를 알려준 것에 대해 감사하거나, 그에 따른 앞으로의 할 일을 이야기하는 등 정보에 따라 다양한 응답이 출제됩니다.

Q Your mail has arrived.
당신의 우편물이 도착했어요.

A1 Oh, thanks for telling me. [감사]
아, 알려주셔서 감사해요.

A2 I'd better go check it. [할 일]
확인하러 가야겠군요.

의견 말하기
좋아하는 책의 장르와 같은 의견을 말할 때에는 그에 대해 동의하거나 반대하는 응답이 주로 출제됩니다.

Q I'm really into science fiction.
저는 공상 과학 소설이 정말 좋아요.

A1 I am too. It's very interesting. [동의]
저도요. 정말 재미있어요.

A2 It's not my kind of thing. [반대]
그건 제가 좋아하는 종류가 아니에요.

부정적 감정 표현하기
업무에 대한 불평이나 실망과 같은 부정적 감정을 표현할 때에는 그에 대해 위로 또는 동조하거나, 해결책을 제안하는 응답이 주로 출제됩니다.

Q My job is really getting me down.
일이 정말 나를 피곤하게 만들어요.

A1 Things will get better soon. [위로]
곧 나아질 거예요.

A2 Yeah, I'm in the same situation. [동조]
네, 저도 같은 상황이에요.

A3 You should look for another one. [해결책]
다른 일을 찾아보는 게 좋겠어요.

긍정적 감정 표현하기
기쁨이나 즐거움과 같은 긍정적 감정을 표현할 때에는 그에 대해 동조하는 응답이 주로 출제됩니다.

Q Great news! I got into the engineering program!
좋은 소식이 있어요! 저 공학 프로그램에 합격했어요!

A Well done! I knew you could do it. [동조]
잘했어요! 저는 당신이 할 수 있을 줄 알았어요.

문제점 말하기

가전제품이 고장 난 것과 같은 문제점을 말할 때에는 그에 대한 해결책을 제안하는 응답이 주로 출제됩니다.

Q It looks like the refrigerator is broken.
냉장고가 고장 난 것 같아요.

A Then I'd better call the repairman. [해결책]
그럼 수리공을 불러야겠어요.

칭찬하기

발표가 인상 깊었다는 것과 같은 칭찬을 할 때에는 그에 대해 감사 또는 기뻐하거나, 이유를 설명하는 응답이 주로 출제됩니다.

Q I was impressed by your presentation.
당신의 발표가 인상깊었어요.

A1 Thank you for the compliment. [감사]
칭찬 고마워요.

A2 I'm glad you liked it. [기쁨]
당신이 좋아했다니 기뻐요.

A3 It was a topic that I know well. [이유]
제가 잘 아는 주제였어요.

요청하기

집안일을 도와달라는 것과 같은 요청을 할 때에는 그를 수락하거나 거절하는 응답이 주로 출제됩니다.

Q I need some help setting the table.
식사를 차리는 데 도움이 필요해요.

A1 I'll be there in a minute. [수락]
금방 갈게요.

A2 I'm in the middle of something. [거절]
제가 뭘 좀 하고 있는 중이에요.

제안하기

함께 놀이 공원에 놀러 가자는 것과 같은 제안을 할 때에는 그를 수락하거나 거절하는 응답이 주로 출제됩니다.

Q Let's go to the amusement park later today.
오늘 이따가 놀이 공원 가요.

A1 OK, that sounds like fun. [수락]
좋아요, 재미있을 것 같네요.

A2 I can't. I have a hair appointment. [거절]
전 안돼요. 저는 미용실 예약이 있어요.

먼저 음성을 들으며 앞에서 배운 빈출 질문 및 응답을 활용하여 정답을 고르세요. 그리고 두 번 다시 들으며 빈칸에 들어갈 내용을 받아써 보세요. (음성은 세 번씩 들려줍니다.) P1&2_44

Part 1

01 (a)   (b)

It's a _____ to meet you.
(a) Maybe _____.
(b) It's nice to _____, too.

02 (a)   (b)

_____ our teachers Christmas _____.
(a) Yes, I was thrilled to _____.
(b) OK. They would _____ that.

03 (a)   (b)   (c)

I did _____ my psychology _____.
(a) _____. It's only one exam.
(b) I missed _____.
(c) Maybe you should _____ it.

04 (a)   (b)   (c)

You're _____, Mark.
(a) I like the _____.
(b) Yeah, I haven't been to the _____.
(c) I've been trying to _____.

Part 2

05 (a)   (b)

M: I didn't like that _____.
W: Are you serious? I really _____.
M: I could tell the actor was _____.
(a) Well, I _____ he was.
(b) Yes, I'm a fan of _____.

06 (a)   (b)   (c)

W: Where's James? It's already 2:30.
M: Maybe he _____ in traffic.
W: Well, it's not the _____ he was late!
(a) Sorry. I was _____ at work.
(b) I'm sure he'll be _____.
(c) I _____ to wait for us.

07 (a)   (b)   (c)

M: Is this train for Memphis?
W: Actually, this one's _____ Chicago.
M: Really? That's the _____!
(a) I'll tell you when _____.
(b) You'd better _____ at the next stop.
(c) I boarded the _____.

정답 p.60

음성을 들으며 질문에 가장 적절한 응답을 고르세요. 🎧 P1&2_45

Part 1

01　(a)　　(b)　　(c)　　(d)

02　(a)　　(b)　　(c)　　(d)

03　(a)　　(b)　　(c)　　(d)

04　(a)　　(b)　　(c)　　(d)

Part 2

05　(a)　　(b)　　(c)　　(d)

06　(a)　　(b)　　(c)　　(d)

07　(a)　　(b)　　(c)　　(d)

08　(a)　　(b)　　(c)　　(d)

정답 p.62

받아쓰기 & 쉐도잉 프로그램으로 Hackers Practice와 Hackers Test를 꼭 복습하세요.

P1&2_46

Part I   Question 1-10

You will now hear ten statements or questions, and each will be followed by four responses. Choose the most appropriate response.

| 01 | (a) | (b) | (c) | (d) | | 06 | (a) | (b) | (c) | (d) |

| 02 | (a) | (b) | (c) | (d) | | 07 | (a) | (b) | (c) | (d) |

| 03 | (a) | (b) | (c) | (d) | | 08 | (a) | (b) | (c) | (d) |

| 04 | (a) | (b) | (c) | (d) | | 09 | (a) | (b) | (c) | (d) |

| 05 | (a) | (b) | (c) | (d) | | 10 | (a) | (b) | (c) | (d) |

Part II   Question 11-20

You will now hear ten conversation fragments, and each will be followed by four responses. Choose the most appropriate response.

| 11 | (a) | (b) | (c) | (d) | | 16 | (a) | (b) | (c) | (d) |

| 12 | (a) | (b) | (c) | (d) | | 17 | (a) | (b) | (c) | (d) |

| 13 | (a) | (b) | (c) | (d) | | 18 | (a) | (b) | (c) | (d) |

| 14 | (a) | (b) | (c) | (d) | | 19 | (a) | (b) | (c) | (d) |

| 15 | (a) | (b) | (c) | (d) | | 20 | (a) | (b) | (c) | (d) |

정답 p.66

시험에 나올 문제를 미리
풀어보고 싶을 땐?

해커스텝스(HackersTEPS.com)에서
텝스 적중예상특강 보기!

해커스 텝스 BASIC LISTENING

Part 3

Part 3 소개 및 학습 전략

Part 3 소개

21번부터 30번까지 총 10문제로, 남녀가 주고 받는 6~7턴(A-B-A-B-A…)의 대화를 듣고 질문에 가장 적절한 답을 4개의 보기 중에서 고르는 형식입니다. 대화, 질문, 보기 모두 한 번만 들려줍니다.

Part 3 유형 분류

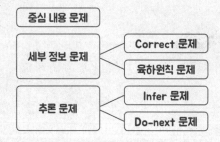

Part 3는 문제가 묻는 내용에 따라 각기 다른 전략이 있으므로 Part 3에 출제되는 문제들을 문제 유형으로 분류하여 학습해 봅시다.

문제 유형

중심 내용 문제	
세부 정보 문제	Correct 문제
	육하원칙 문제
추론 문제	Infer 문제
	Do-next 문제

Part 3 학습 전략

01 보기의 내용을 정확히 파악하는 연습을 합니다.

Part 3는 대화의 내용을 정확히 파악해도 보기를 제대로 듣지 못하면 정답을 정확히 고를 수 없습니다. 따라서 보기의 내용을 정확히 파악하는 연습을 해 두어야 질문에 알맞은 정답을 쉽게 고를 수 있습니다.

02 Paraphrase된 문장을 이해하는 연습을 합니다.

Part 3에는 대화에 나온 내용이 paraphrase된 보기가 정답으로 많이 출제됩니다. 따라서 paraphrase된 문장을 이해하는 연습을 하면 보기의 내용을 정확히 이해할 수 있습니다.

03 문제 유형에 따른 문제 풀이 전략을 익혀둡니다.

Part 3는 문제 유형에 따라 문제를 푸는 방법이 달라집니다. 따라서 문제 유형에 따른 문제 풀이 전략을 익혀두면 정답을 쉽게 고를 수 있습니다.

04 문제를 들려주는 순서에 따라 Step별로 전략을 익혀둡니다.

Part 3에서는 '대화 상황 → 대화 → 질문 → 보기' 순서로 문제를 들려줍니다. 따라서 이 순서에 따른 Step별 전략을 익혀두면 문제를 더 효과적으로 풀 수 있습니다.

05 오답 유형을 익혀둡니다.

Part 3에는 전형적으로 등장하는 오답 유형이 있습니다. 따라서 자주 출제되는 오답 유형을 익혀두면 오답을 소거하면서 정답을 쉽게 고를 수 있습니다.

Part 3에는 대화에 나온 단어나 문맥, 상황을 함정으로 사용한 오답이 주로 출제됩니다. 이러한 오답에 속지 않기 위해서 자주 출제되는 오답 유형을 익혀봅시다.

01 한두 단어가 대화의 내용과 다른 오답

일부는 대화 내용과 일치하지만, 한두 단어가 다르게 사용되어 대화의 내용과 일치하지 않는 오답이 출제됩니다.

Listen to a conversation between two friends. W: Do you think this is enough food for the party? M: Sure. We're only having **a few** guests. W: Yeah, but what if we run out? M: I don't think we will. W: Well, let's make a few more sandwiches just in case. M: OK, if you think it's necessary. Q: Which is correct according to the conversation? (a) The woman suggested making more food. (b) The man and woman invited **lots of** guests.	두 친구 간의 대화를 들으시오. W: 당신은 이 정도 음식이 파티에 충분하다고 생각하 　　나요? M: 물론이죠. 손님은 몇 명밖에 없어요. W: 네, 하지만 다 떨어지면 어쩌죠? M: 그럴 거라고 생각하지 않아요. W: 음, 그냥 만약을 대비해서 샌드위치를 좀 더 만들죠. M: 좋아요, 당신이 필요하다고 생각한다면요. Q: 대화에 따르면 맞는 것은 무엇인가? (a) 여자가 음식을 더 만들 것을 제안했다. (b) 남자와 여자는 많은 손님들을 초대했다.

정답　　(a)

오답 분석　(b)는 대화에서 남자가 손님은 몇 명(a few)밖에 없다고 한 것과는 달리, 많은(lots of) 손님을 초대했다고 했으므로 한두 단어가 다르게 사용되어 대화의 내용과 일치하지 않는 오답입니다.

02 그럴듯하지만 대화에서 언급된 적이 없는 오답

대화의 문맥, 상황과 비슷한 내용을 담고 있어 그럴듯하게 들리지만, 실제로 대화에서 언급된 적이 없는 오답이 출제됩니다.

Listen to a conversation between two students. M: What are you reading, Lisa? W: **It's a novel by Robert Frost.** M: **I didn't know you were interested in literature.** W: **Well, it's an assignment for a class.** M: Oh. So how do you like it? W: Hard to say. I just started it. Q: Which is correct about the woman according to the conversation? (a) She is reading a book. (b) She **enjoys studying literature**.	두 학생 간의 대화를 들으시오. M: 뭘 읽고 있어, Lisa? W: Robert Frost의 소설이야. M: 네가 문학에 관심이 있었는지 몰랐어. W: 음, 수업 과제야. M: 오. 그래서 어떤 것 같아? W: 말하기 어렵네. 방금 읽기 시작했어. Q: 대화에 따르면 여자에 대해 맞는 것은 무엇인가? (a) 그녀는 책을 읽고 있다. (b) 그녀는 문학 공부하는 것을 즐긴다.

정답　　(a)

오답 분석　(b)는 여자가 수업 과제로 소설을 읽고 있는 상황에 비추어 보면 그럴듯하게 들리지만, 실제로 그녀가 문학을 공부하는 것을 즐긴다고 언급된 적이 없는 오답입니다.

03 남자와 여자를 바꿔 쓴 오답

내용은 대화와 일치하지만 남자와 여자가 바뀐 오답이 출제됩니다.

Listen to a conversation between two acquaintances.	두 지인 간의 대화를 들으시오.
W: How was your trip to Venice, Brian?	W: 베니스로 간 여행은 어땠어요, Brian?
M: **Not bad, except for the crowds.**	M: 나빴지 않았어요, 사람들만 빼면요.
W: Well, that's normal for tourist spots.	W: 음, 그건 관광지에선 일반적이죠.
M: I guess you're right.	M: 당신 말이 맞는 것 같아요.
W: But the architecture there is beautiful, right?	W: 하지만 그곳의 건축물들은 아름답죠, 그렇죠?
M: Yeah, that was my favorite part.	M: 네, 그게 제가 가장 좋아한 부분이었어요.
Q: Which is correct according to the conversation?	Q: 대화에 따르면 맞는 것은 무엇인가?
(a) **The woman** thought Venice was too crowded.	(a) 여자는 베니스가 너무 혼잡하다고 생각했다.
(b) The man enjoyed the architecture of Venice.	(b) 남자는 베니스의 건축물들을 즐겼다.

정답   **(b)**

오답 분석   (a)는 대화에서 베니스가 너무 혼잡하다고 한 사람은 남자인데 여자가 그렇게 생각했다고 했으므로 주어인 여자(The woman)와 남자(The man)를 바꿔 쓴 오답입니다.

04 중심 내용 문제에서 너무 세부적인 내용을 다룬 오답

중심 내용 문제에서 대화에서 언급되었지만 너무 세부적인 내용을 다루는 오답이 출제됩니다.

Listen to a conversation on campus.	캠퍼스에서의 대화를 들으시오.
M: Hi, professor. You wanted to see me?	M: 안녕하세요, 교수님. 저를 보자고 하셨나요?
W: Yes. It's about your exam.	W: 그래. 네 시험에 관한 거란다.
M: Oh, **is something wrong?**	M: 오, 뭔가 잘못됐나요?
W: No. In fact, you got the highest score in the class.	W: 아니. 사실, 반에서 가장 높은 점수를 받았어.
M: What a relief. **I was worried.**	M: 다행이군요. 전 걱정했어요.
W: Well, congratulations on a great job.	W: 음, 잘 해낸 것 축하한다.
Q: What is the conversation mainly about?	Q: 대화는 주로 무엇에 관한 것인가?
(a) The results of the man's exam	(a) 남자의 시험 결과
(b) The man's **concern about his exam**	(b) 남자의 시험에 대한 염려

정답   **(a)**

오답 분석   (b)는 대화 전체의 중심 내용인 남자의 시험 결과와 관련하여 그가 시험에 대해 걱정하는 부분만 세부적으로 다룬 오답입니다.

기본기 다지기

① 보기 내용 파악하기 🎧 P3_2

Listen to a conversation between two friends.	두 친구 간의 대화를 들으시오.
M: Kate, I heard your car is for sale.	M: Kate, 네 차를 판다고 들었어.
W: Yes, it is. Do you want to buy it?	W: 응. 네가 그거 사고 싶어?
M: Possibly, but I'd like to test-drive it first.	M: 아마도, 근데 먼저 시험 운전해보고 싶어.
W: That's no problem. When are you available?	W: 물론이지. 언제 시간 돼?
M: Any weeknight after six.	M: 평일 6시 이후는 언제든 괜찮아.
W: Then let's meet tomorrow at seven.	W: 그럼 내일 7시에 보자.
Q: What is mainly happening in the conversation?	Q: 대화에서 주로 무엇이 일어나고 있는가?
(a) The man is driving for the first time.	(a) 남자는 처음으로 운전을 하고 있다.
(b) The man is repairing the woman's car.	(b) 남자는 여자의 차를 고치고 있다.
(c) The woman is trying to sell her car.	(c) 여자는 자신의 차를 팔려고 하고 있다.
(d) The woman is looking for a used car.	(d) 여자는 중고차를 찾고 있다.

woman(여자), trying(시도하다), sell(팔다), car(차)를 사용하여 대화의 중심 내용을 바르게 나타내고 있는 **(c)**가 정답이네요. 이와 같이 Part 3 문제는 내용어를 중심으로 보기를 듣고 그 내용을 정확히 파악해야 정답을 고를 수 있습니다. 그럼 이러한 내용어를 중심으로 보기 내용을 파악하는 방법에 대해 살펴볼까요!

보기 내용 파악하는 방법

보기의 내용을 정확히 파악하기 위해서는 내용어를 중심으로 들어야 합니다. 내용어를 중심으로 보기 내용을 파악하는 방법은 다음과 같아요.

보기	The **man wants** to **purchase** a **house** in the **city**.	① 크고 길게 강조되는 단어를 중심으로 들어요.
↓	남자는 도시에 있는 집을 구매하길 원한다.	
내용어 파악	**man** (명사), **wants** (동사), **purchase** (동사), **house** (명사), **city** (명사)	② 보기의 내용이 무엇인지 파악해요.
↓		
보기 의미 파악	남자가 도시에 있는 집 구매 원함.	③ 내용어를 통해 보기의 내용을 파악해요.

※ 이러한 내용어는 크고 길게 강조되는 단어로 주로 명사, 동사, 형용사, 부사입니다.

Quiz

내용어 중심으로 들으며 제시된 핵심 의미를 바르게 나타낸 문장을 고르세요. 그리고 두 번 다시 들으며 빈칸에 들어갈 내용을 받아써 보세요. (음성은 세 번씩 들려줍니다.) 🎧 P3_3

01 남자가 여자에게 데이트 신청   (a)   (b)

> (a) The man is _____ the woman on a _____.
>
> (b) The man is _____ the woman with her _____.

02 여자는 새로운 예산안 계획 반대   (a)   (b)

> (a) The woman _____ with the _____.
>
> (b) The woman _____ the new _____.

03 콘서트가 몇 주 전 매진   (a)   (b)   (c)

> (a) The concert _____ ago.
>
> (b) The concert was _____ ago.
>
> (c) The concert will _____ at _____.

04 남자가 여자의 여권 요구   (a)   (b)   (c)

> (a) The man is _____ for the woman's _____.
>
> (b) The man is _____ the woman with her _____.
>
> (c) The man is _____ the woman with her _____.

05 여자의 여동생이 병원에서 퇴원할 예정   (a)   (b)   (c)   (d)

> (a) The woman's sister is _____ next week.
>
> (b) The woman's sister is _____ on _____.
>
> (c) The woman's sister is _____ a _____ next month.
>
> (d) The woman's sister is being _____ from the _____.

Part 1&2

Part 3

Part 4&5

해커스 토익 스타트 BASIC LISTENING

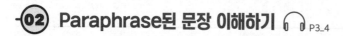
Listen to a conversation between two acquaintances.

W: I'm being transferred to our London office.

M: Really? When did you find out?

W: Yesterday. I'll be moving next month.

M: That's soon. Are you happy about it?

W: No, I **would rather not change locations**.

M: Well, hopefully you'll be able to adjust.

Q: Which is correct according to the conversation?

(a) The woman decided to quit her job.

(b) The man wants the woman to stay.

(c) **The woman does not want to relocate.**

(d) The man requested a transfer.

두 지인 간의 대화를 들으시오.

W: 저 런던 사무소로 전근가게 되었어요.

M: 정말이요? 언제 알게 되었어요?

W: 어제요. 다음 달에 옮겨요.

M: 금방이네요. 전근가게 되어서 좋아요?

W: 아니요, 전 주거지를 바꾸지 않는 게 더 좋아요.

M: 음, 아마 적응할 수 있을 거예요.

Q: 대화에 따르면 맞는 것은 무엇인가?

(a) 여자는 직장을 그만두기로 결정했다.

(b) 남자는 여자가 머무르기를 원한다.

(c) 여자는 이주하기를 원하지 않는다.

(d) 남자는 전근을 요청했다.

대화의 would rather not(~하지 않는 게 더 좋다)을 does not want(~하기 원하지 않다)로, change locations(주거지를 바꾸다)를 relocate(이주하다)로 paraphrase한 (c)가 정답이네요. 이와 같이 Part 3에는 대화에 나왔던 말이 바뀌어 표현되는, 즉 paraphrase된 보기가 정답으로 자주 출제됩니다. 그럼 이러한 paraphrase된 문장을 이해하는 연습을 해볼까요!

하나의 문장 안에 있는 단어나 구를 다른 말로 바꾸어 쓴 경우

대 화		보 기
Yes, I'm **looking for a house to rent**. 네, 저는 임대할 집을 찾고 있어요.	→	He is **trying to find a rental home**. 그는 임대 주택을 찾으려 하고 있다.

looking for(찾고 있다)를 trying to find(찾으려 하고 있다)로, a house to rent(임대할 집)를 a rental home(임대 주택)으로 paraphrase하고 있습니다.

여러 문장을 하나의 문장으로 바꾸어 쓴 경우

대 화		보 기
M: What did you **buy** at the mall? 쇼핑몰에서 뭐 샀어? W: Just a **present** for my mother. 그냥 엄마 선물 샀어.	→	She **purchased** a **gift** for her mom. 여자는 어머니에게 줄 선물을 구입했다.

첫 번째 문장의 buy(사다)를 purchased(구입하다)로, 두 번째 문장의 present(선물)를 gift(선물)로 paraphrase하고 있습니다.

Quiz

음성을 두 번 들으며 빈칸에 들어갈 내용을 받아써 보세요. 그리고 다음에 들려주는 문장을 듣고 내용을 바르게 paraphrase하고 있으면 O에, 아니면 X에 표시해 보세요. 🎧 P3_5

01

I have to meet a client _____.

O   X

02

I'd _____, please.

O   X

03

M: How can I _____ with you?

W: I'll be _____.

O   X

04

W: The university is _____.

M: _____. I _____ about it in the school paper.

O   X

05

W: I'd like to _____ for Saturday.

M: And when would you _____?

W: _____, if there's an opening.

O   X

정답 p. 75

남녀는 무엇에 대해 이야기하고 있나요?

남녀가 이야기하고 있는 것은 여자가 새로 한 헤어스타일에 대한 것이군요.
이것은 헤어 스타일이 바뀌었다거나, 나쁘지 않다는 등의 말을 통해 알 수 있어요.
이처럼 Part 3에는 대화가 주로 무엇에 관한 것인지 묻는 중심 내용 문제가 총 10문제 중 3문제 정도 나오며,
21~23번에서 주로 출제됩니다. 그럼 이러한 문제 유형에 대해 자세히 알아볼까요!

🔸 빈출 질문 유형

중심 내용 문제에는 화자들이 주로 무엇에 관해 이야기하고 있는지 묻거나, 대화에서 주로 무엇이 일어나고 있는지 묻는
문제가 있습니다. 질문에 등장하는 키워드를 잘 기억하며 빈출 질문 유형을 익혀두세요.

mainly about, main topic 등과 같은 키워드가 질문에 등장합니다.

What is the conversation **mainly about**? 대화는 주로 무엇에 대한 것인가?
What is the **main topic[idea]** of the conversation? 대화의 주제[요지]는 무엇인가?
What is the **man[woman] mainly doing** in the conversation? 대화에서 남자[여자]는 주로 무엇을 하고 있는가?
What is mainly **happening[taking place]** in the conversation? 대화에서 주로 무엇이 일어나고 있는가?

Step별 문제 풀이 전략 🎧 P3_6

문제를 풀 때 다음과 같은 Step별 문제 풀이 전략을 적용하면, 더욱 효과적으로 대화를 듣고 정확한 답을 고를 수 있습니다. 각 Step별로 무엇을 해야 하는지 꼭 익혀두세요.

*21~23번 문제를 풀 때는 대화를 듣기 전에 중심 내용 문제임을 예상하세요.

(Step 1) 대화 상황을 들을 때 **어떤 상황인지 파악하기**

대화 상황을 들으면서 화자들의 관계, 대화의 소재, 또는 대화가 이루어지는 장소를 파악합니다.

> Listen to a conversation between two students.

→ 대화 상황을 통해 '두 학생' 간의 대화임을 파악할 수 있습니다.

(Step 2) 대화를 들을 때 **정답의 단서가 될 수 있는 부분을 집중해 듣기**

대화 앞부분에 주제가 나오는 경우가 많으므로 대화 앞부분을 놓치지 말고 잘 듣습니다.

> W: **What is your presentation about?**
> M: **It's about art.**
> W: That seems broad. What aspect of art will you focus on?
> M: Chinese artists of the 20th century.
> W: Were you able to find sources for that?
> M: Yeah, they had plenty of stuff at the library.

→ 대화 앞부분에서 여자가 발표 주제를 묻자, 남자가 미술이라고 응답하고 있으므로 '발표 주제'가 중심 내용임을 알 수 있습니다.

(Step 3) 질문을 들을 때 **무엇을 묻고 있는지 파악하기**

mainly about, main topic 등을 듣고 중심 내용 문제임을 파악합니다.

> Q: What is the conversation **mainly about**?

→ mainly about을 듣고 중심 내용 문제임을 파악할 수 있습니다.

(Step 4) 보기를 들을 때 **정답 여부 가리며 듣기**

오답을 소거해가며 정답을 선택합니다.

> (a) Library materials on Chinese art (X)
> (b) Finding sources for an assignment (X)
> **(c) The topic for a presentation (O)**
> (d) Giving an effective speech (X)

→ Step 2에서 확인한 중심 내용을 바탕으로 발표를 위한 주제라고 한 (c)를 정답으로 선택합니다.

오답 분석
(a) 세부적인 내용을 다룬 오답
(b) 세부적인 내용을 다룬 오답
(d) 대화에 언급된 적이 없는 오답

해석 p.76

HACKERS **PRACTICE**

음성을 들으며 앞에서 배운 Step별 문제 풀이 전략을 단계별로 연습해 보세요. 🎧 P3_7

01

Step 1 대화 상황을 들을 때 어떤 상황인지 파악하기
Listen to a conversation between _____.

Step 2 대화를 들을 때 정답의 단서가 될 수 있는 부분을 집중해 듣기
대화 앞부분에 주제가 나오는 경우가 많으므로 대화 앞부분을 놓치지 말고 잘 듣습니다.

> W: Do you like working in a _____?
> M: Yes. It's very _____.
> W: But doesn't it cause _____ sometimes?
> M: _____ if you have good _____.

Step 3 질문을 들을 때 무엇을 묻고 있는지 파악하기
What is the _____ of the conversation?

Step 4 보기를 들을 때 정답 여부 가리며 듣기
(a) 팀 환경에서 일하기   (b) 업무 불만 해소하기

02

Step 1 대화 상황을 들을 때 어떤 상황인지 파악하기
Listen to _____.

Step 2 대화를 들을 때 정답의 단서가 될 수 있는 부분을 집중해 듣기
대화를 들으며 빈칸에 들어갈 내용을 받아써 보세요. (음성은 두 번씩 들려줍니다.)

> W: So when is your _____?
> M: Friday night. The _____ will last for two weeks.
> W: Oh, that's soon. I'll make sure to _____ the _____.
> M: Great. I'd love to hear what you think.

Step 3 질문을 들을 때 무엇을 묻고 있는지 파악하기
What is the conversation _____?

Step 4 보기를 들을 때 정답 여부 가리며 듣기
(a) 전시품에 대한 여자의 의견   (b) 남자의 다가오는 전시회

03

Step 1　대화 상황을 들을 때 어떤 상황인지 파악하기
Listen to a conversation between _____.

Step 2　대화를 들을 때 정답의 단서가 될 수 있는 부분을 집중해 듣기
대화를 들으며 빈칸에 들어갈 내용을 받아써 보세요. (음성은 두 번씩 들려줍니다.)

> M: Is that your _____?
> W: Yes. I just _____ yesterday.
> M: Well, he doesn't look very _____.
> W: I know. I _____ him on the _____.
> M: You should probably take him to the veterinarian then.
> W: I plan to first thing in the morning.

Step 3　질문을 들을 때 무엇을 묻고 있는지 파악하기
What is the conversation _____?

Step 4　보기를 들을 때 정답 여부 가리며 듣기
(a) 남자의 새로 사귄 친구　(b) 여자의 새로 생긴 강아지　(c) 유기견에 대한 남자의 의견

04

Step 1　대화 상황을 들을 때 어떤 상황인지 파악하기
Listen to a conversation between _____.

Step 2　대화를 들을 때 정답의 단서가 될 수 있는 부분을 집중해 듣기
대화를 들으며 빈칸에 들어갈 내용을 받아써 보세요. (음성은 두 번씩 들려줍니다.)

> M: Hello, I'd like to _____ a double _____.
> W: OK, and how many _____ will you be _____?
> M: Just Monday and Tuesday.
> W: I see. And do you _____ smoking or nonsmoking?
> M: Nonsmoking, please.
> W: OK. We'll just need your _____ and _____.

Step 3　질문을 들을 때 무엇을 묻고 있는지 파악하기
What is the man _____ in the conversation?

Step 4　보기를 들을 때 정답 여부 가리며 듣기
(a) 휴가 일정을 변경하고 있다.　(b) 기차표 예약을 취소하고 있다.　(c) 호텔 객실을 예약하고 있다.

먼저 음성을 들으며 앞에서 배운 Step별 문제 풀이 전략을 적용하여 정답을 고르세요. 그리고 두 번 다시 들으며 빈칸에 들어갈 내용을 받아써 보세요. 🎧 P3_7

05 (a)   (b)   (c)

> Listen to a conversation between _____.
> M: Excuse me, but I _____ this _____.
> W: What seems to be the _____?
> M: It's too _____, and it's _____ even _____.
> W: My apologies, sir. We'll bring out a new one.
> M: But my _____ is almost _____.
> W: I understand. We'll _____ it right away.
>
> Q: What is the man _____ in the conversation?
> (a) He is _____ about the soup.
> (b) He is _____ a second helping of soup.
> (c) He is _____ for his money back.

06 (a)   (b)   (c)

> Listen to a conversation between _____.
> M: _____ are you _____ your summer vacation?
> W: Everything's great, except for my _____.
> M: How come? Is the teacher _____ to _____?
> W: No. It's just that I _____ seem to be _____ very much.
> M: Well, I'm sure you'll _____.
> W: I don't know. It's already been six weeks.
>
> Q: What is the _____ of the conversation?
> (a) The woman's _____ with her guitar _____
> (b) The woman's busy _____
> (c) The woman's _____ with learning _____

정답 p. 76

음성을 들으며 질문에 가장 적절한 답을 고르세요. 🎧 P3_8

01 (a)   (b)   (c)   (d)

02 (a)   (b)   (c)   (d)

03 (a)   (b)   (c)   (d)

04 (a)   (b)   (c)   (d)

정답 p. 79

받아쓰기 & 쉐도잉 프로그램으로 Hackers Practice와 Hackers Test를 꼭 복습하세요.

배드민턴을 칠 수 없는 이유는 무엇인가요?

여자가 배드민턴을 칠 수 없는 이유는 라켓이 없기 때문이군요.
이것은 친구에게 라켓을 빌려줬다는 여자의 말을 통해 알 수 있어요.
이처럼 Part 3에는 대화의 구체적인 내용을 정확하게 이해했는지 묻는 세부 정보 문제가 총 10문제 중 5문제 정도
나오며, 24~28번에서 주로 출제됩니다. 그럼 이러한 문제 유형에 대해 자세히 알아볼까요!

빈출 질문 유형

세부 정보 문제에는 대화의 내용과 일치하는 것을 묻는 Correct 문제와, 의문사를 이용하여 대화에서 언급된 세부
내용에 대해 묻는 육하원칙 문제가 있습니다. 질문에 등장하는 키워드를 잘 기억하며 빈출 질문 유형을 익혀두세요.

Correct 문제　correct나 correct about과 같은 키워드가 질문에 등장합니다.

Which is correct according to the conversation? 대화에 따르면 맞는 것은 무엇인가?
Which is correct about the man[woman] according to the conversation?
대화에 따르면 남자[여자]에 대해 맞는 것은 무엇인가?
Which is correct about the movie according to the conversation? 대화에 따르면 영화에 대해 맞는 것은 무엇인가?

육하원칙 문제　What이나 Why와 같은 의문사 및 관련 핵심어구가 질문에 등장합니다.

What is the **man asking** the woman to do? 남자는 여자가 무엇을 하도록 요구하고 있는가?
Why did the man **call Ms. Andrews**? 남자는 왜 Ms. Andrews에게 전화하였는가?

━● Step별 문제 풀이 전략 🎧 P3_9

문제를 풀 때 다음과 같은 Step별 문제 풀이 전략을 적용하면, 더욱 효과적으로 대화를 듣고 정확한 답을 고를 수 있습니다. 각 Step별로 무엇을 해야 하는지 꼭 익혀두세요.

*24~28번 문제를 풀 때는 대화를 듣기 전에 세부 정보 문제임을 예상하세요.

Step 1 대화 상황을 들을 때 **어떤 상황인지 파악하기**

대화 상황을 들으면서 화자들의 관계, 대화의 소재, 또는 대화가 이루어지는 장소를 파악합니다.

> Listen to a conversation between two friends.

→ 대화 상황을 통해 '두 친구' 간의 대화임을 파악할 수 있습니다.

Step 2 대화를 들을 때 **정답의 단서가 될 수 있는 부분을 집중해 듣기**

대화의 중심 소재와 관련된 세부 정보를 집중해서 듣습니다.

> W: **I may have made a bad decision.**
> M: What do you mean?
> W: Well, ①**my friend offered me a good job.**
> M: So you ②**didn't take it?**
> W: **Exactly.** But ③**now I wish I had.**
> M: Oh, that's too bad.

→ 대화 앞부분에서 여자가 잘못된 결정을 했다고 한 후, 그에 대해 이야기하고 있으므로, '여자의 잘못된 결정'이 중심 소재임을 알 수 있습니다. 이와 관련된 세부 정보로
① 여자의 친구가 일자리를 제안하였다.
② 그것을 받아들이지 않았다.
③ 그래서 지금 그것을 후회한다.
등이 있음을 알 수 있습니다.

Step 3 질문을 들을 때 **무엇을 묻고 있는지 파악하기**

correct나 correct about을 듣고 Correct 문제임을 파악합니다.
*육하원칙 문제의 경우, 의문사와 핵심어구를 주의 깊게 듣습니다.

> Q: Which is **correct about** the woman according to the conversation?

→ correct about을 듣고 Correct 문제임을 파악할 수 있습니다.

Step 4 보기를 들을 때 **정답 여부 가리며 듣기**

오답을 소거해가며 정답을 선택합니다.

> (a) She recently got a new job. (X)
> (b) She works for her friend. (X)
> **(c) She regrets not taking the job offer. (O)**
> (d) She will ask for another chance. (X)

→ Step 2에서 파악한 세부 정보 중 ③을 바탕으로 여자가 일자리를 받아들이지 않은 것을 후회한다고 말한 (c)를 정답으로 선택합니다.

오답 분석
(a) 대화 내용과 반대인 오답
(b) 대화 내용과 다른 오답
(d) 대화에 언급된 적이 없는 오답

해석 p.81

음성을 들으며 앞에서 배운 Step별 문제 풀이 전략을 단계별로 연습해 보세요. 🎧 P3_10

01

Step 1 대화 상황을 들을 때 어떤 상황인지 파악하기
Listen to a conversation between _____.

Step 2 대화를 들을 때 정답의 단서가 될 수 있는 부분을 집중해 듣기
대화를 들으며 빈칸에 들어갈 내용을 받아써 보세요. (음성은 두 번씩 들려줍니다.)

> M: I can't believe we lost the _____.
> W: I know. We _____ so hard to get it.
> M: I guess we'll have to work _____ next time.
> W: Yeah, we can't afford to _____ another one.

Step 3 질문을 들을 때 무엇을 묻고 있는지 파악하기
Which is _____ the man and woman according to the conversation?

Step 4 보기를 들을 때 정답 여부 가리며 듣기
(a) 그들은 판매 계약을 놓쳤다.   (b) 그들은 영업 실적이 우수했다.

02

Step 1 대화 상황을 들을 때 어떤 상황인지 파악하기
Listen to a conversation between _____.

Step 2 대화를 들을 때 정답의 단서가 될 수 있는 부분을 집중해 듣기
대화를 들으며 빈칸에 들어갈 내용을 받아써 보세요. (음성은 두 번씩 들려줍니다.)

> M: Why did you decide to _____ in a _____?
> W: Mainly I just wanted to _____ another _____.
> M: Yeah, I've often thought of that as well.
> W: Well, you should _____ doing it too.

Step 3 질문을 들을 때 무엇을 묻고 있는지 파악하기
_____ does the woman want to _____?

Step 4 보기를 들을 때 정답 여부 가리며 듣기
(a) 외국 문화를 경험하기 위해   (b) 제2언어를 공부하기 위해

03

Step 1   대화 상황을 들을 때 어떤 상황인지 파악하기

Listen to a conversation between _____.

Step 2   대화를 들을 때 정답의 단서가 될 수 있는 부분을 집중해 듣기

대화를 들으며 빈칸에 들어갈 내용을 받아써 보세요. (음성은 두 번씩 들려줍니다.)

> M: Susan, can I see those _____ one more time?
>
> W: But I don't have them.
>
> M: Really? I wonder where they could be, then.
>
> W: Well, you laid them _____ after we talked.
>
> M: Wait, you're right. I remember _____ there.
>
> W: That's a relief.

Step 3   질문을 들을 때 무엇을 묻고 있는지 파악하기

Which is _____ the sales receipts according to the conversation?

Step 4   보기를 들을 때 정답 여부 가리며 듣기

(a) 여자가 그것을 집에 두고 왔다.   (b) 그것은 여자의 사무실에 있다.   (c) 그것은 남자의 책상 위에 있다.

04

Step 1   대화 상황을 들을 때 어떤 상황인지 파악하기

Listen to a conversation between _____.

Step 2   대화를 들을 때 정답의 단서가 될 수 있는 부분을 집중해 듣기

대화를 들으며 빈칸에 들어갈 내용을 받아써 보세요. (음성은 두 번씩 들려줍니다.)

> M: Hi, Shelley. What _____ you _____ so soon?
>
> W: I've still got a _____.
>
> M: And did you _____ the _____ I gave you?
>
> W: Yes, but it still _____ the _____.
>
> M: I see. Do you have any other _____?
>
> W: No, that's it.

Step 3   질문을 들을 때 무엇을 묻고 있는지 파악하기

Which is _____ the woman according to the conversation?

Step 4   보기를 들을 때 정답 여부 가리며 듣기

(a) 그녀는 약을 먹지 않았다.   (b) 그녀는 주사를 맞기 원한다.   (c) 그녀의 인후통은 나아지지 않았다.

먼저 음성을 들으며 앞에서 배운 Step별 문제 풀이 전략을 적용하여 정답을 고르세요. 그리고 두 번 다시 들으며 빈칸에 들어갈 내용을 받아써 보세요. 🎧 P3_10

05 (a)   (b)   (c)

> Listen to a conversation between _____.
> M: It looks like I'll be _____ soon.
> W: Oh, no. Why is that?
> M: Our company is _____ its design work now.
> W: And that means you, too?
> M: Yeah, it's _____ at this point.
> W: Well, I'm sure you'll _____ something _____.
>
> Q: Which is _____ according to the conversation?
> (a) The man wants to work in a _____.
> (b) The man's job is being _____.
> (c) The man's company is going _____.

06 (a)   (b)   (c)

> Listen to _____.
> M: So _____ should we _____ this weekend?
> W: Well, we could go to the _____. I know of a great resort.
> M: I'd love to, but I'm _____ right now.
> W: Well, I could _____ you some _____.
> M: Thanks, but I'd rather _____ right now.
> W: Well, let's do something _____ then.
>
> Q: _____ the man _____ to the beach?
> (a) He has already made _____.
> (b) He currently cannot _____.
> (c) He just _____ last month.

정답 p.81

음성을 들으며 질문에 가장 적절한 답을 고르세요. 🎧 P3_11

01   (a)   (b)   (c)   (d)

02   (a)   (b)   (c)   (d)

03   (a)   (b)   (c)   (d)

04   (a)   (b)   (c)   (d)

정답 p.84

💻 받아쓰기&쉐도잉 프로그램으로 Hackers Practice와 Hackers Test를 꼭 복습하세요.

CHAPTER 03 추론 문제

대화로부터 추론할 수 있는 것은 무엇인가요?

대화로부터 추론할 수 있는 것은 남자가 합격했다는 것이군요.
이것은 우리 한번 잘해보자는 면접관의 말을 통해 알 수 있어요.
이처럼 Part 3에는 대화의 문맥으로부터 유추할 수 있는 내용을 묻는 추론 문제가 총 10문제 중 2문제 정도 나오며,
29~30번에서 주로 출제됩니다. 그럼 이러한 문제 유형에 대해 자세히 알아볼까요!

빈출 질문 유형

추론 문제에는 대화의 내용을 바탕으로 대화에서 직접적으로 언급되지 않은 것을 추론하는 Infer 문제와, 화자들이 다음에
할 일을 추론하는 Do-next 문제가 있습니다. 질문에 등장하는 키워드를 잘 기억하며 빈출 질문 유형을 익혀두세요.

Infer 문제 inferred나 inferred about과 같은 키워드가 질문에 등장합니다.

What can be **inferred** from the conversation? 대화로부터 추론할 수 있는 것은 무엇인가?
What can be **inferred about** the man[woman] from the conversation?
대화로부터 남자[여자]에 대해 추론할 수 있는 것은 무엇인가?

Do-next 문제 do next와 같은 키워드가 질문에 등장합니다.

What will the man[woman] probably[likely] **do next**? 남자[여자]는 다음에 무엇을 할 것 같은가?

Step별 문제 풀이 전략 🎧 P3_12

문제를 풀 때 다음과 같은 Step별 문제 풀이 전략을 적용하면, 더욱 효과적으로 대화를 듣고 정확한 답을 고를 수 있습니다. 각 Step별로 무엇을 해야 하는지 꼭 익혀두세요.

*29~30번 문제를 풀 때는 대화를 듣기 전에 추론 문제임을 예상하세요.

Step 1 대화 상황을 들을 때 **어떤 상황인지 파악하기**

대화 상황을 들으면서 화자들의 관계, 대화의 소재, 또는 대화가 이루어지는 장소를 파악합니다.

> Listen to a conversation between two coworkers.

→ 대화 상황을 통해 '두 동료' 간의 대화임을 파악할 수 있습니다.

Step 2 대화를 들을 때 **정답의 단서가 될 수 있는 부분을 집중해 듣기**

대화의 중심 소재와 관련된 세부 정보를 집중해서 듣습니다.
*Do-next 문제의 경우 대화의 마지막 부분을 가장 주의 깊게 듣습니다.

> M: **Did you go on another business trip?**
> W: Yes. **It was Singapore** this time.
> M: Lucky you. ①**I wish I could go on business trips more often.**
> W: It's not as fun as you think. ②**It can be very tiring.**
> M: Well, at least ③**you have plenty of opportunities to go abroad.**
> W: True, but it's also nice to be home.

→ 대화 앞부분에서 남자가 출장을 갔었는지 묻자 여자가 싱가포르로 갔었다고 응답한 후, 출장에 대해 이야기하고 있으므로 '출장'이 중심 소재임을 알 수 있습니다. 이와 관련된 세부 정보로
① 남자는 출장을 더 자주 가고 싶어 한다.
② 여자는 출장이 피곤할 수 있다고 생각한다.
③ 여자는 외국에 나갈 기회가 많다.
등이 있음을 알 수 있습니다.

Step 3 질문을 들을 때 **무엇을 묻고 있는지 파악하기**

inferred나 do next 등을 듣고 추론 문제임을 파악합니다.

> Q: What can be **inferred** from the conversation?

→ inferred를 듣고 Infer 문제임을 파악할 수 있습니다.

Step 4 보기를 들을 때 **정답 여부 가리며 듣기**

오답을 소거해가며 정답을 선택합니다.

> (a) The man wishes he could work less. (X)
> (b) The woman would like to travel more. (X)
> (c) **The man doesn't travel on business often. (O)**
> (d) The woman wants to find a new job. (X)

→ Step 2에서 파악한 세부 정보 중 ①을 바탕으로 남자는 출장을 자주 다니지 않는다는 것을 추론한 (c)를 정답으로 선택합니다.

오답 분석
(a) 대화에서 알 수 없는 오답
(b) 남자를 여자로 바꿔 쓴 오답
(d) 대화에서 알 수 없는 오답

해석 p.87

HACKERS PRACTICE

음성을 들으며 앞에서 배운 Step별 문제 풀이 전략을 단계별로 연습해 보세요. 🎧 P3_13

01

Step 1 대화 상황을 들을 때 어떤 상황인지 파악하기
Listen to _____.

Step 2 대화를 들을 때 정답의 단서가 될 수 있는 부분을 집중해 듣기
대화를 들으며 빈칸에 들어갈 내용을 받아써 보세요. (음성은 두 번씩 들려줍니다.)

> M: Why did Mr. Perry give us so _____ today?
> W: I don't know. It's such a _____.
> M: Honestly, I don't see how we can _____ it all.
> W: Well, we'd better _____ on it now.

Step 3 질문을 들을 때 무엇을 묻고 있는지 파악하기
What can be _____ from the conversation?

Step 4 보기를 들을 때 정답 여부 가리며 듣기
(a) 여자는 이미 숙제를 다 끝냈다. (b) 선생님은 평소에 더 적은 양의 숙제를 내준다.

02

Step 1 대화 상황을 들을 때 어떤 상황인지 파악하기
Listen to a conversation between _____.

Step 2 대화를 들을 때 정답의 단서가 될 수 있는 부분을 집중해 듣기
대화를 들으며 빈칸에 들어갈 내용을 받아써 보세요. (음성은 두 번씩 들려줍니다.)

> W: Should we go to the stadium to _____ the _____?
> M: Well, _____ are _____. We could just watch it _____.
> W: But it's more exciting to see it _____.
> M: I guess you're right.

Step 3 질문을 들을 때 무엇을 묻고 있는지 파악하기
What can be _____ the woman from the conversation?

Step 4 보기를 들을 때 정답 여부 가리며 듣기
(a) 그녀는 경기를 직접 보는 것을 더 좋아한다. (b) 그녀는 티켓의 가격에 대해 염려한다.

03

Step 1 대화 상황을 들을 때 어떤 상황인지 파악하기
Listen to a conversation between _____.

Step 2 대화를 들을 때 정답의 단서가 될 수 있는 부분을 집중해 듣기
대화를 들으며 빈칸에 들어갈 내용을 받아써 보세요. (음성은 두 번씩 들려줍니다.)

> M: Did you have fun _____?
> W: Yeah, I had a great time.
> M: I heard you got _____.
> W: Right. I even got to _____.
> M: Wow! I wish I could have _____.
> W: For sure. It's much better than _____.

Step 3 질문을 들을 때 무엇을 묻고 있는지 파악하기
What can be _____ from the conversation?

Step 4 보기를 들을 때 정답 여부 가리며 듣기
(a) 남자는 음악가이다.   (b) 여자는 콘서트에 갔었다.   (c) 남자는 CD를 구입하지 않았다.

04

Step 1 대화 상황을 들을 때 어떤 상황인지 파악하기
Listen to a conversation about _____.

Step 2 대화를 들을 때 정답의 단서가 될 수 있는 부분을 집중해 듣기
대화를 들으며 빈칸에 들어갈 내용을 받아써 보세요. (음성은 두 번씩 들려줍니다.)

> W: Dave, where's the new _____ I asked for?
> M: Well... I couldn't _____ it because of _____.
> W: What other work? I told you it was due by ten.
> M: But Mr. Riley told me to do _____ first.
> W: _____. But try to get it to me as soon as possible.
> M: OK. I should be able to _____ before lunch.

Step 3 질문을 들을 때 무엇을 묻고 있는지 파악하기
What can be _____ the man from the conversation?

Step 4 보기를 들을 때 정답 여부 가리며 듣기
(a) 그는 신입 사원이다.   (b) 그는 이전에 최종 기한을 놓쳤다.   (c) 그의 상사는 여러 명이다.

먼저 음성을 들으며 앞에서 배운 Step별 문제 풀이 전략을 적용하여 정답을 고르세요. 그리고 두 번 다시 들으며 빈칸에 들어갈 내용을 받아써 보세요. P3_13

05 (a)　　(b)　　(c)

Listen to a conversation between _____.

W: Hey, Jim. I was looking for you.

M: Oh, hi, Rachel. How come?

W: I meant to _____ your DVD today, but I _____.

M: That's OK. You can just bring it tomorrow.

W: That's the problem. I _____ at work until _____.

M: _____. I won't need it anytime soon anyway.

Q: What can be _____ the man from the conversation?

(a) He will _____ his DVD _____ tomorrow.

(b) He will see the woman _____.

(c) He _____ the woman his DVD.

06 (a)　　(b)　　(c)

Listen to a conversation at _____.

W: Excuse me. Could you tell me if the finance _____ has been _____?

M: Not that I'm aware of. Why do you ask?

W: Well, the schedule says that everyone is supposed to meet in the _____ now, but no one's there.

M: I think there's been a _____. The seminar is being held in the _____ _____.

W: I see. I'll _____ now. Thanks for the _____.

Q: What can be _____ from the conversation?

(a) A conference room is _____.

(b) A schedule includes _____.

(c) A seminar has _____.

정답 p.87

음성을 들으며 질문에 가장 적절한 답을 고르세요. 🎧 P3_14

01   (a)   (b)   (c)   (d)

02   (a)   (b)   (c)   (d)

03   (a)   (b)   (c)   (d)

04   (a)   (b)   (c)   (d)

정답 p. 90

받아쓰기 & 쉐도잉 프로그램으로 Hackers Practice와 Hackers Test를 꼭 복습하세요.

P3_15

Part III **Question 1-10**

You will now hear ten complete conversations. Before each conversation, you will hear a short description of the situation. Then you will hear the conversation and its corresponding question, both of which will be read only once. Next, you will hear four options, which will also be read once. Choose the option that best answers the question.

01   (a)   (b)   (c)   (d)

02   (a)   (b)   (c)   (d)

03   (a)   (b)   (c)   (d)

04   (a)   (b)   (c)   (d)

05   (a)   (b)   (c)   (d)

06   (a)   (b)   (c)   (d)

07   (a)   (b)   (c)   (d)

08   (a)   (b)   (c)   (d)

09   (a)   (b)   (c)   (d)

10   (a)   (b)   (c)   (d)

정답 p. 93

시험에 나올 문제를 미리
풀어보고 싶을 땐?

해커스텝스(HackersTEPS.com)에서
텝스 적중예상특강 보기!

해커스 텝스 BASIC LISTENING

Part 4&5

Part 4&5 소개 및 학습 전략

Part 4&5 소개

Part 4&5는 한 사람이 말하는 담화를 듣고 들려주는 질문에 가장 적절한 답을 4개의 보기 중에서 고르는 형식입니다. 담화와 질문은 두 번씩 들려주지만, 보기는 질문을 두 번째 들려줄 때에만 한 번 들려줍니다.

Part 4　Part 4는 31번부터 36번까지 총 6문제로, 4~5문장의 담화 한 개당 한 문제가 출제됩니다.

Part 5　Part 5는 37번부터 40번까지 총 4문제로, 10문장 내외의 담화 한 개당 두 문제씩 출제됩니다.

Part 4&5 유형 분류

Part 4&5는 문제가 묻는 내용과 담화의 종류에 따라 각기 다른 전략 및 흐름이 있으므로 Part 4&5에 출제되는 문제와 지문을 각각 문제 유형과 담화 유형으로 분류하여 학습해 봅시다.

문제 유형

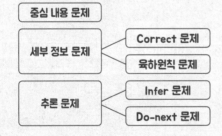

- 중심 내용 문제
- 세부 정보 문제
  - Correct 문제
  - 육하원칙 문제
- 추론 문제
  - Infer 문제
  - Do-next 문제

담화 유형

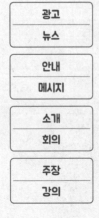

- 광고
- 뉴스
- 안내
- 메시지
- 소개
- 회의
- 주장
- 강의

Part 4&5 학습 전략

01 보기의 내용을 정확히 파악하는 연습을 합니다.

Part 4&5는 담화의 내용을 정확히 파악해도 보기를 제대로 듣지 못하면 정답을 정확히 고를 수 없습니다. 따라서 보기의 내용을 정확히 파악하는 연습을 해 두어야 질문에 알맞은 정답을 쉽게 고를 수 있습니다.

02 Paraphrase된 문장을 이해하는 연습을 합니다.

Part 4&5에는 담화에 나온 내용이 paraphrase된 보기가 정답으로 많이 출제됩니다. 따라서 paraphrase된 문장을 이해하는 연습을 하면 보기의 내용을 정확히 이해할 수 있습니다.

03 긴 문장을 끊어 듣는 연습을 합니다.

Part 4&5에는 너무 길어 의미 파악이 쉽지 않은 문장으로 이루어진 담화가 출제됩니다. 따라서 이러한 긴 문장을 의미 단위별로 끊어 듣는 연습을 하면 담화의 내용을 쉽고 정확하게 이해할 수 있습니다.

04 문제 유형에 따른 문제 풀이 전략을 익혀둡니다.

Part 4&5는 문제 유형에 따라 문제를 푸는 방법이 달라집니다. 따라서 문제 유형에 따른 문제 풀이 전략을 익혀두면 정답을 쉽게 고를 수 있습니다.

05 문제를 들려주는 순서에 따라 Step별로 전략을 익혀둡니다.

Part 4에서는 '담화 → 질문 → 담화 → 질문과 보기' 순서로 문제를 들려주며, Part 5에서는 '담화 → 첫 번째 질문 → 두 번째 질문 → 담화 → 첫 번째 질문과 보기 → 두 번째 질문과 보기' 순서로 문제를 들려줍니다. 따라서 이 순서를 활용한 Step별 전략을 익혀두면 문제를 더 효과적으로 풀 수 있습니다.

06 담화 유형별로 전형적인 흐름과 자주 나오는 질문을 익혀둡니다.

Part 4&5에는 담화 유형에 따라 전형적인 흐름과 자주 나오는 질문이 있습니다. 따라서 각 유형별로 전형적인 흐름과 빈출 질문을 익혀두면 담화를 들으며 미리 이어질 내용과 문제를 예측하고 정답의 단서가 될 만한 부분을 쉽게 찾을 수 있습니다.

07 오답 유형을 익혀둡니다.

Part 4&5에는 전형적으로 등장하는 오답 유형이 있습니다. 따라서 자주 출제되는 오답 유형을 익혀두면 오답을 소거하면서 정답을 쉽게 고를 수 있습니다.

Part 4&5에는 담화에 나온 단어나 문맥, 상황을 함정으로 사용한 오답이 주로 출제됩니다. 이러한 오답에 속지 않기 위해서 자주 출제되는 오답 유형을 익혀봅시다.

01 한두 단어가 담화의 내용과 다른 오답

일부는 담화 내용과 일치하지만, 한두 단어가 다르게 사용되어 담화의 내용과 일치하지 않는 오답이 출제됩니다.

Next I'll talk about jobs you can get without a college degree. For example, you can receive a **high** salary as a commercial airline pilot with just a license and a little experience. Or you could become an operations manager at a company. Operations managers have important jobs, as they supervise all stages of production.	다음으로 저는 당신이 대학 학위 없이 얻을 수 있는 직업에 대해 이야기할 것입니다. 예를 들어, 당신은 면허와 약간의 경험만 가지고도 민간 항공의 조종사로서 높은 급여를 받을 수 있습니다. 또는 당신은 회사에서 작업 부장이 될 수 있습니다. 작업 부장들은 생산의 모든 단계를 감독하므로 중요한 직무를 맡고 있습니다.
Q: Which is correct according to the talk?	Q: 담화에 따르면 맞는 것은 무엇인가?
(a) Commercial airline pilots have **low** salaries.	(a) 민간 항공 조종사는 급여가 낮다.
(b) Operations managers do not need a college degree.	(b) 작업 부장은 대학 학위가 필요 없다.

정답 **(b)**

오답 분석 (a)는 담화에서 민간 항공 조종사로서 높은(high) 급여를 받을 수 있다고 한 것과는 달리, 급여가 낮다(low)고 했으므로 한두 단어가 다르게 사용되어 담화의 내용과 일치하지 않는 오답입니다.

02 그럴듯하지만 담화에서 언급된 적이 없는 오답

담화의 주제와 관련이 있거나, 담화의 문맥과 비슷한 내용을 담고 있어 그럴듯하게 들리지만, 실제로 담화에서 언급된 적이 없는 오답이 출제됩니다.

Introducing the DC-4, the world's greenest mobile phone. **The DC-4 is solar powered**, so you can charge your battery anywhere without a power cord! And **its energy-saving technology will allow you to use it for many hours on a single charge**. In addition, its body is made from 100 percent recycled plastic. Help save the earth. Order your DC-4 today!	세계에서 가장 환경 친화적인 휴대폰, DC-4를 소개합니다. DC-4는 태양열을 동력으로 전선 없이 어디서나 배터리를 충전할 수 있습니다! 그리고 그것의 에너지 절약 기술은 한 번 충전으로 오랜 시간 동안 사용하게 해줄 것입니다. 게다가, 그것의 동체는 100퍼센트 재활용 플라스틱으로 만들어졌습니다. 지구 보호를 도우십시오. 오늘 당신의 DC-4를 주문하십시오!
Q: What is mainly being advertised about the DC-4?	Q: DC-4에 대해 주로 무엇이 광고되고 있는가?
(a) It is environmentally friendly.	(a) 환경 친화적이다.
(b) Its batteries **never need replacing**.	(b) 배터리를 바꿀 필요가 전혀 없다.

정답 **(a)**

오답 분석 (b)는 태양열을 동력으로 이용하여 배터리를 충전하고, 한 번의 충전으로 오래 사용할 수 있다는 문맥에 비추어 보면 그럴듯하게 들리지만, 실제로 배터리 교체가 전혀 필요 없다고 언급된 적이 없는 오답입니다.

03 담화의 내용과 반대되는 오답

담화의 일부나 전체와 반대되는 내용을 담고 있는 오답이 출제됩니다.

In my opinion, **building another new stadium would be a bad idea**. To see why, all we have to do is look to the past. When our city hosted the Olympics, we built many new arenas. **Now those structures are costing us lots of money to maintain, but for no reason. It would be better to actually use some of the facilities we already have.** Q: What can be inferred from the talk? (a) The city **badly needs a new stadium**. (b) Existing stadiums are rarely used.	제 생각에는, 또 새로운 경기장을 짓는 것은 부당합니다. 이유를 알기 위해 우리가 해야 할 일은 과거를 보는 것입니다. 우리 도시가 올림픽을 유치했을 때 우리는 많은 새 경기장들을 지었습니다. 지금 그 건물들은 아무 쓸모도 없는데 유지하는 데 많은 비용이 듭니다. 우리가 이미 가진 시설들 중 일부를 실제로 사용하는 것이 더 나을 것입니다. Q: 담화에서 추론할 수 있는 것은 무엇인가? (a) 도시는 새 경기장을 몹시 필요로 한다. (b) 기존의 경기장들은 거의 사용되지 않는다.

정답   (b)

오답 분석   (a)는 담화에서 쓸모 없이 유지되고 있는 경기장을 사용하여 새 경기장을 짓지 않아야 한다고 한 것과는 달리, 새로운 경기장이 몹시 필요하다고 하여 담화와 반대되는 내용을 담고 있는 오답입니다.

04 중심 내용 문제에서 너무 세부적인 내용을 다룬 오답

중심 내용 문제에서 담화에서 언급되었지만 너무 세부적인 내용을 다루는 오답이 출제됩니다.

Today I want to discuss the people of Pompeii. Most of them spent their days working. This was true for farmers and merchants alike. **For leisure, they often went to public baths or exhibitions.** And before going to bed, people usually prepared a simple meal of eggs or fish. Q: What is the main topic of the talk? (a) The daily lives of people in Pompeii (b) **Leisure activities** of the people of Pompeii	오늘 저는 폼페이의 사람들에 대해 논의하고 싶습니다. 그들 중 대다수는 일하며 나날을 보냈습니다. 이것은 농부들과 상인들에게 똑같이 사실이었습니다. 여가 생활로 그들은 종종 대중 목욕탕이나 전시회에 갔습니다. 그리고 잠자리에 들기 전에 사람들은 보통 달걀이나 생선으로 된 간단한 식사를 준비했습니다. Q: 담화의 주제는 무엇인가? (a) 폼페이 사람들의 일상생활 (b) 폼페이 사람들의 여가 활동

정답   (a)

오답 분석   (b)는 담화 전체의 중심 내용인 폼페이 사람들의 일상생활과 관련하여 그들의 여가 활동에 대한 부분만 세부적으로 다룬 오답입니다.

기본기 다지기

01 보기 내용 파악하기 🎧 P4&5_2

Many banks are reducing the size of their staff. Three of the nation's five largest banks recently cut 2 percent of their workforce. This leaves many of the people in the banking sector without jobs. Banks are now rejecting even the most qualified applicants.

Q: What is the news report mainly about?

(a) A shortage of qualified bankers
(b) New rules for the banking sector
(c) Reasons banks are trying to cut costs
(d) A reduction in jobs for bankers

많은 은행들이 직원 수를 줄이고 있습니다. 국가의 5대 거대 은행 중 세 곳이 최근에 직원의 2퍼센트를 줄였습니다. 이로 인해 금융계의 많은 사람들이 직업이 없는 상태가 되었습니다. 현재 은행들은 가장 능력 있는 지원자들조차도 거절을 하고 있습니다.

Q: 뉴스 보도는 주로 무엇에 대한 것인가?

(a) 능력 있는 은행원들의 부족
(b) 금융계의 새로운 규칙
(c) 은행들이 비용을 줄이려는 이유
(d) 은행원들을 위한 일자리 감소

reduction(감소), jobs(일자리), bankers(은행원들)를 사용하여 담화의 중심 내용을 바르게 나타내고 있는 **(d)**가 정답이네요. 이와 같이 Part 4&5 문제는 내용어를 중심으로 보기를 듣고 그 내용을 정확히 파악해야 정답을 고를 수 있습니다. 그럼 이러한 내용어를 중심으로 보기 내용을 파악하는 방법에 대해 살펴볼까요!

보기 내용 파악하는 방법

보기의 내용을 정확히 파악하기 위해서는 내용어를 중심으로 들어야 합니다. 내용어를 중심으로 보기 내용을 파악하는 방법은 다음과 같아요.

보기 ↓	**Crime** has **increased** in the **majority** of **America's cities**. 미국의 대부분 도시에서 범죄가 증가하고 있다.	① 크고 길게 강조되는 단어를 중심으로 들어요.
내용어 파악 ↓	crime(명사), increased(동사), majority(명사), America(명사), cities(명사)	② 보기의 내용어가 무엇인지 파악해요.
보기 의미 파악	미국 대부분 도시에서 범죄 증가	③ 내용어를 통해 보기의 내용을 파악해요.

※ 이러한 내용어는 크고 길게 강조되는 단어로 주로 명사, 동사, 형용사, 부사입니다.

Quiz

내용어 중심으로 들으며 제시된 핵심 의미를 바르게 나타낸 문장을 고르세요. 그리고 두 번 다시 들으며 빈칸에 들어갈 내용을 받아써 보세요. (음성은 세 번씩 들려줍니다.) 🎧 P4&5_3

01 사람들이 금요일 전에 회의 등록 필요 (a)   (b)

> (a) People should _____ in the main conference _____.
> (b) People must _____ for the conference _____.

02 국가들이 온실 가스 배출을 줄이도록 장려됨 (a)   (b)

> (a) _____ is influenced by human _____.
> (b) _____ are encouraged to _____ greenhouse _____.

03 과학자들이 지난해 최초로 운석 발견 (a)   (b)   (c)

> (a) Scientists _____ the meteorite _____.
> (b) The meteorite is _____ of unknown _____.
> (c) Scientists _____ the meteorite in _____.

04 Z-50은 다른 레이저 프린터보다 빠름 (a)   (b)   (c)

> (a) The Z-50 is _____ than other _____.
> (b) _____ today will _____ a _____.
> (c) _____ can _____ more about the Z-50 _____.

05 로마인들이 아일랜드인들에게 라틴어를 배우도록 강요 (a)   (b)   (c)   (d)

> (a) Irish poets _____ from the Romans.
> (b) Ireland had _____ when the Romans _____.
> (c) The _____ of Ireland was _____ by the Romans.
> (d) The Romans _____ the people of Ireland to _____.

정답 p. 98

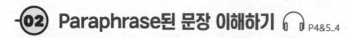

02 Paraphrase된 문장 이해하기 🎧 P4&5_4

Today I'll be discussing the **fall** of **Rome**. The Roman Empire reached the height of its influence in the second century. After that time, Rome began to lose much of its power. Q: What is the main topic of the talk? (a) The origins of the Roman Empire (b) Roman culture in the second century **(c) The decline of the Roman state** (d) Powerful Roman rulers	오늘 저는 로마의 멸망에 대해 이야기하려고 합니다. 로마 제국은 2세기에 최고의 전성기에 올랐습니다. 그 이후로부터, 로마는 대부분의 세력을 잃기 시작했습니다. Q: 담화의 주제는 무엇인가? (a) 로마 제국의 기원 (b) 2세기의 로마 문화 (c) 로마 제국의 쇠퇴 (d) 강력한 로마 지도자들

담화의 fall(멸망)을 decline(쇠퇴)으로, Rome(로마)을 the Roman state(로마 제국)로 paraphrase한 (c)가 정답입니다. 이와 같이 Part 4&5에도 담화에 나왔던 말이 바뀌어 표현되는, 즉 paraphrase된 보기가 정답으로 자주 출제됩니다. 그럼 이러한 paraphrase된 문장을 이해하는 연습을 해볼까요!

하나의 문장 안에 있는 단어나 구를 다른 말로 바꾸어 쓴 경우

담화	보기
The company **intends** to **expand its manufacture of cars**. 회사는 차 생산을 증가시킬 생각입니다.	The company **plans** to **increase automobile production**. 회사는 차량 제조를 늘릴 계획이다.

intends(~할 생각이다)를 plans(계획하다)로, expand its manufacture of cars(차 생산을 증가시키다)를 increase automobile production(차량 제조를 늘리다)으로 paraphrase하고 있습니다.

여러 문장을 하나의 문장으로 바꾸어 쓴 경우

담화	보기
Nearly 100,000 men were needed to build the pyramids. And these people had to be **highly proficient** in construction techniques. 피라미드를 만들기 위해서는 거의 10만 명의 사람이 필요했습니다. 그리고 이 사람들은 건축 기술에 있어서 아주 능숙해야 했습니다.	Building the pyramids required **many skilled** workers. 피라미드를 만드는 것은 많은 숙련된 노동자들을 필요로 했다.

첫 번째 문장의 Nearly 100,000(거의 10만 명)를 many(많은)로, 두 번째 문장의 highly proficient(아주 능숙한)를 skilled (숙련된)로 paraphrase하고 있습니다.

Quiz

음성을 두 번 들으며 빈칸에 들어갈 내용을 받아써 보세요. 그리고 다음에 들려주는 문장을 듣고 내용을 바르게 paraphrase하고 있으면 ○에, 아니면 X에 표시해 보세요. 🎧 P4&5_5

01   Be prepared for rain _____.   ○   X

02   The merger is expected to _____ a _____.   ○   X

03   To apply, just download the _____ and fill them out. Then
      _____ them via e-mail before August 31.   ○   X

04   Lingua Voice software allows you to _____ with your voice.
      Users can choose from _____.   ○   X

05   _____ have changed how they view oceans. For example, they
      previously thought that _____ was _____. However,
      they _____ that it is common.   ○   X

정답 p. 99

I called this meeting today / to make a special announcement. James Lowery will be retiring / on the 23rd of next month. James has been / in our company / for over 20 years / and we will all miss him. As a celebration of his service / we will be holding a retirement ceremony / for him.

Q: What is the announcement mainly about?

(a) A schedule for a meeting
(b) An employee's work history
(c) The retirement of an employee
(d) The company's retirement policy

저는 오늘 이 회의를 소집했습니다 / 특별한 안내를 하기 위하여. James Lowery는 퇴직을 할 것입니다 / 다음 달 23일에. James는 있었습니다 / 우리 회사에 / 20년이 넘는 동안 / 그리고 우리 모두는 그를 그리워할 것입니다. 그의 근무를 축하하는 일환으로 / 우리는 퇴임식를 열 것입니다 / 그를 위하여.

Q: 안내는 주로 무엇에 대한 것인가?

(a) 회의 일정
(b) 직원의 근무 내력
(c) 직원의 퇴임
(d) 회사의 퇴임 정책

긴 문장으로 이루어진 담화의 중심 내용을 '직원의 퇴임'이라고 바르게 나타내고 있는 **(c)**가 정답이네요. 이와 같이 Part 4&5에는 의미 단위로 끊어 들어야 쉽게 이해할 수 있는 긴 문장으로 이루어진 담화가 출제됩니다. 그럼 이러한 의미 단위로 긴 문장을 끊어 듣는 방법에 대해 살펴볼까요!

긴 문장 끊어 듣는 방법

의미 단위로 문장을 끊어 들으면 길이가 긴 문장도 여러 개의 단위로 나누어서 쉽게 이해할 수 있습니다. 의미 단위로 긴 문장을 끊어 듣는 방법은 다음과 같아요.

The birds leave their breeding grounds → 첫 번째 의미 단위(절)까지 듣고 의미 파악
새들은 번식지를 떠납니다

The birds leave their breeding grounds / in November, → 두 번째 의미 단위(구)까지 듣고 의미 파악
새들은 번식지를 떠납니다   11월에

The birds leave their breeding grounds / in November, / when they migrate south for the winter.
새들은 번식지를 떠납니다   11월에   겨울을 나기 위해 남쪽으로 가는 때인
→ 세 번째 의미 단위(절)까지 듣고 의미 파악

※ 이러한 의미 단위는 주로 구와 절입니다.

Quiz

문장을 의미 단위로 끊어 들으며 문장이 의미하는 바를 바르게 나타낸 것을 고르세요. 그리고 다시 두 번 다시 들으며 빈칸에 들어갈 내용을 받아써 보세요. (음성은 세 번씩 들려줍니다.) 🎧 P4&5_7

01 (a) 자신에게 맞는 보험을 선택하는 것에 대한 중요한 조언을 하려고 합니다.
   (b) 잠재적인 투자자들을 위하여 중요한 조언을 하려고 합니다.

> For _____, / I have some important advice.

02 (a) 지난 시간에 이야기했던 내용에 이어서 토론을 시작해 봅시다.
   (b) 책의 줄거리를 살펴보면서 토론을 시작해 봅시다.

> Let's begin our discussion / by _____ the _____.

03 (a) 오늘의 연설자를 소개하기 전에, 여러분 모두를 환영하고 싶습니다.
   (b) 회의를 시작하기에 앞서, 여러분 모두를 환영하고 싶습니다.

> Before I _____, / I'd like to welcome you all.

04 (a) 상담원과 통화를 원하시면, 이름과 전화번호를 남겨 주세요.
   (b) 더 많은 정보가 필요하시면, 이름과 전화번호를 남겨 주세요.

> If you need _____, / please leave your name and phone number.

05 (a) 대학 입학이 계속해서 증가했더라도, 지난 10년 동안 평균 졸업률은 감소했습니다.
   (b) 대학 입학자 수가 감소함에 따라서, 지난해의 평균 졸업률은 감소했습니다.

> Although college enrollment has _____, / the average graduation rate has decreased / over the _____.

정답 p.100

중심 내용 문제

The Industrial Revolution

오늘은 19세기 산업 혁명의 배경에 대해 살펴보죠! 초기 영국에서는... 기계화가 급속히 진행되기 시작합니다. 또 공장을 짓는... 생산력을 갖추기 시작한 것이죠.

교수님은 무엇에 대해 강의하고 있나요?

교수님이 강의하고 있는 내용은 19세기 산업 혁명의 배경에 대한 것이군요.
이것은 시작 부분에서 19세기 산업 혁명의 배경에 대해 살펴보자는 교수님의 말을 통해 알 수 있어요.
이처럼 Part 4와 5에는 담화가 주로 무엇에 관한 것인지 묻는 중심 내용 문제가
총 10문제 중 4문제 정도 출제됩니다. 그럼 이러한 문제 유형에 대해 자세히 알아볼까요!

빈출 질문 유형

중심 내용 문제에는 담화가 주로 무엇에 관한 내용인지 묻거나, 화자의 중심 생각이 무엇인지 묻는 문제가 있습니다.
질문에 등장하는 키워드를 잘 기억하며 빈출 질문 유형을 익혀두세요.

mainly about, main topic 등과 같은 키워드가 질문에 등장합니다.

What is the lecture **mainly about**? 강의는 주로 무엇에 대한 것인가?
What is the **main topic** of the talk? 담화의 주제는 무엇인가?
What is the **main idea** of the news report? 뉴스 보도의 요지는 무엇인가?
What is **mainly being advertised**? 주로 광고되고 있는 것은 무엇인가?

Step별 문제 풀이 전략 🎧 P4&5_8

문제를 풀 때 다음과 같은 Step별 문제 풀이 전략을 적용하면, 더욱 효과적으로 담화를 듣고 정확한 답을 고를 수 있습니다. 각 Step별로 무엇을 해야 하는지 꼭 익혀두세요.

Step 1 담화를 처음 들을 때 **대화의 앞부분에 집중하기**

앞부분을 중심으로 담화의 중심 내용이 무엇인지 파악합니다.

> **Air travel can be difficult** due to limited space and uncomfortable seats. **However, there are some steps you can take to make your time more pleasant.** First, take the opportunity to get up and stretch whenever you have the chance. Moving around will improve blood circulation. You'll also want to make sure to wear loose-fitting clothing that will not feel restrictive in any way.

→ 담화 앞부분에서 비행은 힘들 수 있지만, 편안한 비행을 위한 몇 가지 방법이 있다고 하였으므로 '편안한 비행을 위한 방법'이 담화의 중심 내용임을 알 수 있습니다.

Step 2 질문을 들을 때 **무엇을 묻고 있는지 파악하기**

mainly about, main topic 등을 듣고 중심 내용 문제임을 파악합니다.

> Q: What is the **main topic** of the talk?

→ main topic을 듣고 중심 내용 문제임을 파악할 수 있습니다.

Step 3 담화를 다시 들을 때 **중심 내용 확인하기**

Step 1에서 파악한 담화의 중심 내용이 정확히 맞는지 확인하며 듣습니다.

> **Air travel can be difficult** due to limited space and uncomfortable seats. **However, there are some steps you can take to make your time more pleasant.** First, take the opportunity to **get up and stretch** whenever you have the chance. Moving around will improve blood circulation. You'll **also** want to make sure to **wear loose-fitting clothing** that will not feel restrictive in any way.

→ '일어나 스트레칭 한다', '느슨한 옷을 입는다' 등을 통해, Step 1에서 파악한 '편안한 비행을 위한 방법'이 중심 내용임을 담화 전체를 들으며 다시 확인합니다.

Step 4 질문과 보기를 들을 때 **정답 여부 가리며 듣기**

오답을 소거해가며 정답을 선택합니다.

> Q: What is the **main topic** of the talk?
>
> **(a) Keeping comfortable during a flight (O)**
> (b) Improving blood flow through stretching (X)
> (c) Staying safe on an airplane (X)
> (d) Selecting the right clothing for air travel (X)

→ Step 3에서 확인한 중심 내용을 바탕으로, 비행하는 동안 편안함을 유지하라고 한 (a)를 정답으로 선택합니다.

오답 분석
(b) 세부적인 내용을 다룬 오답
(c) 담화에 언급된 적이 없는 오답
(d) 세부적인 내용을 다룬 오답

해석 p. 101

음성을 들으며 앞에서 배운 Step별 문제 풀이 전략을 단계별로 연습해 보세요. 🎧 P4&5_9

Part 4

01

Step 1 담화를 처음 들을 때 담화의 앞부분에 집중하기
담화의 앞부분을 중심으로 중심 내용을 파악해 보세요.
(a) 연설자 불참   (b) 연설자 지각

Step 2 질문을 들을 때 무엇을 묻고 있는지 파악하기
What is the announcement _____?

Step 3 담화를 다시 들을 때 중심 내용 확인하기
담화를 들으며 빈칸에 들어갈 내용을 받아써 보세요. (음성은 두 번씩 들려줍니다.)

> Unfortunately, our scheduled _____ will not be able to _____.
> Instead, we will _____ Dr. Ramsey, who is also an _____ in
> genetic research. We are very fortunate that he _____ to us today.
> Please join me in _____ Dr. Ramsey.

Step 4 질문과 보기를 들을 때 정답 여부 가리며 듣기
(a) 연설자 불참으로 인한 교체 연설자 소개   (b) 연설자 지각으로 인한 대체 프로그램 소개

02

Step 1 담화를 처음 들을 때 담화의 앞부분에 집중하기
담화의 앞부분을 중심으로 중심 내용을 파악해 보세요.
(a) 인터넷   (b) 컴퓨터

Step 2 질문을 들을 때 무엇을 묻고 있는지 파악하기
What is _____?

Step 3 담화를 다시 들을 때 중심 내용 확인하기
담화를 들으며 빈칸에 들어갈 내용을 받아써 보세요. (음성은 두 번씩 들려줍니다.)

> If you're looking for a great _____ at a reasonable _____,
> look no further. Right now, you can get a TC-7000 _____ for under
> a thousand dollars. That price gets you the very latest processor, along with
> four gigabytes of _____. You'll love its blazing speed for surfing
> the _____. Don't delay. _____ www.tc7000.com today!

Step 4 질문과 보기를 들을 때 정답 여부 가리며 듣기
(a) 노트북 컴퓨터   (b) 데스크톱 컴퓨터   (c) 광역 인터넷 서비스

03

Step 1 담화를 처음 들을 때 담화의 앞부분에 집중하기
담화의 앞부분을 중심으로 중심 내용을 파악해 보세요.
(a) 여행지   (b) 여행 일정

Step 2 질문을 들을 때 무엇을 묻고 있는지 파악하기
What is the speaker _____?

Step 3 담화를 다시 들을 때 중심 내용 확인하기
담화를 들으며 빈칸에 들어갈 내용을 받아써 보세요. (음성은 두 번씩 들려줍니다.)

> Welcome to the Alamo, San Antonio's most famous _____. Before we
> begin our _____, let me give you a brief _____ introduction.
> The Alamo was _____ in the 18th century and _____ as
> a religious school until 1793. It was later used as a _____ fort by
> Mexico and the United States. After 1876, the Alamo was abandoned but was
> later _____ and turned into a _____.

Step 4 질문과 보기를 들을 때 정답 여부 가리며 듣기
(a) 여행 일정 변경   (b) 관광 시 주의 사항   (c) 앨라모 요새의 역사

먼저 음성을 들으며 앞에서 배운 Step별 문제 풀이 전략을 적용하여 정답을 고르세요. 그리고 두 번 다시 들으며 빈칸에 들어갈 내용을 받아써 보세요. 🎧 P4&5_9

Part 4

04 (a)　　　(b)　　　(c)

> Tonight, we're going to _____ luxury cell phones with cheaper models. Our tests _____ that when it comes to _____, you definitely get _____. We selected five _____ and _____ them according to their durability. Only one of them got higher than three out of five. In contrast, none of the _____ we tested scored lower than four.
>
> Q: What is the speaker's _____?
> (a) New models are more _____ than older ones.
> (b) Price is not a factor in cell phone _____.
> (c) _____ phones are more durable.

Part 5

05 (a)　　　(b)　　　(c)
06 (a)　　　(b)　　　(c)

> A previously _____ of Vincent van Gogh is scheduled to be _____ this Thursday. The painting, dated to the 1880s, is expected to _____ of more than 50 million dollars. The piece is believed to have been _____ while Van Gogh lived in Brussels and studied at an _____, which would make it one of his _____ works. A gallery spokesperson said that the painting has generated a great deal of _____ from several countries.
>
> 05. Q: What is the news report _____?
>   (a) Vincent van Gogh's early _____
>   (b) The _____ of a painting
>   (c) A _____ recently discovered in Brussels
>
> 06. Q: What is _____ Vincent van Gogh?
>   (a) He resided in Brussels as a _____.
>   (b) He studied art in _____.
>   (c) He managed an _____ in the 1880s.

정답 p. 101

HACKERS TEST

음성을 들으며 질문에 가장 적절한 답을 고르세요. 🎧 P4&5_10

Part 4

01　(a)　　(b)　　(c)　　(d)

02　(a)　　(b)　　(c)　　(d)

03　(a)　　(b)　　(c)　　(d)

Part 5

04　(a)　　(b)　　(c)　　(d)

05　(a)　　(b)　　(c)　　(d)

정답 p. 105

💻 받아쓰기&쉐도잉 프로그램으로 Hackers Practice와 Hackers Test를 꼭 복습하세요.

시장 조사의 결과는 무엇인가요?

시장 조사의 결과는 본사 제품이 경쟁사에 비해 낮은 선호도를 보인다는 것이군요.
이것은 경쟁사에 비해 15% 낮은 선호도를 나타낸다는 말을 통해 알 수 있어요.
이처럼 Part 4와 5에는 담화의 구체적인 내용을 정확하게 이해했는지 묻는 세부 정보 문제가
총 10문제 중 4~5문제 정도 출제됩니다. 그럼 이러한 문제 유형에 대해 자세히 알아볼까요!

빈출 질문 유형

세부 정보 문제에는 담화의 내용과 일치하는 것을 묻는 Correct 문제와, 의문사를 이용하여 담화에서 언급된 세부
내용에 대해 묻는 육하원칙 문제가 있습니다. 질문에 등장하는 키워드를 잘 기억하며 빈출 질문 유형을 익혀두세요.

Correct 문제   correct나 correct about과 같은 키워드가 질문에 등장합니다.

Which is **correct** according to the talk? 담화에 따르면 맞는 것은 무엇인가?
Which is **correct about** the museum according to the news report?
뉴스 보도에 따르면 박물관에 대해 맞는 것은 무엇인가?

육하원칙 문제   What이나 Which와 같은 의문사 및 관련 핵심어구가 질문에 등장합니다.

What is the **effect of ginseng** according to the lecture? 강의에 따르면 인삼의 효과는 무엇인가?
Which department will **organize** a training workshop? 어느 부서가 교육 워크숍을 준비할 것인가?

Step별 문제 풀이 전략 🎧 P4&5_11

문제를 풀 때 다음과 같은 Step별 문제 풀이 전략을 적용하면, 더욱 효과적으로 대화를 듣고 정확한 답을 고를 수 있습니다. 각 Step별로 무엇을 해야 하는지 꼭 익혀두세요.

Step 1 담화를 처음 들을 때 **무엇에 대한 담화인지 파악하기**

담화를 전체적으로 들으면서 핵심 정보를 담고 있는 키워드를 통해 무엇에 대한 내용인지 파악합니다.

*Part 4와 Part 5 각 파트의 중간 부분에 세부 정보 문제가 주로 나오는 것을 감안하여, 첫 번째 들을 때부터 세부 정보도 들어두는 것이 좋습니다.

> Good afternoon, everyone. **We will begin our tour** of the Salem Technology Museum at one, about 15 minutes from now. **Before that, I just want to discuss a few rules.** First, please **do not touch** any of the objects on display, as some items are fragile and irreplaceable. Also, **food and drinks are not allowed** inside the **museum** at any time.

→ 키워드를 통해 '관람 규칙'이 중심 소재임을 알 수 있습니다.

Step 2 질문을 들을 때 **무엇을 묻고 있는지 파악하기**

correct나 correct about을 듣고 Correct 문제임을 파악합니다.
육하원칙 문제의 경우 의문사와 핵심어구를 주의 깊게 듣습니다.

> Q: Which is **correct** according to the instructions?

→ correct를 듣고 Correct 문제임을 파악할 수 있습니다.

Step 3 담화를 다시 들을 때 **정답의 단서가 될 수 있는 부분을 집중해 듣기**

담화의 중심 소재와 관련된 세부 정보를 집중해서 듣습니다.

> Good afternoon, everyone. We will begin our tour of the Salem Technology Museum at one, about 15 minutes from now. Before that, I just want to discuss a few rules. First, please ①**do not touch any of the objects on display**, as some items are fragile and irreplaceable. Also, ②**food and drinks are not allowed inside the museum** at any time.

→ 중심 소재인 '관람 규칙'과 관련하여, correct 문제 정답의 단서가 될 수 있는 세부 정보로
① 전시된 어떤 물건도 만지지 않는다.
② 박물관 내에서 음식과 음료는 절대 허용되지 않는다.
등이 있음을 알 수 있습니다.

Step 4 질문과 보기를 들을 때 **정답 여부 가리며 듣기**

오답을 소거해가며 정답을 선택합니다.

> Q: Which is **correct** according to the instructions?
>
> (a) Tourists may bring snacks on the tour. (X)
> **(b) Participants should not touch the displays. (O)**
> (c) The tour leader will be 15 minutes late. (X)
> (d) The museum will open at one. (X)

→ Step 3에서 파악한 세부 정보 중 ①을 바탕으로 참가자들은 전시품을 만져서는 안 된다고 한 (b)를 정답으로 선택합니다.

오답 분석
(a) 담화 내용과 반대인 오답
(c) 담화에서 언급된 적이 없는 오답
(d) 담화에서 알 수 없는 오답

해석 p.108

HACKERS PRACTICE

음성을 들으며 앞에서 배운 Step별 문제 풀이 전략을 단계별로 연습해 보세요. 🎧 P4&5_12

Part 4

01

Step 1 담화를 처음 들을 때 무엇에 대한 담화인지 파악하기

(a) 학위와 취업의 관계   (b) 전문가 프로그램의 종류

Step 2 질문을 들을 때 무엇을 묻고 있는지 파악하기

Which is _____ according to the talk?

Step 3 담화를 다시 들을 때 정답의 단서가 될 수 있는 부분을 집중해 듣기

담화를 들으며 빈칸에 들어갈 내용을 받아써 보세요. (음성은 두 번씩 들려줍니다.)

> It is much easier to _____ if you graduate from a _____
> program, such as accounting or nursing. Having a _____ in these fields
> will give you employment _____ even during hard economic times.
> People with professional _____ also _____ more _____ on average.

Step 4 질문과 보기를 들을 때 정답 여부 가리며 듣기

(a) 회계사가 간호사보다 더 많은 돈을 번다.   (b) 전문 학위는 취업 기회를 제공한다.

02

Step 1 담화를 처음 들을 때 무엇에 대한 담화인지 파악하기

(a) 비상 연락 안내 메시지   (b) 업체 자동 음성 메시지

Step 2 질문을 들을 때 무엇을 묻고 있는지 파악하기

Which is _____ Kim's Interior Design according to the message?

Step 3 담화를 다시 들을 때 정답의 단서가 될 수 있는 부분을 집중해 듣기

담화를 들으며 빈칸에 들어갈 내용을 받아써 보세요. (음성은 두 번씩 들려줍니다.)

> Thank you for calling Kim's Interior Design. We are _____ from 10 a.m. to
> 5 p.m., _____ through Friday. If you'd like to _____,
> you may do so after the tone. In case of an _____, you may _____
> _____ on my cell phone at 269-5854 anytime before 10 p.m. Thanks again.
> We at Kim's _____ your business.

Step 4 질문과 보기를 들을 때 정답 여부 가리며 듣기

(a) 월요일에 문을 닫는다.

(b) 영업 시간 이외에도 전화를 받는다.

(c) 평일에는 밤 10시까지 문을 연다.

03

Step 1 담화를 처음 들을 때 무엇에 대한 담화인지 파악하기
(a) 교통 사고 소식   (b) 교통 체증 소식

Step 2 질문을 들을 때 무엇을 묻고 있는지 파악하기
Which is _____ the accident according to the news report?

Step 3 담화를 다시 들을 때 정답의 단서가 될 수 있는 부분을 집중해 듣기
담화를 들으며 빈칸에 들어갈 내용을 받아써 보세요. (음성은 두 번씩 들려줍니다.)

> And now for local news. A Las Vegas woman is in _____
> after being in an _____ earlier today. Police say the woman was
> _____ when she was _____ by a speeding driver.
> The driver _____ and has yet to be identified. However, the _____
> was reportedly driving a pickup truck with Nevada tags.

Step 4 질문과 보기를 들을 때 정답 여부 가리며 듣기
(a) 목격자가 없다.   (b) 운전자는 술 취한 상태였다.   (c) 여성은 심각한 부상을 당했다.

먼저 음성을 들으며 앞에서 배운 Step별 문제 풀이 전략을 적용하여 정답을 고르세요. 그리고 두 번 다시 들으며 빈칸에 들어갈 내용을 받아써 보세요. ∩ P4&5_12

Part 4

04 (a)　　(b)　　(c)

> Massage is an ancient form of therapy known to _____. Studies
> have shown that athletes who received massage therapy after an injury reported
> _____ than those who did not receive therapy. Massage has also been
> _____ blood pressure and _____, and it is
> even helpful in the treatment of _____.
>
> Q: What is a _____ according to the lecture?
>
> (a) Greater _____ strength
> (b) A lower _____ rate
> (c) Improved _____ health

Part 5

05 (a)　　(b)　　(c)
06 (a)　　(b)　　(c)

> Today we'll discuss Medgar Evers, who played a key role in the American _____
> _____ during the 1950s and 1960s. Evers _____ in college. He
> was a member of the debate team and served as _____. In 1954, Evers
> _____ law school but _____ because of his race. His case received
> national attention and became a _____ in the campaign against _____
> in schools. Unfortunately, Evers was killed in 1963 by an _____ of the civil rights
> movement. Since then, _____ have been erected around the
> country _____.
>
> 05. Q: What does the talk _____?
>
> (a) An important figure in a _____
> (b) A recipient of a prestigious _____
> (c) The _____ of an integrated college.
>
> 06. Q: Which is _____ according to the talk?
>
> (a) Evers was refused entry to _____.
> (b) Segregation in _____ was banned in 1954.
> (c) Evers did well in his career _____.

정답 p.108

음성을 들으며 질문에 가장 적절한 답을 고르세요. 🎧 P4&5_13

Part 4

01 (a)   (b)   (c)   (d)

02 (a)   (b)   (c)   (d)

03 (a)   (b)   (c)   (d)

Part 5

04 (a)   (b)   (c)   (d)

05 (a)   (b)   (c)   (d)

정답 p.112

💻 받아쓰기 & 쉐도잉 프로그램으로 Hackers Practice와 Hackers Test를 꼭 복습하세요.

> 최근 경기 회복에 따라 회사 규모를 확장하기로 하였습니다. 이에 따라 곧 승진 조치가 있을 것이며, 개인별 영업 실적과 업무 태도 등의 평가 후 승진이 결정될 것입니다.

발표 내용을 통해 추론할 수 있는 것은 무엇인가요?

발표 내용으로부터 추론할 수 있는 것은 직원들이 곧 평가를 받게 된다는 것이군요.
이것은 영업 실적과 업무 태도 등의 평가 후 승진이 결정된다는 발표자의 말을 통해 알 수 있어요.
이처럼 Part 4와 5에는 담화의 문맥으로부터 유추할 수 있는 내용을 묻는 추론 문제가
총 10문제 중 1~2문제 정도 출제됩니다. 그럼 이러한 문제 유형에 대해 자세히 알아볼까요!

🔵 빈출 질문 유형

추론 문제에는 담화의 내용을 바탕으로 담화에서 직접적으로 언급되지 않은 것을 추론하는 Infer 문제와, 화자가 다음에
할 일을 추론하는 Do-next 문제가 있습니다. 질문에 등장하는 키워드를 잘 기억하며 빈출 질문 유형을 익혀두세요.

Infer 문제   inferred나 inferred about과 같은 키워드가 질문에 등장합니다.

What can be **inferred** from the talk? 담화로부터 추론할 수 있는 것은 무엇인가?
What can be **inferred about** the company from the talk? 담화로부터 회사에 대해 추론할 수 있는 것은 무엇인가?

Do-next 문제   do next와 같은 키워드가 질문에 등장합니다.

What will the speaker most likely to **do next**? 화자는 다음에 무엇을 할 것 같은가?
What will the speaker most likely **talk about next**? 화자는 다음에 무엇에 대해 말할 것 같은가?

━● Step별 문제 풀이 전략 🎧 P4&5_14

문제를 풀 때 다음과 같은 Step별 문제 풀이 전략을 적용하면, 더욱 효과적으로 담화를 듣고 정확한 답을 고를 수 있습니다. 각 Step별로 무엇을 해야 하는지 꼭 익혀두세요.

Step 1 담화를 처음 들을 때 무엇에 대한 담화인지 파악하기

담화를 전체적으로 들으면서 핵심 정보를 담고 있는 키워드를 통해 무엇에 대한 내용인지 파악합니다.

> From next semester, the **school will no longer require uniforms**. However, **this does not mean all forms of attire are acceptable**. Students will **not be allowed to wear hats** in the classroom. In addition, **gym clothing** may **only be worn during PE classes**. Failure to observe these standards may result in disciplinary action.

키워드를 통해 '복장 규정'이 중심 소재임을 알 수 있습니다.

Step 2 질문을 들을 때 무엇을 묻고 있는지 파악하기

inferred나 do next 등을 듣고 추론 문제임을 파악합니다.

> Q: What can be **inferred** from the announcement?

inferred를 듣고 Infer 문제임을 파악할 수 있습니다.

Step 3 담화를 다시 들을 때 정답의 단서가 될 수 있는 부분을 집중해 듣기

담화의 중심 소재와 관련된 세부 정보를 집중해서 듣습니다.
*Do-next 문제의 경우 담화의 마지막 부분을 가장 주의 깊게 듣습니다.

> From next semester, ①**the school will no longer require uniforms**. However, ②**this does not mean all forms of attire are acceptable**. ③**Students will not be allowed to wear hats** in the classroom. In addition, ③**gym clothing may only be worn during PE classes**. Failure to observe these standards may result in disciplinary action.

중심 소재인 '복장 규정'과 관련하여 Infer 문제 정답의 단서가 될 수 있는 세부 정보로
① 교복을 입지 않아도 된다.
② 이것이 모든 종류의 복장 허용을 의미하지는 않는다.
③ 모자 착용은 안 되고, 체육복은 체육 시간에만 입어야 한다.
등이 있음을 알 수 있습니다.

Step 4 질문과 보기를 들을 때 정답 여부 가리며 듣기

오답을 소거해가며 정답을 선택합니다.

> Q: What can be **inferred** from the announcement?
> (a) Gym teachers have complained about the dress code. (X)
> (b) Students must wear collared shirts. (X)
> **(c) Students still must follow a school dress code. (O)**
> (d) Uniforms will be required for all students. (X)

Step 3에서 파악한 세부 정보 중 ②를 바탕으로 학생들은 여전히 학교의 복장 규정을 따라야 한다고 추론한 (c)를 정답으로 선택합니다.

오답 분석
(a) 담화에서 알 수 없는 오답
(b) 담화에서 알 수 없는 오답
(d) 담화와 반대되는 오답

해석 p.115

HACKERS PRACTICE

음성을 들으며 앞에서 배운 Step별 문제 풀이 전략을 단계별로 연습해 보세요. 🎧 P4&5_15

Part 4

01

Step 1 담화를 처음 들을 때 무엇에 대한 담화인지 파악하기
(a) 국립 공원의 혜택   (b) 여행 패키지의 장점

Step 2 질문을 들을 때 무엇을 묻고 있는지 파악하기
What can be _____ from the talk?

Step 3 담화를 다시 들을 때 정답의 단서가 될 수 있는 부분을 집중해 듣기
담화를 들으며 빈칸에 들어갈 내용을 받아서 보세요. (음성은 두 번씩 들려줍니다.)

> Big Bear _____ has much _____ travelers. You can
> _____ on one of our scenic _____, or you may want
> to take a dip in one of the park's clear mountain streams. Adventurous travelers
> may even want to try white water _____ or _____. For
> detailed information about Big Bear, please _____ the national park
> service.

Step 4 질문과 보기를 들을 때 정답 여부 가리며 듣기
(a) 공원은 방문객들을 위해 연중 운영된다.   (b) 공원은 극한 스포츠를 즐길 수 있는 기회를 제공한다.

02

Step 1 담화를 처음 들을 때 무엇에 대한 담화인지 파악하기
(a) 경제 회복 전망   (b) 경제 위기 전망

Step 2 질문을 들을 때 무엇을 묻고 있는지 파악하기
What can be _____ from the announcement?

Step 3 담화를 다시 들을 때 정답의 단서가 될 수 있는 부분을 집중해 듣기
담화를 들으며 빈칸에 들어갈 내용을 받아서 보세요. (음성은 두 번씩 들려줍니다.)

> Now for business news. _____ now say that the _____
> may not _____ as long as they once thought. Consumer _____ is up
> by 7 percent, and _____ has dropped by 3 percent since
> February. Analysts are hopeful that the economy will be _____
> soon.

Step 4 질문과 보기를 들을 때 정답 여부 가리며 듣기
(a) 전문가들은 한때 경기 침체가 오래 지속될 것이라고 예상했다.
(b) 분석가들은 소비자들이 너무 많은 지출을 한다고 믿고 있다.

03

Part 1&2

Part 3

Part 4&5

해커스 텝스 BASIC LISTENING

Step 1 담화를 처음 들을 때 무엇에 대한 담화인지 파악하기

(a) 음악 기획사 광고 (b) 가수 오디션 광고

Step 2 질문을 들을 때 무엇을 묻고 있는지 파악하기

What can be _____ Go Live from the advertisement?

Step 3 담화를 다시 들을 때 정답의 단서가 될 부분을 집중해 듣기

담화를 들으며 빈칸에 들어갈 내용을 받아써 보세요. (음성은 두 번씩 들려줍니다.)

> Go Live is an _____ that matches young _____ with jobs
> in the music _____. If we accept you as a _____, we _____
> you a music _____ or you pay us nothing. Why would we make a
> promise like that? It's because we have the _____ in the business and
> a large resource _____. You will not find _____ like ours anywhere
> else. For more information, visit us at www.goliveagency.com.

Step 4 질문과 보기를 들을 때 정답 여부 가리며 듣기

(a) 유명한 음악가를 고객으로 두고 있다.   (b) 그들의 고객이 성공할 것이라는 것을 확신한다.

(c) 고객들에게 장기 계약을 제공한다.

먼저 음성을 들으며 앞에서 배운 Step별 문제 풀이 전략을 적용하여 정답을 고르세요. 그리고 두 번 다시 들으며 빈칸에 들어갈 내용을 받아써 보세요. P4&5_15

Part 4

04 (a)   (b)   (c)

One of the first things I tell young _____ is that they are likely to encounter many _____ on their way to _____. Today's _____ is not what it used to be. It's no longer enough to offer a good _____ at a _____, or simply to smile at customers. Business owners these days must find a way to make themselves _____. They have plenty of _____ but face greater _____ than ever before.

Q: What can be _____ from the talk?

(a) Today's businesses have poor _____.

(b) It has become more difficult to _____.

(c) New _____ make it hard to create profits.

Part 5

05 (a)   (b)   (c)

06 (a)   (b)   (c)

As _____ students, many of you are interested in learning a _____ _____. Today, I want to talk about a _____ that most students make when doing this. Many think that the _____ is to spend hours at a time _____. This isn't actually true, though. When learning a language, you should _____ your study time to 30 minutes per session. While you may feel that this isn't _____, it's important to keep in mind that the _____ you make after the _____ is insignificant.

05. Q: What is the _____ of the talk?

   (a) To describe _____ made by international students

   (b) To correct a _____ about language education

   (c) To announce a _____ to enroll in a language course

06. Q: What can be _____ from the talk?

   (a) Students _____ from living overseas.

   (b) _____ can be achieved quickly.

   (c) Long study sessions are _____.

정답 p.115

음성을 들으며 질문에 가장 적절한 답을 고르세요. 🎧 P4&5_16

Part 4

01 (a) (b) (c) (d)

02 (a) (b) (c) (d)

03 (a) (b) (c) (d)

Part 5

04 (a) (b) (c) (d)

05 (a) (b) (c) (d)

정답 p.119

📺 받아쓰기 & 쉐도잉 프로그램으로 Hackers Practice와 Hackers Test를 꼭 복습하세요.

이 챕터에서는 방송에서 쉽게 접할 수 있는 담화인 광고와 뉴스에 대해 살펴보겠습니다. 광고와 뉴스는
Part 4와 5의 총 8지문 중 2~3지문 정도가 출제됩니다. 그럼 이러한 담화에 대해 자세히 알아볼까요!

1 광고

광고는 여행이나 보험 상품 등의 서비스 이용을 촉진하거나, 스포츠용품이나 생활용품 등의 제품 구매를 유도하는
담화입니다.

빈출 토픽과 어휘 P4&5_17

광고에 자주 등장하는 토픽과 핵심 어휘를 익혀두면, 광고의 내용을 정확히 이해할 수 있습니다. 음성을 듣고 따라
읽으면서 꼭 외워두세요.

스포츠용품

□ workout machine	운동 기구
□ latest [léitist]	최신의
□ return [ritə́ːrn]	반품하다
□ secure [sikjúər]	안전한
□ durable [djúərəbl]	내구성이 강한

생활용품

□ assist [əsíst]	돕다
□ discount [dískaunt]	할인
□ order [ɔ́ːrdər]	주문
□ come with	~와 함께 나오다
□ deliver [dilívər]	배달하다

여행지 및 여행 상품

□ flight [flait]	비행편
□ resort [rizɔ́ːrt]	휴양지
□ refund [rifʌ́nd]	환불하다
□ lowest price	가장 낮은 가격
□ reservation [rèzərvéiʃən]	예약

보험 및 금융 상품

□ insurance [inʃúərəns]	보험
□ coverage [kʌ́vəridʒ]	보상 범위
□ guarantee [gæ̀rəntíː]	보증하다
□ compensation [kàmpənséiʃən]	보상
□ provide [prəváid]	제공하다

온라인 정보 이용

□ support [səpɔ́ːrt]	지원하다
□ reliability [rilàiəbíləti]	신뢰성
□ sign up	등록하다
□ subscription [səbskrípʃən]	구독, 신청
□ expertise [èkspəːrtíːz]	전문 기술

학원 및 교육 프로그램

□ academy [əkǽdəmi]	학원
□ quality [kwáləti]	우수한
□ improve [imprúːv]	향상시키다
□ training [tréiniŋ]	훈련
□ instruction [instrʌ́kʃən]	지도, 가르침

광고에 자주 등장하는 흐름을 익혀두면 내용을 쉽게 이해할 수 있고, 각 단계에서 어떤 문제가 나올지 예측하는 데 도움이 됩니다. 광고의 흐름과 빈출 질문을 익혀두세요.

흥미 유발 및 광고 대상 소개 중심 내용 문제가 나와요!	몸무게를 줄이기 원하시나요? 그렇다면 저희의 최신 운동 기구인 Fast Stepper를 사용해보세요.	Looking to lose some extra pounds? Then try our latest workout machine, the Fast Stepper.
↓ **광고 내용의 구체화** 세부 정보 문제와 추론 문제가 나와요!	하루에 20분으로, Fast Stepper는 여러분의 몸매 변화를 도와드릴 것입니다. 그리고 제한된 기간 동안, 환불 보증도 제공하고 있습니다.	In just 20 minutes per day, the Fast Stepper will help you transform your body. And for a limited time, we're offering a money-back guarantee.
↓ **연락처 및 이용 방법**	오늘 1-800-STEPPER로 전화하셔서 저희가 당신의 몸매 변화의 시작을 돕도록 해주세요!	So call us today at 1-800-STEPPER, and let us help you start your body transformation!

Q: What is the advertisement mainly about? 광고는 주로 무엇에 관한 것인가?
A: An exercise machine 운동 기구

해설　광고되고 있는 것을 묻는 중심 내용 문제입니다. 흥미를 유발하고, 광고의 대상이 소개되는 앞부분에서 운동 기구를 사용해보라(try our latest workout machine)고 제안하고 있으므로, 운동 기구가 광고되고 있음을 알 수 있습니다.

② 뉴스

뉴스는 사건 및 사고 소식이나 재해로 인한 피해 소식 등 사회 전반의 새로운 소식을 전하는 담화입니다.

🎧 빈출 토픽과 어휘 🎧 P4&5_19

뉴스에 자주 등장하는 토픽과 핵심 어휘를 익혀두면, 뉴스의 내용을 정확히 이해할 수 있습니다. 음성을 듣고 따라 읽으면서 꼭 외워두세요.

사건 및 사고

☐ incident[ínsədənt]	사건
☐ witness[wítnis]	목격자
☐ evidence[évədəns]	증거
☐ attack[ətǽk]	공격하다
☐ scene[si:n]	(범죄) 현장

사회 문제

☐ mandatory[mǽndətɔ̀:ri]	의무의, 필수의
☐ protest[prətést]	항의하다
☐ introduce[ìntrədjú:s]	도입하다
☐ participant[pɑːrtísəpənt]	참여자
☐ improvement[imprú:vmənt]	개선

재해

☐ hazard[hǽzərd]	위험
☐ alarm[əlá:rm]	경보하다
☐ damage[dǽmidʒ]	피해
☐ suffer[sʌ́fər]	고통을 겪다
☐ victim[víktim]	희생자

경제

☐ downturn[dáuntə̀:rn]	하강, 불경기
☐ income[ínkʌm]	수입
☐ retailer[rí:teilər]	소매업자
☐ decline[dikláin]	감소하다
☐ recession[riséʃən]	불경기

통계 및 제도

☐ statistics[stətístiks]	통계
☐ work force	노동력; 노동 인구
☐ survey[sə́:rvei]	조사
☐ population[pὰpjuléiʃən]	인구
☐ immigrate[íməgrèit]	이주하다

날씨

☐ temperature[témpərətʃər]	온도
☐ shower[ʃáuər]	소나기
☐ pressure[préʃər]	압력
☐ front[frʌnt]	전선
☐ frost[frɔːst]	서리

뉴스에 자주 등장하는 흐름을 익혀두면 내용을 쉽게 이해할 수 있고, 각 단계에서 어떤 문제가 나올지 예측하는 데 도움이 됩니다. 뉴스의 흐름과 빈출 질문을 익혀두세요.

뉴스 내용 소개 중심 내용 문제가 나와요!	오늘 오전, 지역의 한 여성이 강도를 당한 후 지역 병원에서 치료를 받고 있습니다.	A local woman is receiving treatment in an area hospital after being robbed earlier today.
↓ **뉴스 내용의 구체화** 세부 정보 문제와 추론 문제가 나와요!	여성은 산책을 나갔다가 한 남자의 공격을 받았습니다. 몇몇 주민들은 그 사건을 목격하고 즉시 119에 신고하였습니다. 그러나 범인은 현장에서 달아났습니다. 인근에 사는 주민들은 최근 몇 달 사이에 이와 비슷한 몇몇 다른 사건이 발생하여 걱정하고 있습니다. 이에 대응하여, 경찰청장은 지역 주민의 안전을 보장하기 위해 그의 전 직원이 필요한 어떠한 조치든 취할 것이라고 약속하였습니다.	The woman was out for a walk when a man attacked her. Several neighbors witnessed the incident and immediately called 911. However, the attacker fled the scene. People living in the neighborhood are concerned because there have been several other occurrences like this in recent months. In response, the city's police chief promised that his personnel would take whatever steps necessary to ensure the safety of local residents.

1. Q: What is the purpose of the news report? 뉴스 보도의 목적은 무엇인가?
   A: To provide information about a robbery 강도 사건에 대한 정보를 제공하기 위해

2. Q: Which is correct according to the news report? 뉴스 보도에 따르면 맞는 것은 무엇인가?
   (a) Similar incidents have occurred in the same area. (O) 비슷한 사건이 같은 지역에서 발생하였다.
   (b) City officials plan to meet with local residents. (X) 시 공무원들은 지역 주민들과 만날 계획이다.

해설　1. 뉴스 보도의 목적을 묻는 중심 내용 문제입니다. 뉴스 내용이 소개되는 앞부분에서 지역의 한 여성이 오늘 오전에 강도를 당해서 지역 병원에서 치료를 받고 있다(A local woman ~ receiving treatment ~ after being robbed earlier today)고 언급한 후, 그에 대한 구체적인 소식을 전달하고 있으므로 강도 사건에 대한 정보를 제공하기 위해 뉴스가 보도되고 있음을 알 수 있습니다.

　　　2. 뉴스 보도의 내용과 일치하는 것을 묻는 세부 정보 문제입니다. 인근에 사는 주민들이 최근 몇 달 사이에 이와 비슷한 몇몇 다른 사건이 발생하여 걱정하고 있다(People living in the neighborhood are concerned ~ occurrences like this in recent months)고 언급하고 있으므로 비슷한 사건이 같은 지역에서 발생하였음을 알 수 있습니다.

음성을 들으며 질문에 가장 적절한 답을 고르세요. 🎧 P4&5_21

Part 4

01　(a)　　(b)　　(c)　　(d)

02　(a)　　(b)　　(c)　　(d)

03　(a)　　(b)　　(c)　　(d)

04　(a)　　(b)　　(c)　　(d)

Part 5

05　(a)　　(b)　　(c)　　(d)

06　(a)　　(b)　　(c)　　(d)

정답 p. 122

💻 받아쓰기＆쉐도잉 프로그램으로 Hackers Practice와 Hackers Test를 꼭 복습하세요.

이 챕터에서는 청자에게 정보를 전달하는 담화인 안내와 메시지에 대해 살펴보겠습니다. 안내와 메시지는
Part 4와 5의 총 8지문 중 2지문 정도가 출제됩니다. 그럼 이러한 담화에 대해 자세히 알아볼까요!

① 안내

안내는 회사의 새로운 정책이나 여행지에서의 여행 일정 등을 알리는 담화입니다.

빈출 토픽과 어휘 P4&5_22

안내에 자주 등장하는 토픽과 핵심 어휘를 익혀두면, 안내의 내용을 정확히 이해할 수 있습니다. 음성을 듣고 따라
읽으면서 꼭 외워두세요.

회사 정책

□ policy [pάləsi]	정책
□ manager [mǽnidʒər]	경영자, 매니저
□ security system	보안 체계
□ adopt [ədápt]	받아들이다
□ department [dipάːrtmənt]	부서

행사 및 회의

□ participate [pɑːrtísəpèit]	참가하다
□ notice [nóutis]	공지
□ conference [kάnfərəns]	회의
□ agenda [ədʒéndə]	의제
□ presentation [prìːzentéiʃən]	발표

기내 방송

□ attention [əténʃən]	주의, 주목
□ passenger [pǽsəndʒər]	승객
□ board [bɔːrd]	탑승하다
□ refrain [rifréin]	자제하다
□ luggage [lʌ́gidʒ]	수하물

여행 일정

□ tour itinerary	여행 일정
□ journey [dʒə́ːrni]	여행
□ prepare [pripέər]	준비하다
□ schedule [skédʒuːl]	스케줄
□ remind [rimáind]	상기시키다

제품 안내

□ update [ʌpdéit]	새롭게 하다
□ demand [dimǽnd]	요구, 요청
□ product [prάdʌkt]	상품
□ option [άpʃən]	선택 사항
□ feature [fíːtʃər]	특징

안전 규칙

□ safety regulation	안전 규칙
□ implement [ímpləmənt]	시행하다
□ rule [ruːl]	규칙
□ warn [wɔːrn]	경고하다
□ instruct [instrʌ́kt]	지시하다

담화 흐름 및 빈출 질문 🎧 P4&5_23

안내에 자주 등장하는 흐름을 익혀두면 내용을 쉽게 이해할 수 있고, 각 단계에서 어떤 문제가 나올지 예측하는 데 도움이 됩니다. 안내의 흐름과 빈출 질문을 익혀두세요.

안내 대상 소개 중심 내용 문제가 나와요!	회사는 월요일 아침 회의에서 새로운 보안 시스템을 공개할 것입니다.	The company will unveil its new security system at Monday morning's meeting.
↓ 안내의 세부 내용 세부 정보 문제나 추론 문제가 나와요!	이는 일반인이 건물 내의 직원 전용 구역에 출입하는 것을 방지하기 위해 고안된 것입니다. 여러분은 보안 배지를 받게 될 것이며, 각자의 고유 비밀번호를 화요일 2시까지 제출해 주셔야 합니다. 직원분들께서는 항상 배지를 소지해주시고, 비밀번호가 알려지지 않도록 주의해 주시기 바랍니다. 이 규정을 어기는 분들은 징계 처분에 처할 것입니다.	It is designed to prevent the general public from accessing employee-only areas of the building. You will be given a security badge, and you must submit your own unique password by two o'clock on Tuesday. Employees are expected to have their badges with them at all times and to keep their passwords confidential. Those who violate these rules will face disciplinary action.
↓ 끝인사 및 권유 중심 내용 문제가 나와요!	시스템에 대한 추가적인 세부 사항은 월요일에 제공될 것입니다.	Further details about the system will be provided on Monday.

1. Q: What is the announcement mainly about? 안내는 주로 무엇에 대한 것인가?
   A: Upcoming security measures 곧 있을 보안 조치

2. Q: Which is correct according to the announcement? 안내에 따르면 맞는 것은 무엇인가?
   (a) Employees are required to provide a password. (O) 직원들은 비밀번호를 제공해야 한다.
   (b) The meeting is on Tuesday. (X) 회의는 화요일이다.

해설   1. 안내의 중심 내용을 묻는 문제입니다. 안내의 앞부분에서 회사는 회의에서 새로운 보안 시스템을 공개할 것(The company will unveil its new security system at ~ meeting)이라고 언급하고 있으므로, 곧 있을 보안 조치에 대해 안내하고 있음을 알 수 있습니다.

2. 안내의 내용과 일치하는 것을 묻는 세부 정보 문제입니다. 안내의 세부 내용이 나오는 중간 부분에서 화요일 2시까지 각자의 고유 비밀번호를 제출해야 한다(you must submit your own unique password by two o'clock on Tuesday)고 언급하고 있으므로, 직원들이 비밀번호를 제공해야 함을 알 수 있습니다.

② 메시지

메시지는 회사나 기관이 전화를 건 고객들을 위해 업무 시간, 내선 번호 등을 녹음해 놓은 담화입니다.

🎧 빈출 토픽과 어휘 🎧 P4&5_24

메시지에 자주 등장하는 토픽과 핵심 어휘를 익혀두면, 메시지의 내용을 정확히 이해할 수 있습니다. 음성을 듣고 따라 읽으면서 꼭 외워두세요.

수리업체 이용 방법

- repair [ripέər] — 수리
- installation [ìnstəléiʃən] — 설치
- estimate [éstəmeit] — 견적(서)
- stay on the line — 대기하다
- service representative — 서비스 담당자

쇼핑몰 업무 시간

- regular [régjulər] — 정규의
- business hours — 업무 시간
- contact [kántækt] — 연락하다
- extension [iksténʃən] — 내선 번호
- facility [fəsíləti] — 설비, 시설

영업 및 서비스 일시 중단 안내

- reach [ri:tʃ] — 연락하다, 닿다
- undergo [ʌndərgóu] — 경험하다, 겪다
- renovation [rènəvéiʃən] — 보수 공사
- reopen [rì:óupən] — 재개하다
- available [əvéiləbl] — 이용 가능한

자동 전화 상품 주문

- tone [toun] — 발신음
- automated [ɔ́:təmèitid] — 자동화된
- request [rikwést] — 요청하다
- press [pres] — 누르다
- direct [dirékt] — 연결하다

고객 불편 상담

- urgent [ə́:rdʒənt] — 긴급한
- immediate [imí:diət] — 즉각적인
- emergency [imə́:rdʒənsi] — 긴급 상황
- consultant [kənsʌ́ltənt] — 상담자
- hot line — 상담 전화

메시지 및 응답 요청

- call back — 다시 전화하다
- leave a message — 메시지를 남기다
- brief [bri:f] — 간단한
- get back — 답장을 주다
- respond [rispánd] — 응답하다

메시지에 자주 등장하는 흐름을 익혀두면 내용을 쉽게 이해할 수 있고, 각 단계에서 어떤 문제가 나올지 예측하는 데 도움이 됩니다. 메시지의 흐름과 빈출 질문을 익혀두세요.

업체명 소개	Ready 배관 공사에 전화해주셔서 감사합니다.	Thank you for calling Ready Plumbing.
↓		
메시지의 세부 내용 세부 정보 문제가 나와요!	수리와 관련하여 전화하셨다면 1번을 눌러주세요. 설치 관련 정보를 위해서는 2번을 눌러주세요. 견적서를 받으시려면 3번을 눌러주세요. 다른 문의의 경우, 잠시만 기다려주시면 고객 서비스 담당자가 곧 연결될 것입니다.	If you are calling about a repair, please press 1. For information about installations, please press 2. To get an estimate, press 3. For all other inquiries, please stay on the line and a customer service representative will be with you shortly.
↓		
추가 정보 및 끝인사 추론 문제가 나와요!	홈페이지 readyplumbing.com의 자주 하는 질문 코너를 방문하셔도 좋습니다.	You are also welcome to visit our FAQ page at readyplumbing.com.

Q: Which is correct according to the message? 메시지에 따르면 맞는 것은 무엇인가?

(a) People should press 3 for an estimate. (O) 사람들은 견적서를 받으려면 3번을 눌러야 한다.

(b) Customers can leave a message. (X) 고객들은 메시지를 남길 수 있다.

해설　메시지의 내용으로 맞는 것을 묻는 세부 정보 문제입니다. 메시지의 세부 내용이 나오는 중간 부분에서 견적서를 받으려면 3번을 누르라 (To get an estimate, press 3)고 언급하고 있으므로, 사람들은 견적서를 받으려면 3번을 눌러야 함을 알 수 있습니다.

음성을 들으며 질문에 가장 적절한 답을 고르세요. 🎧 P4&5_26

Part 4

01   (a)   (b)   (c)   (d)

02   (a)   (b)   (c)   (d)

03   (a)   (b)   (c)   (d)

04   (a)   (b)   (c)   (d)

Part 5

05   (a)   (b)   (c)   (d)

06   (a)   (b)   (c)   (d)

정답 p. 126

🖥 받아쓰기 & 쉐도잉 프로그램으로 Hackers Practice와 Hackers Test를 꼭 복습하세요.

www.HackersTEPS.com

CHAPTER

06 소개 · 회의

이 챕터에서는 새로운 사실이나 계획 등을 알리는 담화인 소개와 회의에 대해 살펴보겠습니다. 소개와 회의는
Part 4와 5의 총 8지문 중 각각 0~1지문 정도가 출제됩니다. 그럼 이러한 담화에 대해 자세히 알아볼까요!

1 소개

소개는 연설자나 수상자를 발표하거나, 학교나 회사, 연구 결과 등에 대해 알리고 설명하는 담화입니다.

빈출 토픽과 어휘 P4&5_27

소개에 자주 등장하는 토픽과 핵심 어휘를 익혀두면, 소개의 내용을 정확히 이해할 수 있습니다. 음성을 듣고 따라
읽으면서 꼭 외워두세요.

연설자 및 수상자

□ present[prizént]	소개하다
□ award[əwɔ́ːrd]	상
□ appreciate[əpríːʃièit]	감사하다
□ effort[éfərt]	노력, 수고
□ dedication[dèdikéiʃən]	헌신

생활 정보

□ tip[tip]	조언, 팁
□ advice[ædváis]	충고
□ remedy[rémədi]	치료; 교정
□ recommend[rèkəménd]	추천하다
□ require[rikwáiər]	필요로 하다

학교 및 회사

□ orientation[ɔ̀ːriəntéiʃən]	오리엔테이션
□ found[faund]	설립하다
□ establish[istǽbliʃ]	건설하다
□ institution[ìnstətjúːʃən]	시설
□ reputation[rèpjutéiʃən]	평판, 명성

각종 행사

□ invite[inváit]	초대하다
□ reward[riwɔ́ːrd]	보상
□ association[əsòusiéiʃən]	협회
□ seminar[sémənàːr]	세미나
□ prestigious[prestídʒəs]	저명한, 고급의

연구 결과

□ research[risə́ːrtʃ]	연구, 조사
□ finding[fáindiŋ]	발견, 연구 결과
□ conclude[kənklúːd]	결론짓다
□ record[rikɔ́ːrd]	기록하다
□ measure[méʒər]	측정하다

국가 및 문화

□ culture[kʌ́ltʃər]	문화
□ geography[dʒiágrəfi]	지형, 지리
□ landscape[lǽndskèip]	경치, 풍경
□ society[səsáiəti]	사회
□ diverse[divə́ːrs]	다양한

소개에 자주 등장하는 흐름을 익혀두면 내용을 쉽게 이해할 수 있고, 각 단계에서 어떤 문제가 나올지 예측하는 데 도움이 됩니다. 소개의 흐름과 빈출 질문을 익혀두세요.

소개 대상 제시 중심 내용 문제가 나와요! ↓ **소개 대상의 세부 내용** 세부 정보 문제가 나와요!	우리의 다음 연설자는 장애를 극복한 좋은 예를 보여 주신 분입니다. 아주 어린 나이에, 그녀는 버팔로에 있는 자신의 집 근처에서 교통사고로 시력을 잃었습니다. 그 후, 그녀는 음악에 헌신하여 국내 최고의 바이올린 연주자 중 한 명이 되었습니다. 신사 숙녀 여러분, Ms. Patricia James를 환영해주시기 바랍니다.	Our next speaker is a good example of someone who overcame a disability. At a very young age, she lost her sight in a car accident near her home in Buffalo. After that time, she dedicated herself to music and became one of the nation's best violinists. Ladies and Gentlemen, please welcome Ms. Patricia James.

Q: Which is correct about Patricia James according to the talk?
담화에 따르면 Patricia James에 대해 맞는 것은 무엇인가?

(a) She became blind as a child. (O) 그녀는 어린 시절에 시각 장애인이 되었다.
(b) She studied music in college. (X) 그녀는 대학에서 음악을 공부했다.

해설　Patricia James에 대해 담화의 내용으로 맞는 것을 묻는 세부 정보 문제입니다. 소개 대상의 세부 내용이 나오는 중간 부분에서 아주 어린 시절에 시력을 잃었다(At a very young age, she lost her sight)고 언급하고 있으므로, 어린 시절에 시각 장애인이 되었음을 알 수 있습니다.

② 회의

회의는 사내 문제와 관련된 대책 마련이나 영업 및 마케팅 전략 등을 논의하는 담화입니다.

빈출 토픽과 어휘 🎧 P4&5_29

회의에 자주 등장하는 토픽과 핵심 어휘를 익혀두면, 회의의 내용을 정확히 이해할 수 있습니다. 음성을 듣고 따라 읽으면서 꼭 외워두세요.

사내 문제

□ issue [íʃuː]	쟁점, 문제점
□ concern [kənsə́ːrn]	관심
□ subject [sʌ́bdʒikt]	주제
□ address [ədrés]	제기하다
□ affect [əfékt]	영향을 미치다

근로 환경

□ union [júːnjən]	조합, 연합
□ working condition	근무 조건
□ infrastructure [ínfrəstrʌ̀ktʃər]	기본적 시설
□ organization [ɔ̀ːrɡənizéiʃən]	단체, 조직
□ take action	조치를 취하다

영업

□ sales [seilz]	영업의, 판매의
□ profit [práfit]	이익
□ stockholder [stákhòuldər]	주주
□ financial [finǽnʃəl]	재정의
□ revenue [révənjùː]	수익

경제

□ quarter [kwɔ́ːrtər]	분기
□ industry [índəstri]	산업
□ recovery [rikʌ́vəri]	회복
□ commercial [kəmə́ːrʃəl]	상업상의
□ expenditure [ikspénditʃər]	지출, 소비

마케팅

□ market [máːrkit]	시장
□ competitor [kəmpétətər]	경쟁사
□ investment [invéstmənt]	투자
□ advertising campaign	광고 캠페인
□ consumer preference	소비자 선호

회사 정책

□ board of directors	이사회
□ merger [mə́ːrdʒər]	합병
□ risk [risk]	위험
□ management [mǽnidʒmənt]	경영, 관리
□ division [divíʒən]	부서

🔘 담화 흐름 및 빈출 질문 🎧 P4&5_30

회의에 자주 등장하는 흐름을 익혀두면 내용을 쉽게 이해할 수 있고, 각 단계에서 어떤 문제가 나올지 예측하는 데 도움이 됩니다. 회의의 흐름과 빈출 질문을 익혀두세요.

인사말	안녕하세요. 모두 제시간에 참석해 주셔서 기쁘게 생각합니다.	Good morning. I'm glad to see that everyone made it on time.
↓ **안건 및 배경 소개** 중심 내용 문제가 나와요!	오늘 제가 주로 다루고자 하는 주제는 작업장 안전에 관한 것입니다. 최근 두 번의 사고가 있었고, 이와 같은 일이 다시는 일어나지 않도록 확실히 하고자 합니다. 우리 경영진 모두는 직원들의 건강과 복지를 중시합니다.	The subject I mainly want to address today is workplace safety. There have been two recent accidents, and I'd like to make sure that nothing like this happens again. All of us in management value the health and welfare of our employees.
↓ **결정 사항 및 계획** 세부 정보 문제나 추론 문제가 나와요!	따라서 우리는 모두가 다시 한번 안전 훈련 과정에 참여할 필요가 있다고 결정하였습니다. 그것은 6월 8일 금요일 오후 2시에 열릴 것이고, 약 1시간 정도 진행될 것입니다.	So, we've decided that everyone will be required to attend the safety training course again. It will be held on Friday, June 8 at 2:00 p.m. and will last for approximately one hour.

1. Q: What is the speaker mainly talking about? 화자가 주로 이야기하고 있는 것은 무엇인가?
   A: Preventing workplace accidents 작업장 사고 예방

2. Q: What can be inferred from the talk? 담화로부터 추론할 수 있는 것은 무엇인가?
   A: Workers have attended a training program before. 근로자들은 이전에 훈련 프로그램에 참여한 적이 있다.

해설　1. 담화의 주제를 묻는 중심 내용 문제입니다. 담화의 앞부분에서 화자는 오늘 주로 다루고자 하는 주제는 작업장 안전에 관한 것(The subject I mainly want to address today is workplace safety)이라고 언급하고 있으므로, 작업장 사고 예방이 주로 논의되고 있음을 알 수 있습니다.

2. 담화로부터 추론할 수 있는 것을 묻는 추론 문제입니다. 결정 사항 및 계획이 나오는 뒷부분에서 모두가 다시 한번 안전 훈련 과정에 참여할 필요가 있다(everyone will be required to attend the safety training course again)고 언급하고 있으므로, 근로자들은 이전에 안전 훈련에 참여한 적이 있음을 추론할 수 있습니다.

Part 1&2

Part 3

Part 4&5

해커스 토익 BASIC LISTENING

음성을 들으며 질문에 가장 적절한 답을 고르세요. 🎧 P4&5_31

Part 4

01 (a) (b) (c) (d)

02 (a) (b) (c) (d)

03 (a) (b) (c) (d)

04 (a) (b) (c) (d)

Part 5

05 (a) (b) (c) (d)

06 (a) (b) (c) (d)

정답 p.130

💻 받아쓰기＆쉐도잉 프로그램으로 Hackers Practice와 Hackers Test를 꼭 복습하세요.

이 챕터에서는 의견이나 학설 등을 전달하는 담화인 주장과 강의에 대해 살펴보겠습니다. 주장과 강의는
Part 4와 5의 총 8지문 중 3~4지문 정도가 출제됩니다. 그럼 이러한 담화에 대해 자세히 알아볼까요!

① 주장

주장은 불법 행위나 사회적 차별에 대해 비판하거나, 의료 시스템의 개선을 촉구하는 등 상대방에게 자신의 의견을
설득시키는 담화입니다.

─◉ 빈출 토픽과 어휘 🎧 P4&5_32

주장에 자주 등장하는 토픽과 핵심 어휘를 익혀두면, 주장의 내용을 정확히 이해할 수 있습니다. 음성을 듣고 따라
읽으면서 꼭 외워두세요.

불법 행위

□ illegal [ilíːgəl]	불법의
□ ban [bæn]	금지하다
□ oppose [əpóuz]	반대하다
□ blame [bleim]	비난하다
□ impose [impóuz]	부과하다

사회적 차별

□ unfair [ʌnféər]	불공평한
□ marginalize [máːrdʒinəlàiz]	소외시키다
□ minority [minɔ́ːrəti]	소수
□ privileged [prívəlidʒd]	특권이 있는
□ discriminate [diskrímənèit]	차별하다

의료 시스템

□ medical technology	의료 기술
□ fundamental [fʌndəméntl]	기본적인, 기초의
□ patent [pǽtnt]	특허
□ reform [riːfɔ́ːrm]	개혁하다
□ health care system	건강 보험 체계

노동자 문제

□ minimum wage	최저임금
□ productivity [pròudʌktívəti]	생산성
□ unacceptable [ʌnəkséptəbl]	용인할 수 없는
□ responsible [rispánsəbl]	책임이 있는
□ reconsider [rìːkənsídər]	재고하다

교육 시스템

□ education system	교육 시스템
□ tuition [tjuːíʃən]	수업료
□ opportunity [àpərtjúːnəti]	기회
□ achieve [ətʃíːv]	달성하다
□ resolution [rèzəlúːʃən]	결정, 결의

정부 및 회사 정책

□ government [gʌ́vərnmənt]	정부
□ politician [pàlətíʃən]	정치인
□ budget [bʌ́dʒit]	예산
□ welfare program	복지 프로그램
□ developing country	개발 도상국

담화 흐름 및 빈출 질문 🎧 P4&5_33

주장에 자주 등장하는 흐름을 익혀두면 내용을 쉽게 이해할 수 있고, 각 단계에서 어떤 문제가 나올지 예측하는 데 도움이 됩니다. 주장의 흐름과 빈출 질문을 익혀두세요.

주장 및 문제점 제시 중심 내용 문제가 나와요! ↓	제 관점으로는, 특허 체제가 의학의 발전을 방해하고 있다고 생각합니다.	From my point of view, the patent system is holding back progress in medicine.
주장 및 문제점의 구체화 세부 정보 문제나 추론 문제가 나와요! ↓	그것은 사기업에게 의학 기술과 치료법의 소유권을 줍니다. 이는 곧 그들의 발견을 대중에 숨기고 약의 가격을 조정할 수 있음을 의미합니다.	It gives private companies ownership of medical technologies and cures. This means that they can hide their discoveries from the public and control the price of drugs.
주장 강조 및 제안	이제는 특허 체제를 폐지해야 할 때입니다.	It is time that we get rid of the patent system.

Q: What is the speaker's main point? 화자의 요점은 무엇인가?
A: The patent system is preventing medical progress. 특허 체제가 의학 발전을 막고 있다.

해설   화자의 요점을 묻는 중심 내용 문제입니다. 주장 및 문제점이 제시되는 앞부분에서 특허 체제가 의학의 발전을 방해하고 있다(the patent system is holding back progress in medicine)고 주장하고 있으므로, 특허 체제가 의학 발전을 막고 있다는 것이 화자의 요점임을 알 수 있습니다.

Chapter 07 주장·강의 **195**

② 강의

강의는 인문학, 사회과학, 자연과학 등의 다양한 학문 분야의 내용을 전달하는 담화입니다.

빈출 토픽과 어휘 🎧 P4&5_34

강의에 자주 등장하는 토픽과 핵심 어휘를 익혀두면, 강의의 내용을 정확히 이해할 수 있습니다. 음성을 듣고 따라 읽으면서 꼭 외워두세요.

문학

□ literature [lítərətʃər]	문학
□ medieval [mìːdíːvəl]	중세의
□ writer [ráitər]	작가
□ describe [diskráib]	묘사하다
□ character [kǽriktər]	등장인물

문학 및 역사학

□ native culture	토착 문화
□ background [bǽkgràund]	배경
□ social class	사회 계층
□ prohibit [prouhíbit]	금지하다
□ movement [múːvmənt]	운동

사회 및 심리학

□ custom [kʌ́stəm]	풍습, 관습
□ social order	사회 질서
□ formation [fɔːrméiʃən]	형성
□ experience [ikspíəriəns]	경험
□ long-term	장기의

정치학

□ political [pəlítikəl]	정치의
□ advocate [ǽdvəkèit]	주장하다
□ prejudice [prédʒudis]	편견
□ citizenship [sítizənʃìp]	시민권
□ restriction [ristríkʃən]	제한

생물학

□ species [spíːʃiːz]	생물 종
□ organism [ɔ́ːrgənìzm]	유기체
□ family group	생물군
□ extinction [ikstíŋkʃən]	멸종
□ diversity [divə́ːrsəti]	다양성

의학

□ disease [dizíːz]	병
□ environment [inváiərənmənt]	환경
□ psychological [sàikəládʒikəl]	심리학의
□ infection [infékʃən]	전염
□ genetic [dʒənétik]	유전자의

담화 흐름 및 빈출 질문 🎧 P4&5_35

강의에 자주 등장하는 흐름을 익혀두면 내용을 쉽게 이해할 수 있고, 각 단계에서 어떤 문제가 나올지 예측하는 데 도움이 됩니다. 강의의 흐름과 빈출 질문을 익혀두세요.

강의 주제 제시 중심 내용 문제가 나와요! ↓ **구체적인 설명** 세부 정보 문제나 추론 문제가 나와요!	다음으로 저는 기억 형성 과정에 대해 이야기하고자 합니다. 첫 번째 단계는 즉각적 기억을 포함합니다. 이 단계는 매우 짧고, 대부분의 정보가 빨리 유실됩니다. 단기 기억은 보유된 정보가 옮겨지는 곳입니다. 그리고, 어떤 경우에는, 이것은 결국 장기 기억으로 이동할 것입니다. 사람의 장기 기억은 무한한 수용력을 가지고 있고, 평생 동안 정보를 간직할 수 있습니다. 흥미롭게도, 사람은 나이가 들어갈수록, 장기 기억이 단기 기억에 비해 더 적은 기능을 상실합니다.	Next I'd like to discuss the process of memory formation. The first phase involves the immediate memory. This stage is very brief, and most of the data is quickly lost. The short-term memory is where retained information is transferred to. And, in some cases, it will eventually be moved to the long-term memory. A person's long-term memory has an unlimited capacity, and it can store information for an entire lifetime. Interestingly enough, as a person ages, the long-term memory loses less function than the short-term memory.

1. Q: What is the main topic of the lecture? 강의의 주제는 무엇인가?
   A: Stages of memory formation 기억 형성의 단계

2. Q: What is correct about the long-term memory? 장기 기억에 대해 맞는 것은 무엇인가?
   (a) It can store a limitless amount of information. (O) 무제한의 정보량을 저장할 수 있다.
   (b) It transfers data to the immediate memory. (X) 즉각적 기억으로 정보를 이동시킨다.

해설　1. 강의의 주제를 묻는 중심 내용 문제입니다. 강의의 주제가 제시되는 앞부분에서 기억 형성 과정에 대해 이야기하고자 한다(I'd like to discuss the process of memory formation)고 언급한 후, 첫 번째 단계(The first phase)에 대해 설명하고 있으므로 기억 형성의 단계가 강의의 주제임을 알 수 있습니다.

　　2. 장기 기억에 대한 내용으로 맞는 것을 묻는 세부 정보 문제입니다. 강의의 뒷부분에서 사람의 장기 기억은 무한한 수용력을 가지고 있다(A person's long-term memory has an unlimited capacity)고 언급하고 있으므로, 장기 기억은 무제한의 정보량을 저장할 수 있음을 알 수 있습니다.

음성을 들으며 질문에 가장 적절한 답을 고르세요. 🎧 P4&5_36

Part 4

01   (a)   (b)   (c)   (d)

02   (a)   (b)   (c)   (d)

03   (a)   (b)   (c)   (d)

04   (a)   (b)   (c)   (d)

Part 5

05   (a)   (b)   (c)   (d)

06   (a)   (b)   (c)   (d)

정답 p. 134

받아쓰기 & 쉐도잉 프로그램으로 Hackers Practice와 Hackers Test를 꼭 복습하세요.

🎧 P4&5_37

Part IV   **Question 1-6**

You will now hear six monologues. For each item, you will hear a monologue and its corresponding question, both of which will be read twice. Then you will hear four options which will be read only once. Choose the option that best answers the question.

01   (a)   (b)   (c)   (d)

02   (a)   (b)   (c)   (d)

03   (a)   (b)   (c)   (d)

04   (a)   (b)   (c)   (d)

05   (a)   (b)   (c)   (d)

06   (a)   (b)   (c)   (d)

Part V   **Questions 7-10**

You will now hear two longer monologues. For each item, you will hear a monologue and two corresponding questions, all of which will be read twice. Then you will hear four options for each question, which will be read only once. Choose the option that best answers each question.

07   (a)   (b)   (c)   (d)

08   (a)   (b)   (c)   (d)

09   (a)   (b)   (c)   (d)

10   (a)   (b)   (c)   (d)

Part 1&2

Part 3

Part 4&5

해커스 텝스 BASIC LISTENING

정답 p.138

텝스 초보 필수 학습서

해커스 텝스
BASIC LISTENING

개정 2판 11쇄 발행 2023년 9월 25일

개정 2판 1쇄 발행 2018년 5월 4일

지은이	David Cho | 언어학 박사, 前 UCLA 교수
펴낸곳	(주)해커스 어학연구소
펴낸이	해커스 어학연구소 출판팀

주소	서울특별시 서초구 강남대로61길 23 (주)해커스 어학연구소
고객센터	02-537-5000
교재 관련 문의	publishing@hackers.com
동영상강의	HackersIngang.com

ISBN	978-89-6542-254-9 (13740)
Serial Number	02-11-01

텝스 전문 포털, 해커스텝스
HackersTEPS.com

해커스텝스

- 매달 업데이트 되는 **무료 텝스 적중예상특강**
- 문법, 독해, 어휘, 청해 문제를 꾸준히 풀어보는 **매일 실전 텝스 문제**
- **텝스 보카 암기 TEST 및 텝스 단어시험지 자동 생성기** 등 다양한 무료 학습 콘텐츠

외국어인강 1위, 해커스인강
HackersIngang.com

해커스인강

- 정기 시험과 동일한 성우 음성의 **교재 MP3 무료 다운로드**
- 뉴텝스 신유형을 반영한 **온라인 실전모의고사**
- **받아쓰기&쉐도잉 프로그램+**들으면서 외우는 **단어암기자료**
- 해커스 스타강사의 **본 교재 인강**

헤럴드 선정 2018 대학생 선호브랜드 대상 '대학생이 선정한 외국어인강' 부문 1위

텝스 초보 필수 학습서

해커스 텝스

BASIC LISTENING

해설집

정답·해석·해설

해커스 어학연구소

해커스 텝스

BASIC LISTENING

해설집

정답·해석·해설

해커스 어학연구소

| **01** (c) | **02** (a) | **03** (b) | **04** (a) | **05** (b) | **06** (a) | **07** (b) | **08** (a) | **09** (c) | **10** (c) |
| **11** (a) | **12** (c) |

01

Q: Hi, Melanie. How are you?
A: Fine. And you?

안녕, Melanie. 어떻게 지내?
잘 지내. 너는?

02

Q: I can't believe you got a full scholarship!
A: I know. I'm so excited.

네가 전액 장학금을 받다니 믿을 수가 없어!
그러게. 나 정말 신나.

03

Q: Do you think our team will win tonight?
A: Well, we have a good chance.

우리 팀이 오늘 밤에 이길 거라고 생각해?
음, 우리는 충분한 가능성을 가지고 있어.

04

Q: Have you ever seen a rock concert?
A: I went to a few during college.

록 콘서트를 본 적이 있어요?
대학교 때 몇 번 갔었어요.

05

Q: I have a meeting later, but I don't feel well.
A: Reschedule it for another time.

이따가 회의가 있는데 몸이 별로 좋지 않아요.
다른 시간으로 다시 일정을 잡으세요.

06

Q: Let's go out for a movie.
A: OK, I'd love to.

우리 영화 보러 가요.
네, 좋아요.

07

W: Did you see the broken window in the lobby?
M: Yeah, there's glass everywhere.
W: Someone should report it.

W: 로비에 창문 깨진 거 봤어요?
M: 네, 온통 유리더군요.
W: 누군가 그걸 보고해야 해요.

08

M: Hello. I'm calling about a gym membership.
W: OK. Are you interested in a yearly membership?
M: Can I join on a monthly basis?

M: 여보세요. 체육관 회원권 일로 전화했는데요.
W: 좋아요. 연간 회원권에 관심이 있으세요?
M: 월 단위로 가입할 수 있을까요?

09

W: **That's a great looking laptop.**	W: 그거 멋져 보이는 노트북이네요.
M: Thanks. I just got it yesterday.	M: 고마워요. 바로 어제 샀어요.
W: It looks so thin and light.	W: 아주 얇고 가벼워 보여요.
M: It is. And it's really fast too.	M: 맞아요. 그리고 속도도 정말 빨라요.
W: You must have paid a lot for it.	W: 그걸 사려고 돈을 많이 지불하신 게 분명하군요.
M: Not really. I got it on sale.	M: 그렇지 않아요. 세일 중에 샀거든요.
Q: 화자들은 무엇에 대해 이야기하고 있나요?	Q: 화자들은 무엇에 대해 이야기하고 있나요?
(a) MP3 플레이어	(a) MP3 플레이어
(b) 핸드폰	(b) 핸드폰
ⓒ 노트북	ⓒ 노트북

10

M: What happened to the tree in the front yard?	M: 앞뜰의 나무에 무슨 일이 생긴 거예요?
W: **I had it removed.**	W: 제가 그걸 없앴어요.
M: Why? It provided shade for your house.	M: 왜요? 그건 당신 집에 그늘을 만들어 줬어요.
W: Well, **some heavy branches fell from it recently**.	W: 음, 무거운 가지들이 최근에 거기서 떨어졌어요.
M: They're easy to clean up, though.	M: 그렇지만 그것들은 치우기 쉽잖아요.
W: Yeah, but it could be dangerous if one fell on someone.	W: 맞아요, 하지만 그게 누구 위에 떨어지면 위험할 수 있어요.
Q: 여자는 나무를 왜 없애버렸나요?	Q: 여자는 나무를 왜 없애버렸나요?
(a) 땔감으로 사용하기 위해	(a) 땔감으로 사용하기 위해
(b) 집을 그늘지게 만들어서	(b) 집을 그늘지게 만들어서
ⓒ 떨어지는 가지가 위험해서	ⓒ 떨어지는 가지가 위험해서

11

| **Enjoy the fragrances of herbal soaps from Aura Bath & Body.** For years, Aura has produced the finest beauty products. Our herbal soaps are handmade and contain no artificial ingredients. And the herbs we use are only of the highest quality. Next time you bathe, treat yourself to the aroma of lavender or rosemary. | Aura Bath & Body에서 나온 허브 비누의 향기를 즐기세요. Aura는 수년간 최고급 미용 제품들을 생산해 왔습니다. 저희의 허브 비누는 수제품이며 인공 성분을 포함하지 않습니다. 그리고 저희는 최고급 품질의 허브만을 사용합니다. 다음에 목욕하실 때에는 라벤더나 로즈마리의 향기로 당신을 대접하세요. |

12

In contrast to the previous speakers, **I believe everyone should be required to have the flu vaccine**. There is no reason to expose people to a dangerous infection when prevention is possible. So far thousands of people have died in our country. A rule requiring flu vaccine will help keep people safe.	이전 연설자들과는 대조적으로, 저는 모든 사람이 독감 백신을 맞도록 요구 받아야 한다고 생각합니다. 예방이 가능한데도, 사람들을 위험한 감염에 노출시킬 이유는 없습니다. 지금까지 우리 나라에서 수천 명의 사람들이 죽었습니다. 독감 백신을 요구하는 규정은 사람들이 안전하도록 도울 것입니다.
Q: 담화의 주제는 무엇인가요?	Q: 담화의 주제는 무엇인가요?
(a) 독감 백신의 대안	(a) 독감 백신의 대안
(b) 독감을 예방하는 방법	(b) 독감을 예방하는 방법
ⓒ 필수 독감 백신의 필요성	ⓒ 필수 독감 백신의 필요성

Part 1&2

기본기 다지기

01 간접 응답 이해하기
p. 33

01 (b) **02** (b) **03** (b) **04** (a) **05** (b)

01

Q: Did you get your car fixed yet?	Q: 당신 차는 벌써 고쳤나요?
A: It'll be ready <u>this afternoon</u>.	A: 오늘 오후에 준비될 거예요.

어휘 **fix**[fiks] 고치다, 수리하다

02

Q: Could you give me a ride home?	Q: 저를 집까지 태워줄 수 있으세요?
A: I <u>didn't drive</u> today.	A: 전 오늘 운전하지 않았어요.

어휘 **give a ride** ~을 태워주다 **drive**[draiv] 운전하다

03

Q: What are you doing for the holiday?	Q: 휴일엔 뭘 하시나요?
A: I <u>haven't decided</u> yet.	A: 아직 결정하지 않았어요.

어휘 **holiday**[hάlədèi] 휴일 **decide**[disáid] 결정하다, 결심하다

04

Q: : I need some help hanging up a picture.	Q: 그림을 거는 데 도움이 좀 필요해요.
A: I'll be <u>there soon</u>.	A: 금방 갈게요.

어휘 **hang**[hæŋ] 걸다 **picture**[píktʃər] 그림; 사진

05

Q: When would you like to have our meeting?	Q: 우리 회의를 언제 하는 게 좋으시죠?
A: I'm <u>available anytime</u>.	A: 전 언제든지 가능해요.

어휘 **meeting**[mí:tiŋ] 회의; 모임 **available**[əvéiləbl] 시간이 있는

01 (a)   **02** (a)   **03** (b)   **04** (a)   **05** (b)

01

I would rather study on my own.
저는 혼자서 공부하는 편이 좋겠어요.

어휘   on one's own 혼자서, 스스로

02

I would like to learn how to paint.
저는 그림 그리는 것을 배우고 싶어요.

어휘   paint[péint] 그리다

03

We have to turn in the report today.
우리는 오늘 보고서를 제출해야만 해요.

어휘   turn in (보고서 따위를) 제출하다   report[ripɔ́ːrt] 보고서

04

I think we could convince them to come.
저는 그들이 오도록 설득할 수 있을 거라고 생각해요.

어휘   convince[kənvíns] 설득하다

05

We had better ask someone for directions.
우리는 누군가에게 방향을 물어보는 게 낫겠어요.

어휘   direction[dirékʃən] 방향

HACKERS PRACTICE

p.40

01 (a)　　**02** (b)　　**03** (b)　　**04** (c)　　**05** (b)　　**06** (c)　　**07** (a)

Part 1

01

I really was hoping to <u>get that job</u>.	전 그 직업을 얻기를 정말 바랐어요.
ⓐ I'm sure you'll <u>find something</u> else.	ⓐ 당신이 다른 걸 찾을 거라고 믿어요.
(b) I <u>applied to</u> several places.	(b) 전 여러 곳에 지원했어요.

해설　직업을 구하지 못한 것에 대해 실망하고 있습니다. 이에 대해 다른 직업을 찾을 거라 믿는다고 응답한 **(a)**가 정답입니다.

오답 분석
(b) 질문에 나온 job(직업)과 관련된 apply(지원하다)를 함정으로 사용한 오답입니다.

어휘　apply to (회사나 기관 등에) 지원하다　several[sévərəl] 여러, 몇몇의

02

Hi, Ann. <u>I'm calling</u> about the sales invoice.	안녕하세요, Ann. 판매 송장 일로 전화했어요.
(a) I never <u>signed off</u> on it.	(a) 전 그걸 승인하지 않았어요.
ⓑ Actually, I was just <u>reviewing it</u>.	ⓑ 사실, 그걸 지금 검토하고 있었어요.

해설　판매 송장과 관련하여 전화를 하고 있습니다. 이에 대해 송장을 지금 검토하고 있었다고 응답한 **(b)**가 정답입니다.

오답 분석
(a) 질문에 나온 sales invoice(판매 송장)에 해당하는 대명사인 it을 함정으로 사용한 오답입니다.

어휘　invoice[ínvɔis] 송장　sign off (서명하지 않고 비공식적으로) 승인하다　actually[ǽktʃuəli] 사실, 실제로　review[rivjúː] 검토하다

03

Guess what? I <u>got the promotion</u> I was hoping for.	그거 알아? 내가 바라던 승진을 했어.
(a) Don't <u>give up</u> hope.	(a) 희망을 버리지 마.
ⓑ That's <u>great news</u>.	ⓑ 그거 좋은 소식이네.
(c) <u>I'm happy</u> so far.	(c) 난 지금까지는 행복해.

해설　바라던 승진이 되었다는 소식을 전하고 있습니다. 이에 대해 좋은 소식이라고 응답한 **(b)**가 정답입니다.

오답 분석
(a) 질문에 나온 다의어 hope(바라다; 희망)를 반복하여 함정으로 사용한 오답입니다.
(c) I'm happy(난 행복해)로 시작해 정답처럼 들리지만 그 뒤의 내용이 질문에 맞지 않는 오답입니다.

어휘　promotion[prəmóuʃən] 승진　hope[houp] 바라다; 희망　give up 버리다, 포기하다　so far 지금까지

04

I'm really <u>nervous about</u> my job interview.	입사 면접 때문에 정말 걱정돼.
(a) I can <u>send it in</u> for you.	(a) 내가 널 위해 그걸 제출할 수 있어.
(b) I haven't gotten <u>the result</u> yet.	(b) 난 아직 결과를 받아보지 못했어.
ⓒ Just <u>try to relax</u>.	ⓒ 그냥 긴장을 풀려고 노력해.

해설   입사 면접에 대해 걱정하고 있습니다. 이에 대해 긴장을 풀려고 노력하라고 응답한 (c)가 정답입니다.

오답 분석
(a) 질문에 나온 interview(면접)와 관련된 send in(제출하다)을 함정으로 사용한 오답입니다.
(b) 질문에 나온 interview(면접)와 관련된 result(결과)를 함정으로 사용한 오답입니다.

어휘   interview[íntərvjùː] 면접   send in 제출하다   result[rizʌ́lt] 결과   relax[rilǽks] 긴장을 풀다, 이완하다

05

W: Hi, this is Ms. Steele from Gate Software. Is Larry in?	W: 안녕하세요, Gate Software의 Ms. Steele입니다. Larry 있나요?
M: Well, he's <u>tied up</u> right now.	M: 음, 그는 지금 바빠요.
W: Would you mind <u>interrupting him</u>? It's urgent.	W: 좀 방해해도 괜찮을까요? 급한 일이에요.
(a) Well, you'll <u>need to ask</u> Larry.	(a) 음, 당신이 Larry에게 물어봐야겠군요.
ⓑ OK, I'll see if I can <u>get him</u>.	ⓑ 알겠어요, 그를 데려올 수 있는지 알아볼게요.

해설   업무와 관련하여 전화를 하는 상황입니다. 급한 일로 Larry를 불러달라는 요청에 알겠다며 그를 데려올 수 있는지 알아보겠다고 응답한 (b)가 정답입니다.

오답 분석
(a) 대화에 나온 Larry를 반복하여 함정으로 사용한 오답입니다.

어휘   tie up 바쁘게 만들다, 꼼짝 못하게 하다   interrupt[ìntərʌ́pt] 방해하다   urgent[ə́ːrdʒənt] 급한

06

M: Did you have your <u>job interview</u> yet?	M: 너 입사 면접 벌써 봤어?
W: No, it's in two hours.	W: 아니, 두 시간 후야.
M: So are you <u>feeling any anxiety</u>?	M: 그래서 걱정하고 있니?
(a) It's <u>scheduled for</u> 2 p.m.	(a) 2시로 예정되어 있어.
(b) I'll contact you <u>after the interview</u>.	(b) 면접 끝난 뒤에 연락할게.
ⓒ I'm <u>a bit nervous</u>.	ⓒ 좀 긴장돼.

해설   앞으로 있을 면접에 대해 이야기하는 상황입니다. 면접 때문에 걱정하고 있는지 묻는 질문에 좀 긴장된다고 응답한 (c)가 정답입니다.

오답 분석
(a) 대화에 나온 job interview(입사 면접)에 해당하는 대명사인 It을 함정으로 사용한 오답입니다.
(b) 대화에 나온 interview(면접)를 반복하여 함정으로 사용한 오답입니다.

어휘   interview[íntərvjùː] 면접   anxiety[æŋzáiəti] 걱정   contact[kántækt] 연락하다, 접촉하다   nervous[nə́ːrvəs] 긴장하는, 불안한

07

M: You did an <u>excellent job</u> on your presentation. W: You think so? I wasn't sure if it was effective. M: Oh, yes. <u>The charts made</u> everything so clear. ⓐ <u>Glad to hear</u> it. I put a lot of work into those. (b) It's because <u>charts are hard</u> to make. (c) I'll <u>send you</u> the charts when they're finished.	M: 발표를 정말 근사하게 해냈어요. W: 그렇게 생각하세요? 전 효과적이었는지 확신이 없었어요. M: 아, 그럼요. 도표가 모든 것을 아주 명확하게 설명해줬어요. ⓐ 그걸 들으니 기쁘네요. 거기에 많은 공을 들였거든요. (b) 왜냐하면 도표는 만들기 힘들거든요. (c) 도표 만드는 게 끝나면 보내 드릴게요.

해설 업무를 잘 해낸 것에 대해 칭찬하는 상황입니다. 발표에 사용된 도표가 모든 것을 아주 명확하게 설명해줬다는 칭찬에 기쁘다며 도표에 많은 공을 들였다고 응답한 (a)가 정답입니다.

> 오답 분석
> (b) 대화에 나온 chart(도표)를 반복하여 함정으로 사용한 오답입니다.
> (c) 대화에 나온 chart(도표)를 반복하여 함정으로 사용한 오답입니다.

어휘 excellent[éksələnt] 근사한, 아주 훌륭한 effective[iféktiv] 효과적인 chart[tʃɑːrt] 도표 clear[kliər] 명확한, 깨끗한

HACKERS TEST

p.42

01 (b)	02 (a)	03 (c)	04 (c)	05 (d)	06 (a)	07 (d)	08 (d)

Part 1

01

I'm really sorry that I missed the meeting. (a) OK, I'll do my best to attend. ⓑ Try not to let it happen again. (c) That's fine. We can wait a bit longer. (d) Well, I'm afraid we can't do that.	회의에 참석하지 못해 정말 죄송합니다. (a) 좋아요, 참석하기 위해 최선을 다할게요. ⓑ 그런 일이 다시 생기지 않도록 하세요. (c) 괜찮아요. 저희는 조금 더 기다릴 수 있어요. (d) 음, 미안하지만 그럴 수는 없어요.

해설 회의에 참석하지 못한 것에 대해 사과하고 있습니다. 이에 대해 그런 일이 다시 생기지 않도록 하라고 응답한 (b)가 정답입니다.

> 오답 분석
> (a) 질문에 나온 meeting(회의)과 관련된 attend(참석하다)를 함정으로 사용한 오답입니다.
> (c) That's fine(괜찮아요)으로 시작해 정답처럼 들리지만 그 뒤의 내용이 질문에 맞지 않는 오답입니다.
> (d) 질문에 나온 sorry(미안한)와 의미가 같은 afraid(미안한)를 함정으로 사용한 오답입니다.

어휘 miss[mis] 참석하지 않다, 빠지다 do one's best 최선을 다하다 attend[əténd] 참석하다 happen[hǽpən] (일·사건이) 일어나다 a bit 조금, 다소 afraid[əfréid] 미안한; 유감스러운

Do you think it's too soon to ask for a raise?	월급 인상을 요청하기에 너무 이르다고 생각하시나요?
ⓐ Not at all. You've been here long enough.	ⓐ 전혀요. 당신은 여기에 충분히 오래 있었어요.
(b) I would raise the issue.	(b) 저라면 그 쟁점을 제안하겠어요.
(c) That's not what I asked.	(c) 그건 제가 물어본 게 아니에요.
(d) Yes, that will be fine.	(d) 네, 괜찮을 거예요.

해설 월급 인상을 요청하기에 너무 이르다고 생각하는지 물어보고 있습니다. 이에 대해 전혀 그렇지 않다며 충분히 오래 있었다고 응답한 (a)가 정답입니다.

오답 분석
(b) 질문에 나온 다의어 raise(월급 인상; 제안하다)를 반복하여 함정으로 사용한 오답입니다.
(c) No(아니요)로 시작해 정답처럼 들리지만 그 뒤의 내용이 질문에 맞지 않는 오답입니다.
(d) Yes(네)로 시작해 정답처럼 들리지만 그 뒤의 내용이 Yes(네)에 맞지 않는 오답입니다.

어휘 raise[reiz] (월급, 가격의) 인상, 증가; 제안하다 issue[íʃu:] 쟁점, 논쟁

I'm upset that I didn't get promoted.	승진이 안 돼서 마음이 상했어요.
(a) My job is secure.	(a) 제 직업은 안정적이에요.
(b) It's part of the promotion.	(b) 그것은 판촉의 일환이에요.
ⓒ It's not the end of the world.	ⓒ 그렇다고 세상이 끝난 건 아니에요.
(d) In that case, I'll set it up myself.	(d) 그 경우엔, 제가 직접 설치할게요.

해설 승진이 안 돼서 마음이 상했다며 실망하고 있습니다. 이에 대해 그렇다고 세상이 끝난 건 아니라고 응답한 (c)가 정답입니다.

오답 분석
(a) 질문에 나온 promote(승진시키다)와 관련된 job(직업)을 함정으로 사용한 오답입니다.
(b) 질문에 나온 promote(승진시키다)와 발음이 비슷한 promotion(판촉; 승진)을 함정으로 사용한 오답입니다.
(d) 질문에 나온 upset(마음이 상한)과 발음이 비슷한 set(설치하다)을 함정으로 사용한 오답입니다.

어휘 upset[ʌ̀psét] 마음이 상한 promote[prəmóut] 승진시키다 secure[sikjúər] 안정적인 promotion[prəmóuʃən] 판촉; 승진
set up 설치하다

Have they already posted the agenda for the meeting?	그들이 회의 의제를 벌써 게시했나요?
(a) It will be updated before then.	(a) 그 전에 갱신될 거예요.
(b) It'll be held in the conference room.	(b) 그건 회의실에서 개최될 거예요.
ⓒ Just a very rough outline.	ⓒ 아주 간략한 개요만요.
(d) We accomplished our goals.	(d) 우리는 모든 목표를 달성했어요.

해설 회의 의제가 게시되었는지 물어보고 있습니다. 이에 대해 아주 간략한 개요만 게시되었다고 응답한 (c)가 정답입니다.

오답 분석
(a) 질문에 나온 post(게시하다)와 관련된 update(갱신하다)를 함정으로 사용한 오답입니다.
(b) 질문에 나온 meeting(회의)과 의미가 같은 conference(회의)를 함정으로 사용한 오답입니다.
(d) 질문에 나온 meeting(회의)과 관련된 goal(목표)을 함정으로 사용한 오답입니다.

어휘 post[poust] 게시하다 agenda[ədʒéndə] 의제, 협의 사항 conference[kánfərəns] 회의 rough[rʌf] 간략한; 거친
outline[áutlàin] 개요; 윤곽 accomplish[əkámpliʃ] 달성하다

05

M: I want to change my job.	M: 직장을 바꾸고 싶어요.
W: Really? Is it because of your boss?	W: 정말이요? 당신 상사 때문인가요?
M: No. I'm just bored these days.	M: 아니요. 그냥 요즘 지겨워서요.
(a) I decided to take the job.	(a) 그 직업을 받아들이기로 결정했어요.
(b) Your boss must be easygoing.	(b) 당신 상사는 편한 사람이 분명하군요.
(c) I didn't mean to bore you.	(c) 당신을 지루하게 하려고 한 것은 아니에요.
(d) You should think about it more.	(d) 그것에 대해 더 생각해 보세요.

해설　이직에 대해 고민하는 상황입니다. 요즘 일이 지겨워져서 직장을 바꾸고 싶다는 말에 더 생각해 보라고 응답한 (d)가 정답입니다.

> **오답 분석**
> (a) 대화에 나온 job(직업)을 반복하여 함정으로 사용한 오답입니다.
> (b) 대화에 나온 boss(상사)를 반복하여 함정으로 사용한 오답입니다.
> (c) 대화에 나온 bored(지루한)와 발음이 비슷한 bore(지루하게 하다)를 함정으로 사용한 오답입니다.

어휘　bored[bɔːrd] 지겨운, 지루한　decide[disáid] 결정하다　easygoing[ìːzigóuiŋ] (대하기) 편한; 게으른　mean[miːn] 의도하다
　　　bore[bɔːr] 지루하게 하다

06

W: Why haven't you sent out the paychecks?	W: 왜 급여 지불 수표를 보내지 않았죠?
M: They're not due to go out until Monday.	M: 그것들은 월요일까지 나가면 돼요.
W: I know, but Monday's a holiday.	W: 알아요, 하지만 월요일은 휴일이에요.
(a) Oh, it totally slipped my mind.	(a) 아, 완전히 잊고 있었네요.
(b) Then we'd better get it done by Monday.	(b) 그럼 월요일까지 끝내는 게 좋겠군요.
(c) Relax. They're still sitting on my desk.	(c) 진정해요. 아직 제 책상에 있어요.
(d) That's a relief. I was worried for a minute.	(d) 안심이네요. 잠깐 걱정했어요.

해설　업무를 마치지 않은 것에 대해 질책하는 상황입니다. 월요일이 휴일인데 왜 급여 지불 수표를 보내지 않았냐는 말에 월요일이 휴일임을
　　　잊고 있었다고 응답한 (a)가 정답입니다.

> **오답 분석**
> (b) 대화에 나온 Monday(월요일)를 반복하여 함정으로 사용한 오답입니다.
> (c) 대화에 나온 paychecks(급여 지불 수표)에 해당하는 대명사인 They를 함정으로 사용한 오답입니다.
> (d) 대화의 업무를 마치지 않은 것에 대해 질책하는 상황과 관련된 worried(걱정하는)를 함정으로 사용한 오답입니다.

어휘　paycheck[péiʧèk] 급여 지불 수표　due[djuː] 예정인, 하기로 되어있는　holiday[hálədèi] 휴일　slip one's mind ~을 잊어버리다
　　　relax[rilǽks] 진정하다　relief[rilíːf] 안심, 위안

07

M: Hello, this is Mike James. I interviewed for a position there last week. W: Hi, Mr. James. What can I do for you? M: I was just checking to see if you've chosen a candidate. (a) You can fax or e-mail your résumé. (b) We're no longer accepting applications. (c) Yes, your interview is at three o'clock. (d) Actually, we're still undecided.	M: 안녕하세요, Mike James입니다. 저는 지난주에 그곳에서 입사 면접을 봤어요. W: 안녕하세요, Mr. James. 무엇을 도와드릴까요? M: 지원자를 선택했는지 좀 확인하려고요. (a) 당신의 이력서를 팩스나 이메일로 보내세요. (b) 저희는 더 이상 지원서를 받지 않고 있어요. (c) 네, 당신의 면접은 3시예요. (d) 사실, 아직 결정하지 않았어요.

해설 면접 결과에 대해 문의하는 상황입니다. 지원자를 선택했는지 확인하려고 한다는 말에 아직 결정하지 않았다고 응답한 (d)가 정답입니다.

오답 분석
(a) 대화에 나온 interview(면접 보다)와 관련된 résumé(이력서)를 함정으로 사용한 오답입니다.
(b) 대화에 나온 interview(면접 보다)와 관련된 application(지원서)을 함정으로 사용한 오답입니다.
(c) 대화에 나온 interview(면접 보다; 면접)를 반복하여 함정으로 사용한 오답입니다.

어휘 candidate[kǽndidèit] 지원자, 후보자 résumé[rézumèi] 이력서 accept[æksépt] 받다 application[æpləkéiʃən] 지원서, 신청
undecided[ʌndisáidid] 결정하지 않은

08

W: Good afternoon. May I speak to Ms. Jones, please? M: Actually, she's in the accounting department now. W: I see. Then can you transfer me? (a) Sure. Follow me, please. (b) OK, but make sure you knock first. (c) She can't see you right now. (d) Of course. Hold on and I'll put you through.	W: 안녕하세요. Ms. Jones와 통화할 수 있을까요? M: 사실, 그녀는 지금 회계부서에 있어요. W: 그렇군요. 그럼 전화를 돌려주실 수 있나요? (a) 물론이죠. 저를 따라오세요. (b) 좋습니다, 하지만 먼저 노크를 하세요. (c) 그녀는 지금 당신을 만날 수 없어요. (d) 물론이죠. 끊지 않고 기다리시면 연결해 드릴게요.

해설 업무와 관련하여 전화를 하는 상황입니다. 회계부서에 있는 Ms. Jones에게 전화를 돌려달라는 요청에 물론이라며 끊지 않고 기다리면 연결해 주겠다고 응답한 (d)가 정답입니다.

오답 분석
(a) Sure(물론이죠)로 시작해 정답으로 들리지만 그 뒤의 내용이 대화에 맞지 않는 오답입니다.
(b) OK(좋습니다)로 시작해 정답으로 들리지만 그 뒤의 내용이 대화에 맞지 않는 오답입니다.
(c) 대화에 나온 Ms. Jones에 해당하는 대명사인 She를 함정으로 사용한 오답입니다.

어휘 accounting department 회계부서 transfer[trænsfə́:r] (전화를) 돌려 주다; 나르다 knock[nak] 노크하다, 두드리다
hold on (전화를) 끊지 않고 기다리다 put through (전화에서) ~을 연결해 주다

HACKERS PRACTICE

p. 48

01 (b)	**02** (b)	**03** (c)	**04** (a)	**05** (a)	**06** (b)	**07** (c)

Part 1

01

How do you <u>spend</u> your <u>free time</u>?	당신은 어떻게 여가 시간을 보내세요?
(a) I have plenty of <u>free time</u>.	(a) 전 여가 시간이 많아요.
ⓑ I usually <u>hang out with</u> friends.	ⓑ 전 보통 친구들과 어울려요.

해설　여가 시간에 무엇을 하는지 물어보고 있습니다. 이에 대해 보통 친구들과 어울린다고 응답한 (b)가 정답입니다.

> 오답 분석
> (a) 질문에 나온 free time(여가 시간)을 반복하여 함정으로 사용한 오답입니다.

어휘　free time 여가 시간　plenty of 많은　hang out with ~와 어울리다

02

We're <u>throwing a party</u> on Saturday.	우린 토요일에 파티를 열 거예요.
(a) I thought you were <u>going to do it</u>.	(a) 당신이 그것을 할 거라고 생각했어요.
ⓑ That sounds like <u>lots of fun</u>.	ⓑ 굉장히 재미있을 것 같네요.

해설　토요일에 파티를 열 거라고 이야기하고 있습니다. 이에 대해 굉장히 재미있을 것 같다고 응답한 (b)가 정답입니다.

> 오답 분석
> (a) 질문에 나온 party(파티)에 해당하는 대명사인 it을 함정으로 사용한 오답입니다.

어휘　throw a party 파티를 열다　lots of 많은　fun[fʌn] 재미, 즐거움

03

Have you <u>started reading</u> your new comic book?	당신의 새 만화책을 읽기 시작했나요?
(a) My favorite <u>character</u> is in it.	(a) 제가 가장 좋아하는 캐릭터가 거기 있어요.
(b) I'll <u>watch it</u> later.	(b) 나중에 볼 거예요.
ⓒ No, I haven't <u>had time</u>.	ⓒ 아니요, 시간이 없었어요.

해설　새 만화책을 읽기 시작했는지 물어보고 있습니다. 이에 대해 시간이 없어서 읽지 못했다고 응답한 (c)가 정답입니다.

> 오답 분석
> (a) 질문에 나온 comic book(만화책)에 해당하는 대명사인 it을 함정으로 사용한 오답입니다.
> (b) 'Have you seen the movie I lent to you?(제가 빌려드린 영화 보셨어요?)'와 같은 질문에 적절한 응답입니다.

어휘　favorite[féivərit] 가장 좋아하는, 선호하는　character[kǽriktər] 캐릭터, 인물　later[léitər] 나중에

04

How about <u>playing baseball</u> tomorrow?	내일 야구 하는 게 어때?
ⓐ I'd rather <u>play basketball</u>.	ⓐ 난 차라리 농구 할래.
(b) It was a <u>great game</u>.	(b) 멋진 경기였어.
(c) Sure, I love <u>playing soccer</u>.	(c) 물론이지, 난 축구하는 걸 좋아해.

해설　내일 야구를 하자고 제안하고 있습니다. 이에 대해 야구보다는 차라리 농구를 하겠다고 응답한 (a)가 정답입니다.

> 오답 분석
>
> (b) 질문에 나온 baseball(야구)과 관련된 game(경기)을 함정으로 사용한 오답입니다.
>
> (c) Sure(물론이지)로 시작해 정답처럼 들리지만 그 뒤의 내용이 질문에 맞지 않는 오답입니다.

어휘　rather[rǽðər] 차라리, 그보다

Part 2

05

M: The sky is getting <u>really dark</u>.	M: 하늘이 정말 어두워지고 있군요.
W: What if it rains? It will ruin our picnic.	W: 비가 오면 어쩌죠? 우리 소풍을 망쳐버릴 거예요.
M: Well, we could <u>postpone it</u> until tomorrow.	M: 음, 우린 그걸 내일로 연기할 수 있어요.
ⓐ Yeah, <u>better safe</u> than sorry.	ⓐ 그래요, 후회하는 것보다 안전한 게 낫죠.
(b) I brought an <u>umbrella</u>.	(b) 전 우산을 가져왔어요.

해설　행사 일정에 대해 이야기하는 상황입니다. 비가 올 것 같아 소풍을 내일로 연기할 수 있다는 말에 그러자며 후회하는 것보다 안전한 게 낫다고 응답한 (a)가 정답입니다.

> 오답 분석
>
> (b) 대화에 나온 rain(비)과 관련된 umbrella(우산)를 함정으로 사용한 오답입니다.

어휘　ruin[rúːin] 망치다　sorry[sári] 후회하는; 미안한　umbrella[ʌmbrélə] 우산

06

W: How was the volleyball game?	W: 배구 경기는 어땠나요?
M: Our team didn't <u>do as well as</u> we had hoped.	M: 바라던 것만큼 우리 팀이 잘하진 못했어요.
W: So what was the <u>final result</u>?	W: 그래서 최종 결과는 어떻게 됐죠?
(a) Sure. I stayed <u>until the end</u>.	(a) 물론이죠. 전 끝까지 남아 있었어요.
ⓑ <u>Fifteen</u> to eleven.	ⓑ 15대 11이요.
(c) No, I know we can <u>play better</u>.	(c) 아니요, 전 우리가 더 잘할 수 있다는 걸 알아요.

해설　운동 경기 결과에 대해 이야기하는 상황입니다. 배구 경기의 최종 결과를 묻는 질문에 15대 11이라고 응답한 (b)가 정답입니다.

> 오답 분석
>
> (a) 대화에 나온 result(결과)와 관련된 end(끝)를 함정으로 사용한 오답입니다.
>
> (c) 대화에 나온 volleyball game(배구 경기)과 관련된 play(경기하다)를 함정으로 사용한 오답입니다.

어휘　volleyball[válibɔ̀ːl] 배구　final[fáinl] 최종의, 마지막의　result[rizʌ́lt] 결과　stay[stei] 남다, 머물다

07

W: How about seeing <u>the movie coming out</u> tomorrow? M: Sounds great. What's it about? W: Well, it's a <u>romantic comedy</u>. (a) I'd like to <u>see it</u> again. (b) It's about two people who <u>fall in love</u>. ⓒ I'm really <u>fond of</u> that genre.	W: 내일 개봉하는 영화 보러 가는게 어때요? M: 좋아요. 어떤 내용이죠? W: 음, 로맨틱 코미디예요. (a) 전 그걸 다시 보고 싶어요. (b) 사랑에 빠지는 두 사람에 관한 내용이에요. ⓒ 저는 그 장르를 정말 좋아해요.

해설   공연을 보러 가자고 제안하는 상황입니다. 개봉하는 영화가 로맨틱 코미디라는 말에 그 장르를 정말 좋아한다고 응답한 **(c)**가 정답입니다.

> **오답 분석**
> **(a)** I'd like to see it(전 그걸 보고 싶어요)으로 시작해 정답처럼 들리지만 그 뒤의 내용이 대화에 맞지 않는 오답입니다.
> **(b)** 대화의 마지막 문장에서 개봉하는 영화가 로맨틱 코미디라고 말한 사람이 이어서 할 만한 말을 함정으로 사용한 오답입니다.

어휘   **come out** 개봉하다   **fall in love** 사랑에 빠지다

HACKERS TEST

p. 50

01 (d)	**02** (c)	**03** (b)	**04** (d)	**05** (a)	**06** (a)	**07** (c)	**08** (b)

Part 1

01

I didn't care for that concert the other night. (a) I'll reserve the tickets. (b) Try to be there on time. (c) Then let's watch it on TV. ⓓ I thought it was good.	난 요전 날 밤에 갔던 콘서트가 별로 좋지 않았어. (a) 내가 표를 예약할게. (b) 시간에 맞게 도착하려고 해봐. (c) 그럼 TV로 보자. ⓓ 난 좋았다고 생각했는데.

해설   요전 날 밤에 갔던 콘서트가 별로 좋지 않았다고 이야기하고 있습니다. 이에 대해 자신은 좋았다고 생각했다고 응답한 **(d)**가 정답입니다.

> **오답 분석**
> **(a)** 질문에 나온 concert(콘서트)와 관련된 ticket(표)을 함정으로 사용한 오답입니다.
> **(b)** 'I might be late to the concert(나 콘서트에 늦을지 몰라)'와 같은 말에 적절한 응답입니다.
> **(c)** 질문에 나온 concert(콘서트)에 해당하는 대명사인 it을 함정으로 사용한 오답입니다.

어휘   **reserve**[rizə́ːrv] 예약하다   **on time** 시간에 맞게, 정각에

02

Have you chosen a costume for the party?	파티 의상은 선택했나요?
(a) She won't mind if you come.	(a) 그녀는 당신이 오는 것을 꺼려하지 않을 거예요.
(b) Yes, I'm bringing beverages.	(b) 네, 전 음료수를 가져올게요.
ⓒ No, I haven't decided yet.	ⓒ 아니요, 아직 결정하지 못했어요.
(d) I'll help you choose a costume.	(d) 제가 의상 고르는 걸 도와드릴게요.

해설 파티 의상을 선택했는지 물어보고 있습니다. 이에 대해 아직 결정하지 못했다고 응답한 (c)가 정답입니다.

오답 분석

(a) 질문에 나온 party(파티)와 관련된 come(오다)을 함정으로 사용한 오답입니다.

(b) Yes(네)로 시작해 정답처럼 들리지만 그 뒤의 내용이 질문에 맞지 않는 오답입니다.

(d) 질문에 나온 costume(의상)을 반복하여 함정으로 사용한 오답입니다.

어휘 costume[kástʃuːm] 의상, 옷   mind[maind] 꺼려하다, 신경 쓰다   bring[briŋ] 가져오다   beverage[bévəridʒ] 음료
decide[disáid] 결정하다

03

The music selection at Sherry's wedding was perfect.	Sherry의 결혼식에서의 음악 선곡이 완벽했어요.
(a) She's looking for a musician.	(a) 그녀는 음악가를 찾고 있어요.
ⓑ Yeah, it was excellent.	ⓑ 네, 훌륭했어요.
(c) They lost the song list.	(c) 그들은 노래 목록을 잃어버렸어요.
(d) Right. I guarantee you'll like it.	(d) 맞아요. 당신이 좋아할 거라고 장담하죠.

해설 결혼식 음악 선곡이 좋았다고 이야기하고 있습니다. 이에 대해 그렇다며 훌륭했다고 응답한 (b)가 정답입니다.

오답 분석

(a) 질문에 나온 music(음악)과 관련된 musician(음악가)을 함정으로 사용한 오답입니다.

(c) 질문에 나온 music(음악)과 관련된 song(노래)을 함정으로 사용한 오답입니다.

(d) Right(맞아요)로 시작해 정답처럼 들리지만 그 뒤의 내용이 질문에 맞지 않는 오답입니다.

어휘 selection[silékʃən] 선택   perfect[péːrfikt] 완벽한   musician[mjuːzíʃən] 음악가   excellent[éksələnt] 훌륭한
guarantee[gæ̀rəntíː] 장담하다, 확언하다

04

I wish I could have stayed at the party longer.	파티에 더 오래 머물러 있었더라면 좋았을 텐데.
(a) I'll see you at the party.	(a) 파티에서 보자.
(b) I can give you a ride.	(b) 내가 태워줄 수 있어.
(c) I'll send you an invitation.	(c) 초대장을 보내줄게.
ⓓ Yeah. You missed the best part.	ⓓ 그러게. 가장 멋진 부분을 놓쳤어.

해설 파티에 더 오래 머무르지 못한 것을 아쉬워하고 있습니다. 이에 대해 가장 멋진 부분을 놓쳤다고 응답한 (d)가 정답입니다.

오답 분석

(a) 질문에 나온 party(파티)를 반복하여 함정으로 사용한 오답입니다.

(b) 질문의 파티를 떠나는 상황과 관련된 give a ride(태워주다)를 함정으로 사용한 오답입니다.

(c) 질문에 나온 party(파티)와 관련된 invitation(초대장)을 함정으로 사용한 오답입니다.

어휘 give a ride 태워주다   invitation[ìnvitéiʃən] 초대장, 초대

05

M: Do you like playing racquetball?	M: 라켓볼 치는 거 좋아하세요?
W: Sure. I play every week.	W: 그럼요. 매주 하고 있어요.
M: Then let's get together for a game.	M: 그럼 모여서 시합 한 번 해요.
ⓐ That would be nice.	ⓐ 그거 좋겠네요.
(b) I can lend you my racquet.	(b) 제 라켓을 빌려드릴 수 있어요.
(c) It's good for the body.	(c) 그건 몸에 좋아요.
(d) I can't make it at that time.	(d) 그때는 안 될 것 같은데요.

해설　운동을 하자고 제안하는 상황입니다. 라켓볼 시합을 하자는 말에 좋다고 응답한 **(a)**가 정답입니다.

　　　오답 분석
　　　(b) 대화에 나온 racquetball(라켓볼)과 관련된 racquet(라켓)을 함정으로 사용한 오답입니다.
　　　(c) 대화에 나온 racquetball(라켓볼)에 해당하는 대명사인 It을 함정으로 사용한 오답입니다.
　　　(d) 'Let's get together for a game on Saturday(토요일에 모여서 시합 한 번 해요)'와 같은 말에 적절한 응답입니다.

어휘　racquetball[rǽkitbɔ̀ːl] 라켓볼　get together 모이다, 만나다　lend[lend] 빌려주다　make it 만나기로 하다; 성공하다

06

W: Don, what should I bring to the party?	W: Don, 파티에 내가 뭘 가져올까?
M: It's completely up to you.	M: 온전히 네가 좋을 대로 해.
W: Then how about some chips and dip?	W: 그럼 칩과 소스는 어때?
ⓐ That'll be fine.	ⓐ 괜찮을 것 같아.
(b) I'm also inviting a friend.	(b) 나도 친구를 초대할 거야.
(c) You'd better show up.	(c) 참석하는 게 좋을 거야.
(d) We're going to start early.	(d) 우린 일찍 시작할 거야.

해설　파티를 준비하는 상황입니다. 파티에 칩과 소스를 가져오면 어떤지 묻는 질문에 괜찮을 것 같다고 응답한 **(a)**가 정답입니다.

　　　오답 분석
　　　(b) 대화에 나온 party(파티)와 관련된 invite(초대하다)를 함정으로 사용한 오답입니다.
　　　(c) 'I'm not sure if I can make it(갈 수 있을지 모르겠어)'과 같은 말에 적절한 응답입니다.
　　　(d) 'When are you going to start the party?(언제 파티를 시작하나요?)'와 같은 질문에 적절한 응답입니다.

어휘　bring[briŋ] 가져오다　completely[kəmplíːtli] 온전히, 완전히　dip[dip] (과자를 찍어먹는) 소스　invite[inváit] 초대하다
　　　show up 참석하다, 모습을 보이다

07

M: What did you do last weekend?	M: 지난 주말에 뭐 했어?
W: I went fishing with my father.	W: 아빠랑 낚시하러 갔었어.
M: That must have been exciting.	M: 재미있었겠다.
(a) I'd like to try fishing there.	(a) 거기서 낚시를 해보고 싶어.
(b) My father gave it to me.	(b) 아빠가 그것을 나에게 줬어.
ⓒ Yeah, we had a wonderful time.	ⓒ 응, 아주 좋은 시간을 보냈어.
(d) Be careful in the wilderness.	(d) 자연 보호 구역에선 조심해.

해설　여가 활동에 대해 물어보는 상황입니다. 지난 주말에 아빠와 다녀온 낚시가 재미있었겠다는 말에 아주 좋은 시간을 보냈다고 응답한 (c)가 정답입니다.

오답 분석
(a) 대화에 나온 fishing(낚시)을 반복하여 함정으로 사용한 오답입니다.
(b) 대화에 나온 father(아빠)를 반복하여 함정으로 사용한 오답입니다.
(d) 대화에 나온 fishing(낚시)과 관련된 wilderness(자연 보호 구역)를 함정으로 사용한 오답입니다.

어휘　fishing[fíʃiŋ] 낚시　exciting[iksáitiŋ] 재미있는, 흥분되는　careful[kέərfəl] 조심하는, 신중한
wilderness[wíldərnis] 자연 보호 구역, 황무지

08

M: I'm reading this really great historical novel.	M: 전 정말 훌륭한 역사 소설을 읽고 있어요.
W: Since when are you interested in history?	W: 언제부터 역사에 관심이 있었죠?
M: I'm not, but this author is very imaginative.	M: 관심 없어요, 하지만 이 작가는 상상력이 아주 풍부해요.
(a) I got it from the bookstore.	(a) 전 서점에서 그걸 샀어요.
ⓑ Maybe I'll borrow it when you're done.	ⓑ 당신이 다 읽고 나면 저도 빌려서 봐야겠네요.
(c) It's his first attempt at fiction.	(c) 그건 그가 처음으로 시도한 소설이에요.
(d) I'm on the last chapter now.	(d) 전 마지막 장을 보고 있어요.

해설　책을 읽고 소감을 나누는 상황입니다. 읽고 있는 역사 소설의 작가가 상상력이 아주 풍부하다는 말에 상대방이 다 읽으면 자신도 빌려서 봐야겠다고 응답한 (b)가 정답입니다.

오답 분석
(a) 대화에 나온 novel(소설)과 관련된 bookstore(서점)를 함정으로 사용한 오답입니다.
(c) 대화에 나온 novel(소설)과 의미가 같은 fiction(소설)을 함정으로 사용한 오답입니다.
(d) 대화의 마지막 문장에서 역사 소설의 작가가 상상력이 아주 풍부하다고 말한 사람이 이어서 할 만한 말을 함정으로 사용한 오답입니다.

어휘　historical[histɔ́:rikəl] 역사의, 역사에 관한　novel[nάvəl] 소설　author[ɔ́:θər] 작가
imaginative[imǽdʒənətiv] 상상력이 풍부한; 재치 있는　borrow[bárou] 빌리다　fiction[fíkʃən] 소설; 허구
chapter[tʃǽptər] (책의) 장, 챕터

HACKERS PRACTICE

p. 56

01 (b)	02 (b)	03 (a)	04 (c)	05 (b)	06 (a)	07 (b)

Part 1

01

I'm going to <u>major in</u> education.	전 교육학을 전공할 거예요.
(a) It's a <u>major concern</u>.	(a) 그것이 주요한 관심사예요.
ⓑ That's probably a <u>good decision</u>.	ⓑ 그건 좋은 결정인 것 같군요.

해설　교육학을 전공할 것이라고 이야기하고 있습니다. 이에 대해 좋은 결정인 것 같다고 응답한 **(b)**가 정답입니다.

　　　오답 분석
　　　(a) 질문에 나온 다의어 major(전공하다; 주요한)를 반복하여 함정으로 사용한 오답입니다.

어휘　**major**[méidʒər] 전공하다; 주요한　**education**[èdʒukéiʃən] 교육학, 교육　**concern**[kənsə́ːrn] 관심사
　　　probably[prάbəbli] 아마　**decision**[disíʒən] 결정

02

I'm really <u>worried about</u> my exam today.	난 오늘 시험이 정말 걱정돼.
(a) Well, at least <u>you passed</u>.	(a) 음, 적어도 넌 통과했잖아.
ⓑ <u>Don't worry</u>. You'll do fine.	ⓑ 걱정 마. 넌 잘할 거야.

해설　오늘 볼 시험에 대해 걱정하고 있습니다. 이에 대해 걱정 말라며 잘할 거라고 응답한 **(b)**가 정답입니다.

　　　오답 분석
　　　(a) 질문에 나온 exam(시험)과 관련된 pass(통과하다)를 함정으로 사용한 오답입니다.

어휘　**at least** 적어도, 최소한　**pass**[pæs] 통과하다

03

Good job, Helena. You got <u>all As</u>!	잘했어, Helena. 모두 A를 받았구나!
ⓐ Thanks. I <u>studied really hard</u>.	ⓐ 고맙습니다. 정말 열심히 공부했거든요.
(b) We'll get the <u>tests back</u> today.	(b) 우린 오늘 시험지를 돌려받을 거예요.
(c) I'll have to <u>try harder</u> next time.	(c) 저는 다음엔 더 열심히 해야 할 거예요.

해설　모두 A를 받은 것을 칭찬하고 있습니다. 이에 대해 고맙다며 정말 열심히 공부했다고 응답한 **(a)**가 정답입니다.

　　　오답 분석
　　　(b) 질문에 나온 all As(모두 A)와 관련된 test(시험지)를 함정으로 사용한 오답입니다.
　　　(c) 질문의 시험 성적에 대해 칭찬하는 상황과 관련된 try harder(더 열심히 노력하다)를 함정으로 사용한 오답입니다.

어휘　**get back** ~을 돌려받다, 되찾다

04

Is there a <u>prerequisite for</u> this class?

(a) I've <u>already taken</u> that one.
(b) It's his first time <u>teaching that class</u>.
ⓒ No, it's open to <u>all students</u>.

이 수업을 위한 필수 과목이 있나요?

(a) 전 이미 그걸 수강했어요.
(b) 그가 이 수업을 가르치는 건 처음이에요.
ⓒ 아니요, 모든 학생에게 열려 있어요.

해설 수업을 듣기 전 이수해야 할 필수 과목이 있는지 물어보고 있습니다. 이에 대해 아니라며 모든 학생에게 열려 있다고 응답한 (c)가
정답입니다.

오답 분석
(a) 질문에 나온 class(수업)에 해당하는 대명사인 one을 함정으로 사용한 오답입니다.
(b) 질문에 나온 class(수업)를 반복하여 함정으로 사용한 오답입니다.

어휘 prerequisite[prìːrékwəzit] 필수 과목; 필요 조건 open[óupən] 열린, 개방된

Part 2

05

W: I can't <u>finish</u> my book report <u>on time</u>.
M: But you've known about it for weeks!
W: Yeah, but I had <u>lots of other work</u>.

(a) I'm amazed you <u>finished it</u>.
ⓑ Well, all you can do is <u>try your best</u>.

W: 독후감을 제시간에 끝낼 수가 없어.
M: 하지만 넌 그걸 몇 주 동안이나 알고 있었잖아!
W: 맞아, 하지만 다른 일이 많았어.

(a) 네가 그걸 끝내다니 놀랍다.
ⓑ 음, 네가 할 수 있는 일은 최선을 다하는 것뿐이야.

해설 과제 기한에 대해 이야기하는 상황입니다. 다른 일이 많아서 독후감을 제시간에 끝내지 못할 것 같다는 말에 최선을 다하라고 응답한 (b)
가 정답입니다.

오답 분석
(a) 대화에 나온 finish(끝내다)를 반복하여 함정으로 사용한 오답입니다.

어휘 book report 독후감 on time 제시간에 amazed[əméizd] 놀란 try one's best 최선을 다하다

06

M: Hey, Lynn. What's going on?
W: I got my final <u>exam scores</u> today.
M: And did you <u>do well</u>?

ⓐ <u>Not as well as</u> I had hoped.
(b) <u>So far</u>, the class is going well.
(c) I'm still waiting <u>for the result</u>.

M: 이봐, Lynn. 무슨 일이야?
W: 오늘 기말고사 점수를 받았어.
M: 그래서 잘 봤어?

ⓐ 바랐던 만큼 잘 보진 못했어.
(b) 지금까지 수업은 잘 돼가고 있어.
(c) 난 아직 결과를 기다리는 중이야.

해설 시험 성적에 대해 물어보는 상황입니다. 기말고사를 잘 봤는지 묻는 질문에 바랐던 만큼 잘 보지는 못했다고 응답한 (a)가 정답입니다.

오답 분석
(b) 대화에 나온 well(잘)을 반복하여 함정으로 사용한 오답입니다.
(c) 대화에 나온 score(성적)와 관련된 result(결과)를 함정으로 사용한 오답입니다.

어휘 final exam 기말고사 score[skɔːr] 점수 as well as ~ 만큼 잘; ~뿐만 아니라 hope[houp] 바라다, 희망하다 result[rizʌ́lt] 결과

07

M: You still plan to attend the <u>school play</u>, right? W: Actually, I changed my mind. M: But you were <u>looking forward to</u> it. (a) That's not how I <u>usually act</u>. ⓑ Well, now I'm <u>too busy</u>. (c) I'm glad you <u>got the part</u>.	M: 너 아직 학교 연극에 참여할 계획이지, 그렇지? W: 사실, 나 생각을 바꿨어. M: 하지만 넌 그걸 기대하고 있었잖아. (a) 그건 내가 평소에 행동하는 방식이 아니야. ⓑ 음, 지금 난 너무 바쁘거든. (c) 네가 배역을 맡아서 기뻐.

해설　학교 연극 참여에 대해 이야기하는 상황입니다. 연극 참여를 기대하고 있지 않았냐는 말에 지금은 너무 바쁘다고 응답한 (b)가 정답입니다.

오답 분석
(a) 대화에 나온 play(연극)와 관련된 act(연기하다; 행동하다)를 함정으로 사용한 오답입니다.
(c) 대화에 나온 play(연극)와 관련된 part(배역)를 함정으로 사용한 오답입니다.

어휘　**attend**[əténd] 참여하다　**actually**[ǽktʃuəli] 사실, 실제로　**look forward to** ~을 기대하다　**usually**[júːʒuəli] 평소에, 보통
part[pɑːrt] 배역; 부분

HACKERS TEST

p. 58

01 (b)	**02** (d)	**03** (c)	**04** (d)	**05** (a)	**06** (b)	**07** (a)	**08** (d)

Part 1

01

Why don't we study for the test later? (a) I didn't do very well. ⓑ Sure. We can meet at the library. (c) I'll see you later. (d) You should have studied more.	시험을 대비해서 나중에 공부하는 게 어때? (a) 난 그렇게 잘하지 못했어. ⓑ 물론이지. 도서관에서 만나자. (c) 나중에 보자. (d) 넌 더 공부했어야 했어.

해설　시험을 대비해서 공부하자고 제안하고 있습니다. 이에 대해 물론이라며 도서관에서 만나자고 응답한 (b)가 정답입니다.

오답 분석
(a) 질문에 나온 test(시험)와 관련된 do well(잘하다)을 함정으로 사용한 오답입니다.
(c) 질문에 나온 later(나중에)를 반복하여 함정으로 사용한 오답입니다.
(d) 질문에 나온 study(공부하다)를 반복하여 함정으로 사용한 오답입니다.

어휘　**library**[láibrèri] 도서관

02

I expected you to do better on the midterm, Tony.	난 네가 중간고사에서 더 잘할 거라고 기대했다, Tony.
(a) My teacher said I'm doing better.	(a) 선생님이 제가 더 잘하고 있다고 했어요.
(b) You'll have to give more effort.	(b) 당신은 좀 더 노력해야 돼요.
(c) I'll do it tomorrow.	(c) 그건 내일 할게요.
ⓓ I promise to study harder next time.	ⓓ 다음엔 더 열심히 공부할 거라고 약속해요.

해설 Tony의 중간고사 성적에 대해 실망하고 있습니다. 이에 대해 다음엔 더 열심히 공부할 거라고 약속한다고 응답한 (d)가 정답입니다.

오답 분석
(a) 질문에 나온 better(더 나은)를 반복하여 함정으로 사용한 오답입니다.
(b) 질문에서 Tony가 중간고사에서 더 잘할 거라 기대했다고 말한 사람이 이어서 할 만한 말을 함정으로 사용한 오답입니다.
(c) 질문에 나온 do(하다)를 반복하여 함정으로 사용한 오답입니다.

어휘 expect[ikspékt] 기대하다   effort[éfərt] 노력   promise[prámis] 약속하다

03

Why did you decide to change your major?	왜 전공을 바꾸기로 결정하셨죠?
(a) It was too late to register for that class.	(a) 그 수업을 등록하긴 너무 늦었어요.
(b) Well, as long as you're sure.	(b) 음, 당신이 확신한다면요.
ⓒ I wanted to study something more practical.	ⓒ 전 더 실용적인 것을 공부하고 싶었어요.
(d) OK, I'll think about it.	(d) 좋아요, 생각해 볼게요.

해설 왜 전공을 바꾸기로 결정했는지 물어보고 있습니다. 이에 대해 더 실용적인 것을 공부하고 싶었다고 응답한 (c)가 정답입니다.

오답 분석
(a) 질문에 나온 major(전공)와 관련된 class(수업)를 함정으로 사용한 오답입니다.
(b) 'Do you think changing my major is a good move?(제가 전공을 바꾸는 것이 좋다고 생각하세요?)'와 같은 질문에 적절한
응답입니다.
(d) 질문에 나온 decide(결정하다)와 관련된 think(생각하다)를 함정으로 사용한 오답입니다.

어휘 decide[disáid] 결정하다   register[rédʒistər] 등록하다, 수강 신청하다   as long as ~하는 한; ~하는 동안
practical[præktikəl] 실용적인

04

I flunked my history test again!	나 역사 시험 또 망쳤어!
(a) I'll tell you what was on the test.	(a) 내가 시험에 뭐가 나왔는지 말해 줄게.
(b) I need three more credits.	(b) 난 3학점이 더 필요해.
(c) I knew you'd enjoy history.	(c) 네가 역사를 좋아할 줄 알고 있었어.
ⓓ Well, there's always next time.	ⓓ 음, 언제나 다음 기회가 있어.

해설 역사 시험을 망쳤다고 실망하고 있습니다. 이에 대해 언제나 다음 기회가 있다고 응답한 (d)가 정답입니다.

오답 분석
(a) 질문에 나온 test(시험)를 반복하여 함정으로 사용한 오답입니다.
(b) 질문에 나온 test(시험)와 관련된 credit(학점)을 함정으로 사용한 오답입니다.
(c) 질문에 나온 history(역사)를 반복하여 함정으로 사용한 오답입니다.

어휘 credit[krédit] 학점   enjoy[indʒɔ́i] 좋아하다, 즐기다

05

M: Hi, Carrie. How's school going?	M: 안녕, Carrie. 학교는 어때?
W: Not so great. I don't like my science classes very much.	W: 그리 좋진 않아. 과학 수업이 별로 마음에 안 들어.
M: Oh really? Why is that?	M: 오 정말? 왜 그런데?
ⓐ There's too much homework.	ⓐ 숙제가 너무 많아.
(b) I learned it in the lab.	(b) 난 그걸 실험실에서 배웠어.
(c) It's in the arts and sciences building.	(c) 그건 예술 과학 건물에 있어.
(d) I studied a lot for it.	(d) 난 그걸 많이 공부했어.

해설 수업에서 겪고 있는 문제점을 이야기하는 상황입니다. 과학 수업이 별로 마음에 들지 않는 이유를 묻는 질문에 숙제가 너무 많다고 응답한 (a)가 정답입니다.

오답 분석
(b) 대화에 나온 science(과학)와 관련된 lab(실험실)을 함정으로 사용한 오답입니다.
(c) 대화에 나온 science(과학)를 반복하여 함정으로 사용한 오답입니다.
(d) 대화에 나온 class(수업)와 관련된 study(공부하다)를 함정으로 사용한 오답입니다.

어휘 homework[hóumwèːrk] 숙제 learn[ləːrn] 배우다 lab[læb] 실험실(laboratory)

06

M: Holly, I need to ask you a favor.	M: Holly, 너한테 부탁할 게 있어.
W: What's that?	W: 그게 뭔데?
M: Can I borrow your textbook for homework?	M: 숙제 때문에 그러는데 네 교재 좀 빌릴 수 있을까?
(a) I'll ask you about it later.	(a) 나중에 그것에 대해 네게 물어볼게.
ⓑ Sure. Here you go.	ⓑ 물론이지. 여기 있어.
(c) I missed today's lecture.	(c) 나 오늘 강의에 빠졌어.
(d) OK, I promise to return it.	(d) 좋아, 돌려줄 거라고 약속할게.

해설 교재를 빌리는 상황입니다. 과제에 필요한 교재를 빌려달라는 요청에 물론이라며 여기 있다고 응답한 (b)가 정답입니다.

오답 분석
(a) 대화에 나온 다의어 ask(요청하다; 묻다)를 반복하여 함정으로 사용한 오답입니다.
(c) 대화에 나온 textbook(교재)과 관련된 lecture(강의)를 함정으로 사용한 오답입니다.
(d) OK(좋아)로 시작해 정답처럼 들리지만 그 뒤의 내용이 대화에 맞지 않는 오답입니다.

어휘 ask a favor 부탁하다 miss[mis] 빠지다, 놓치다 lecture[léktʃər] 강의 promise[prámis] 약속하다 return[ritə́ːrn] 돌려주다

07

W: I thought Jake would win the election.	W: 난 Jake가 선거에서 이길 거라고 생각했어.
M: I know. I'm surprised he lost.	M: 그러게. 그가 지다니 놀라워.
W: I really wanted him to be class president.	W: 난 그가 반장이 되길 정말 바랐는데.
ⓐ Yeah, he would've done a great job.	ⓐ 맞아, 그는 정말 잘 했을 텐데.
(b) OK, I'll make the posters.	(b) 좋아, 내가 포스터를 만들게.
(c) I'm going to vote for him.	(c) 난 그에게 투표할 거야.
(d) Right. He won it easily.	(d) 맞아, 그는 쉽게 이겼어.

해설 선거 결과에 대해 이야기하는 상황입니다. Jake가 반장이 되길 원했다는 말에 그가 이겼더라면 잘했을 거라고 응답한 (a)가 정답입니다.

오답 분석
(b) 대화에 나온 election(선거)과 관련된 poster(포스터)를 함정으로 사용한 오답입니다.
(c) 대화에 나온 election(선거)과 관련된 vote(투표하다)를 함정으로 사용한 오답입니다.
(d) Right(맞아)로 시작해 정답처럼 들리지만 그 뒤의 내용이 대화에 맞지 않는 오답입니다.

어휘 election[ilékʃən] 선거 surprised[sərpráizd] 놀란 president[prézidənt] 장; 대통령 vote[vout] 투표하다

08

W: Professor Wright, may I ask you something?	W: Wright 교수님, 뭐 좀 여쭤봐도 될까요?
M: Of course. What is it?	M: 물론이지. 그게 뭔가?
W: Do you think journalism would be a good major for me?	W: 신문학과가 저에게 맞는 전공이 될 거라고 생각하세요?
(a) I haven't chosen my major yet.	(a) 난 아직 내 전공을 정하지 않았어.
(b) You're a very good student.	(b) 자넨 아주 좋은 학생이야.
(c) I've always enjoyed writing.	(c) 난 항상 글쓰기를 좋아해 왔어.
ⓓ I think it's a perfect fit.	ⓓ 난 잘 어울린다고 생각하네.

해설 전공 선택에 대해 이야기하는 상황입니다. 신문학과가 자신에게 맞는 전공이 될 거라고 생각하는지 묻는 질문에 잘 어울린다고 생각한다고 응답한 (d)가 정답입니다.

오답 분석
(a) 대화에 나온 major(전공)를 반복하여 함정으로 사용한 오답입니다.
(b) 대화에 나온 good(맞는, 좋은)을 반복하여 함정으로 사용한 오답입니다.
(c) 대화에 나온 journalism(신문학과; 저널리즘)과 관련된 writing(글쓰기)을 함정으로 사용한 오답입니다.

어휘 journalism[dʒɔ́ːrnəlìzm] 신문학과; 저널리즘 major[méidʒər] 전공 fit[fit] 적합; 맞다

HACKERS PRACTICE

p. 64

01 (a)	02 (a)	03 (c)	04 (b)	05 (b)	06 (c)	07 (a)

Part 1

01

How long will you be staying in France?

ⓐ I'll be there for two months.

(b) I was visiting friends.

프랑스에 얼마나 머무실 건가요?

ⓐ 저는 거기에 두 달간 있을 거예요.

(b) 전 친구들을 방문하는 중이었어요.

해설 프랑스에 얼마나 머물 것인지 물어보고 있습니다. 이에 대해 두 달간 있을 거라고 응답한 (a)가 정답입니다.

오답 분석
(a) 질문에 나온 France(프랑스)와 발음이 비슷한 friends(친구들)를 함정으로 사용한 오답입니다.

어휘 stay[stei] 머물다, 남다   visit[vízit] 방문하다

02

Why was your flight delayed?

ⓐ There was ice on the runway.

(b) I have to catch my flight.

당신의 비행기는 왜 지연되었나요?

ⓐ 활주로에 얼음이 있었어요.

(b) 저는 비행기를 타야 해요.

해설 비행기가 왜 지연되었는지 물어보고 있습니다. 이에 대해 활주로에 얼음이 있었다고 응답한 (a)가 정답입니다.

오답 분석
(b) 질문에 나온 flight(비행기)를 반복하여 함정으로 사용한 오답입니다.

어휘 flight[flait] 비행기, 항공편   delay[diléi] 지연시키다, 늦추다   runway[rʌ́nwèi] 활주로   catch[kætʃ] 타다, 잡다

03

Can I get a wake-up call tomorrow at eight?

(a) Give me a call later.

(b) OK, I'll see if he's awake.

ⓒ Of course. We'll take care of it.

내일 8시에 모닝콜을 받을 수 있을까요?

(a) 나중에 전화 주세요.

(b) 좋아요, 제가 그가 일어났는지 볼게요.

ⓒ 물론이죠. 저희가 처리해 드릴게요.

해설 내일 8시에 모닝콜을 해달라고 요청하고 있습니다. 이에 대해 물론이라며 처리해 주겠다고 응답한 (c)가 정답입니다.

오답 분석
(a) 질문에 나온 call(전화)을 반복하여 함정으로 사용한 오답입니다.
(b) OK(좋아요)로 시작해 정답처럼 들리지만 그 뒤의 내용이 질문에 맞지 않는 오답입니다.

어휘 wake-up call (호텔의) 모닝콜   give a call 전화하다   awake[əwéik] 일어난, 깨어 있는   take care of ~을 처리하다, ~를 돌보다

04

Is it possible to <u>change my flight</u>?	제 항공편을 바꾸는 것이 가능한가요?
(a) <u>No, I'd like</u> a later departure.	(a) 아니요, 전 나중에 출발하는 게 좋아요.
ⓑ Yes, but there may be <u>additional fees</u>.	ⓑ 네, 하지만 추가 요금이 있을지도 몰라요.
(c) It's the <u>earliest flight</u>.	(c) 그것이 가장 빠른 항공편이에요.

해설 항공편을 바꾸는 것이 가능한지 물어보고 있습니다. 이에 대해 가능하지만 추가 요금이 있을지 모른다고 응답한 (b)가 정답입니다.

오답 분석
(a) No(아니요)로 시작해 정답처럼 들리지만 그 뒤의 내용이 질문에 맞지 않는 오답입니다.
(c) 질문에 나온 flight(항공편)를 반복하여 함정으로 사용한 오답입니다.

어휘 possible[pásəbl] 가능한 departure[dipá:rtʃər] 출발 additional[ədíʃənl] 추가적인 fee[fi:] 요금

Part 2

05

M: Laura, have you <u>ever been to</u> India?	M: Laura, 인도에 가본 적 있어요?
W: Yeah, several times.	W: 네, 여러 번이요.
M: So would you <u>recommend going</u> there?	M: 그럼 거기에 가는 것을 추천하겠어요?
(a) <u>It takes</u> about nine hours.	(a) 대략 아홉 시간 정도 걸려요.
ⓑ Yes. The culture is <u>amazing</u>.	ⓑ 네. 문화가 아주 놀라워요.

해설 여행 경험에 대해 물어보는 상황입니다. 인도에 가는 것을 추천하는지 묻는 질문에 그렇다며 문화가 아주 놀랍다고 응답한 (b)가 정답입니다.

오답 분석
(a) 'How long does it take to get there?(거기에 가는데 얼마나 걸리나요?)'와 같은 질문에 적절한 응답입니다.

어휘 several[sévərəl] 여러, 몇몇 recommend[rèkəménd] 추천하다 amazing[əméiziŋ] 놀라운, 굉장한

06

W: How may I help you, sir?	W: 어떻게 도와드릴까요, 손님?
M: I think I lost my <u>airline ticket</u>.	M: 제 항공권을 잃어버린 것 같아요.
W: I see. Then we'll <u>need a photo ID</u> to issue another one.	W: 그렇군요. 그럼 또 한 장을 발행하기 위해서 사진이 있는 신분증이 필요합니다.
(a) I'll apply for a <u>new one</u>.	(a) 새로운 것으로 신청할게요.
(b) I've already bought <u>my ticket</u>.	(b) 전 이미 제 티켓을 샀어요.
ⓒ <u>No problem</u>. Here's my passport.	ⓒ 문제 없어요. 여기 제 여권이에요.

해설 티켓 분실에 대해 이야기하는 상황입니다. 항공권을 재발행하기 위해서 사진이 있는 신분증이 필요하다는 말에 문제 없다며 여권이 있다고 응답한 (c)가 정답입니다.

오답 분석
(a) 대화에 나온 airline ticket(항공권)에 해당하는 대명사인 one을 함정으로 사용한 오답입니다.
(b) 대화에 나온 ticket(티켓)을 반복하여 함정으로 사용한 오답입니다.

어휘 airline[ɛ́ərlàin] 항공 issue[íʃu:] 발행하다 apply[əplái] 신청하다 passport[pǽspɔ̀:rt] 여권

07

W: Does the hotel offer <u>free airport pickup</u>?	W: 호텔이 무료 공항 픽업을 제공하나요?
M: Yes, it's part of our service.	M: 네, 저희 서비스의 일부입니다.
W: And can you <u>drop me off</u> when I leave?	W: 그럼 제가 떠날 때 내려줄 수도 있나요?
ⓐ <u>Sure</u>. We can <u>do that</u>.	ⓐ 물론이죠. 그렇게 해 드릴 수 있어요.
(b) I'm sorry, but <u>check in</u> is not until 2 p.m.	(b) 죄송하지만, 입실은 오후 2시 이후입니다.
(c) I hope you <u>enjoy your stay</u>.	(c) 머무는 기간 동안 즐기시기 바라요.

해설　호텔 서비스를 요청하는 상황입니다. 호텔을 떠날 때 공항에 내려달라는 요청에 물론이라며 그렇게 해 줄 수 있다고 응답한 **(a)**가 정답입니다.

> 오답 분석
> (b) I'm sorry(죄송해요)로 시작해 정답처럼 들리지만 그 뒤의 내용이 대화에 맞지 않는 오답입니다.
> (c) 대화에 나온 leave(떠나다)와 관련된 stay(머무름)를 함정으로 사용한 오답입니다.

어휘　offer[ɔ́ːfər] 제공하다　free[friː] 무료인　drop off (차에서) 내려주다　leave[liːv] 떠나다　check in 입실　stay[stei] 머무름; 머물다

HACKERS TEST

01 (c)	**02** (b)	**03** (c)	**04** (d)	**05** (a)	**06** (b)	**07** (c)	**08** (c)

Part 1

01

I'm glad your flight made it on time.	당신 비행기가 제시간에 도착해서 기뻐요.
(a) It's going to be delayed.	(a) 그건 지연될 거예요.
(b) I'll let you know when I get there.	(b) 제가 도착할 때 알려드릴게요.
ⓒ Everything went smoothly.	ⓒ 모든 일이 원활하게 진행됐어요.
(d) It's running behind schedule.	(d) 예정보다 늦어지고 있어요.

해설　비행기가 제시간에 도착했다고 기뻐하고 있습니다. 이에 대해 모든 일이 원활하게 진행됐다고 응답한 **(c)**가 정답입니다.

> 오답 분석
> (a) 질문에 나온 flight(비행기)에 해당하는 대명사인 It을 함정으로 사용한 오답입니다.
> (b) 질문에 나온 make it(도착하다)과 의미가 같은 get(도착하다)을 함정으로 사용한 응답입니다.
> (d) 질문에 나온 on time(제시간에)과 관련된 schedule(예정)을 함정으로 사용한 오답입니다.

어휘　flight[flait] 비행기, 항공편　make it 도착하다　on time 제시간에, 정각에　smoothly[smúːðli] 원활하게, 매끄럽게
behind schedule 예정보다 늦은

26 텝스 온라인 실전모의고사　HackersIngang.com

02

Let's pay a visit to your hometown this weekend.	이번 주말에 당신 고향을 방문하러 가요.
(a) We can probably find a cheaper one.	(a) 우린 아마 더 싼 걸 찾을 수 있을 거예요.
ⓑ OK. It has been a while.	ⓑ 좋아요. 고향에 간 지 한참 되었어요.
(c) Good point. Let's try to sell it.	(c) 좋은 지적이에요. 그것을 팔도록 해요.
(d) That's where I grew up.	(d) 거기가 제가 자란 곳이에요.

해설   주말에 고향을 방문하자고 제안하고 있습니다. 이에 대해 좋다며 고향에 간 지 한참 되었다고 응답한 (b)가 정답입니다.

오답 분석
(a) 질문에 나온 pay a visit(방문하다)의 pay의 '지불하다'라는 의미와 관련된 cheap(싼)을 함정으로 사용한 오답입니다.
(c) Good point(좋은 지적이에요)로 시작해 정답처럼 들리지만 그 뒤의 내용이 질문에 맞지 않는 오답입니다.
(d) 질문에 나온 hometown(고향)과 관련된 grow up(자라다)을 함정으로 사용한 오답입니다.

어휘   pay a visit 방문하다   hometown[hóumtàun] 고향   probably[prάbəbli] 아마   grow up 자라다

03

I'd like to reserve the next flight to Sydney, please.	시드니로 가는 다음 항공편을 예약하고 싶어요.
(a) We can travel together.	(a) 우린 같이 여행할 수 있어요.
(b) I've never been there before.	(b) 전 한 번도 거기 가본 적이 없어요.
ⓒ Sure. There's one at four.	ⓒ 좋아요. 4시에 하나가 있네요.
(d) It has a beautiful harbor.	(d) 그곳엔 아름다운 항구가 있어요.

해설   항공편 예약을 요청하고 있습니다. 이에 대해 4시에 비행기가 있다고 응답한 (c)가 정답입니다.

오답 분석
(a) 질문에 나온 flight(항공편)와 관련된 travel(여행하다)을 함정으로 사용한 오답입니다.
(b) 질문에 나온 Sydney(시드니)에 해당하는 대명사인 there를 함정으로 사용한 오답입니다.
(d) 질문에 나온 Sydney(시드니)에 해당하는 대명사인 It을 함정으로 사용한 오답입니다.

어휘   travel[trǽvəl] 여행하다   harbor[hά:rbər] 항구

04

Where do we check in our suitcases?	우리 여행 가방을 어디에 맡기지요?
(a) Mine is the black one.	(a) 제 건 검은 거예요.
(b) I gave them to you.	(b) 제가 당신에게 그것들을 주었는데요.
(c) OK, I'll meet you there.	(c) 좋아요, 거기서 만나죠.
ⓓ Over there at the counter.	ⓓ 저쪽 카운터에요.

해설   여행 가방을 어디에 맡겨야 하는지 물어보고 있습니다. 이에 대해 저쪽 카운터에 맡길 수 있다고 응답한 (d)가 정답입니다.

오답 분석
(a) 'Which one is your suitcase?(당신 여행 가방은 어느 거예요?)'와 같은 질문에 적절한 응답입니다.
(b) 질문에 나온 suitcases(여행 가방들)에 해당하는 대명사인 them을 함정으로 사용한 오답입니다.
(c) 질문에 나온 Where(어디)와 관련된 Over there(저쪽에)를 함정으로 사용한 오답입니다.

어휘   check in (공항에서 짐을) 맡기다   suitcase[sú:tkèis] 여행 가방

05

W: Do you have plans for the holidays?
M: Yeah, I'm going to Alaska.
W: Wow! What will you do there?

(a) I'm going on a cruise.
(b) I wish I could go.
(c) I'm glad you decided to come.
(d) It was a costly trip.

W: 휴가 계획이 있나요?
M: 네, 알래스카에 가려고요.
W: 와! 거기서 뭘 할 건데요?

(a) 크루즈 여행을 할 거예요.
(b) 저도 갔으면 좋겠어요.
(c) 오시기로 결정했다니 기쁘네요.
(d) 돈이 많이 드는 여행이었어요.

해설　여행 계획에 대해 이야기하는 상황입니다. 알래스카에서 뭘 할 건지 묻는 질문에 크루즈 여행을 할 거라고 응답한 (a)가 정답입니다.

오답 분석
(b) 대화의 마지막 문장에서 알래스카에서 뭘 할 건지 물은 사람이 이어서 할 만한 말을 함정으로 사용한 오답입니다.
(c) 대화에 나온 go(가다)와 관련된 come(오다)을 함정으로 사용한 오답입니다.
(d) 대화의 여행 계획에 대해 이야기하는 상황과 관련된 trip(여행)을 함정으로 사용한 오답입니다.

어휘　holiday[hάlədèi] 휴가　go on a cruise 크루즈 여행을 하다　decide[disáid] 결정하다　costly[kɔ́:stli] 돈이 많이 드는, 값비싼

06

W: This line is so long!
M: Yeah, it might take a while to get through immigration.
W: Well, I hope it doesn't take too long.

(a) There are plenty of seats left.
(b) I know. My parents are waiting.
(c) I didn't have to wait.
(d) They rejected my passport.

W: 이 줄 너무 길다!
M: 맞아, 입국 심사대를 통과하는데 시간 좀 걸리겠어.
W: 음, 너무 오래 걸리지 않았으면 좋겠어.

(a) 남은 자리가 많아.
(b) 그러게. 우리 부모님이 기다리고 계셔.
(c) 난 기다릴 필요가 없었어.
(d) 그들이 내 여권을 거부했어.

해설　입국 심사대를 통과하는 상황입니다. 입국 심사대를 통과하는데 너무 오래 걸리지 않았으면 좋겠다는 말에 동의하면서 부모님이 기다리고 있다고 응답한 (b)가 정답입니다.

오답 분석
(a) 대화에 나온 다의어 take(시간이 걸리다; 자리에 앉다)와 관련된 seat(자리)을 함정으로 사용한 오답입니다.
(c) 대화에 나온 take a while(시간이 좀 걸리다)과 관련된 wait(기다리다)를 함정으로 사용한 오답입니다.
(d) 대화의 입국 심사대를 통과하는 상황과 관련된 passport(여권)를 함정으로 사용한 오답입니다.

어휘　take a while 시간이 좀 걸리다　get through 통과하다　immigration[ìməgréiʃən] 입국 심사대　plenty of 많은
reject[ridʒékt] 거부하다

07

M: Hello. I'd like to reserve a room.	M: 안녕하세요. 방을 하나 예약하고 싶은데요.
W: When will you be staying, sir?	W: 언제 숙박하실 건가요, 손님?
M: The 26th through the 30th.	M: 26일부터 30일까지요.
(a) Your room is ready.	(a) 손님의 방이 준비되었습니다.
(b) There's a two-night-minimum stay.	(b) 최소한 2박은 하셔야 해요.
ⓒ OK, those dates are available.	ⓒ 좋아요, 그 날짜에 이용 가능합니다.
(d) Check out is at 11 a.m.	(d) 퇴실은 오전 11시입니다.

해설 호텔을 예약하는 상황입니다. 26일부터 30일까지 숙박할 거라는 말에 그 날짜에 이용 가능하다고 응답한 (c)가 정답입니다.

오답 분석
(a) 대화에 나온 room(방)을 반복하여 함정으로 사용한 오답입니다.
(b) 대화에 나온 stay(숙박하다; 숙박)를 반복하여 함정으로 사용한 오답입니다.
(d) 대화의 호텔을 예약하는 상황과 관련된 check out(퇴실)을 함정으로 사용한 오답입니다.

어휘 reserve[rizə́:rv] 예약하다 stay[stei] 숙박하다; 숙박 minimum[mínəməm] 최소 한도
available[əvéiləbl] 이용 가능한, 비어 있는 check out 퇴실

08

M: Mary, can I have the aisle seat?	M: Mary, 내가 통로 자리에 앉아도 될까?
W: Sure. I don't mind.	W: 물론이지. 난 상관없어.
M: Thanks. I like room for my legs.	M: 고마워. 난 다리를 펼 공간이 있는 게 좋거든.
(a) Well, make up your mind.	(a) 음, 결정을 내려.
(b) But you always get the aisle.	(b) 하지만 넌 언제나 통로 쪽에 앉잖아.
ⓒ Then I'll take the window seat.	ⓒ 그럼 내가 창가 자리에 앉을게.
(d) That's not your seat.	(d) 그건 네 자리가 아니야.

해설 비행기 좌석을 고르는 상황입니다. 통로 자리가 다리를 펼 공간이 있어서 좋다는 말에 그럼 자신이 창가 자리에 앉겠다고 응답한 (c)가 정답입니다.

오답 분석
(a) 대화에 나온 다의어 mind(신경 쓰다; 마음)를 반복하여 함정으로 사용한 오답입니다.
(b) 대화에 나온 aisle(통로)을 반복하여 함정으로 사용한 오답입니다.
(d) 대화에 나온 seat(자리)을 반복하여 함정으로 사용한 오답입니다.

어휘 aisle[ail] 통로 mind[maind] 신경 쓰다; 마음 room[ru:m] 공간; 방 make up one's mind 결정을 내리다

HACKERS PRACTICE

p.72

01 (b)	**02** (b)	**03** (b)	**04** (c)	**05** (b)	**06** (a)	**07** (c)

Part 1

01

I thought the food was undercooked.	음식이 덜 익은 것 같았어요.
(a) Yes, it was very tasty.	(a) 네, 그건 아주 맛있었어요.
ⓑ Really? Mine was quite good.	ⓑ 정말요? 제 건 아주 맛있었는데요.

해설 음식이 덜 익은 것 같았다고 불평하고 있습니다. 이에 대해 자기 것은 맛있었다고 응답한 (b)가 정답입니다.

오답 분석
(a) 질문의 음식을 평가하는 상황과 관련된 tasty(맛있는)를 함정으로 사용한 오답입니다.

어휘 undercooked[ʌndərkúkt] 덜 익은   tasty[téisti] 맛있는   quite[kwait] 아주, 상당히

02

Would you like to grab a bite with me?	저랑 뭐 먹으러 갈래요?
(a) I'm sorry. I thought you were finished.	(a) 미안해요. 전 당신이 다 드신 줄 알았어요.
ⓑ Actually, I already ate.	ⓑ 사실, 저는 벌써 먹었어요.

해설 음식을 먹으러 가자고 제안하고 있습니다. 이에 대해 벌써 먹었다고 응답한 (b)가 정답입니다.

오답 분석
(a) I'm sorry(미안해요)로 시작해 정답처럼 들리지만 그 뒤의 내용이 질문에 맞지 않는 오답입니다.

어휘 grab a bite 간단히 먹다, 요기를 하다   finish[fíniʃ] 다하다, 끝내다

03

Excuse me, which section has cookware?	실례합니다, 요리 기구는 어느 구역에 있나요?
(a) I don't cook very often.	(a) 전 요리를 자주 하지 않아요.
ⓑ It's in the next aisle.	ⓑ 다음 통로에 있어요.
(c) It will arrive tomorrow.	(c) 그건 내일 도착해요.

해설 요리 기구의 위치를 물어보고 있습니다. 이에 대해 다음 통로에 있다고 응답한 (b)가 정답입니다.

오답 분석
(a) 질문에 나온 cookware(요리 기구)의 cook(요리하다)을 반복하여 함정으로 사용한 오답입니다.
(c) 질문에 나온 cookware(요리 기구)에 해당하는 대명사인 It을 함정으로 사용한 오답입니다.

어휘 section[sékʃən] 구역, 부분   cookware[kúkwɛ̀ər] 요리 기구   aisle[ail] 통로, 복도   arrive[əráiv] 도착하다

04

We can't afford a new table right now.	지금 우리는 새 탁자를 살 여유가 없어요.
(a) It's made of the finest wood.	(a) 그건 최고급 목재로 만들어졌어요.
(b) Then you should sell it.	(b) 그럼 그걸 파셔야겠군요.
ⓒ We could buy it on credit.	ⓒ 우린 외상으로 그걸 살 수 있어요.

해설 새 탁자를 살 여유가 없다고 이야기하고 있습니다. 이에 대해 외상으로 살 수 있다고 응답한 (c)가 정답입니다.

오답 분석

(a) 질문에 나온 table(탁자)에 해당하는 대명사인 It을 함정으로 사용한 오답입니다.

(b) Then(그럼)으로 시작해 정답처럼 들리지만 그 뒤의 내용이 질문에 맞지 않는 오답입니다.

어휘 afford[əfɔ́ːrd] ~을 살 여유가 있다 made of ~로 만들어진 fine[fain] 고급의 sell[sel] 팔다 on credit 외상으로, 신용 대출로

Part 2

05

M: Good afternoon. May I help you?	M: 안녕하세요. 도와드릴까요?
W: Yes. I need a new DVD player.	W: 네. 저는 새 DVD 플레이어가 필요해요.
M: Do you have anything specific in mind?	M: 특별히 생각하시는 물건이 있나요?
(a) We no longer rent DVDs.	(a) 저흰 더 이상 DVD를 빌려주지 않아요.
ⓑ Something not too expensive.	ⓑ 너무 비싸지 않은 것이요.

해설 제품 찾는 것을 도와주는 상황입니다. 특별히 생각하는 물건이 있는지 묻는 질문에 너무 비싸지 않은 것을 찾는다고 응답한 (b)가 정답입니다.

오답 분석

(a) 대화에 나온 DVD를 반복하여 함정으로 사용한 오답입니다.

어휘 specific[spisífik] 특별한, 특정한 rent[rent] 빌려주다 expensive[ikspénsiv] 비싼

06

M: I'll have the steak, please.	M: 전 스테이크로 할게요.
W: OK. How would you like it?	W: 네. 어떻게 해 드릴까요?
M: Medium-rare. And does it come with salad?	M: 미디엄 레어로요. 그리고 샐러드와 같이 나오나요?
ⓐ No, that costs extra.	ⓐ 아니요, 그건 별도로 비용이 들어요.
(b) It's my favorite dressing.	(b) 그건 제가 가장 좋아하는 드레싱이에요.
(c) You'll enjoy the steak.	(c) 당신은 스테이크를 좋아할 거예요.

해설 음식을 주문하는 상황입니다. 스테이크가 샐러드와 같이 나오는지 묻는 질문에 아니라며 별도로 비용이 든다고 응답한 (a)가 정답입니다.

오답 분석

(b) 대화에 나온 salad(샐러드)와 관련된 dressing(드레싱)을 함정으로 사용한 오답입니다.

(c) 대화에 나온 steak(스테이크)를 반복하여 함정으로 사용한 오답입니다.

어휘 steak[steik] 스테이크 come with ~와 같이 나오다 cost[kɔːst] (비용이) 들다 extra[ékstrə] 별도로
favorite[féivərit] 가장 좋아하는

07

W: <u>Did you find</u> what you were looking for?	W: 원하시는 걸 찾으셨나요?
M: Yes, thanks. I'd like to buy this backpack.	M: 네, 고마워요. 이 배낭을 사고 싶어요.
W: And will that be <u>cash or credit</u>?	W: 그러면 현금으로 하시겠어요, 카드로 하시겠어요?
(a) It's for <u>my son's birthday</u>.	(a) 이건 제 아들의 생일을 위한 거예요.
(b) We're <u>sold out</u> of those.	(b) 그것들은 품절됐어요.
ⓒ I'll put it on my <u>credit card</u>.	ⓒ 제 신용카드로 계산할게요.

해설 지불 방법에 대해 이야기하는 상황입니다. 배낭을 현금으로 지불할지 신용 카드로 지불할지 묻는 질문에 신용카드로 하겠다고 응답한 (c)가 정답입니다.

> 오답 분석
> (a) 대화에 나온 backpack(배낭)에 해당하는 대명사인 It을 함정으로 사용한 오답입니다.
> (b) 대화에 나온 buy(사다)와 관련된 sold out(품절된)을 함정으로 사용한 오답입니다.

어휘 look for ~을 원하다, 찾다 backpack[bǽkpæk] 배낭 cash[kæʃ] 현금 sold out 품절된, 매진된

HACKERS TEST
p.74

| **01** (a) | **02** (c) | **03** (a) | **04** (c) | **05** (b) | **06** (d) | **07** (a) | **08** (d) |

Part 1

01

Do these pants look good on me?	이 바지가 저에게 어울려요?
ⓐ They look OK to me.	ⓐ 저한테는 괜찮아 보여요.
(b) I'll wear them tonight.	(b) 오늘 밤에 저는 그걸 입을 거예요.
(c) I forgot my checkbook.	(c) 제 수표책을 잊어버렸어요.
(d) It's currently out of stock.	(d) 그것은 현재 품절됐어요.

해설 바지가 자신에게 어울리는지 물어보고 있습니다. 이에 대해 괜찮아 보인다고 응답한 (a)가 정답입니다.

> 오답 분석
> (b) 질문의 pants(바지)에 해당하는 대명사인 them을 함정으로 사용한 오답입니다.
> (c) 질문의 쇼핑을 하는 상황과 관련된 checkbook(수표책)을 함정으로 사용한 오답입니다.
> (d) 질문의 쇼핑을 하는 상황과 관련된 out of stock(품절된)을 함정으로 사용한 오답입니다.

어휘 look good on (옷이) ~에게 어울리다 wear[wɛər] 입다 checkbook[tʃékbùk] 수표책 currently[kə́ːrəntli] 현재, 지금은 out of stock 품절된, 다 떨어진

02

Does this suit come in other colors?	이 양복이 다른 색으로도 나오나요?
(a) There are other sizes.	(a) 다른 사이즈도 있어요.
(b) I'll try it on.	(b) 제가 그것을 입어볼게요.
ⓒ No, just black and gray.	ⓒ 아니요, 검은색과 회색뿐이에요.
(d) It's not my style.	(d) 제 스타일이 아니군요.

해설 양복이 다른 색으로도 나오는지 물어보고 있습니다. 이에 대해 검은색과 회색뿐이라고 응답한 (c)가 정답입니다.

오답 분석
(a) 질문에 나온 other(다른)를 반복하여 함정으로 사용한 오답입니다.
(b) 질문에 나온 suit(양복)에 해당하는 대명사인 it을 함정으로 사용한 오답입니다.
(d) 질문에서 양복이 다른 색으로도 나오는지 물은 사람이 이어서 할 만한 말을 함정으로 사용한 오답입니다.

어휘 suit[su:t] 양복 come in 나오다 try on ~을 입어보다, 써보다

03

The food here is amazing, isn't it?	여기 음식 굉장하다, 그렇지 않아?
ⓐ Yeah, but the service isn't great.	ⓐ 맞아, 하지만 서비스는 좋지 않아.
(b) I'll meet you there for lunch.	(b) 거기서 점심 먹으러 만나.
(c) I don't need dessert.	(c) 난 후식은 필요 없어.
(d) You should complain to the manager.	(d) 넌 지배인에게 불만을 말해야 해.

해설 음식이 맛있다고 평가를 하고 있습니다. 이에 대해 음식은 맛있지만 서비스는 좋지 않다고 응답한 (a)가 정답입니다.

오답 분석
(b) 질문에 나온 food(음식)와 관련된 lunch(점심)를 함정으로 사용한 오답입니다.
(c) 질문에 나온 food(음식)와 관련된 dessert(후식)를 함정으로 사용한 오답입니다.
(d) 'I found a hair in my dish(내 음식에서 머리카락이 나왔어)'와 같은 말에 적절한 응답입니다.

어휘 amazing[əméiziŋ] 굉장한, 놀라운 dessert[dizə́:rt] 후식, 디저트 complain[kəmpléin] 불만을 말하다, 불평하다
manager[mǽnidʒər] 지배인, 책임자

04

They finally delivered my camera this afternoon.	그들이 오늘 오후에 마침내 제 카메라를 배달해줬어요.
(a) Tell them to pick it up later.	(a) 나중에 가져가라고 그들에게 말하세요.
(b) It's not what I ordered.	(b) 그건 제가 주문한 게 아닌데요.
ⓒ You must be really excited.	ⓒ 당신은 정말 신이 나겠군요.
(d) Well, maybe it will arrive soon.	(d) 글쎄요, 아마 곧 도착할 거예요.

해설 마침내 카메라가 배달됐다고 이야기하고 있습니다. 이에 대해 정말 신이 나겠다고 응답한 (c)가 정답입니다.

오답 분석
(a) 질문에 나온 camera(카메라)에 해당하는 대명사인 it을 함정으로 사용한 오답입니다.
(b) 질문에 나온 camera(카메라)에 해당하는 대명사인 It을 함정으로 사용한 오답입니다.
(d) 질문에 나온 deliver(배송하다)와 관련된 arrive(도착하다)를 함정으로 사용한 오답입니다.

어휘 finally[fáinəli] 마침내, 결국 deliver[dilívər] 배달하다 pick up 가져가다, 줍다 excited[iksáitid] 신이 난, 흥분한
arrive[əráiv] 도착하다

05

M: I'd like to return this lamp.	W: 이 램프를 환불하고 싶은데요.
W: Oh, is there something wrong with it?	M: 오, 그것에 뭔가 잘못된 게 있나요?
M: No. I just realized it didn't match my furniture.	W: 아니요. 그냥 제 가구와 어울리지 않는다는 걸 알았어요.
(a) You can pay for it over there.	(a) 저쪽에서 계산하실 수 있어요.
ⓑ OK, I'll need to see your receipt.	ⓑ 좋아요, 영수증 좀 보여주세요.
(c) I don't think it matches.	(c) 전 그게 어울린다고 생각하지 않아요.
(d) It took longer than expected.	(d) 예상했던 것보다 오래 걸렸어요.

해설　제품을 환불하는 상황입니다. 램프가 가구와 어울리지 않는 것 같아서 환불하겠다는 말에 영수증을 보여달라고 응답한 (b)가 정답입니다.

> 오답 분석
> (a) 대화에 나온 lamp(램프)에 해당하는 대명사인 it을 함정으로 사용한 오답입니다.
> (c) 대화에 나온 match(어울리다)를 반복하여 함정으로 사용한 오답입니다.
> (d) 'How long did it take to arrive?(도착하는 데 얼마나 걸렸나요?)'와 같은 질문에 적절한 응답입니다.

어휘　return[ritə́:rn] 환불하다, 돌려주다　realize[rí:əlàiz] 느끼다, 깨닫다　match[mætʃ] 어울리다　furniture[fə́:rnitʃər] 가구
pay for 계산하다　receipt[risí:t] 영수증　expect[ikspékt] 예상하다

06

M: How do you like your new alarm clock?	M: 새 자명종 시계는 마음에 드세요?
W: Actually, it doesn't work.	W: 사실, 그게 작동하지 않아요.
M: Why? Did you drop it or something?	M: 왜요? 떨어뜨리기라도 했나요?
(a) OK, I'll see what I can find out.	(a) 좋아요, 제가 해결할 일이 있는지 알아보죠.
(b) It's because I overslept.	(b) 제가 늦잠을 잤기 때문이에요.
(c) I'm happy with it so far.	(c) 지금까진 그것 덕분에 행복해요.
ⓓ No. It was probably broken when I bought it.	ⓓ 아니요. 아마도 제가 샀을 때 고장 났었던 것 같아요.

해설　구입한 제품에 대해 불만을 이야기하는 상황입니다. 자명종 시계를 떨어뜨려서 작동하지 않는 것인지 묻는 질문에 아니라며 샀을 때 고장 났었던 것 같다고 응답한 (d)가 정답입니다.

> 오답 분석
> (a) 대화의 마지막 문장에서 자명종 시계를 떨어뜨려서 작동하지 않는 것인지 물은 사람이 이어서 할 만한 말을 함정으로 사용한 오답입니다.
> (b) 대화에 나온 alarm clock(자명종 시계)과 관련된 oversleep(늦잠 자다)를 함정으로 사용한 오답입니다.
> (c) 대화에 나온 alarm clock(자명종 시계)에 해당하는 대명사인 it을 함정으로 사용한 오답입니다.

어휘　actually[ǽktʃuəli] 사실, 실제로　drop[drɑp] 떨어뜨리다　find out 해결하다; 찾아내다　oversleep[òuvərslí:p] 늦잠 자다
so far 지금까지　probably[prɑ́bəbli] 아마도

07

W: Shouldn't you leave a bigger tip?	W: 팁을 더 많이 남겨야 하지 않나요?
M: Well, that's 10 percent of the total.	M: 글쎄요, 이건 총액의 10퍼센트인데요.
W: But we got such great service.	W: 하지만 좋은 서비스를 받았잖아요.
ⓐ OK. I'll make it 15 percent.	ⓐ 좋아요. 15퍼센트로 할게요.
(b) I'd leave more than that.	(b) 저는 그것보다 더 많이 남기겠어요.
(c) I'll treat you next time.	(c) 다음 번에는 제가 대접할게요.
(d) I'll ask for the check.	(d) 계산서를 달라고 부탁할게요.

해설 팁을 남기는 상황입니다. 좋은 서비스를 받았다는 말에 팁을 15퍼센트로 하겠다고 응답한 **(a)**가 정답입니다.

오답 분석
(b) 대화의 마지막 문장에서 좋은 서비스를 받았다고 말한 사람이 이어서 할 만할 말을 함정으로 사용한 오답입니다.
(c) 대화의 팁을 주는 상황과 관련된 **treat**(대접하다)를 함정으로 사용한 오답입니다.
(d) 대화의 팁을 주는 상황과 관련된 **check**(계산서)를 함정으로 사용한 오답입니다.

어휘 **tip**[tip] 팁 **total**[tóutl] 총액 **treat**[triːt] 대접하다 **check**[tʃek] 계산서

08

W: I need a pair of eyeglasses.	W: 전 안경이 하나 필요해요.
M: Why don't you have a look at our designer frames?	M: 저희의 고급 안경테를 보시지 않겠어요?
W: Well, I'd like something cheaper.	W: 음, 전 좀 더 싼 게 좋은데요.
(a) We accept all credit cards.	(a) 저희는 모든 신용 카드를 받아요.
(b) Good choice. It's the latest design.	(b) 좋은 선택이에요. 그건 최신 디자인이에요.
(c) Those are my glasses.	(c) 그건 제 안경이에요.
ⓓ OK. Then take a look at these.	ⓓ 좋아요. 그럼 이것들을 보세요.

해설 제품 찾는 것을 도와주는 상황입니다. 좀 더 싼 안경테를 보여달라는 요청에 그럼 이것들을 보라고 응답한 **(d)**가 정답입니다.

오답 분석
(a) 대화의 쇼핑하는 상황과 관련된 **credit card**(신용 카드)를 함정으로 사용한 오답입니다.
(b) **Good choice**(좋은 선택이에요)로 시작해 정답처럼 들리지만 그 뒤의 내용이 대화에 맞지 않는 오답입니다.
(c) 대화에 나온 **eyeglasses**(안경)와 의미가 같은 **glasses**(안경)를 함정으로 사용한 오답입니다.

어휘 **have a look at** ~을 보다 **designer**[dizáinər] 고급의; 디자이너가 만든 **frame**[freim] 안경테; 틀 **accept**[æksépt] 받다
latest[léitist] 최신의

HACKERS PRACTICE

p. 80

01 (a) **02** (b) **03** (c) **04** (b) **05** (b) **06** (c) **07** (b)

Part 1

01

I think I've <u>got the flu</u>. ⓐ <u>Sorry to hear</u> that. (b) I'll go <u>get it</u>.	나 독감에 걸린 것 같아. ⓐ 그걸 들으니 유감이야. (b) 내가 가서 그것을 가져올게.

해설 독감에 걸린 것 같다고 이야기하고 있습니다. 이에 대해 유감이라고 응답한 **(a)**가 정답입니다.

> 오답 분석
> **(b)** 질문에 나온 다의어 get(걸리다; 가져오다)을 함정으로 사용한 오답입니다.

어휘 flu[flu:] 독감, 유행성 감기 sorry[sɔ́ri] 유감스러운

02

How can I <u>get to the airport</u> from here? (a) I don't have time <u>to take you</u>. ⓑ You should probably <u>take a bus</u>.	여기서 공항까지 어떻게 가야 하나요? (a) 당신을 데려다 드릴 시간이 없어요. ⓑ 아마 버스를 타야 할 거예요.

해설 공항에 어떻게 가야 하는지 물어보고 있습니다. 이에 대해 아마 버스를 타야할 거라고 응답한 **(b)**가 정답입니다.

> 오답 분석
> **(a)** 'Can you give me a ride to the airport?(저를 공항까지 태워줄 수 있나요?)'와 같은 질문에 적절한 응답입니다.

어휘 get[get] 가다 probably[prábəbli] 아마

03

Have you <u>heard</u> about Ann's <u>injury</u>? (a) Don't <u>injure yourself</u>. (b) She was <u>being careful</u>. ⓒ Yes. I hope she <u>gets better</u> soon.	Ann의 부상에 대해서 들었어요? (a) 다치지 않게 조심하세요. (b) 그녀는 조심했어요. ⓒ 네. 그녀가 곧 나아지길 바라요.

해설 Ann의 부상에 대해 들었는지 물어보고 있습니다. 이에 대해 그렇다며 그녀가 곧 나아지길 바란다고 응답한 **(c)**가 정답입니다.

> 오답 분석
> **(a)** 질문에 나온 injury(부상)와 발음이 비슷한 injure(다치게 하다)를 함정으로 사용한 오답입니다.
> **(b)** 질문에 나온 Ann에 해당하는 대명사인 She를 함정으로 사용한 오답입니다.

어휘 injury[índʒəri] 부상 injure[índʒər] 다치게 하다 careful[kɛ́ərfəl] 조심스러운, 신중한 hope[houp] 바라다, 희망하다
get better 나아지다

04

Is the new <u>expressway</u> supposed to <u>open</u> soon?	새 고속도로가 곧 개통할 예정인가요?
(a) <u>Traffic is bad</u> at this hour.	(a) 이 시간엔 교통이 안 좋아요.
ⓑ Sometime <u>next month</u>.	ⓑ 다음 달 중에요.
(c) We can take <u>another route</u>.	(c) 우리는 다른 길로 갈 수 있어요.

해설 새 고속도로가 곧 개통할 예정인지 물어보고 있습니다. 이에 대해 다음 달 중에 개통할 거라고 응답한 (b)가 정답입니다.

⟦오답 분석⟧
(a) 질문에 나온 expressway(고속도로)와 관련된 traffic(교통)을 함정으로 사용한 오답입니다.
(c) 질문에 나온 expressway(고속도로)와 관련된 route(길)를 함정으로 사용한 오답입니다.

어휘 expressway[ikspréswèi] 고속도로 be supposed to ~할 예정이다 traffic[trǽfik] 교통 route[ruːt] 길, 경로

⟦Part 2⟧

05

W: There's something <u>wrong</u> with <u>my car</u>.	W: 제 차가 뭔가 잘못된 거 같아요.
M: I may be able to help. What's the problem?	M: 제가 도울 수 있을 거예요. 문제가 뭔데요?
W: It won't start. I think <u>it's the battery</u>.	W: 시동이 안 걸려요. 배터리 때문인 것 같아요.
(a) I think your car <u>has a problem</u>.	(a) 당신 차에 문제가 있는 것 같아요.
ⓑ I can <u>charge it</u> for you.	ⓑ 제가 충전해 드릴 수 있어요.

해설 자동차 수리에 대해 이야기하는 상황입니다. 시동이 안 걸리는 게 배터리 때문인 것 같다는 말에 자신이 충전해 줄 수 있다고 응답한 (b)가 정답입니다.

⟦오답 분석⟧
(a) 대화에 나온 problem(문제)을 반복하여 함정으로 사용한 오답입니다.

어휘 be able to ~할 수 있다 start[staːrt] (차가) 시동이 걸리다, 시동을 걸다 charge[tʃáːrdʒ] 충전하다, 채우다

06

M: Did you study for the <u>driving test</u>?	M: 운전면허 시험 공부했어?
W: I did, but I'm not sure if I'm ready.	W: 했어, 하지만 내가 준비된 건지 확신이 없어.
M: Try to relax. <u>You'll do fine</u>.	M: 긴장 풀어. 넌 잘해낼 거야.
(a) Don't forget your <u>seat belt</u>.	(a) 안전 벨트 잊지 마.
(b) I've <u>driven many</u> times before.	(b) 난 전에 운전을 많이 해봤어.
ⓒ I hope <u>you're right</u>.	ⓒ 네 말이 맞길 바라.

해설 면허 시험을 앞두고 걱정하는 상황입니다. 긴장 풀라며 잘해낼 거라는 말에 그 말이 맞길 바란다고 응답한 (c)가 정답입니다.

⟦오답 분석⟧
(a) 대화에 나온 driving(운전)과 관련된 seat belt(안전 벨트)를 함정으로 사용한 오답입니다.
(b) 대화에 나온 driving(운전)과 발음이 비슷한 driven(drive의 과거 분사)을 함정으로 사용한 오답입니다.

어휘 driving test 운전면허 시험 ready[rédi] 준비된 relax[rilǽks] 긴장을 풀다, 이완하다 forget[fərgét] 잊다 seat belt 안전 벨트

07

W: What's the <u>best way</u> to get to Central Park?	W: 센트럴 파크에 가는 가장 좋은 방법이 뭔가요?
M: Well, you could walk or take a cab.	M: 음, 걸어가거나 택시를 탈 수 있어요.
W: What would <u>you recommend</u>?	W: 어떤 걸 추천하시겠어요?
(a) The park has <u>walking trails</u>.	(a) 공원에는 산책로가 있어요.
ⓑ A <u>taxi</u> would be <u>faster</u>.	ⓑ 택시가 더 빠를 거예요.
(c) I'll point you in the <u>right direction</u>.	(c) 제가 바른 방향을 가리켜 드리죠.

해설 공원으로 가는 방법을 묻는 상황입니다. 센트럴 파크에 걸어가거나 택시를 타고 가는 것 중 어떤 걸 추천하는지 묻는 질문에 택시가 더 빠를 거라고 응답한 (b)가 정답입니다.

오답 분석
(a) 대화에 나온 park(공원)를 반복하여 함정으로 사용한 오답입니다.
(c) 대화의 목적지로 가는 방법을 물어보는 상황과 관련된 direction(방향)을 함정으로 사용한 오답입니다.

어휘 cab[kæb] 택시 recommend[rèkəménd] 추천하다 trail[treil] 길; 지나간 자국 point[pɔint] 가리키다 direction[dirékʃən] 방향

HACKERS TEST
p.82

01 (c)	**02** (d)	**03** (d)	**04** (b)	**05** (c)	**06** (a)	**07** (c)	**08** (a)

Part 1

01

I got a speeding ticket today.	오늘 과속 딱지를 뗐어요.
(a) It was a heavy fine.	(a) 무거운 벌금이었어요.
(b) I can't drive for a while.	(b) 전 한동안 운전할 수 없어요.
ⓒ It probably won't cost much.	ⓒ 아마 그렇게 돈이 많이 들진 않을 거예요.
(d) You must come to a complete stop.	(d) 당신은 완전하게 멈춰야만 해요.

해설 과속 딱지를 뗐다고 이야기하고 있습니다. 이에 대해 아마 그렇게 돈이 많이 들진 않을 거라고 응답한 (c)가 정답입니다.

오답 분석
(a) 질문에서 과속 딱지를 뗐다고 말한 사람이 이어서 할 만한 말을 함정으로 사용한 오답입니다.
(b) 질문에서 과속 딱지를 뗐다고 말한 사람이 이어서 할 만한 말을 함정으로 사용한 오답입니다.
(d) 질문에 나온 speeding(속도)과 관련된 stop(멈춤)을 함정으로 사용한 오답입니다.

어휘 speeding ticket 과속 딱지 fine[fain] 벌금, 과태료 for a while 한동안 probably[prábəbli] 아마 cost[kɔːst] 돈이 들다
complete[kəmplíːt] 완전한

02

I'm coming down with a fever.	나 열이 나.
(a) It's been like this for days.	(a) 며칠 동안 이랬어.
(b) I'll do my best to make it.	(b) 제시간에 도착하도록 최선을 다할게.
(c) No, I feel totally normal.	(c) 아니, 난 아주 멀쩡해.
(d) Yeah, you don't look like yourself.	(d) 그래, 너 안색이 안 좋아 보여.

해설 열이 난다고 이야기하고 있습니다. 이에 대해 안색이 안 좋아 보인다고 응답한 (d)가 정답입니다.

오답 분석
(a) 질문에서 열이 난다고 말한 사람이 이어서 할 만한 말을 함정으로 사용한 오답입니다.
(b) 질문에 나온 다의어 come(증상을 겪다; 오다)과 관련된 make it(제시간에 도착하다)을 함정으로 사용한 오답입니다.
(c) 질문에 나온 fever(열)와 관련된 feel(느끼다)을 함정으로 사용한 오답입니다.

어휘 come down with ~한 증상을 겪다 fever[fíːvər] 열 normal[nɔ́ːrməl] 멀쩡한, 보통의

03

Excuse me. How can I get to the museum?	실례합니다. 박물관에는 어떻게 가야 하죠?
(a) I could use your help.	(a) 전 당신의 도움이 필요해요.
(b) I got it at the subway station.	(b) 전 그것을 지하철역에서 구했어요.
(c) Just buy a ticket when you get there.	(c) 거기 도착하면 입장권을 사세요.
(d) Buses go there every 10 minutes.	(d) 버스가 10분마다 거기에 가요.

해설 박물관에 어떻게 가야 하는지 물어보고 있습니다. 이에 대해 버스가 10분마다 박물관에 간다고 응답한 (d)가 정답입니다.

오답 분석
(a) 질문의 목적지로 가는 방법을 묻는 상황과 관련된 help(도움)를 함정으로 사용한 오답입니다.
(b) 질문의 목적지로 가는 방법을 묻는 상황과 관련된 subway(지하철)를 함정으로 사용한 오답입니다.
(c) 질문에 나온 museum(박물관)과 관련된 ticket(입장권)을 함정으로 사용한 오답입니다.

어휘 get[get] 가다 subway[sʌ́bwèi] 지하철

04

I heard Todd's mom injured her back.	Todd 엄마가 허리를 다치셨다고 들었어.
(a) I'd like to see him more often.	(a) 난 그를 더 자주 보고 싶어.
(b) Oh, that's why Todd looks so down.	(b) 오, 그래서 Todd가 풀이 죽어 보이는 거구나.
(c) I told you not to go.	(c) 내가 가지 말라고 했잖아.
(d) He's out of town on business.	(d) 그는 출장 중이야.

해설 Todd의 어머니가 허리를 다쳤다고 이야기하고 있습니다. 이에 대해 그래서 Todd가 풀이 죽어 보인다고 응답한 (b)가 정답입니다.

오답 분석
(a) 질문에 나온 Todd에 해당하는 대명사인 him을 함정으로 사용한 오답입니다.
(c) 질문에 나온 Todd와 발음이 비슷한 told(tell의 과거형)를 함정으로 사용한 오답입니다.
(d) 질문에 나온 Todd에 해당하는 대명사인 He를 함정으로 사용한 오답입니다.

어휘 down[daun] 풀이 죽은 out of town on business 출장 중인

05

W: I heard Tony was in a crash after school. M: Yeah, I was with him. But we're both all right. W: Oh, really? So it wasn't serious?	W: Tony가 방과 후에 교통사고를 당했다고 들었어. M: 맞아, 난 그와 같이 있었어. 하지만 우리 둘 다 괜찮아. W: 오, 정말? 그럼 심각하진 않았던 거야?
(a) I told him to slow down. (b) He didn't see it coming. ⓒ No, it was minor. (d) He has car insurance.	(a) 내가 그에게 속도를 낮추라고 말했어. (b) 그는 그것이 오는 걸 보지 못했어. ⓒ 응, 사소한 거였어. (d) 그는 자동차 보험이 있어.

해설 교통사고에 대해 이야기하는 상황입니다. 교통사고가 심각하지 않았는지 묻는 질문에 그렇다며 사소한 것이었다고 응답한 (c)가 정답입니다.

오답 분석
(a) 대화에 나온 car(차)와 관련된 slow down(속도를 낮추다)을 함정으로 사용한 오답입니다.
(b) 대화에 나온 Tony에 해당하는 대명사인 He를 함정으로 사용한 오답입니다.
(d) 대화에 나온 crash(사고)와 관련된 insurance(보험)를 함정으로 사용한 오답입니다.

어휘 crash[kræʃ] 교통사고 both[bouθ] 둘 다 serious[síəriəs] 심각한, 진지한 slow down 속도를 낮추다
minor[máinər] 사소한, 중요치 않은 insurance[inʃúərəns] 보험

06

M: I'd like to make an appointment with Dr. Miles. W: Well, the next opening isn't until three. M: But I'm in a lot of pain.	M: Dr. Miles와 약속을 잡고 싶은데요. W: 음, 다음 진료는 3시에 있어요. M: 하지만 저는 많이 아픈걸요.
ⓐ I'll see what I can do. (b) Sorry, but I didn't do it. (c) I could move it up to three. (d) It seems the pain medicine isn't working.	ⓐ 제가 무엇을 할 수 있는지 알아볼게요. (b) 죄송하지만, 저는 그걸 하지 않았어요. (c) 3시로 옮겨 드릴 수 있어요. (d) 진통제가 듣지 않는 것 같아요.

해설 진료를 예약하는 상황입니다. 많이 아프다는 말에 무엇을 할 수 있는지 알아보겠다고 응답한 (a)가 정답입니다.

오답 분석
(b) Sorry, but(죄송하지만)으로 시작해 정답처럼 들리지만 그 뒤의 내용이 대화에 맞지 않는 오답입니다.
(c) 대화에 나온 three(3)를 반복하여 함정으로 사용한 오답입니다.
(d) 대화의 마지막 문장에서 많이 아프다고 말한 사람이 이어서 할 만한 말을 함정으로 사용한 오답입니다.

어휘 appointment[əpɔ́intmənt] 약속 a lot of 많은 pain[pein] 고통 medicine[médəsin] 약 work[wəːrk] (약 등이) 듣다; 일하다

07

W: We agreed to meet at six. What happened?	W: 6시에 만나기로 했잖아. 무슨 일이 생긴 거야?
M: Well, I got off at the wrong subway stop.	M: 음, 다른 지하철역에서 내렸어.
W: Why didn't you just grab a taxi?	W: 왜 택시를 타지 않았어?
(a) I did, but you didn't answer.	(a) 그렇게 했어, 하지만 네가 답하지 않았어.
(b) It won't be that much faster.	(b) 그건 그렇게 더 많이 빠르진 않을 거야.
ⓒ I was a little short on cash.	ⓒ 돈이 좀 부족했거든.
(d) OK, then I'll try a different method.	(d) 좋아, 그럼 다른 방법을 시도해 볼게.

해설 대중교통 수단에 대해 이야기하는 상황입니다. 왜 택시를 타지 않았는지 묻는 질문에 돈이 좀 부족했다고 응답한 (c)가 정답입니다.

> 오답 분석
> (a) I did(그렇게 했어)로 시작해 정답처럼 들리지만 그 뒤의 내용이 대화에 맞지 않는 오답입니다.
> (b) 타지 않은 택시에 대해 그렇게 더 많이 빠르진 않을 것이라고 미래 시제를 함정으로 사용한 오답입니다.
> (d) 대화의 교통 수단에 대해 이야기하는 상황과 관련된 method(방법)를 함정으로 사용한 오답입니다.

어휘 happen[hǽpən] (일이) 일어나다, 생기다   get off (차 등에서) 내리다   grab[græb] 타다   answer[ǽnsər] 답하다; 전화를 받다
short[ʃɔːrt] (돈, 분량 등이) 부족한   method[méθəd] 방법, 방식

08

M: This highway is so congested.	M: 이 고속도로는 아주 혼잡하군.
W: Well, it is rush hour.	W: 음, 지금은 러시아워잖아.
M: Yeah, but I drive every day and it's never like this.	M: 그래, 하지만 난 매일 운전하는데 절대 이렇지는 않아.
ⓐ Maybe there's construction.	ⓐ 공사가 있는지도 모르지.
(b) It may be too late for that.	(b) 그러기엔 너무 늦었는지도 몰라.
(c) You should drive then.	(c) 그럼 네가 운전해야겠다.
(d) That's the problem.	(d) 그게 문제야.

해설 교통 체증에 대해 이야기하는 상황입니다. 매일 운전하지만 고속도로가 평소와 달리 혼잡하다는 말에 공사가 있는지도 모르겠다고 응답한 (a)가 정답입니다.

> 오답 분석
> (b) 대화의 교통 체증에 대해 이야기하는 상황과 관련된 late(늦은)를 함정으로 사용한 오답입니다.
> (c) 대화에 나온 drive(운전하다)를 반복하여 함정으로 사용한 오답입니다.
> (d) 대화의 교통 체증에 대해 이야기하는 상황과 관련된 problem(문제)을 함정으로 사용한 오답입니다.

어휘 highway[háiwèi] 고속도로   congested[kəndʒéstid] 혼잡한, 정체된   rush hour 러시아워, (출퇴근시의) 혼잡한 시간
construction[kənstrʌ́kʃən] 공사, 건축

HACKERS PRACTICE

p. 88

01 (a)   **02** (a)   **03** (c)   **04** (b)   **05** (a)   **06** (a)   **07** (c)

Part 1

01

Did you have trouble <u>finding my place</u>?	우리 집을 찾아오는 데 문제 있었니?
ⓐ <u>A little</u>, but I found it.	ⓐ 조금, 하지만 찾을 수 있었어.
(b) No problem. <u>Here you are</u>.	(b) 문제 없어. 여기 있어.

해설   집을 찾아오는 데 문제가 있었는지 물어보고 있습니다. 이에 대해 조금 문제가 있었지만 찾을 수 있었다고 응답한 (a)가 정답입니다.

> **오답 분석**
> (b) No problem(문제 없어)으로 시작해 정답처럼 들리지만 그 뒤의 내용이 질문에 맞지 않는 오답입니다.

어휘   trouble[trʌ́bl] 문제   place[pleis] 집, 사는 곳

02

<u>Why</u> haven't you done your <u>homework</u>?	왜 숙제를 하지 않았니?
ⓐ Sorry. I will <u>do it</u> right away.	ⓐ 죄송해요. 지금 바로 할게요.
(b) Fine. I'll <u>go over it</u> again.	(b) 좋아요. 제가 다시 그것을 검토할게요.

해설   왜 숙제를 하지 않았냐고 꾸짖고 있습니다. 이에 대해 죄송하다며 지금 바로 하겠다고 응답한 (a)가 정답입니다.

> **오답 분석**
> (b) 질문에 나온 homework(숙제)에 해당하는 대명사인 it을 함정으로 사용한 오답입니다.

어휘   homework[hóumwə̀ːrk] 숙제   right away 지금 바로, 곧바로   go over 검토하다

03

I'm <u>sick of cleaning</u> the kitchen every time.	난 매번 부엌을 청소하는 게 지겨워.
(a) I'm almost <u>done cleaning</u>.	(a) 난 청소를 거의 끝냈어.
(b) I agree. We should have <u>it renovated</u>.	(b) 나도 동의해. 우린 그걸 수리해야 해.
ⓒ Sorry. I'll try to <u>help out</u> more.	ⓒ 미안. 내가 더 돕도록 할게.

해설   부엌을 청소하는 것이 지겹다고 불평하고 있습니다. 이에 대해 미안하다며 더 돕도록 하겠다고 응답한 (c)가 정답입니다.

> **오답 분석**
> (a) 질문에 나온 cleaning(청소)을 반복하여 함정으로 사용한 오답입니다.
> (b) 질문에 나온 kitchen(부엌)에 해당하는 대명사인 it을 함정으로 사용한 오답입니다.

어휘   almost[ɔ́ːlmoust] 거의   agree[əgríː] 동의하다   renovate[rénəvèit] 수리하다   help out 돕다

04

Tonight is my parents' 30th <u>wedding anniversary</u>.	오늘 밤이 우리 부모님의 30주년 결혼 기념일이야.
(a) I didn't <u>see them</u> there.	(a) 난 거기서 그들을 보지 못했어.
ⓑ That requires a <u>celebration</u>.	ⓑ 축하할 일이네.
(c) The wedding's <u>on the 30th</u>.	(c) 결혼식은 30일이야.

해설　오늘 밤이 부모님의 30주년 결혼 기념일이라고 이야기하고 있습니다. 이에 대해 축하할 일이라고 응답한 (b)가 정답입니다.

　　　오답 분석

　　　(a) 질문에 나온 parents(부모님)에 해당하는 대명사인 them을 함정으로 사용한 오답입니다.

　　　(c) 질문에 나온 wedding(결혼)과 30th(30번째)를 반복하여 함정으로 사용한 오답입니다.

어휘　wedding anniversary 결혼 기념일　require[rikwáiər] 필요로 하다　celebration[sèləbréiʃən] 축하, 축전

05

W: Hi, Charlie. What's wrong?	W: 안녕, Charlie. 무슨 일 있어?
M: I found out my uncle <u>passed away</u>.	M: 우리 삼촌이 돌아가셨다는 걸 알았어.
W: Oh, that's terrible. Was <u>it unexpected</u>?	W: 오, 안 됐다. 예상치 못한 일이었니?
ⓐ No. He'd been <u>ill for years</u>.	ⓐ 아니. 그는 몇 년 동안 편찮으셨어.
(b) He decided to <u>pass it</u> to me.	(b) 그는 그걸 내게 넘겨주기로 결정했어.

해설　친척이 돌아가신 것에 대해 이야기하는 상황입니다. 삼촌이 돌아가실 것을 예상 못했는지 묻는 질문에 그가 몇 년 동안 편찮으셔서 예상하고 있었다고 응답한 (a)가 정답입니다.

　　　오답 분석

　　　(b) 대화에 나온 pass away(죽다)의 pass(넘겨주다)를 반복하여 함정으로 사용한 오답입니다.

어휘　pass away 죽다, 떠나다　terrible[térəbl] 안 된, 끔찍한　unexpected[ʌnikspéktid] 예상치 못한　ill[il] 아픈
　　　decide[disáid] 결정하다

06

M: Hi, Ms. Clark. I'm calling <u>about your kids</u>.	M: 안녕하세요, Ms. Clark. 당신 아이들 때문에 전화했어요.
W: Oh? Is there a problem?	W: 네? 문제가 있나요?
M: They're <u>making noise</u> outside my window.	M: 아이들이 우리 창문 밖에서 시끄럽게 굴고 있어요.
ⓐ I'm so sorry. I'll <u>take care of</u> it.	ⓐ 정말 미안해요. 제가 처리할게요.
(b) I'll pay to <u>fix your window</u>.	(b) 당신 창문을 고치는 비용을 낼게요.
(c) You should <u>raise them</u> better.	(c) 당신은 그들을 더 잘 키워야 해요.

해설　이웃에게 불평하는 상황입니다. 아이들이 창문 밖에서 시끄럽게 군다는 불평에 미안하다며 자신이 처리하겠다고 응답한 (a)가 정답입니다.

　　　오답 분석

　　　(b) 대화에 나온 window(창문)를 반복하여 함정으로 사용한 오답입니다.

　　　(c) 대화의 마지막 문장에서 아이들이 시끄럽게 군다고 말한 사람이 이어서 할 만한 말을 함정으로 사용한 오답입니다.

어휘　problem[prábləm] 문제　make noise 시끄럽게 굴다　take care of ~을 처리하다, ~을 돌보다　raise[reiz] 기르다

07

M: How do you like your <u>new apartment</u>? W: I love it. It has a great view. M: And is the <u>rent reasonable</u>? (a) You should talk to <u>your landlord</u>. (b) It's a one-year <u>agreement</u>. ⓒ It's <u>average for</u> this area.	M: 새 아파트는 마음에 드나요? W: 마음에 들어요. 전망이 아주 좋거든요. M: 집세는 적당하고요? (a) 집 주인한테 말씀하셔야 해요. (b) 1년 계약이에요. ⓒ 이 지역의 평균치예요.

해설 새로 이사한 집에 대해 이야기하는 상황입니다. 새 아파트의 집세가 적당한지 묻는 질문에 이 지역 평균치라고 응답한 (c)가 정답입니다.

오답 분석
(a) 대화에 나온 rent(집세)와 관련된 landlord(집 주인)를 함정으로 사용한 오답입니다.
(b) 대화의 새로 이사한 집에 대해 이야기하는 상황과 관련된 agreement(계약)를 함정으로 사용한 오답입니다.

어휘 **view**[vju:] 전망 **reasonable**[rí:zənəbl] 적당한, 비싸지 않은 **landlord**[lǽndlɔ̀:rd] 집 주인 **agreement**[əgrí:mənt] 계약, 동의
average[ǽvəridʒ] 평균치, 평균

HACKERS TEST

01 (a)	**02** (b)	**03** (c)	**04** (d)	**05** (a)	**06** (c)	**07** (a)	**08** (b)

Part 1

01

Did you hear that Jay proposed to my <u>sister</u>? ⓐ No, when did that happen? (b) We have to consider other proposals. (c) I think you should accept. (d) Yeah, they wouldn't have married.	Jay가 내 여동생에게 청혼했다는 얘기 들었어? ⓐ 아니, 언제 생긴 일인데? (b) 우린 다른 제안들을 검토해야 해. (c) 난 네가 받아들여야 한다고 생각해. (d) 응, 그들은 결혼하지 않았을 거야.

해설 여동생이 청혼을 받았다는 소식을 들었는지 물어보고 있습니다. 이에 대해 몰랐다며 언제 생긴 일이냐고 응답한 (a)가 정답입니다.

오답 분석
(b) 질문에 나온 propose(청혼하다)와 발음이 비슷한 proposal(제안)을 함정으로 사용한 오답입니다.
(c) 질문에 나온 propose(청혼하다)와 관련된 accept(받아들이다)를 함정으로 사용한 오답입니다.
(d) Yeah(응)로 시작해 정답처럼 들리지만 그 뒤의 내용이 질문에 맞지 않는 오답입니다.

어휘 **propose**[prəpóuz] 청혼하다; 제안하다 **happen**[hǽpən] (일이) 생기다 **consider**[kənsídər] 검토하다, 고려하다
proposal[prəpóuzəl] 제안; 청혼 **accept**[æksépt] 받아들이다

44 텝스 무료 적중예상특강 HackersTEPS.com

02

Our neighbors brought us a bottle of wine.	우리 이웃들이 우리에게 와인을 한 병 가져왔어요.
(a) I got it at the wine shop.	(a) 전 그걸 와인 가게에서 샀어요.
ⓑ They're always so kind.	ⓑ 그들은 언제나 아주 친절해요.
(c) The pleasure's mine.	(c) 제 기쁨이에요.
(d) I'll take it over to them.	(d) 제가 그걸 그들에게 넘겨줄게요.

해설　이웃들이 와인을 가져왔다고 이야기하고 있습니다. 이에 대해 그들은 언제나 친절하다고 응답한 (b)가 정답입니다.

오답 분석
(a) 질문에 나온 wine(와인)을 반복하여 함정으로 사용한 오답입니다.
(c) 질문에 나온 wine(와인)과 발음이 비슷한 mine(내 것)을 함정으로 사용한 오답입니다.
(d) 질문에 나온 neighbors(이웃들)에 해당하는 대명사인 them을 함정으로 사용한 오답입니다.

어휘　neighbor[néibər] 이웃　bring[briŋ] 가져오다　bottle[bɑtl] 병　pleasure[pléʒər] 기쁨

03

When are you planning to move?	언제 이사할 계획이세요?
(a) That was my original plan.	(a) 그게 제 원래 계획이었어요.
(b) I paid the rent on time.	(b) 전 제때 집세를 냈어요.
ⓒ Before the end of the month.	ⓒ 이달 말 전에요.
(d) You can move in with me.	(d) 저희 집으로 이사해 오셔도 돼요.

해설　언제 이사할 계획인지 물어보고 있습니다. 이에 대해 이달 말 전에 이사할 거라고 응답한 (c)가 정답입니다.

오답 분석
(a) 질문에 나온 plan(계획하다; 계획)을 반복하여 함정으로 사용한 오답입니다.
(b) 질문의 이사에 대해 이야기하는 상황과 관련된 rent(집세)를 함정으로 사용한 오답입니다.
(d) 질문에 나온 move(이사하다)를 반복하여 함정으로 사용한 오답입니다.

어휘　plan[plæn] 계획하다; 계획　original[ərídʒənl] 원래의　rent[rent] 집세, 방세　on time 제때　move in 이사해 오다

04

I'm the only one who ever cleans around here.	여기서 청소하는 사람이라곤 오직 나뿐이야.
(a) I must have left it there.	(a) 난 그걸 거기 남겨두고 왔던 게 분명해.
(b) I thought you already did it.	(b) 난 네가 그걸 이미 했다고 생각했어.
(c) We'll need more cleaning supplies.	(c) 우린 더 많은 청소도구가 필요할 거야.
ⓓ That's not true. I do my part.	ⓓ 그건 사실이 아냐. 나도 내가 맡은 건 해.

해설　청소하는 사람은 자신뿐이라고 불평하고 있습니다. 이에 대해 사실이 아니라며 자신도 맡은 일을 한다고 응답한 (d)가 정답입니다.

오답 분석
(a) 질문에 나온 here(여기)와 관련된 there(거기)를 함정으로 사용한 오답입니다.
(b) 'Why didn't you clean the room?(왜 방을 치우지 않았어?)'과 같은 질문에 적절한 응답입니다.
(c) 질문에 나온 clean(청소하다)과 발음이 비슷한 cleaning(청소)을 함정으로 사용한 오답입니다.

어휘　clean[kli:n] 청소하다, 치우다　must have p.p. ~했었음이 분명하다　already[ɔ:lrédi] 이미, 벌써　supply[sʌplái] 도구

05

W: Don't you think we should move?	W: 우리 이사해야 한다고 생각하지 않아요?
M: What's wrong with our current place?	M: 우리가 지금 사는 곳에 무슨 문제가 있어요?
W: Well, I'd like something a little more spacious.	W: 음, 전 조금 더 넓은 장소를 원해요.
ⓐ But now isn't the right time.	ⓐ 하지만 지금은 적당한 때가 아니에요.
(b) I never said I would move.	(b) 전 이사할 거라고 말한 적 없어요.
(c) I'll rent it to you.	(c) 제가 그걸 당신에게 임대해 줄게요.
(d) The movers are coming here.	(d) 이삿짐 운송업자들이 여기 오고 있어요.

해설 이사하려는 이유에 대해 물어보는 상황입니다. 조금 더 넓은 장소로 이사 가고 싶다는 말에 대해 지금은 적당한 때가 아니라고 응답한 (a)
가 정답입니다.

오답 분석
(b) 대화에 나온 move(이사하다)를 반복하여 함정으로 사용한 오답입니다.
(c) 대화의 이사에 대해 이야기하는 상황과 관련된 rent(임대하다)를 함정으로 사용한 오답입니다.
(d) 대화에 나온 move(이사하다)와 발음이 비슷한 mover(운송업자)를 함정으로 사용한 오답입니다.

어휘 move[mu:v] 이사하다 current[kə́:rənt] 지금의, 현재의 spacious[spéiʃəs] 넓은 rent[rent] 임대하다
mover[mú:vər] (이삿짐) 운송업자

06

M: Shelly, I heard you're expecting a baby.	M: Shelly, 네가 임신 중이라고 들었어.
W: Yes. I'm really excited about it.	W: 맞아. 난 그것 때문에 정말 흥분돼.
M: Do you know if it's a boy or a girl?	M: 아기가 남자인지 여자인지 알아?
(a) It will be our first baby.	(a) 우리의 첫 번째 아기가 될 거야.
(b) Yes, we planned it that way.	(b) 응, 우린 그렇게 계획하고 있어.
ⓒ No, we still don't know.	ⓒ 아니, 우린 아직 몰라.
(d) She was born two weeks ago.	(d) 그녀는 2주 전에 태어났어.

해설 가족 계획에 대해 이야기하는 상황입니다. 태어날 아기가 남자인지 여자인지 아는지 묻는 질문에 아직 모른다고 응답한 (c)가 정답입니다.

오답 분석
(a) 대화에 나온 baby(아기)를 반복하여 함정으로 사용한 오답입니다.
(b) Yes(응)로 시작해 정답처럼 들리지만 그 뒤의 내용이 대화에 맞지 않는 오답입니다.
(d) 대화에 나온 girl(여자)에 해당하는 대명사인 She를 함정으로 사용한 오답입니다.

어휘 expect a baby 임신 중이다 excited[iksáitid] 흥분된, 신이 난 bear[bɛər] (아이를) 낳다

07

W: Honey, could you mop the floor?	W: 자기, 바닥 좀 닦아줄래?
M: Sure. I'll do it when you finish sweeping it.	M: 물론이지. 당신이 쓸고 나면 할게.
W: I've already done it.	W: 난 벌써 다 했어.
ⓐ Oh, let me get the mop, then.	ⓐ 오, 그럼 자루걸레 가져올게.
(b) Don't worry. I'll sweep it.	(b) 걱정 마. 내가 쓸게.
(c) The mop's over there.	(c) 자루걸레는 저기에 있어.
(d) Wait until it dries.	(d) 마를 때까지 기다려.

해설 집안일을 도와달라고 요청하는 상황입니다. 이미 바닥을 쓸었다는 말에 그럼 자루걸레를 가져오겠다고 응답한 (a)가 정답입니다.

오답 분석
(b) 대화에 나온 sweep(쓸다)을 반복하여 함정으로 사용한 오답입니다.
(c) 대화의 마지막에서 바닥을 다 쓸었다고 말한 사람이 이어서 할 만한 말을 함정으로 사용한 오답입니다.
(d) 대화에 나온 floor(바닥)에 해당하는 대명사인 it을 함정으로 사용한 오답입니다.

어휘 mop[mɑp] (자루걸레로) 닦다; 자루걸레 sweep[swiːp] 쓸다 dry[drai] 마르다

08

W: Jeff, your living room looks fantastic.	W: Jeff, 네 거실 정말 멋지다.
M: Thanks. I spent all weekend on it.	M: 고마워. 그것에 온 주말을 다 보냈어.
W: You did all this yourself?	W: 이 모든 걸 다 네가 한 거야?
(a) I couldn't have done it without you.	(a) 네가 없었다면 하지 못했을 거야.
ⓑ Yes, I like decorating.	ⓑ 응, 난 장식하는 것을 좋아하거든.
(c) There's no need to thank me.	(c) 나한테 고마워할 필요는 없어.
(d) No, put it in the living room.	(d) 아니, 그건 거실에 놔.

해설 집안 인테리어를 칭찬하는 상황입니다. 모든 것을 혼자서 했는지 묻는 질문에 그렇다며 장식하는 것을 좋아한다고 응답한 (b)가 정답입니다.

오답 분석
(a) 대화에 나온 all this(이 모든 것)에 해당하는 대명사인 it을 함정으로 사용한 오답입니다.
(c) 대화에 나온 thank(고마워하다)를 반복하여 함정으로 사용한 오답입니다.
(d) 대화에 나온 living room(거실)을 반복하여 함정으로 사용한 오답입니다.

어휘 living room 거실 fantastic[fæntǽstik] 정말 멋진 spend[spend] 보내다 decorate[dékərèit] 장식하다

HACKERS PRACTICE

p.96

01 (b)　　**02** (a)　　**03** (c)　　**04** (b)　　**05** (b)　　**06** (c)　　**07** (b)

Part 1

01

What happened to your arm?	네 팔에 무슨 일이 생긴 거야?
(a) I'll take good care of it.	(a) 내가 그것을 잘 돌볼게.
(b) I hurt it playing tennis.	(b) 테니스 치다가 다쳤어.

해설　What(무엇)을 이용하여 팔에 무슨 일이 생긴 것인지에 대한 정보를 물어보고 있습니다. 이에 대해 테니스를 치다가 다쳤다고 응답한 (b)가 정답입니다.

오답 분석
(a) 질문에 나온 **arm**(팔)에 해당하는 대명사인 **it**을 함정으로 사용한 오답입니다.

어휘　**take care of** ~을 돌보다　**hurt**[hə:rt] 다치게 하다, 상처를 주다

02

When are your cousins arriving?	네 사촌들은 언제 도착하니?
(a) They'll be here on the 10th of June.	(a) 그들은 6월 10일에 도착할 거야.
(b) I haven't seen them.	(b) 난 그들을 보지 못했어.

해설　When(언제)을 이용하여 사촌들이 도착하는 시점을 물어보고 있습니다. 이에 대해 6월 10일에 도착할 거라고 날짜로 응답한 (a)가 정답입니다.

오답 분석
(b) 질문에 나온 **cousins**(사촌들)에 해당하는 대명사인 **them**을 함정으로 사용한 오답입니다.

어휘　**cousin**[kʌzn] 사촌　**arrive**[əráiv] 도착하다　**around**[əráund] 쯤; 주위에

03

Which shirt will you buy?	어떤 셔츠를 살 거야?
(a) Try it on first.	(a) 우선 그것을 입어봐.
(b) I got it on sale.	(b) 난 그것을 세일 중에 샀어.
(c) Probably the black one.	(c) 아마도 검정색을 살 거야.

해설　Which(어떤)를 이용하여 어떤 셔츠를 살 것인지에 대한 정보를 물어보고 있습니다. 이에 대해 아마도 검정색을 살 것이라고 응답한 (c)가 정답입니다.

오답 분석
(a) 질문에 나온 **shirt**(셔츠)와 관련된 **Try on**(입어보다)을 함정으로 사용한 오답입니다.
(b) 질문에 나온 **shirt**(셔츠)에 해당하는 대명사인 **it**을 함정으로 사용한 오답입니다.

어휘　**try on** 입어보다　**on sale** 세일 중인　**probably**[prάbəbli] 아마도

04

What do you think of the new vacation policy?	새로운 휴가 방침에 대해 어떻게 생각하세요?
(a) I have no idea where to go.	(a) 어디로 가야 할지 모르겠어요.
ⓑ I like it.	ⓑ 전 그것이 마음에 들어요.
(c) It's a perfect time to travel.	(c) 여행하기에 완벽한 시기네요.

해설   What do you think of(~에 대해 어떻게 생각하는지)를 이용하여 새로운 휴가 방침에 대한 의견을 물어보고 있습니다. 이에 대해 그것이 마음에 든다고 긍정적으로 응답한 (b)가 정답입니다.

오답 분석
(a) 질문에 나온 vacation(휴가)과 관련된 go(가다)를 함정으로 사용한 오답입니다.
(c) 질문에 나온 vacation(휴가)과 관련된 travel(여행하다)을 함정으로 사용한 오답입니다.

어휘   vacation[veikéiʃən] 휴가; 방학   policy[pɑ́ləsi] 방침, 정책   travel[trǽvəl] 여행하다

Part 2

05

W: Ted, do you still work downtown?	W: Ted, 여전히 시내에서 일하니?
M: Yes, but I don't live there anymore.	M: 응, 하지만 더 이상 거기 살지는 않아.
W: Where do you live now?	W: 지금은 어디에 살아?
(a) I have a meeting downtown.	(a) 시내에서 회의가 있어.
ⓑ A suburb on the west side.	ⓑ 서쪽 교외에 살고 있어.

해설   Where(어디)를 이용하여 지금 살고 있는 장소를 물어보고 있습니다. 이에 대해 서쪽 교외에 산다고 위치로 응답한 (b)가 정답입니다.

오답 분석
(a) 대화에 나온 downtown(시내)을 반복하여 함정으로 사용한 오답입니다.

어휘   still[stil] 여전히, 아직도   downtown[dàuntáun] 시내, 도심지   suburb[sʌ́bəːrb] 교외, 주택지구

06

W: Did you find what you were looking for?	W: 원하시는 것을 찾으셨나요?
M: Yes, thanks. I'd like to buy this coat.	M: 네, 고마워요. 이 코트를 사고 싶군요.
W: OK. How would you like to pay?	W: 알겠어요. 어떻게 지불하시겠어요?
(a) It fits me well.	(a) 저한테 잘 맞네요.
(b) I'm buying it for my daughter.	(b) 제 딸을 위해서 사는 거예요.
ⓒ Cash is fine.	ⓒ 현금이 좋겠네요.

해설   How(어떻게)를 이용하여 코트 값을 지불할 방법을 물어보고 있습니다. 이에 대해 현금이 좋겠다고 구체적인 방법으로 응답한 (c)가 정답입니다.

오답 분석
(a) 대화의 쇼핑을 하는 상황과 관련된 fit(잘 맞다)을 함정으로 사용한 오답입니다.
(b) 대화에 나온 buy(사다)를 반복하여 함정으로 사용한 오답입니다.

어휘   look for ~을 원하다, ~을 찾다   pay[pei] 지불하다   fit[fit] 잘 맞다, 꼭 맞다   daughter[dɔ́ːtər] 딸   cash[kæʃ] 현금

07

W: I'd like <u>some coffee</u>. M: OK, I'll make you a cup. W: Well, why don't we <u>go out</u> instead? (a) I only have <u>one cup</u>. ⓑ OK, <u>sounds good</u> to me. (c) I prefer <u>mine black</u>.	W: 커피를 좀 마시고 싶어. M: 좋아, 내가 한 잔 타 줄게. W: 음, 그보다 우리 밖에 나가지 않을래? (a) 난 한 잔 밖에 없어. ⓑ 그래, 난 좋아. (c) 난 블랙 커피가 더 좋아.

해설　Why don't we(~하는 게 어때)를 이용하여 커피 마시러 밖에 나가자고 제안하고 있습니다. 이에 대해 좋다고 수락한 (b)가 정답입니다.

　　오답 분석
　　(a) 대화에 나온 cup(컵)을 반복하여 함정으로 사용한 오답입니다.
　　(c) 대화에 나온 coffee(커피)와 관련된 black(블랙 커피)을 함정으로 사용한 오답입니다.

어휘　go out 밖에 나가다, 외출하다　instead[instéd] 그보다, 그 대신에　prefer[prifə́ːr] 선호하다

HACKERS TEST

p. 98

01 (a)	02 (c)	03 (c)	04 (d)	05 (c)	06 (d)	07 (b)	08 (a)

Part 1

01

How have you been doing, Edward? ⓐ I've been pretty good. (b) It was nice seeing you. (c) I haven't seen him. (d) I went last week.	어떻게 지내, Edward? ⓐ 꽤 잘 지냈어. (b) 만나서 반가웠어. (c) 난 그를 본 적이 없어. (d) 지난 주에 갔었어.

해설　How have you been(어떻게 지내는지)을 이용하여 어떻게 지내는지 안부를 물어보고 있습니다. 이에 대해 꽤 잘 지냈다고 근황을 이야기한 (a)가 정답입니다.

　　오답 분석
　　(b) 안부를 묻는 것에 대해 만나서 반가웠다고 과거 시제를 함정으로 사용한 오답입니다.
　　(c) 질문에 나온 been(be 동사의 과거분사)과 발음이 비슷한 seen(see의 과거분사)을 함정으로 사용한 오답입니다.
　　(d) 'When did you go to that concert I told you about?(내가 얘기한 콘서트에 언제 갔어?)'와 같은 질문에 적절한 응답입니다.

어휘　pretty[príti] 꽤, 상당히

02

Excuse me, where can I find a toothbrush? (a) Most dentists recommend it. (b) You can borrow mine. ⓒ Go down the next aisle. (d) You can pay for it over there.	실례합니다, 어디서 칫솔을 찾을 수 있나요? (a) 대부분의 치과 의사들이 그것을 추천하죠. (b) 당신은 제 걸 빌려 쓸 수 있어요. ⓒ 다음 통로 쪽으로 가보세요. (d) 저기서 지불하실 수 있어요.

해설　Where(어디)를 이용하여 칫솔을 찾을 수 있는 장소를 물어보고 있습니다. 이에 대해 다음 통로 쪽으로 가보라고 방향으로 응답한 (c)가 정답입니다.

　　오답 분석
　　(a) 질문에 나온 toothbrush(칫솔)와 관련된 dentist(치과 의사)를 함정으로 사용한 오답입니다.
　　(b) 질문에 나온 toothbrush(칫솔)에 해당하는 대명사인 mine을 함정으로 사용한 오답입니다.

(d) 질문의 쇼핑을 하는 상황과 관련된 **pay for**(~의 값을 지불하다)를 함정으로 사용한 오답입니다.

어휘 **toothbrush**[tú:θbrʌʃ] 칫솔 **dentist**[déntist] 치과 의사 **recommend**[rèkəménd] 추천하다 **borrow**[bárou] 빌리다
aisle[ail] 통로, 복도

03

How come you want to change your dorm room?	넌 왜 기숙사 방을 바꾸고 싶어 하니?
(a) I'll ask my roommate.	(a) 내 룸메이트에게 물어볼게.
(b) I want to, but I don't have money.	(b) 그러고 싶은데, 돈이 없어.
ⓒ My current one is too far from my classes.	ⓒ 지금 쓰는 방은 강의실에서 너무 멀어.
(d) I'm looking for a new place.	(d) 난 새로운 장소를 찾고 있어.

해설 How come(왜)을 이용하여 기숙사 방을 바꾸고 싶어 하는 이유를 물어보고 있습니다. 이에 대해 기숙사 방이 강의실에서 너무 멀기 때문이라고 이유를 설명한 (c)가 정답입니다.

오답 분석

(a) 질문에 나온 dorm(기숙사)과 관련된 roommate(룸메이트)를 함정으로 사용한 오답입니다.
(b) 질문에 나온 want(원하다)를 반복하여 함정으로 사용한 오답입니다.
(d) 질문의 기숙사 방을 바꾸고 싶어 하는 상황과 관련된 look for(~을 찾다)를 함정으로 사용한 오답입니다.

어휘 **dorm**[dɔ:rm] 기숙사(dormitory) **roommate**[rú:mmèit] 룸메이트 **current**[kə́:rənt] 지금의, 현재의 **look for** ~을 찾다

04

How about going to the lake tomorrow?	내일 호수에 가는 게 어때?
(a) You should try waterskiing.	(a) 넌 수상 스키를 시도해봐야 해.
(b) I'm glad you had a good trip.	(b) 좋은 여행을 하고 왔다니 기뻐.
(c) I went fishing.	(c) 난 낚시 갔었어.
ⓓ I would if I didn't have plans.	ⓓ 계획만 없다면 그럴 텐데.

해설 How about(~이 어떤지)을 이용하여 내일 호수에 가자고 제안하고 있습니다. 이에 대해 계획만 없다면 그럴 것이라고 거절한 (d)가 정답입니다.

오답 분석

(a) 질문에 나온 lake(호수)와 관련된 water-ski(수상스키를 타다)를 함정으로 사용한 오답입니다.
(b) 질문의 호수에 가자고 제안을 하는 상황과 관련된 trip(여행)을 함정으로 사용한 오답입니다.
(c) 질문에 나온 lake(호수)와 관련된 fishing(낚시)을 함정으로 사용한 오답입니다.

어휘 **lake**[leik] 호수 **water-ski**[wɔ́:tərskì:] 수상스키를 타다 **trip**[trip] 여행 **fishing**[fíʃiŋ] 낚시 **plan**[plæn] 계획

Part 2

05

W: Is this the way to the stadium?	W: 이 길이 경기장으로 가는 길인가요?
M: Yes, but it's still quite a bit further.	M: 네, 근데 아직 꽤 많이 멀어요.
W: Oh really? How far?	W: 그래요? 얼마나 멀어요?
(a) It's closer than that.	(a) 그것보단 가까워요.
(b) It's in the opposite direction.	(b) 그건 반대 방향에 있어요.
ⓒ About half a mile.	ⓒ 반 마일쯤이요.
(d) You missed the stop.	(d) 당신은 정류장을 놓쳤어요.

해설 How(얼마나)를 이용하여 경기장이 먼 정도를 물어보고 있습니다. 이에 대해 반 마일쯤이라고 거리로 응답한 (c)가 정답입니다.

오답 분석

(a) 대화에 나온 far(먼)와 관련된 close(가까운)를 함정으로 사용한 오답입니다.

어휘 **stadium**[stéidiəm] 경기장 **quite a bit** 꽤 많이 **far**[fɑːr] 먼 **opposite**[ɑ́pəzit] 반대의 **direction**[dirékʃən] 방향
miss[mis] 놓치다; 빠뜨리다 **stop**[stɑp] 정류장, 정거장

06

W: Are you going to Carrie's graduation?	W: 넌 Carrie의 졸업식에 갈 거니?
M: No. That would be awkward.	M: 아니. 어색할 거 같아.
W: Why? You two are close friends.	W: 왜? 너희 둘은 친한 친구들이잖아.
(a) You're right. I should ask her to come.	(a) 네 말이 맞아. 그녀에게 오라고 말해야겠다.
(b) We get along fine now.	(b) 우린 지금 사이 좋게 잘 지내고 있어.
(c) I'm glad she thinks so.	(c) 그녀가 그렇게 생각한다니 기뻐.
ⓓ Well, we had a fight.	ⓓ 음, 우리 싸웠어.

해설 **Why**(왜)를 이용하여 Carrie의 졸업식에 가면 어색할 것 같은 이유를 물어보고 있습니다. 이에 대해 싸웠기 때문이라고 이유를 설명한 **(d)**가 정답입니다.

오답 분석

(a) **You're right**(네 말이 맞아)로 시작해 정답처럼 들리지만 그 뒤의 내용이 대화에 맞지 않는 오답입니다.

(b) 대화에 나온 **friend**(친구)와 관련된 **get along**(사이 좋게 지내다)을 함정으로 사용한 오답입니다.

(c) 대화에 나온 Carrie에 해당하는 대명사인 **she**를 함정으로 사용한 오답입니다.

어휘 **graduation**[græ̀dʒuéiʃən] 졸업식, 졸업 **awkward**[ɔ́ːkwərd] 어색한; 서투른 **get along** 사이 좋게 지내다; 일이 진척되다
fight[fait] 싸움

07

W: Did you go to Mexico for your vacation?	W: 휴가 동안 멕시코에 갔었어요?
M: Yes. I had a great time.	M: 네. 멋진 시간을 보냈어요.
W: Oh, yeah? What impressed you the most?	W: 아, 그래요? 뭐가 가장 인상 깊었어요?
(a) I'd recommend it to anyone.	(a) 전 누구에게든지 그것을 추천할 거예요.
ⓑ The beaches and nightlife.	ⓑ 해변과 밤 유흥이었어요.
(c) I'll definitely go back someday.	(c) 전 언젠가 반드시 돌아갈 거예요.
(d) We could go there together.	(d) 우린 거기에 같이 갈 수 있어요.

해설 **What**(무엇)을 이용하여 멕시코에서 가장 인상 깊었던 것에 대한 정보를 물어보고 있습니다. 이에 대해 해변과 밤 유흥이었다고 응답한 **(b)**가 정답입니다.

오답 분석

(a) 대화에 나온 **Mexico**(멕시코)에 해당하는 대명사인 **it**을 함정으로 사용한 오답입니다.

(c) 대화에 나온 **go**(가다)를 반복하여 함정으로 사용한 오답입니다.

(d) 대화에 나온 **Mexico**(멕시코)에 해당하는 대명사인 **there**를 함정으로 사용한 오답입니다.

어휘 **vacation**[veikéiʃən] 휴가; 방학 **impress**[imprés] 깊은 인상을 주다, 감동시키다 **recommend**[rèkəménd] 추천하다
beach[biːtʃ] 해변 **nightlife**[nàitláif] 밤 유흥 **definitely**[défənitli] 반드시; 명확히

08

W: Want to go to the opera tonight? I've got tickets. M: I'd love to, but I might have to work late. W: When will you know for sure? ⓐ Not until 4 p.m. (b) I can meet you at the opera. (c) It's my third late shift this month. (d) Tell me before tomorrow.	M: 오늘 밤에 오페라 보러 갈래? 티켓이 있어. W: 그러고 싶지만, 늦게까지 일해야 할지도 몰라. M: 언제 확실히 알 수 있는데? ⓐ 오후 4시에나 알 수 있어. (b) 오페라에서 널 만날 수 있겠다. (c) 그게 이번 달의 세 번째 야간 근무야. (d) 내일 되기 전에 말해줘.

해설　When(언제)을 이용하여 야근 여부를 확실히 알 수 있는 시점을 물어보고 있습니다. 이에 대해 오후 4시에나 알 수 있다고 시간으로 응답한 (a)가 정답입니다.

⌐오답 분석⌐
(b) 대화에 나온 opera(오페라)를 반복하여 함정으로 사용한 오답입니다.
(c) 대화에 나온 late(늦게; 야간의)를 반복하여 함정으로 사용한 오답입니다.
(d) 대화에 나온 tonight(오늘 밤)과 관련된 tomorrow(내일)를 함정으로 사용한 오답입니다.

어휘　sure [ʃuər] 확실한　shift [ʃift] (교대) 근무

HACKERS PRACTICE

p. 104

01 (b)   **02** (a)   **03** (a)   **04** (b)   **05** (a)   **06** (c)   **07** (b)

Part 1

01

May I see your lecture notes?	네 강의 노트 좀 봐도 될까?
(a) No, I don't need them.	(a) 아니, 난 그것들 필요 없어.
ⓑ Sure. Here you are.	ⓑ 물론이야. 여기 있어.

해설   강의 노트를 보여달라고 요청하고 있습니다. 이에 대해 Sure(물론이야)를 이용하여 노트가 여기 있다고 수락한 (b)가 정답입니다.

오답 분석
(a) 질문에 나온 notes(노트)에 해당하는 대명사인 them을 함정으로 사용한 오답입니다.

어휘   lecture[léktʃər] 강의

02

Would you like to go dancing tomorrow night?	내일 밤에 춤추러 갈래요?
ⓐ Actually, I'm going out of town.	ⓐ 사실, 저 시외에 나갈 거예요.
(b) I had a great time.	(b) 전 멋진 시간을 보냈어요.

해설   내일 밤 춤추러 가자고 제안하고 있습니다. 이에 대해 시외에 나갈 거라 못 간다고 거절한 (a)가 정답입니다.

오답 분석
(b) 내일 밤 춤추러 가는 제안에 멋진 시간을 보냈다고 과거 시제를 함정으로 사용한 오답입니다.

어휘   actually[ǽktʃuəli] 사실   town[taun] 시내

03

Is there a convenience store around here?	이 근처에 편의점이 있나요?
ⓐ There's one two blocks ahead.	ⓐ 두 블록 앞에 하나 있어요.
(b) I was just there yesterday.	(b) 어제 제가 바로 거기에 있었어요.
(c) It's very convenient.	(c) 그건 아주 편리해요.

해설   근처에 편의점이 있는지 사실을 물어보고 있습니다. 이에 대해 두 블록 앞에 있다고 질문에 간접적으로 응답한 (a)가 정답입니다.

오답 분석
(b) 질문에 나온 다의어 there(~이 있다; 거기에)를 반복하여 함정으로 사용한 오답입니다.
(c) 질문에 나온 convenience(편의)와 발음이 비슷한 convenient(편리한)를 함정으로 사용한 오답입니다.

어휘   convenience store 편의점   ahead[əhéd] 앞에   convenient[kənví:njənt] 편리한

04

Did you and Tim finally <u>make up</u>?	당신과 Tim이 드디어 화해했나요?
(a) I've enjoyed <u>talking to him</u>.	(a) 그와 대화하는 건 즐거웠어요.
ⓑ We're still <u>not speaking</u>.	ⓑ 우린 아직도 말을 하고 있지 않아요.
(c) <u>Sure</u>, we'll take care of it later.	(c) 물론이죠, 우린 나중에 그걸 처리할 거예요.

해설　Tim과 화해했는지 사실을 물어보고 있습니다. 이에 대해 아직도 말을 하고 있지 않다고 질문에 간접적으로 응답한 (b)가 정답입니다.

> 오답 분석
> (a) 질문에 나온 Tim에 해당하는 대명사인 him을 함정으로 사용한 오답입니다.
> (c) Sure(물론이죠)로 시작해 정답처럼 들리지만 그 뒤의 내용이 대화에 맞지 않는 오답입니다.

어휘　make up 화해하다　take care of ~을 처리하다, ~을 돌보다

Part 2

05

M: How's your <u>job search</u> going?	M: 일자리 찾는 건 어떻게 되어가고 있어요?
W: So far, not so good.	W: 지금까진, 별로 좋지 않아요.
M: <u>Anything I can</u> do to help?	M: 제가 뭔가 도울 일이 있을까요?
ⓐ No, I can <u>handle it</u>.	ⓐ 아니요, 제가 처리할 수 있어요.
(b) Sure. I'd be glad <u>to help</u>.	(b) 그럼요. 기꺼이 도와 드리죠.

해설　일자리를 찾는 데 도울 일이 있는지 사실을 물어보고 있습니다. 이에 대해 No(아니요) 뒤에 자신이 처리할 수 있다고 부연 설명한 (a)가 정답입니다.

> 오답 분석
> (b) 대화에 나온 help(돕다)를 반복하여 함정으로 사용한 오답입니다.

어휘　search[sə:rtʃ] 찾기, 수색　so far 지금까지는, 여기까지는　handle[hǽndl] (문제 등을) 처리하다, 다루다

06

M: <u>Are you</u> really going to <u>buy</u> those curtains?	M: 정말 저 커튼을 살 건가요?
W: Yes. They're beautiful.	W: 네. 아름답잖아요.
M: They seem to be <u>overpriced</u>, don't they?	M: 너무 비싸 보이는데요, 그렇지 않나요?
(a) I don't <u>like the fabric</u>.	(a) 전 그 천을 좋아하지 않아요.
(b) But we can't <u>afford them</u>.	(b) 하지만 우린 저걸 살 여유가 없어요.
ⓒ I find them <u>quite reasonable</u>.	ⓒ 전 적당하다고 생각해요.

해설　사려고 하는 커튼이 너무 비싼 것 같지 않은지 의견을 물어보고 있습니다. 이에 대해 가격이 적당한 것 같다고 질문에 간접적으로 응답한 (c)가 정답입니다.

> 오답 분석
> (a) 대화에 나온 curtains(커튼)와 관련된 fabric(천)을 함정으로 사용한 오답입니다.
> (b) 대화에 나온 curtains(커튼)에 해당하는 대명사인 them을 함정으로 사용한 오답입니다.

어휘　curtain[kə:rtn] 커튼　overprice[òuvərpráis] ~에 너무 비싼 값을 매기다　fabric[fǽbrik] 천, 직물
afford[əfɔ́:rd] ~을 살 여유가 있다　reasonable[rí:zənəbl] 적당한, 비싸지 않은

07

| M: Rachel, your face looks pale. Are you all right?
W: Actually, I don't <u>feel well</u>.
M: <u>Do you</u> have any particular <u>symptoms</u>?

(a) I would have to make an <u>appointment</u>.
ⓑ No. I just feel <u>really tired</u>.
(c) I don't need a <u>prescription</u>. | M: Rachel, 당신 얼굴이 창백해 보여요. 괜찮아요?
W: 사실, 몸이 별로 안 좋아요.
M: 무슨 특별한 증상이 있나요?

(a) 전 예약을 해야 할 거예요.
ⓑ 아니요. 단지 많이 피곤할 뿐이에요.
(c) 전 처방전이 필요 없어요. |

해설 몸에 특별한 증상이 있는지 사실을 물어보고 있습니다. 이에 대해 No(아니요) 뒤에 단지 많이 피곤할 뿐이라고 부연 설명한 (b)가 정답입니다.

오답 분석
(a) 대화의 건강 상태에 대해 이야기하는 상황과 관련된 appointment(예약)를 함정으로 사용한 오답입니다.
(c) 대화에 나온 symptom(증상)과 관련된 prescription(처방전)을 함정으로 사용한 오답입니다.

어휘 pale[peil] 창백한 particular[pərtíkjələr] 특별한 symptom[símptəm] 증상 appointment[əpɔ́intmənt] 예약
prescription[priskrípʃən] 처방전

HACKERS TEST
p. 106

| **01** (d) | **02** (d) | **03** (c) | **04** (a) | **05** (c) | **06** (c) | **07** (c) | **08** (b) |

Part 1

01

| Are you ready for your trip to Australia?

(a) It's my first time travelling overseas.
(b) I have to leave tonight.
(c) I hope you have a great time.
ⓓ Yeah, I've already packed. | 호주로 여행갈 준비 됐나요?

(a) 해외로 여행하는 건 이번이 처음이에요.
(b) 전 오늘 밤에 떠나야 해요.
(c) 좋은 시간 보내기 바라요.
ⓓ 네, 이미 짐을 쌌어요. |

해설 호주로 여행갈 준비가 됐는지 사실을 물어보고 있습니다. 이에 대해 Yeah(네) 뒤에 이미 짐을 쌌다고 부연 설명한 (d)가 정답입니다.

오답 분석
(a) 질문에 나온 trip(여행)과 의미가 같은 travel(여행)을 함정으로 사용한 오답입니다.
(b) 질문에 나온 trip(여행)과 관련된 leave(떠나다)를 함정으로 사용한 오답입니다.
(c) 질문에서 호주로 여행갈 준비가 됐는지 물은 사람이 이어서 할 만한 말을 함정으로 사용한 오답입니다.

어휘 ready[rédi] 준비가 된 overseas[òuvərsíːz] 해외로 leave[liːv] 떠나다 pack[pæk] 짐을 싸다, 포장하다

02

Do you have any pain medicine?	혹시 진통제 갖고 계신가요?
(a) I'm feeling much better, thanks.	(a) 훨씬 나아진 것 같아요, 고마워요.
(b) The doctor was away from his office.	(b) 의사가 진료실에 없었어요.
(c) My headache is getting worse.	(c) 제 두통이 악화되고 있어요.
(d) I have some in my desk drawer.	(d) 제 책상 서랍에 좀 있어요.

해설 진통제를 갖고 있는지 사실을 물어보고 있습니다. 이에 대해 책상 서랍에 있다고 질문에 간접적으로 응답한 (d)가 정답입니다.

오답 분석
(a) 질문에 나온 pain medicine(진통제)과 관련된 feeling much better(훨씬 나아진 것 같다)를 함정으로 사용한 오답입니다.
(b) 질문에 나온 medicine(약)과 관련된 doctor(의사)를 함정으로 사용한 오답입니다.
(c) 질문에서 진통제를 갖고 있는지 물은 사람이 이어서 할 만한 말을 함정으로 사용한 오답입니다.

어휘 pain medicine 진통제   office[ɔ́:fis] 진료실; 사무실   headache[hédèik] 두통   get worse 악화되다   drawer[drɔ́:ər] 서랍

03

Have you finished your research paper?	조사 보고서 다 끝냈나요?
(a) I can proofread it for you.	(a) 제가 교정을 봐드릴 수 있어요.
(b) Yes, I only have a few pages left.	(b) 네, 몇 페이지 남았을 뿐이에요.
(c) No, I still have more to do.	(c) 아니요, 아직 할 게 더 남았어요.
(d) That's where you left it.	(d) 거기가 당신이 그것을 놓고 온 곳이에요.

해설 조사 보고서를 끝냈는지 사실을 물어보고 있습니다. 이에 대해 No(아니요) 뒤에 아직 할 게 더 남았다고 부연 설명한 (c)가 정답입니다.

오답 분석
(a) 질문에서 조사 보고서를 다 끝냈는지 물은 사람이 이어서 할 만한 말을 함정으로 사용한 오답입니다.
(b) Yes(네)로 시작해 정답처럼 들리지만 그 뒤의 내용이 질문에 맞지 않는 오답입니다.
(d) 질문에 나온 research paper(조사 보고서)에 해당하는 대명사인 it을 함정으로 사용한 오답입니다.

어휘 research[risə́:rtʃ] 조사   paper[péipər] 보고서, 논문   proofread[prú:fri:d] 교정 보다   leave[li:v] 두고 오다

04

Would you like to see a movie with me tonight?	오늘 밤에 저랑 영화 보러 갈래요?
(a) Maybe some other time.	(a) 다음에 갈게요.
(b) No, I haven't seen that one.	(b) 아니요, 그건 보지 않았어요.
(c) Sure, I'm free tomorrow night.	(c) 물론이죠, 전 내일 밤에 시간 있어요.
(d) I'm surprised you watched it.	(d) 그걸 보셨다니 놀랍네요.

해설 오늘 밤에 영화를 보러 가자고 제안하고 있습니다. 이에 대해 다음에 가겠다고 거절한 (a)가 정답입니다.

오답 분석
(b) 질문에 나온 see(보다)와 발음이 비슷한 seen(see의 과거 분사)을 함정으로 사용한 오답입니다.
(c) Sure(물론이죠)로 시작해 정답처럼 들리지만 그 뒤의 내용이 질문에 맞지 않는 오답입니다.
(d) 질문에 나온 see(보다)와 의미가 같은 watch(보다)를 함정으로 사용한 오답입니다.

어휘 free[fri:] 시간이 있는   surprised[səpráizd] 놀란

05

W: Should I buy this dress?	W: 제가 이 드레스를 사야 할까요?
M: I'd go with something else.	M: 저 같으면 다른 것으로 하겠어요.
W: You don't like it?	W: 당신은 이게 좋지 않아요?
(a) It's the right size.	(a) 그게 맞는 사이즈예요.
(b) I'll put it on my credit card.	(b) 제 신용 카드로 계산할게요.
ⓒ It's not really your color.	ⓒ 색이 당신과 별로 어울리지 않아요.
(d) We should return it.	(d) 우린 그걸 반환해야 돼요.

해설 드레스가 좋지 않은지 의견을 물어보고 있습니다. 이에 대해 색이 상대방과 별로 어울리지 않는다고 질문에 간접적으로 응답한 (c)가 정답입니다.

오답 분석
(a) 대화의 쇼핑을 하는 상황과 관련된 size(사이즈)를 함정으로 사용한 오답입니다.
(b) 대화에 나온 buy(사다)와 관련된 credit card(신용 카드)를 함정으로 사용한 오답입니다.
(d) 대화에 나온 dress(드레스)에 해당하는 대명사인 it을 함정으로 사용한 오답입니다.

어휘 credit card 신용 카드 return[ritə́ːrn] 반환하다, 돌려주다

06

M: I haven't seen you at work lately.	M: 당신을 요즘 회사에서 보지 못했네요.
W: I know. I took two weeks off this month.	W: 그러게요. 이번 달에 2주간 휴가를 냈거든요.
M: Is that the last of your vacation for this year?	M: 그게 올해 마지막 휴가인가요?
(a) It's a long time to be away from work.	(a) 휴가로는 긴 시간이군요.
(b) You should ask for more vacation.	(b) 당신은 휴가를 더 신청해야 해요.
ⓒ Well, I still have a few days left.	ⓒ 음, 아직 며칠 남아 있어요.
(d) Yeah, I'm going on another trip next month.	(d) 네, 다음 달에 또 여행을 갈 거예요.

해설 이번이 올해의 마지막 휴가인지 사실을 물어보고 있습니다. 이에 대해 아직 며칠 남아 있다고 질문에 간접적으로 응답한 (c)가 정답입니다.

오답 분석
(a) 대화에 나온 vacation(휴가)과 관련된 be away from work(휴가를 가다)를 함정으로 사용한 오답입니다.
(b) 대화에 나온 vacation(휴가)을 반복하여 함정으로 사용한 오답입니다.
(d) Yeah(네)로 시작해 정답처럼 들리지만 그 뒤의 내용이 대화에 맞지 않는 오답입니다.

어휘 work[wəːrk] 회사 vacation[veikéiʃən] 휴가, 방학

07

W: Did your family go camping last weekend?	W: 너희 가족은 지난 주말에 캠핑 갔었어?
M: Yeah, the mountains were great.	M: 응, 산이 아주 근사했어.
W: Weren't you supposed to go to the beach?	W: 해변에 갈 예정이지 않았어?
(a) No, they decided to stay home.	(a) 아니, 그들은 집에 머물기로 했어.
(b) We went to the beach instead.	(b) 우린 그 대신 해변에 갔어.
ⓒ We changed our minds at the last minute.	ⓒ 우린 마지막에 생각을 바꿨어.
(d) Yes, I took some great photos.	(d) 응, 난 멋진 사진을 좀 찍었어.

해설　지난주에 해변에 갈 예정이 아니었는지 사실을 물어보고 있습니다. 이에 대해 마지막에 생각을 바꿨다고 질문에 간접적으로 응답한 (c)가 정답입니다.

오답 분석
(a) No(아니)로 시작해 정답처럼 들리지만 그 뒤의 내용이 대화에 맞지 않는 오답입니다.
(b) 대화에 나온 beach(해변)를 반복하여 함정으로 사용한 오답입니다.
(d) Yes(응)로 시작해 정답처럼 들리지만 그 뒤의 내용이 대화에 맞지 않는 오답입니다.

어휘　go camping 캠핑 가다　be supposed to ~할 예정이다, ~하기로 되어 있다　instead[instéd] 대신에　at the last minute 마지막에

08

M: There you are! I've been looking all over for you.	M: 거기 있었구나! 여기 저기 너를 찾아 다녔는데.
W: Why? What's up?	W: 왜? 무슨 일이야?
M: Can you help me study for the math exam?	M: 수학 시험 공부 좀 도와줄 수 있어?
(a) I've been looking for you too.	(a) 나도 널 찾고 있었어.
ⓑ I think I can find the time.	ⓑ 시간을 낼 수 있을 것 같아.
(c) I didn't expect the exam to be so hard.	(c) 난 시험이 그렇게 어려울 거라고 예상하지 않았어.
(d) Sure, I could use some help.	(d) 물론이지, 난 도움이 좀 필요해.

해설　수학 시험 공부를 도와 달라고 요청하고 있습니다. 이에 대해 시간을 낼 수 있을 것 같다고 수락한 (b)가 정답입니다.

오답 분석
(a) 대화에 나온 look for(~을 찾다)를 반복하여 함정으로 사용한 오답입니다.
(c) 수학 시험 공부를 도와 달라는 요청에 시험이 그렇게 어려울 거라 예상하지 않았다고 과거 시제를 함정으로 사용한 오답입니다.
(d) Sure(물론이지)로 시작해 정답처럼 들리지만 그 뒤의 내용이 대화에 맞지 않는 오답입니다.

어휘　look for ~을 찾다　expect[ikspékt] 예상하다, 기대하다

HACKERS PRACTICE
p. 112

01 (b)	**02** (b)	**03** (a)	**04** (c)	**05** (a)	**06** (b)	**07** (b)

Part 1

01

It's a <u>pleasure</u> to meet you.	당신을 만나게 되어 기뻐요.
(a) Maybe <u>next time</u>.	(a) 다음에 하도록 하죠.
ⓑ It's nice to <u>meet you</u>, too.	ⓑ 저도 당신을 만나 반가워요.

해설 만나서 반갑다고 기쁨을 표현하고 있습니다. 이에 대해 자신도 반갑다고 동조한 (b)가 정답입니다.

> 오답 분석
> (a) 'Why don't we see a movie tonight?(오늘 밤에 영화 보는 거 어때요?)'과 같은 질문에 적절한 응답입니다.

어휘 pleasure[pléʒər] 기쁨

02

<u>Let's send</u> our teachers Christmas <u>cards</u>.	우리 선생님들께 크리스마스 카드를 보내자.
(a) Yes, I was thrilled to <u>receive it</u>.	(a) 그래, 그걸 받을 생각에 흥분됐었어.
ⓑ OK. They would <u>appreciate</u> that.	ⓑ 좋아. 그분들은 그걸 고마워할 거야.

해설 선생님들께 크리스마스 카드를 보내자고 제안하고 있습니다. 이에 대해 좋다며 선생님들이 고마워할 것이라고 수락한 (b)가 정답입니다.

> 오답 분석
> (a) 질문에 나온 send(보내다)와 관련된 receive(받다)를 함정으로 사용한 오답입니다.

어휘 thrill[θril] 흥분시키다, 감동시키다 receive[risíːv] 받다 appreciate[əpríːʃièit] 고마워하다

03

I did <u>poorly on</u> my psychology <u>test</u>.	나 심리학 시험을 형편없이 봤어.
ⓐ <u>Relax</u>. It's only one exam.	ⓐ 진정해. 겨우 시험 하나일 뿐이야.
(b) I missed <u>that class</u>.	(b) 나 그 수업 빠졌어.
(c) Maybe you should <u>major in</u> it.	(c) 넌 그걸 전공하는 게 좋을 것 같아.

해설 심리학 시험을 형편없이 봤다고 실망을 표현하고 있습니다. 이에 대해 진정하라며 겨우 시험 하나일 뿐이라고 위로한 (a)가 정답입니다.

> 오답 분석
> (b) 질문에 나온 test(시험)와 관련된 class(수업)를 함정으로 사용한 오답입니다.
> (c) 질문에 나온 psychology(심리학)에 해당하는 대명사인 it을 함정으로 사용한 오답입니다.

어휘 poorly[púərli] 형편없이 psychology[saikálədʒi] 심리학 relax[rilǽks] 진정하다, 이완하다 major in ~을 전공하다

04

You're <u>in great shape</u>, Mark.	Mark, 건강 상태가 좋구나.
(a) I like the <u>shape of it</u>.	(a) 난 그것의 모양이 좋아.
(b) Yeah, I haven't been to the <u>gym lately</u>.	(b) 맞아, 난 최근에 체육관에 가지 않았어.
ⓒ I've been trying to <u>stay fit</u>.	ⓒ 건강을 유지하려고 애써왔거든.

해설 건강 상태가 좋다고 상대방을 칭찬하고 있습니다. 이에 대해 건강을 유지하려고 애써왔다고 이유를 설명한 (c)가 정답입니다.

오답 분석
(a) 질문에 나온 다의어 shape(건강 상태; 모양)를 반복하여 함정으로 사용한 오답입니다.
(b) 질문에 나온 shape(건강 상태)과 관련된 gym(체육관)을 함정으로 사용한 오답입니다.

어휘 shape[ʃeip] (건강) 상태; 모양 gym[dʒim] 체육관 lately[léitli] 최근에 stay fit 건강을 유지하다

Part 2

05

M: I didn't like that <u>performance</u>.	M: 난 그 공연이 마음에 들지 않았어.
W: Are you serious? I really <u>enjoyed it</u>.	W: 진심이야? 난 정말 즐거웠는데.
M: I could tell the actor was <u>inexperienced</u>.	M: 배우가 경험이 부족하다는 것을 알 수 있었어.
ⓐ Well, I <u>didn't think</u> he was.	ⓐ 글쎄, 난 그렇게 생각 안 했는데.
(b) Yes, I'm a fan of <u>stage acting</u>.	(b) 그래, 난 무대 연기를 좋아해.

해설 공연하는 배우의 경험이 부족하다는 것을 알 수 있었다고 의견을 말하고 있습니다. 이에 대해 자신은 그렇게 생각하지 않았다고 반대한 (a)가 정답입니다.

오답 분석
(b) 대화에 나온 actor(배우)와 관련된 acting(연기)을 함정으로 사용한 오답입니다.

어휘 performance[pərfɔ́:rməns] 공연 serious[síəriəs] 진심의, 심각한 tell[tel] 알다; 말하다
inexperienced[ìnikspíəriənst] 경험이 부족한 stage[steidʒ] 무대

06

W: Where's James? It's already 2:30.	W: James 어디 있어? 벌써 2시 30분이야.
M: Maybe he <u>got stuck</u> in traffic.	M: 아마 교통 체증에 갔혔나봐.
W: Well, it's not the <u>first time</u> he was late!	W: 음, 그가 늦은 건 처음이 아니야!
(a) Sorry. I was <u>held up</u> at work.	(a) 미안해. 일에 매여 있었어.
ⓑ I'm sure he'll be <u>here soon</u>.	ⓑ 난 그가 곧 올 거라고 믿어.
(c) I <u>told him</u> to wait for us.	(c) 내가 그에게 우리를 기다리라고 말했어.

해설 James가 늦는다고 불평을 표현하고 있습니다. 이에 대해 그가 곧 올 거라 믿는다고 위로한 (b)가 정답입니다.

오답 분석
(a) 대화에 나온 get stuck(갇히다)과 의미가 비슷한 held up(매여 있다)을 함정으로 사용한 오답입니다.
(c) 대화에 나온 James에 해당하는 대명사인 him을 함정으로 사용한 오답입니다.

어휘 get stuck 갇히다, 꼼짝 못하게 되다 traffic[tráfik] 교통 hold[hould] 잡다

07

M: Is this train for Memphis? W: Actually, this one's <u>headed for</u> Chicago. M: Really? That's the <u>opposite direction</u>! (a) I'll tell you when <u>we arrive</u>. ⓑ You'd better <u>get off</u> at the next stop. (c) I boarded the <u>wrong train</u>.	M: 이게 멤피스로 가는 기차인가요? W: 사실, 이 기차는 시카고로 향합니다. M: 정말요? 그건 반대 방향이네요! (a) 우리가 도착하면 알려줄게요. ⓑ 다음 역에서 내리시는 게 좋겠어요. (c) 저는 다른 기차를 탔어요.

해설 목적지와 반대 방향으로 가는 기차를 탔다고 문제점을 말하고 있습니다. 이에 대해 다음 역에서 내리는 게 좋겠다고 해결책을 제안한 (b)가 정답입니다.

> 오답 분석
> (a) 대화에 나온 head for(~으로 향하게 하다)와 관련된 arrive(도착하다)를 함정으로 사용한 오답입니다.
> (c) 대화의 마지막 문장에서 목적지와 반대 방향으로 가는 기차를 탔다고 말한 사람이 이어서 할 만한 말을 함정으로 사용한 오답입니다.

어휘 head for ~으로 향하게 하다 opposite[ápəzit] 반대의 direction[dirékʃən] 방향 arrive[əráiv] 도착하다 get off 내리다
stop[stɑp] 역, 정류소 board[bɔːrd] 타다, 탑승하다

HACKERS TEST

p. 114

01 (d)	**02** (c)	**03** (a)	**04** (d)	**05** (b)	**06** (c)	**07** (d)	**08** (a)

Part 1

01

I'm thinking of purchasing some stock. (a) You need to take my advice. (b) It's not in our price range. (c) Each brand is different. ⓓ This is a good time to buy.	주식을 좀 살까 생각 중이에요. (a) 제 조언을 받아들여야 해요. (b) 그건 우리 가격 범위에 맞지 않아요. (c) 각각의 상표는 달라요. ⓓ 지금이 사기에 좋은 시기예요.

해설 주식을 살까 생각 중이라고 의견을 말하고 있습니다. 이에 대해 지금이 사기에 좋은 시기라고 동의한 (d)가 정답입니다.

> 오답 분석
> (a) 질문의 의견을 말하는 상황과 관련된 advice(조언)를 함정으로 사용한 오답입니다.
> (b) 질문에 나온 purchase(사다)와 관련된 price(가격)를 함정으로 사용한 오답입니다.
> (c) 질문에 나온 purchase(사다)와 관련된 brand(상표)를 함정으로 사용한 오답입니다.

어휘 purchase[pə́ːrtʃəs] 사다, 구입하다 stock[stɑk] 주식 advice[ædváis] 조언 price[prais] 가격 range[reindʒ] 범위
brand[brænd] 상표

02

My watch stopped working. (a) Sorry, I don't wear a watch. (b) I paid more for mine. ⓒ You should try a new battery. (d) That kind lasts a long time.	내 시계가 작동을 멈췄어. (a) 미안해, 나 시계를 안 차. (b) 내 것은 더 비싸게 샀어. ⓒ 새 전지를 넣어보는 게 좋겠어. (d) 그 종류는 오랜 시간 동안 지속돼.

해설 시계가 작동을 멈췄다고 문제점을 말하고 있습니다. 이에 대해 새 전지를 넣어보는 게 좋겠다고 해결책을 제안한 (c)가 정답입니다.

> 오답 분석
> (a) 질문에 나온 watch(시계)를 반복하여 함정으로 사용한 오답입니다.

(b) 질문에 나온 my watch(내 시계)에 해당하는 대명사인 mine을 함정으로 사용한 오답입니다.

(d) 질문에 나온 watch(시계)와 관련된 time(시간)을 함정으로 사용한 오답입니다.

어휘 work[wəːrk] 작동하다 battery[bǽtəri] 전지 kind[kaind] 종류 last[læst] 지속되다

03

I can't stand working overtime.	전 초과 근무하는 것을 참을 수가 없어요.
ⓐ I don't like it either.	ⓐ 저도 그것을 좋아하지 않아요.
(b) I can't work any faster.	(b) 더 빨리 일할 수는 없어요.
(c) It doesn't work very well.	(c) 그건 잘 작동하지 않아요.
(d) But I did it last time.	(d) 하지만 전 그걸 저번에 했어요.

해설 초과 근무하는 것을 참을 수 없다고 불평을 표현하고 있습니다. 이에 대해 자신도 그것을 좋아하지 않는다고 동조한 (a)가 정답입니다.

오답 분석
(b) 질문에 나온 work(일하다)를 반복하여 함정으로 사용한 오답입니다.
(c) 질문에 나온 다의어 work(일하다; 작동하다)를 반복하여 함정으로 사용한 오답입니다.
(d) 질문에 나온 overtime(초과 근무로)의 time(시간)을 반복하여 함정으로 사용한 오답입니다.

어휘 stand[stænd] 참다, 견디다 overtime[óuvərtàim] 초과 근무로, 규정 시간 외로 either[íːðər] ~도 또한; 둘 중 하나의

04

I need some help with moving these boxes.	이 상자들을 옮기는데 도움이 좀 필요해요.
(a) They weren't very heavy.	(a) 그것들은 아주 무겁지는 않았어요.
(b) I'm moving next week.	(b) 전 다음 주에 이사를 가요.
(c) Thanks for helping me.	(c) 저를 도와주셔서 감사해요.
ⓓ Sure, no problem.	ⓓ 물론이죠, 문제 없어요.

해설 상자들을 옮기는 것을 도와달라고 요청하고 있습니다. 이에 대해 물론이라며 문제 없다고 수락한 (d)가 정답입니다.

오답 분석
(a) 질문에 나온 boxes(상자들)에 해당하는 대명사인 They를 함정으로 사용한 오답입니다.
(b) 질문에 나온 다의어 move(옮기다; 이사하다)를 반복하여 함정으로 사용한 오답입니다.
(c) 질문에 나온 help(도움)를 반복하여 함정으로 사용한 오답입니다.

어휘 move[muːv] 옮기다; 이사하다 heavy[hévi] 무거운

Part 2

05

M: We should do something to cheer Kelly up.	M: Kelly가 기운이 나도록 우리가 뭔가 해야 해.
W: What happened?	W: 무슨 일 있었어?
M: She recently got laid off.	M: 그녀가 최근에 해고당했어.
(a) I just heard about it.	(a) 전 방금 그걸 들었어요.
ⓑ I'm sorry to hear that.	ⓑ 그걸 들으니 유감이야.
(c) Then you should apologize.	(c) 그럼 네가 사과하는 게 좋겠어.
(d) I'll tell her the bad news.	(d) 내가 그녀에게 나쁜 소식을 전할게.

해설 Kelly가 최근에 해고당했다고 객관적인 정보를 전달하고 있습니다. 이에 대해 그걸 들으니 유감이라고 자신의 감정을 말한 (b)가 정답입니다.

오답 분석
(a) 대화의 마지막 문장에서 Kelly가 최근에 해고당했다고 말한 사람이 이어서 할 만한 말을 함정으로 사용한 오답입니다.
(c) Then(그럼)으로 시작해 정답처럼 들리지만 그 뒤의 내용이 대화에 맞지 않는 오답입니다.

어휘   cheer up 기운이 나게 하다, 격려하다   recently[ríːsəntli] 최근에   lay off 해고하다   apologize[əpálədʒàiz] 사과하다

06

W: How long have you played the piano?	W: 피아노를 얼마나 오래 치셨죠?
M: Ever since I was a child.	M: 제가 어렸을 때부터요.
W: I can tell. You play beautifully.	W: 알 것 같아요. 아름답게 연주하시네요.
(a) I enjoy classical music.	(a) 전 고전 음악을 즐겨요.
(b) Well, it's my first time acting.	(b) 음, 연기를 하는 건 이번이 처음이에요.
ⓒ Thanks for saying so.	ⓒ 그렇게 말씀해 주셔서 감사해요.
(d) My piano is out of tune.	(d) 제 피아노가 조율이 되지 않았어요.

해설   피아노 연주를 아름답게 한다고 상대방을 칭찬하고 있습니다. 이에 대해 그렇게 말해줘서 감사하다고 응답한 (c)가 정답입니다.

오답 분석
(a) 대화에 나온 piano(피아노)와 관련된 music(음악)을 함정으로 사용한 오답입니다.
(b) 대화에 나온 다의어 play(연주하다; 연극)와 관련된 act(연기하다)를 함정으로 사용한 오답입니다.
(d) 대화에 나온 piano(피아노)를 반복하여 함정으로 사용한 오답입니다.

어휘   tell[tel] 알다; 말하다   classical[klǽsikəl] 고전의, 고전적인   out of tune 조율이 되지 않은, 음정이 안 맞는

07

M: Where should we go this weekend?	M: 이번 주말에 우리 어디로 갈까?
W: I'm so sorry, but I have to work on Saturday.	W: 정말 미안하지만, 나 토요일에 일해야 해.
M: But you promised we would go away together.	M: 하지만 우리 같이 놀러 갈 거라고 약속했잖아.
(a) I was thinking about a resort instead.	(a) 난 그보다 휴양지를 생각하고 있었어.
(b) I can't wait for the weekend.	(b) 난 주말을 기다릴 수가 없어.
(c) You said you're free Saturday.	(c) 넌 토요일에 시간이 있다고 했잖아.
ⓓ Let's reschedule for next weekend.	ⓓ 다음 주말로 예정을 바꾸자.

해설   토요일에 같이 놀러 가기로 약속하지 않았냐고 불평을 표현하고 있습니다. 이에 대해 다음 주말로 예정을 바꾸자고 해결책을 제안한 (d)가 정답입니다.

오답 분석
(a) 대화에 나온 go away(놀러 가다)와 관련된 resort(휴양지)를 함정으로 사용한 오답입니다.
(b) 대화에 나온 weekend(주말)를 반복하여 함정으로 사용한 오답입니다.
(c) 대화의 마지막 문장에서 토요일에 같이 놀러 갈 거라고 약속하지 않았냐고 말한 사람이 이어서 할 만한 말을 함정으로 사용한 오답입니다.

어휘   go away 놀러 가다, 떠나다   resort[rizɔ́ːrt] 휴양지   instead[instéd] 그보다, 그 대신에   free[friː] 시간이 있는, 한가한
reschedule[rìːskédʒuːl] 예정을 바꾸다, 예정을 다시 세우다

08

M: Did you hear that Tony is in the hospital?	M: 너 Tony가 입원했다는 거 들었어?
W: No. What happened?	W: 아니. 무슨 일이 일어난 거야?
M: He fell and injured his back.	M: 그는 넘어져서 허리를 다쳤어.
ⓐ We should go visit him.	ⓐ 우리가 그를 문병 가는 게 좋겠어.
(b) He said it didn't hurt.	(b) 그가 아프지 않았다고 말했어.
(c) Yes, but it's feeling better now.	(c) 그래, 하지만 지금은 나아졌어.
(d) No, he's already been released.	(d) 아니, 그는 이미 퇴원했어.

해설　Tony가 넘어져서 허리를 다쳤다고 객관적인 정보를 전달하고 있습니다. 이에 대해 그를 문병 가는 게 좋겠다고 제안한 (a)가 정답입니다.

오답 분석

(b) 대화에 나온 injure(다치게 하다)와 의미가 비슷한 hurt(아프게 하다)를 함정으로 사용한 오답입니다.

(c) 대화에 나온 fell(fall의 과거형)과 발음이 비슷한 feel(느끼다)을 함정으로 사용한 오답입니다.

(d) 대화에 나온 in the hospital(입원한)과 관련된 release(퇴원시키다)를 함정으로 사용한 오답입니다.

어휘　in the hospital 입원한　happen[hǽpən] (일, 사건이) 일어나다　injure[índʒər] 다치게 하다, 상처를 입히다
visit[vízit] 문병 가다; 방문하다　hurt[həːrt] 아프게 하다　release[riːlíːs] 퇴원시키다, 풀어놓다

01 (d)	02 (a)	03 (c)	04 (c)	05 (b)	06 (c)	07 (b)	08 (a)	09 (b)	10 (d)
11 (c)	12 (b)	13 (a)	14 (c)	15 (a)	16 (a)	17 (c)	18 (c)	19 (c)	20 (d)

Part 1

01

I should have studied more for my math test.	난 수학 시험 공부를 더 했어야 했어.
(a) I knew you'd pass it.	(a) 난 네가 합격할 걸 알고 있었어.
(b) You deserve a reward.	(b) 넌 보상을 받을 자격이 있어.
(c) I lost my notebook.	(c) 내 공책을 잃어버렸어.
(d) Just try harder next time.	(d) 그냥 다음엔 더 열심히 해봐.

해설 수학 시험 공부를 더 했어야 한다고 후회하고 있습니다. 이에 대해 다음에 더 열심히 하라고 응답한 (d)가 정답입니다.

오답 분석

(a) 질문에 나온 test(시험)와 관련된 pass(합격하다)를 함정으로 사용한 오답입니다.

(b) 질문에 나온 study(공부하다)와 관련된 reward(보상)를 함정으로 사용한 오답입니다.

(c) 질문에 나온 study(공부하다)와 관련된 notebook(공책)을 함정으로 사용한 오답입니다.

어휘 math[mæθ] 수학   deserve[dizə́ːrv] ~을 받을 자격이 있다, ~할 만하다   reward[riwɔ́ːrd] 보상

02

Excuse me. Can I change my flight?	실례합니다. 제 항공편을 바꿀 수 있을까요?
(a) Yes, but it might cost more.	(a) 네, 하지만 비용이 더 들 거예요.
(b) No, it will arrive on time.	(b) 아니요, 정시에 도착할 거예요.
(c) I don't have my ticket with me.	(c) 제 티켓을 갖고 있지 않아요.
(d) Please arrive at the gate early.	(d) 탑승구에 일찍 도착해 주십시오.

해설 항공편을 바꿀 수 있는지 물어보고 있습니다. 이에 대해 가능하지만 비용이 더 들 것이라고 응답한 (a)가 정답입니다.

오답 분석

(b) No(아니요)로 시작해 정답처럼 들리지만 그 뒤의 내용이 질문에 맞지 않는 오답입니다.

(c) 질문에 나온 flight(항공편)와 관련된 ticket(티켓)을 함정으로 사용한 오답입니다.

(d) 질문에 나온 flight(항공편)와 관련된 gate(탑승구)를 함정으로 사용한 오답입니다.

어휘 flight[flait] 항공편, 비행기   cost[kɔːst] 비용이 들다; 비용   arrive[əráiv] 도착하다

03

I got promoted to sales manager!	저 판매부장으로 승진했어요!
(a) You'll get it one day.	(a) 언젠가 당신은 그걸 얻게 될 거예요.
(b) I got it at a low price.	(b) 전 싼 가격에 그걸 구했어요.
(c) Congratulations. You earned it.	(c) 축하해요. 당신이 얻어낸 거예요.
(d) I know the manager there, too.	(d) 저도 거기 부장을 알고 있어요.

해설 판매부장으로 승진했다는 소식을 전달하고 있습니다. 이에 대해 축하한다며 당신이 얻어낸 거라고 응답한 (c)가 정답입니다.

오답 분석

(a) 질문에 나온 다의어 get(~이 되다; 얻다)을 반복하여 함정으로 사용한 오답입니다.

(b) 질문에 나온 sales(판매)와 관련된 price(가격)를 함정으로 사용한 오답입니다.

(d) 질문에 나온 manager(부장)를 반복하여 함정으로 사용한 오답입니다.

어휘 congratulation[kəngrætʃuléiʃən] 축하 earn[ə:rn] (노력하여) 얻다, 벌다

04

What happened to your shoulder?	당신 어깨에 무슨 일이 생긴 거죠?
(a) I'd suggest physical therapy.	(a) 저는 물리 치료를 권해요.
(b) It's my other shoulder.	(b) 그건 제 다른 쪽 어깨예요.
ⓒ I hurt it lifting weights.	ⓒ 운동을 하다가 다쳤어요.
(d) I hope it gets better.	(d) 나아지길 바라요.

해설 어깨에 무슨 일이 생겼는지 물어보고 있습니다. 이에 대해 운동을 하다가 다쳤다고 응답한 (c)가 정답입니다.

오답 분석
(a) 질문에서 어깨에 무슨 일이 생겼는지 물은 사람이 이어서 할 만한 말을 함정으로 사용한 오답입니다.
(b) 질문에 나온 shoulder(어깨)를 반복하여 함정으로 사용한 오답입니다.
(d) 질문에서 어깨에 무슨 일이 생겼는지 물은 사람이 이어서 할 만한 말을 함정으로 사용한 오답입니다.

어휘 shoulder[ʃóuldər] 어깨 suggest[səgdʒést] 권하다, 제안하다 physical[fízikəl] 물리의 therapy[θérəpi] 치료
hurt[hə:rt] 다치게 하다, 아프게 하다 lift weights (역기나 아령 등을 이용해) 운동하다

05

All this housework is getting me down.	이 모든 집안일들이 나를 피곤하게 해.
(a) Thanks, but I can handle it.	(a) 고마워, 하지만 내가 처리할 수 있어.
ⓑ I can give you a hand if you'd like.	ⓑ 네가 좋다면 내가 도와줄 수 있어.
(c) Put it a little higher, then.	(c) 그럼 좀 더 높여봐.
(d) Sorry. It's at my parent's house.	(d) 미안해. 그건 우리 부모님 집에 있어.

해설 집안일 때문에 피곤하다고 불평하고 있습니다. 이에 대해 자신이 도와줄 수 있다고 응답한 (b)가 정답입니다.

오답 분석
(a) 질문에 나온 housework(집안일)에 해당하는 대명사인 it을 함정으로 사용한 오답입니다.
(c) 질문에 나온 다의어 down(피곤한; 낮은)과 관련된 high(높은)를 함정으로 사용한 오답입니다.
(d) 질문에 나온 housework(집안일)의 house(집)를 반복하여 함정으로 사용한 오답입니다.

어휘 housework[háuswə̀:rk] 집안일, 가사 get down 피곤하게 하다, 기력을 떨어뜨리다 handle[hǽndl] 처리하다, 다루다
give a hand 도와주다

06

Are you going to sign up for the business class?	경영학 수업을 등록할 거야?
(a) I'm a business major too.	(a) 나도 경영학 전공이야.
(b) There are still a few seats open.	(b) 아직 몇몇 자리가 남아있어.
ⓒ Either that or accounting.	ⓒ 그것 아니면 회계 수업 중 하나.
(d) I think it's offered in spring and fall.	(d) 그건 봄과 가을 학기에 제공되는 것 같아.

해설 경영학 수업을 등록할 것인지 물어보고 있습니다. 이에 대해 그것 아니면 회계 수업 중 하나를 등록할 거라고 응답한 (c)가 정답입니다.

오답 분석
(a) 질문에 나온 business(경영학)를 반복하여 함정으로 사용한 오답입니다.
(b) 질문에서 경영학 수업을 등록할 건지 물은 사람이 이어서 할 만한 말을 함정으로 사용한 오답입니다.
(d) 질문에 나온 business class(경영학 수업)에 해당하는 대명사인 it을 함정으로 사용한 오답입니다.

어휘 sign up for ~을 등록하다 business[bíznis] 경영, 사업 major[méidʒər] ~ 전공 학생; 전공 과목 either[í:ðər] 둘 중 하나
accounting[əkáuntiŋ] 회계(학) offer[ɔ́:fər] 제공하다

07

Sam, I need some help moving this table.	Sam, 이 탁자 옮기는 데 도움이 좀 필요해.
(a) I thought it would be heavier.	(a) 난 그게 더 무거울 거라고 생각했어.
ⓑ OK, just give me a minute.	ⓑ 좋아, 잠깐만 기다려 줘.
(c) Put it beside the table.	(c) 그건 테이블 옆에 놔.
(d) By the wall is fine.	(d) 벽 옆이면 돼.

해설 탁자를 옮기는 것을 도와달라고 요청하고 있습니다. 이에 대해 잠깐만 기다려 달라고 응답한 **(b)**가 정답입니다.

오답 분석
(a) 질문에 나온 table(탁자)에 해당하는 대명사인 it을 함정으로 사용한 오답입니다.
(c) 질문에 나온 table(탁자)을 반복하여 함정으로 사용한 오답입니다.
(d) 질문에서 테이블을 옮기는 상황과 관련된 by the wall(벽 옆에)을 함정으로 사용한 오답입니다.

어휘 heavy[hévi] 무거운 beside[bisáid] ~ 옆에

08

How about changing the board meeting to five o'clock?	이사회 회의를 5시로 바꾸는 게 어떨까요?
ⓐ That would be better for everyone.	ⓐ 그게 모두에게 낫겠군요.
(b) It's part of the agenda.	(b) 그것은 의제의 일부예요.
(c) All the board members attended.	(c) 모든 이사회 회원들이 참석했어요.
(d) It'll be held in the meeting room.	(d) 그것은 회의실에서 열릴 거예요.

해설 이사회 회의를 5시로 바꾸는 것이 어떤지 물어보고 있습니다. 이에 대해 그게 모두에게 낫겠다고 응답한 **(a)**가 정답입니다.

오답 분석
(b) 질문에 나온 meeting(회의)과 관련된 agenda(의제)를 함정으로 사용한 오답입니다.
(c) 질문에 나온 board(이사회)를 반복하여 함정으로 사용한 오답입니다.
(d) 질문에 나온 meeting(회의)을 반복하여 함정으로 사용한 오답입니다.

어휘 board[bɔːrd] 이사회 agenda[ədʒéndə] 의제, 협의 사항 attend[əténd] 참석하다 hold[hould] (회의를) 열다

09

Have you booked a DJ for the party yet?	파티를 위한 디제이는 벌써 예약했어?
(a) The music could have been better.	(a) 음악은 더 좋을 수도 있었어.
ⓑ I'm still considering all the options.	ⓑ 아직 모든 선택 사항들을 고려해 보고 있어.
(c) It's supposed to be a surprise party.	(c) 그건 깜짝 파티로 예정되어 있어.
(d) My friend was the DJ that night.	(d) 그날 밤에 내 친구가 디제이었어.

해설 파티를 위한 디제이를 예약했는지 물어보고 있습니다. 이에 대해 아직 모든 선택 사항들을 고려해 보고 있다고 응답한 **(b)**가 정답입니다.

오답 분석
(a) 질문에 나온 DJ(디제이)와 관련된 music(음악)을 함정으로 사용한 오답입니다.
(c) 질문에 나온 party(파티)를 반복하여 함정으로 사용한 오답입니다.
(d) 질문에 나온 DJ(디제이)를 반복하여 함정으로 사용한 오답입니다.

어휘 book[buk] 예약하다 consider[kənsídər] 고려하다, 숙고하다 option[ápʃən] 선택 사항 be supposed to ~하기로 되어 있다

10

Let's go out for dinner tonight.	오늘 밤에 나가서 저녁 식사 하자.
(a) You're really an excellent cook.	(a) 넌 정말 훌륭한 요리사야.
(b) But we went there last time.	(b) 하지만 우리 저번에 거기 갔었잖아.
(c) Great. It's my favorite meal.	(c) 좋아. 그건 내가 가장 좋아하는 음식이야.
ⓓ Sure. I know a great restaurant.	ⓓ 그래. 내가 멋진 식당을 알아.

해설 오늘 밤에 나가서 저녁 식사를 하자고 제안하고 있습니다. 이에 대해 그러자며 자신이 멋진 식당을 안다고 응답한 (d)가 정답입니다.

> **오답 분석**
> (a) 질문에 나온 dinner(저녁 식사)와 관련된 cook(요리사)을 함정으로 사용한 오답입니다.
> (b) But we went(하지만 우리 갔었잖아)로 시작해 정답처럼 들리지만 그 뒤의 내용이 질문에 맞지 않는 오답입니다.
> (c) Great(좋아)으로 시작해 정답처럼 들리지만 그 뒤의 내용이 질문에 맞지 않는 오답입니다.

어휘 dinner[dínər] 저녁 식사   excellent[éksələnt] 훌륭한, 뛰어난   favorite[féivərit] 가장 좋아하는

Part 2

11

M: I'm afraid I won't get the job.	M: 그 일자리를 얻지 못할까 봐 걱정이에요.
W: Why do you say that?	W: 왜 그런 말을 하세요?
M: I'm too inexperienced.	M: 전 경험이 너무 없거든요.
(a) Unfortunately, we can't hire you.	(a) 유감스럽게도 당신을 고용할 수 없어요.
(b) They are now taking applications.	(b) 그들은 지금 지원서를 받고 있어요.
ⓒ I think you're highly skilled.	ⓒ 난 당신이 아주 숙련됐다고 생각해요.
(d) I didn't mean to mislead you.	(d) 당신을 속이려던 건 아니었어요.

해설 면접 결과를 걱정하는 상황입니다. 자신은 경험이 너무 없다는 말에 당신이 아주 숙련됐다고 생각한다고 응답한 (c)가 정답입니다.

> **오답 분석**
> (a) 대화에 나온 job(일자리)과 관련된 hire(고용하다)를 함정으로 사용한 오답입니다.
> (b) 대화에 나온 job(일자리)과 관련된 application(지원서)을 함정으로 사용한 오답입니다.
> (d) 대화에 나온 say(말하다)와 관련된 mean(의도하다)을 함정으로 사용한 오답입니다.

어휘 afraid[əfréid] 걱정하는   inexperienced[ìnikspíəriənst] 경험이 없는   unfortunately[ʌnfɔ́ːrtʃənətli] 유감스럽게도
hire[háiər] 고용하다   application[æpləkéiʃən] 지원서   highly[háili] 아주; 높이   skilled[skild] 숙련된
mislead[mislíːd] 속이다

12

W: Hi, I'd like to return this jacket, please.	W: 안녕하세요, 이 재킷을 반환하고 싶은데요.
M: I see. Is there something wrong with it?	M: 알겠습니다. 뭔가 잘못된 점이 있나요?
W: There's a problem with the zipper.	W: 지퍼에 문제가 있어요.
(a) It gets stuck when I try to zip it.	(a) 지퍼를 잠그려고 할 때 걸려버려요.
ⓑ I'm sure we can replace that for you.	ⓑ 저희가 그걸 교환해드릴 수 있을 거라고 확신해요.
(c) You can use the dressing room.	(c) 탈의실을 이용하실 수 있어요.
(d) Try the buttons instead.	(d) 대신 단추를 시도해 보시죠.

해설 제품을 환불하는 상황입니다. 지퍼에 문제가 있다는 말에 그것을 교환해줄 수 있을 거라고 확신한다고 응답한 (b)가 정답입니다.

> **오답 분석**
> (a) 대화의 마지막 문장에서 지퍼에 문제가 있다고 말한 사람이 이어서 할 만한 말을 함정으로 사용한 오답입니다.
> (c) 대화에 나온 jacket(재킷)과 관련된 dressing room(탈의실)을 함정으로 사용한 오답입니다.
> (d) 대화에 나온 jacket(재킷)과 관련된 button(단추)을 함정으로 사용한 오답입니다.

어휘 return[ritə́:rn] 반환하다, 돌려주다   wrong[rɔːŋ] 잘못된   stick[stik] 꼼짝 못하게 하다   zip[zip] 지퍼를 잠그다; 지퍼를 열다
replace[ripléis] 교환하다   dressing room 탈의실; 분장실

13

W: Hey, Beth. What's new?	W: 안녕, Beth. 요즘 어때?
M: Well, I enrolled in an electronics class.	M: 음, 난 전자공학 수업에 등록했어.
W: Wow! How's that going?	W: 와! 그건 어때?
ⓐ It's difficult to understand.	ⓐ 이해하기 어려워.
(b) I've almost got it fixed.	(b) 거의 다 고쳤어.
(c) At a technical college.	(c) 공과 대학에서.
(d) It's required for my major.	(d) 내 전공 필수 과목이야.

해설 수업에서 겪고 있는 문제점을 이야기하는 상황입니다. 전자공학 수업이 어떤지 묻는 질문에 이해하기 어렵다고 응답한 **(a)**가 정답입니다.

오답 분석
(b) 대화에 나온 electronics(전자공학)와 관련된 fix(고치다)를 함정으로 사용한 오답입니다.
(c) 대화에 나온 class(수업)와 관련된 college(대학)를 함정으로 사용한 오답입니다.
(d) 대화에 나온 class(수업)와 관련된 major(전공)를 함정으로 사용한 오답입니다.

어휘 enroll[inróul] 등록하다   electronics[ilèktrániks] 전자공학   fix[fiks] 고치다, 수리하다   college[kálidʒ] 대학
major[méidʒər] 전공

14

W: The meeting will be in the main conference room, right?	W: 회의는 본 회의실에서 열리죠, 그렇죠?
M: Yes, starting at 4 p.m.	M: 네, 4시에 시작해요.
W: Are all of the staff going to be there?	W: 모든 직원들이 올 건가요?
(a) The date has to be changed.	(a) 날짜는 바뀌어야만 해요.
(b) You will want to attend.	(b) 당신은 참석하고 싶을 거예요.
ⓒ I think everyone is coming.	ⓒ 제 생각엔 모두 오는 것 같아요.
(d) I'm excited about the talk.	(d) 그 강연이 기대돼요.

해설 회의 참석 인원에 대해 이야기하는 상황입니다. 모든 직원들이 회의에 오는지 묻는 질문에 모두 오는 것 같다고 응답한 (c)가 정답입니다.

오답 분석
(a) 대화에 나온 start(시작하다)와 관련된 date(날짜)를 함정으로 사용한 오답입니다.
(b) 대화에 나온 meeting(회의)과 관련된 attend(참석하다)를 함정으로 사용한 오답입니다.
(d) 대화에 나온 meeting(회의)과 관련된 talk(강연)를 함정으로 사용한 오답입니다.

어휘 staff[stæf] 직원   attend[əténd] 참석하다   talk[tɔːk] 강연; 이야기

15

M: I've got car trouble.	M: 내 자동차에 문제가 생겼어.
W: Oh, no. Where are you?	W: 오, 저런. 지금 어디 있는데?
M: On the highway. The engine just stopped.	M: 고속도로야. 엔진이 그냥 멈췄어.
ⓐ You should call a tow truck.	ⓐ 견인차를 부르는 게 좋겠어.
(b) I left my car there, too.	(b) 나도 거기에 차를 두고 왔어.
(c) That's not the problem.	(c) 그 문제가 아니야.
(d) It was expensive to repair.	(d) 그건 수리하기 비쌌어.

해설　자동차 수리에 대해 이야기하는 상황입니다. 고속도로에서 엔진이 멈췄다는 말에 견인차를 부르는 게 좋겠다고 응답한 (a)가 정답입니다.

오답 분석
(b) 대화에 나온 car(차)를 반복하여 함정으로 사용한 오답입니다.
(c) 대화에 나온 trouble(문제)과 의미가 같은 problem(문제)을 함정으로 사용한 오답입니다.
(d) 현재 고장 난 차에 대해 수리하는 것이 비쌌다고 과거 시제를 함정으로 사용한 오답입니다.

어휘　trouble[trʌbl] 문제, 곤란　tow truck 견인차　expensive[ikspénsiv] 비싼　repair[ripɛ́ər] 수리하다

16

W: I'm really tired of this small apartment.	W: 난 이 작은 아파트에 정말 싫증이 나.
M: Yeah, I know what you mean.	M: 그래, 무슨 말인지 알아.
W: Don't you want to move to a new place?	W: 새로운 곳으로 이사하고 싶지 않아?
ⓐ Well, we can't afford it right now.	ⓐ 음, 우리는 지금 당장 그럴 여유가 없어.
(b) OK, let's stay here then.	(b) 좋아, 그럼 여기 계속 살자.
(c) Our rent is due in two days.	(c) 이틀 후가 집세 지불 기일이야.
(d) I've always liked apartments.	(d) 난 언제나 아파트를 좋아해왔어.

해설　이사하려는 이유에 대해 이야기하는 상황입니다. 새로운 곳으로 이사하고 싶지 않은지 묻는 질문에 지금 당장 그럴 여유가 없다고 응답한 (a)가 정답입니다.

오답 분석
(b) 대화에 나온 move(이사하다)와 관련된 stay(살다)를 함정으로 사용한 오답입니다.
(c) 대화에 나온 apartment(아파트)와 관련된 rent(집세)를 함정으로 사용한 오답입니다.
(d) 대화에 나온 apartment(아파트)를 반복하여 함정으로 사용한 오답입니다.

어휘　be tired of 싫증이 나다　rent[rent] 집세, 방세　due[djuː] 지불 기일인

17

M: I'd like to make a dental appointment, please.	M: 치과 예약을 하고 싶은데요.
W: Is it your first time here?	W: 여기는 처음이신가요?
M: No, I've been here before.	M: 아니요, 전에 왔었어요.
(a) That happened to my tooth recently.	(a) 최근 그 일이 제 치아에 발생했어요.
(b) I already filled out the forms.	(b) 전 이미 양식을 작성했어요.
ⓒ OK, then just sign your name here.	ⓒ 좋아요, 그러면 여기 이름을 기재해 주세요.
(d) It only covers routine checkups.	(d) 그것은 정기 검진만 포함해요.

해설　진료를 예약하는 상황입니다. 전에 왔다는 말에 그러면 이름을 기재해 달라고 응답한 (c)가 정답입니다.

오답 분석
(a) 대화에 나온 dental(치과의)과 관련된 tooth(치아)를 함정으로 사용한 오답입니다.
(b) 대화의 마지막 문장에서 전에 왔다고 말한 사람이 이어서 할 만한 말을 함정으로 사용한 오답입니다.
(d) 대화에 나온 dental(치과의)과 관련된 checkup(검진)을 함정으로 사용한 오답입니다.

어휘 **dental**[dentl] 치과의 **appointment**[əpɔ́intmənt] 예약 **recently**[rí:sntli] 최근 **fill out** (양식을) 작성하다
cover[kʌ́vər] 포함하다; 덮다 **routine**[ru:tí:n] 정기적인, 일상의 **checkup**[tʃékʌ̀p] 검진, 진단

18

W: Great job on the project summary, Ron.	W: 프로젝트 개요가 훌륭했어요, Ron.
M: Thanks. Was it helpful?	M: 고맙습니다. 그것이 도움이 됐나요?
W: Very. I certainly learned a lot.	W: 아주요. 전 정말로 많은 것을 배웠어요.
(a) I'll summarize it for you.	(a) 제가 그것을 요약해 드리죠.
(b) It's projected to open soon.	(b) 곧 열리기로 계획되어 있어요.
ⓒ That's good to know.	ⓒ 그걸 알게 돼서 기쁘네요.
(d) I know you did your best.	(d) 당신이 최선을 다했다는 걸 알아요.

해설 업무를 잘 해낸 것에 대해 칭찬하는 상황입니다. 프로젝트 개요에서 많은 것을 배웠다는 말에 알게 돼서 기쁘다고 응답한 (c)가 정답입니다.

오답 분석
(a) 대화에 나온 summary(개요)와 발음이 비슷한 summarize(요약하다)를 함정으로 사용한 오답입니다.
(b) 대화에 나온 다의어 project(프로젝트; 계획하다)를 반복하여 함정으로 사용한 오답입니다.
(d) 대화의 마지막 문장에서 정말로 많은 것을 배웠다고 말한 사람이 이어서 할 만한 말을 함정으로 사용한 오답입니다.

어휘 **project**[prɑ́dʒekt] 프로젝트; 계획하다 **summary**[sʌ́məri] 개요, 요약 **helpful**[hélpfəl] 도움이 되는
certainly[sə́:rtnli] 정말로, 확실히 **summarize**[sʌ́məràiz] 요약하다 **do one's best** 최선을 다하다

19

M: Does this bus stop at Riverside Park?	M: 이 버스가 Riverside 공원에 서나요?
W: No, this is a long-distance regional bus.	W: 아니요, 이건 장거리 지역 버스예요.
M: So which one should I take?	M: 그럼 저는 뭘 타야 하죠?
(a) Get off at the next stop.	(a) 다음 정류소에서 내리세요.
(b) I must have taken the wrong bus.	(b) 제가 버스를 잘못 탄 게 틀림없군요.
ⓒ The inner-city buses are across the street.	ⓒ 시내 버스는 길 건너편에 있어요.
(d) I was talking about the other bus.	(d) 전 다른 버스에 대해 얘기 중이었어요.

해설 대중교통 이용에 대해 이야기하는 상황입니다. Riverside 공원으로 가는데 뭘 타야 하는지 묻는 질문에 시내 버스는 길 건너편에 있다고 응답한 (c)가 정답입니다.

오답 분석
(a) 대화의 대중교통 이용에 대해 이야기하는 상황과 관련된 get off(내리다)를 함정으로 사용한 오답입니다.
(b) 대화에 나온 bus(버스)를 반복하여 함정으로 사용한 오답입니다.
(d) 대화에 나온 bus(버스)를 반복하여 함정으로 사용한 오답입니다.

어휘 **long-distance** 장거리의 **regional**[rí:dʒənl] 지역의, 지방의 **get off** (차에서) 내리다

20

W: How do you like your new gloves?	W: 새 장갑은 마음에 들어요?
M: They're not as comfortable as I had hoped.	M: 제가 바랐던 만큼 편하진 않아요.
W: Didn't you try them on at the store?	W: 가게에서 착용해보지 않았어요?
(a) That's where I bought them.	(a) 거기가 제가 그것들을 구입한 곳이에요.
(b) I want to try them on first.	(b) 전 우선 착용해보고 싶어요.
(c) They look extremely comfortable.	(c) 그건 굉장히 편해 보여요.
ⓓ No. I thought they would be OK.	ⓓ 네. 괜찮을 거라고 생각했거든요.

해설 구입한 제품에 대해 불만을 이야기하는 상황입니다. 가게에서 장갑을 착용해보지 않았는지 묻는 질문에 괜찮을 거라고 생각해서 착용해보지 않았다고 응답한 (d)가 정답입니다.

오답 분석
(a) 대화에 나온 gloves(장갑)에 해당하는 대명사인 them을 함정으로 사용한 오답입니다.
(b) 대화에 나온 try on(착용해보다)을 반복하여 함정으로 사용한 오답입니다.
(c) 대화에 나온 comfortable(편한)을 반복하여 함정으로 사용한 오답입니다.

어휘 glove[glʌv] 장갑 comfortable[kʌmftəbl] 편한 try on 착용해보다, 입어보다 extremely[ikstríːmli] 굉장히

기본기 다지기

01 보기 내용 파악하기 p. 123

01 (a) **02** (b) **03** (b) **04** (a) **05** (d)

01
ⓐ The man is <u>asking</u> the woman on a <u>date</u>.	ⓐ 남자가 여자에게 데이트를 신청하고 있다.
(b) The man is <u>helping</u> the woman with her <u>studies</u>.	(b) 남자는 여자의 공부를 도와주고 있다.

어휘 ask[æsk] 신청하다, 청하다; 묻다 date[deit] 데이트

02
(a) The woman <u>agrees</u> with the <u>mayor's decision</u>.	(a) 여자는 시장의 결정에 동의한다.
ⓑ The woman <u>opposes</u> the new <u>budget plan</u>.	ⓑ 여자는 새로운 예산안 계획에 반대한다.

어휘 agree[əgríː] 동의하다 mayor[méiər] 시장 decision[disíʒən] 결정 oppose[əpóuz] ~에 반대하다 budget[bʌ́dʒit] 예산안, 예산

03
(a) The concert <u>started an hour</u> ago.	(a) 콘서트는 1시간 전에 시작했다.
ⓑ The concert was <u>sold out weeks</u> ago.	ⓑ 콘서트는 몇 주 전에 매진되었다.
(c) The concert will <u>begin</u> at <u>eight o'clock</u>.	(c) 콘서트는 8시 정각에 시작할 것이다.

어휘 concert[kánsərt] 콘서트, 음악회 sold out 매진된 begin[bigín] 시작하다

04
ⓐ The man is <u>asking</u> for the woman's <u>passport</u>.	ⓐ 남자는 여자의 여권을 달라고 요청하고 있다.
(b) The man is <u>helping</u> the woman with her <u>luggage</u>.	(b) 남자는 여자의 수하물을 들어주고 있다.
(c) The man is <u>assisting</u> the woman with her <u>flight reservation</u>.	(c) 남자는 여자의 항공편 예약을 도와주고 있다.

어휘 passport[pǽspɔ̀ːrt] 여권 luggage[lʌ́gidʒ] 수하물 assist[əsíst] 돕다, 거들다 flight[flait] 항공편
reservation[rèzərvéiʃən] 예약

05
(a) The woman's sister is <u>getting married</u> next week.	(a) 여자의 여동생이 다음 주에 결혼할 것이다.
(b) The woman's sister is <u>going abroad</u> on <u>vacation</u>.	(b) 여자의 여동생이 휴가 때 외국에 갈 것이다.
(c) The woman's sister is <u>expecting</u> a <u>child</u> next month.	(c) 여자의 여동생이 다음 달에 아기를 낳을 것이다.
ⓓ The woman's sister is being <u>released</u> from the <u>hospital</u>.	ⓓ 여자의 여동생이 병원에서 퇴원할 것이다.

어휘 marry[mǽri] ~와 결혼하다 abroad[əbrɔ́ːd] 외국에, 해외에 vacation[veikéiʃən] 휴가
expect[ikspékt] 출산 예정이다; 예상하다 release[rilíːs] 퇴원하다; 풀어놓다

01 ○   **02** X   **03** ○   **04** ○   **05** X

01

I have to meet a client <u>after lunch</u>.	저는 점심 후에 고객을 만나야 해요.
The man has a meeting this afternoon. 남자는 오늘 오후에 회의가 있다.	

어휘   client[kláiənt] 고객, 의뢰인   meeting[míːtiŋ] 회의

02

I'd <u>like to apply for a loan</u>, please.	대출을 신청하고 싶어요.
The woman doesn't want to donate money. 여자는 돈을 기부하고 싶어 하지 않는다.	

어휘   apply[əplái] 신청하다, 지원하다   loan[loun] 대출   donate[dóuneit] 기부하다

03

M: How can I <u>get in touch</u> with you? W: I'll be <u>at the office</u>.	M: 제가 어떻게 당신과 연락하면 될까요? W: 저는 사무실에 있을 거예요.
He can reach her at work. 그는 회사로 그녀에게 연락할 수 있다.	

어휘   get in touch with ~와 연락하다, 접촉하다   office[ɔ́ːfis] 사무실   reach[riːtʃ] 연락하다

04

W: The university is <u>raising tuition</u>. M: <u>I know</u>. I <u>read</u> about it in the school paper.	W: 대학이 등록금을 인상한대. M: 응. 학교 신문에서 그것에 대해 읽었어.
The man is aware of the increase in education costs. 남자는 교육비 인상에 대해 알고 있다.	

어휘   raise[reiz] 인상하다, 올리다   tuition[tjuːíʃən] 등록금, 수업료   be aware of ~을 알다   increase[ínkriːs] 인상, 증가

05

W: I'd like to <u>reserve a table</u> for Saturday. M: And when would you <u>like to come</u>? W: <u>At 7 p.m.</u>, if there's an opening.	W: 토요일에 테이블을 하나 예약하고 싶어요. M: 언제 오려고 하시죠? W: 오후 7시요, 만일 자리가 있다면요.
The woman will cook dinner this weekend. 여자는 이번 주말에 저녁 식사를 요리할 것이다.	

어휘   reserve[rizə́ːrv] 예약하다   opening[óupəniŋ] 빈자리; 개장

Part 3

해커스 텝스 BASIC LISTENING

EXAMPLE

p. 127

Listen to a conversation between two students.	두 학생 간의 대화를 들으시오.
W: What is your presentation about?	W: 당신의 발표는 무엇에 관한 것인가요?
M: It's about art.	M: 미술에 관한 것이에요.
W: That seems broad. What aspect of art will you focus on?	W: 범위가 넓은 것 같은데요. 미술의 어떤 면에 집중할 건가요?
M: Chinese artists of the 20th century.	M: 20세기의 중국 미술가들이요.
W: Were you able to find sources for that?	W: 그것을 위한 출처들은 찾을 수 있었나요?
M: Yeah, they had plenty of stuff at the library.	M: 네, 도서관에 자료가 충분하던데요.
Q: What is the conversation mainly about?	Q: 대화는 주로 무엇에 대한 것인가?
(a) Library materials on Chinese art	(a) 중국 미술에 관한 도서관 자료들
(b) Finding sources for an assignment	(b) 과제를 위해 출처들을 찾는 것
ⓒ The topic for a presentation	ⓒ 발표를 위한 주제
(d) Giving an effective speech	(d) 효율적인 연설을 하는 것

어휘 presentation[prìːzəntéiʃən] 발표 broad[brɔːd] 넓은 aspect[金spekt] 면, 양상 century[séntʃəri] 세기 source[sɔːrs] 출처, 근거
plenty of 많은 library[láibrèri] 도서관 assignment[əsáinmənt] 과제 effective[iféktiv] 효율적인

HACKERS PRACTICE

p. 128

01 Step 4 (a)	**02** Step 4 (b)	**03** Step 4 (b)	**04** Step 4 (c)	**05** (a)	**06** (c)

01

Listen to a conversation between <u>two colleagues</u>.	두 동료 간의 대화를 들으시오.
W: **Do you like working in a team environment?**	W: 당신은 팀 환경에서 일하는 것을 좋아하나요?
M: **Yes. It's very efficient.**	M: 네. 그건 아주 효율적이죠.
W: But doesn't it cause <u>conflicts</u> sometimes?	W: 하지만 가끔 갈등을 일으키지 않나요?
M: <u>Not</u> if you have good <u>communication</u>.	M: 의사소통을 잘하면 그렇지 않아요.
Q: What is the <u>main topic</u> of the conversation?	Q: 대화의 주제는 무엇인가?
ⓐ 팀 환경에서 일하기	ⓐ 팀 환경에서 일하기
(b) 업무 불만 해소하기	(b) 업무 불만 해소하기

해설 대화의 주제를 묻는 문제입니다. 대화의 앞부분에서 여자가 팀 환경에서 일하는 것을 좋아하는지(Do you like working in a team environment?) 묻자, 남자가 아주 효율적(Yes. It's very efficient)이라고 응답하며 구체적인 장단점을 이야기하고 있으므로 팀 환경에서 일하는 것이라고 한 (a)가 정답입니다.

어휘 environment[invái ərənmənt] 환경 conflict[kánflikt] 갈등 communication[kəmjùːnəkéiʃən] 의사소통

02

Listen to two acquaintances discuss an exhibition.

W: So **when is your art opening?**

M: **Friday night**. The exhibit will last for two weeks.

W: Oh, that's soon. I'll make sure to stop by the gallery.

M: Great. I'd love to hear what you think.

Q: What is the conversation mainly about?

(a) 전시품에 대한 여자의 의견

(b) 남자의 다가오는 전시회

두 친구가 전시회에 대해 이야기하는 것을 들으시오.

W: 당신의 미술 전시회는 언제 열리나요?

M: 금요일 밤예요. 전시회는 2주 동안 지속될 거예요.

W: 오, 금방이네요. 갤러리에 꼭 들르도록 할게요.

M: 좋아요. 당신의 생각을 듣고 싶네요.

Q: 대화는 주로 무엇에 대한 것인가?

(a) 전시품에 대한 여자의 의견

(b) 남자의 다가오는 전시회

해설 대화의 중심 내용을 묻는 문제입니다. 대화의 앞부분에서 여자가 남자의 전시회는 언제 열리는지(when is your art opening?) 묻자, 남자가 금요일 밤(Friday night)이라고 응답하고 있으므로 남자의 다가오는 전시회라고 한 (b)가 정답입니다.

어휘 exhibit[igzíbit] 전시회 stop by 들르다 gallery[gǽləri] 갤러리, 화랑

03

Listen to a conversation between two friends.

M: **Is that your puppy?**

W: **Yes. I just got him yesterday.**

M: Well, he doesn't look very healthy.

W: I know. I found him on the street.

M: You should probably take him to the veterinarian then.

W: I plan to first thing in the morning.

Q: What is the conversation mainly about?

(a) 남자의 새로 사귄 친구

(b) 여자의 새로 생긴 강아지

(c) 유기견에 대한 남자의 의견

두 친구 간의 대화를 들으시오.

M: 당신의 강아지인가요?

W: 네. 어제 막 얻었어요.

M: 음, 아주 건강해 보이지는 않네요.

W: 알아요. 길에서 발견했거든요.

M: 그러면 동물 병원에 데려가 봐야 할 것 같네요.

W: 내일 아침 제일 먼저 그럴 생각이에요.

Q: 대화는 주로 무엇에 대한 것인가?

(a) 남자의 새로 사귄 친구

(b) 여자의 새로 생긴 강아지

(c) 유기견에 대한 남자의 의견

해설 대화의 중심 내용을 묻는 문제입니다. 대화의 앞부분에서 남자가 여자의 강아지인지(Is that your puppy?) 묻자, 여자가 그렇다며 어제 막 얻었다(Yes. I just got him yesterday)고 응답하며 새 강아지에 대해 이야기하고 있으므로 여자의 새로 생긴 강아지라고 한 (b)가 정답입니다.

어휘 puppy[pʌ́pi] 강아지 veterinarian[vètərənɛ́əriən] 수의사

04

Listen to a conversation between a customer and an employee.

M: Hello, **I'd like to reserve a double room.**

W: OK, and **how many nights will you be staying?**

M: Just Monday and Tuesday.

W: I see. And do you prefer smoking or nonsmoking?

M: Nonsmoking, please.

W: OK. We'll just need your name and phone number.

Q: What is the man mainly doing in the conversation?

(a) 휴가 일정을 변경하고 있다.

(b) 기차표 예약을 취소하고 있다.

(c) 호텔 객실을 예약하고 있다.

고객과 직원 간의 대화를 들으시오.

M: 안녕하세요, 2인실을 예약하고 싶은데요.

W: 네, 며칠 밤을 묵을 생각이신가요?

M: 월요일하고 화요일만요.

W: 알겠습니다. 그리고 흡연실을 선호하시나요, 금연실을 선호하시나요?

M: 금연실이요.

W: 네. 손님의 성함과 전화번호가 필요한데요.

Q: 대화에서 남자는 주로 무엇을 하고 있는가?

(a) 휴가 일정을 변경하고 있다.

(b) 기차표 예약을 취소하고 있다.

(c) 호텔 객실을 예약하고 있다.

해설 대화에서 남자가 주로 하고 있는 일을 묻는 문제입니다. 대화의 앞부분에서 남자가 2인실을 예약하고 싶다(I'd like to reserve a double room)고 요청하자, 여자가 며칠 밤을 묵을 예정인지(how many nights will you be staying?) 물으며 예약에 대해 이야기하고 있으므로 호텔 객실을 예약하고 있다고 한 (c)가 정답입니다.

어휘 reserve[rizə́:rv] 예약하다 double room 2인실

05

Listen to a conversation between <u>a customer and a waiter</u>. M: Excuse me, but **I can't eat this soup**. W: What seems to be the <u>problem</u>? M: **It's too <u>salty</u>, and it's <u>not</u> even <u>warm</u>**. W: My apologies, sir. We'll bring out a new one. M: But my <u>lunch hour</u> is almost up. W: I understand. We'll <u>replace</u> it right away. Q: What is the man <u>mainly doing</u> in the conversation? ⓐ He is <u>complaining</u> about the soup. (b) He is <u>requesting</u> a second helping of soup. (c) He is <u>asking</u> for his money back.	고객과 종업원 간의 대화를 들으시오. M: 실례합니다만, 이 수프를 못 먹겠네요. W: 무엇이 문제인가요? M: 너무 짜고 따뜻하지도 않아요. W: 죄송합니다. 새로운 것을 가져다 드리겠습니다. M: 하지만 제 점심 시간은 거의 끝나가는데요. W: 알겠습니다. 바로 바꿔드리겠습니다. Q: 대화에서 남자는 주로 무엇을 하고 있는가? ⓐ 수프에 대해 불평하고 있다. (b) 두 번째 수프를 부탁하고 있다. (c) 환불을 요구하고 있다.

해설 대화에서 남자가 주로 하고 있는 일을 묻는 문제입니다. 대화의 앞부분에서 남자가 수프를 못 먹겠다(I can't eat this soup)고 불평한 후, 너무 짜고 따뜻하지도 않다(It's too salty, and it's not even warm)고 언급하며 불만 사항을 이야기하고 있으므로 수프에 대해 불평하고 있다고 한 (a)가 정답입니다.

어휘 salty[sɔ́:lti] 짠 apology[əpálədʒi] 사과 bring out 가져오다 replace[ripléis] 바꾸다, 교체하다
complain[kəmpléin] 불평하다 request[rikwést] 부탁하다 ask for ~을 요구하다

06

Listen to a conversation between <u>two friends</u>. M: **How are you <u>enjoying</u> your summer vacation?** W: **Everything's great, except for my <u>guitar lessons</u>**. M: How come? Is the teacher <u>hard</u> to <u>understand</u>? W: No. It's just that I <u>don't</u> seem to be <u>improving</u> very much. M: Well, I'm sure you'll <u>get better</u>. W: I don't know. It's already been six weeks. Q: What is the <u>main topic</u> of the conversation? (a) The woman's <u>problem</u> with her guitar <u>teacher</u> (b) The woman's busy <u>summer schedule</u> ⓒ The woman's <u>difficulty</u> with learning <u>guitar</u>	두 친구 간의 대화를 들으시오. M: 여름 방학을 어떻게 보내고 있나요? W: 모든 게 멋져요, 제 기타 수업만 빼면요. M: 어째서요? 선생님을 이해하기 힘든가요? W: 아니요. 단지 제가 많이 나아지고 있지 않은 것 같아서요. M: 나아질 거라 믿어요. W: 모르겠어요. 벌써 6주나 됐어요. Q: 대화의 주제는 무엇인가? (a) 여자의 기타 선생님과의 문제 (b) 여자의 바쁜 방학 계획 ⓒ 기타를 배우는 데 있어서의 여자의 어려움

해설 대화의 주제를 묻는 문제입니다. 대화의 앞부분에서 남자가 여름 방학을 어떻게 보내고 있는지(How are you enjoying your summer vacation?) 묻자, 여자가 기타 수업만 빼면 모든 게 멋지다(Everything's great, except for my guitar lessons)고 응답하며 기타 수업의 어려움에 대해 이야기하고 있으므로 기타를 배우는 데 있어서의 여자의 어려움이라고 한 (c)가 정답입니다.

어휘 improve[imprú:v] 나아지다 schedule[skédʒu:l] 계획 difficulty[dífikʌlti] 어려움

01 (d)	02 (b)	03 (d)	04 (d)

01

Listen to a conversation between two friends.

M: **I like your belt. Where did you get it?**

W: **At a designer store downtown.**

M: You must have paid a lot for it, huh?

W: Actually, **it was on sale**.

M: That's nice. How much did it cost?

W: It was under $20.

Q: What is the main topic of the conversation?

(a) How belts differ in price and quality

(b) Where the woman purchased the belt

(c) Cheap clothes at a fashion store

(d) A belt the woman bought on sale

두 친구 간의 대화를 들으시오.

M: 당신의 벨트가 마음에 들어요. 어디서 샀어요?

W: 시내에 있는 디자이너 가게에서요.

M: 돈이 꽤 많이 들었겠는데요?

W: 사실, 세일 중이었어요.

M: 좋군요. 얼마였어요?

W: 20달러 이하였어요.

Q: 대화의 주제는 무엇인가?

(a) 벨트의 가격과 품질의 차이

(b) 여자가 벨트를 구입한 곳

(c) 패션 가게에서의 저렴한 옷

(d) 여자가 세일 중에 구입한 벨트

해설 대화의 주제를 묻는 문제입니다. 대화의 앞부분에서 남자가 벨트가 마음에 든다며 어디서 샀는지(I like your belt. Where did you get it?) 묻자, 여자가 시내에 있는 디자이너 가게에서 구했다(At a designer store downtown)고 언급한 후, 세일 중이었다(it was on sale)고 이야기하고 있으므로 여자가 세일 중에 구입한 벨트라고 한 (d)가 정답입니다.

어휘 downtown[dàuntáun] 시내, 도심지 on sale 세일 중인 cost[kɔːst] 돈이 들다 quality[kwáləti] 품질
purchase[pə́ːrtʃəs] 구입하다 cheap[tʃiːp] 저렴한

02

Listen to two coworkers discuss a malfunctioning device.

M: **Does this printer work?**

W: Actually, it has a paper jam. I just tried to use it myself.

M: I really need to print a document. **Are there any others?**

W: Just wait for a minute. I've already sent a message to technical services.

M: Well, I need it now.

W: Then you might try the marketing department.

Q: What is the man mainly doing in the conversation?

(a) Trying to fix a broken printer

(b) Looking for a printer that works

(c) Explaining why he needs the printer

(d) Reporting a paper jam

두 동료가 고장 난 기기에 대해 이야기하는 것을 들으시오.

M: 이 프린터 작동하나요?

W: 사실, 종이가 걸렸어요. 저도 지금 막 사용해보려고 했어요.

M: 이 문서를 꼭 인쇄해야 하는데요. 또 다른 건 없나요?

W: 잠시만 기다리세요. 벌써 기술 서비스에 메시지를 보냈어요.

M: 음, 전 지금 당장 필요한데요.

W: 그러면, 마케팅부서에서 시도해보세요.

Q: 대화에서 남자는 주로 무엇을 하고 있는가?

(a) 망가진 프린터를 고치려고 하고 있다.

(b) 작동하는 프린터를 찾고 있다.

(c) 왜 프린터가 필요한지 설명하고 있다.

(d) 종이가 걸렸음을 보고하고 있다.

해설 대화에서 남자가 주로 하고 있는 일을 묻는 문제입니다. 대화의 앞부분에서 남자가 프린터가 작동하는지(Does this printer work?) 물은 후, 다른 프린터는 없는지(Are there any others?) 찾고 있으므로 작동하는 프린터를 찾고 있다고 한 (b)가 정답입니다.

어휘 printer[príntər] 프린터, 인쇄기 jam[dʒæm] 걸림; 걸리다 document[dákjumənt] 문서 technical[téknikəl] 기술적인
marketing[máːrkitiŋ] 마케팅 department[dipáːrtmənt] 부서, 부문 fix[fiks] 고치다 broken[bróukən] 망가진
report[ripɔ́ːrt] 보고하다

03

Listen to a conversation at a restaurant.

M: **That woman talking to the waiter looks very familiar**.

W: Yes, she does. **Isn't she that girl we knew in law school?**

M: Oh, yeah! Her name's Rebecca Mitchell.

W: Did you ever keep in touch with her after graduation?

M: No, but I heard she got a job at one of the major law firms in Boston.

W: I think I heard something about that too.

Q: What is the conversation mainly about?

(a) A law firm the man and woman used to work for

(b) What qualities to look for in a law school

(c) How to stay in touch with former friends

(d) A person the man and woman knew in graduate school

	음식점에서의 대화를 들으시오.

M: 웨이터와 대화하는 저 여자 낯이 익어 보이는데.

W: 응, 그러네. 법학 대학원에서 우리가 알던 그 여자 아니야?

M: 오, 맞아! 그녀의 이름은 Rebecca Mitchell이야.

W: 졸업 후에 그녀와 연락한 적 있어?

M: 아니, 하지만 그녀가 보스턴의 일류 법률 사무소에서 일을 구했다는 것을 들었어.

W: 나도 그것에 대해 들었던 것 같아.

Q: 대화는 주로 무엇에 대한 것인가?

(a) 남자와 여자가 근무하던 법률 사무소

(b) 법학 대학원에서 찾아봐야 할 자질

(c) 예전 친구들과 연락을 지속하는 방법

(d) 대학원 때 남자와 여자가 알았던 사람

해설 　대화의 중심 내용을 묻는 문제입니다. 대화의 앞부분에서 남자가 웨이터와 대화하는 여자가 낯이 익어 보인다(That woman ~ looks very familiar)고 언급한 후, 여자가 법학 대학원에서 알던 사람(Isn't she that girl we knew in law school?)이 아니냐고 물으며 그 여자에 대해 이야기하고 있으므로 대학원 때 남자와 여자가 알았던 사람이라고 한 (d)가 정답입니다.

> paraphrase된 부분
>
> that girl we knew in law school 법학 대학원에서 우리가 알던 그 여자
>
> → a person the man and woman knew in graduate school 대학원 때 남자와 여자가 알았던 사람

어휘 　familiar[fəmíljər] 낯익은　law school 법학 대학원　keep in touch with ~와 연락을 지속하다　law firm 법률 사무소
quality[kwáləti] 자질, 소질　former[fɔ́ːrmər] 예전의

04

Listen to a conversation between two colleagues.

M: Dana, **can you give me a hand with the new software?**

W: Actually, **it should install itself once you click on the link**.

M: I've tried that. And I even read the instructions.

W: Well, it looks like you're doing everything right.

M: There must be a way. Aren't you the computer expert?

W: I'm sorry, Randy, but that's all I know to do.

Q: What's mainly taking place in the conversation?

(a) The woman is learning to use a computer.

(b) The man is buying new software.

(c) The woman is complaining about the man.

(d) The man is asking the woman for help.

두 동료 간의 대화를 들으시오.

M: Dana, 이 새 소프트웨어에 대해 좀 도와줄래요?

W: 사실, 링크를 클릭하면 자동으로 설치가 될 거예요.

M: 그건 해 봤어요. 그리고 사용 설명서도 읽어봤어요.

W: 흠, 다 제대로 하고 있는 것 같은데요.

M: 분명 방법이 있을 거예요. 당신은 컴퓨터 전문가 아닌가요?

W: 미안해요, Randy, 하지만 그게 제가 아는 전부예요.

Q: 대화에서 주로 무엇이 일어나고 있는가?

(a) 여자는 컴퓨터 사용 방법을 배우고 있다.

(b) 남자는 새 소프트웨어를 사고 있다.

(c) 여자가 남자에 대해 불평하고 있다.

(d) 남자가 여자에게 도움을 구하고 있다.

해설 　대화에서 주로 일어나고 있는 일을 묻는 문제입니다. 대화의 앞부분에서 남자가 새 소프트웨어 문제로 도와달라(can you give me a hand with the new software?)고 요청하자, 여자가 링크를 클릭하면 자동으로 설치가 될 것(it should install itself once you click on the link)이라고 응답하며 해결책에 대해 이야기하고 있으므로 남자가 여자에게 도움을 구하고 있다고 한 (d)가 정답입니다.

어휘 　give a hand 돕다　software[sɔ́ːftwὲər] 소프트웨어　install[instɔ́ːl] 설치하다　click[klik] 클릭하다　link[liŋk] 링크
instruction[instrʌ́kʃən] 사용 설명서　expert[ékspəːrt] 전문가

EXAMPLE

p. 133

Listen to a conversation between two friends. W: I may have made a bad decision. M: What do you mean? W: Well, my friend offered me a good job. M: So you didn't take it? W: Exactly. But now I wish I had. M: Oh, that's too bad. Q: Which is correct about the woman according to the conversation? (a) She recently got a new job. (b) She works for her friend. ⓒ She regrets not taking the job offer. (d) She will ask for another chance.	두 친구 간의 대화를 들으시오. W: 제가 잘못된 결정을 내렸는지도 모르겠어요. M: 무슨 뜻이에요? W: 그게, 제 친구가 저에게 좋은 일자리를 권했어요. M: 그런데 받아들이지 않았나요? W: 맞아요. 하지만 지금은 그랬더라면 싶어요. M: 오, 그거 안 됐군요. Q: 대화에 따르면 여자에 대해 맞는 것은 무엇인가? (a) 그녀는 최근에 새 일자리를 구했다. (b) 그녀는 친구 밑에서 일한다. ⓒ 그녀는 일자리를 받아들이지 않은 것을 후회한다. (d) 그녀는 기회를 한 번 더 요구할 것이다.

어휘 decision[disíʒən] 결정 offer[ɔ́ːfər] 권하다, 제공하다 regret[rigrét] 후회하다

HACKERS PRACTICE

p. 134

01 Step 4 (a)	**02** Step 4 (a)	**03** Step 4 (c)	**04** Step 4 (c)	**05** (b)	**06** (b)

01

Listen to a conversation between two coworkers. M: I can't believe we lost the sales contract. W: I know. We worked so hard to get it. M: I guess we'll have to work harder next time. W: Yeah, we can't afford to lose another one. Q: Which is correct about the man and woman according to the conversation? ⓐ 그들은 판매 계약을 놓쳤다. (b) 그들은 영업 실적이 우수했다.	두 동료 간의 대화를 들으시오. M: 우리가 판매 계약을 놓쳤다는 게 믿어지지 않아요. W: 알아요. 그것을 얻기 위해 아주 열심히 일했는데. M: 다음엔 더 열심히 해야겠어요. W: 네, 하나도 더 놓칠 여유가 없어요. Q: 대화에 따르면 남자와 여자에 대해 맞는 것은 무엇인가? ⓐ 그들은 판매 계약을 놓쳤다. (b) 그들은 영업 실적이 우수했다.

해설 남자와 여자에 대해 대화의 내용과 일치하는 것을 묻는 문제입니다. 남자가 판매 계약을 놓친 것을 믿을 수 없다(I can't believe we lost the sales contract)고 언급하자, 여자가 안다(I know)고 동의하고 있으므로 그들이 판매 계약을 놓쳤다고 한 (a)가 정답입니다.

어휘 sales contract 판매 계약 afford[əfɔ́ːrd] ~할 여유가 있다

02

Listen to a conversation between <u>two friends</u>. M: **Why did you decide to <u>work</u> in a <u>foreign country</u>?** W: Mainly **I just wanted to <u>be exposed to</u> another culture**. M: Yeah, I've often thought of that as well. W: Well, you should <u>consider</u> doing it too. Q: <u>Why</u> does the woman want to <u>go abroad</u>? ⓐ 외국 문화를 경험하기 위해 (b) 제2언어를 공부하기 위해	두 친구 간의 대화를 들으시오. M: 당신은 왜 외국에서 일하기로 결정했나요? W: 가장 큰 이유는 다른 문화를 접하고 싶어서예요. M: 네, 저도 가끔 그런 생각을 했어요. W: 그럼 당신도 그렇게 하는 걸 고려해봐요. Q: 여자는 왜 외국으로 나가고 싶어 하는가? ⓐ 외국 문화를 경험하기 위해 (b) 제2언어를 공부하기 위해

해설 여자가 외국에 가고 싶어 하는 이유를 묻는 문제입니다. 남자가 왜 외국에서 일하기로 결정했는지(Why did you decide to work in a foreign country?) 묻자, 여자가 다른 문화를 접하고 싶어서(I just wanted to be exposed to another culture)라고 응답하고 있으므로 외국 문화를 경험하기 위해라고 한 (a)가 정답입니다.

어휘 foreign[fɔ́:rən] 외국의 country[kʌ́ntri] 국가 expose[ikspóuz] 접하게 하다, 노출시키다 culture[kʌ́ltʃər] 문화
consider[kənsídər] 고려하다

03

Listen to a conversation between <u>two coworkers</u>.
M: Susan, can I see those <u>sales receipts</u> one more time?
W: But I don't have them.
M: Really? I wonder where they could be, then.
W: Well, **you laid them <u>on your desk</u>** after we talked.
M: Wait, **you're right**. I remember <u>putting them</u> there.
W: That's a relief.
 	
Q: Which is <u>correct about</u> the sales receipts according to
  the conversation?
(a) 여자가 그것을 집에 두고 왔다.
(b) 그것은 여자의 사무실에 있다.
ⓒ 그것은 남자의 책상 위에 있다.
	두 동료 간의 대화를 들으시오.
	M: Susan, 판매 영수증을 한 번 더 볼 수 있을까요?
	W: 하지만 전 갖고 있지 않은데요.
	M: 정말이요? 그럼 어디에 있는지 알고 싶어요.
	W: 음, 우리가 대화한 뒤에 당신 책상 위에 올려 놓
	  으셨어요.
	M: 가만, 당신이 맞아요. 그곳에 놓았던 기억이 나요.
	W: 다행이군요.
	
	Q: 대화에 따르면 판매 영수증에 대해 맞는 것은
	  무엇인가?
	(a) 여자가 그것을 집에 두고 왔다.
	(b) 그것은 여자의 사무실에 있다.
	ⓒ 그것은 남자의 책상 위에 있다.

해설 판매 영수증에 대해 대화의 내용과 일치하는 것을 묻는 문제입니다. 여자가 남자에게 남자가 영수증을 책상 위에 올려 놓았다(you laid them on your desk)고 설명하자, 남자가 맞다(you're right)고 동의하고 있으므로 영수증이 남자의 책상 위에 있다고 한 (c)가 정답입니다.

어휘 sales receipt 판매 영수증 wonder[wʌ́ndər] 알고 싶어 하다, 의아하게 여기다 remember[rimémbər] 기억하다
relief[rilí:f] 다행, 안심

04

Listen to a conversation between <u>a doctor and a patient</u>.	의사와 환자 간의 대화를 들으시오.
M: Hi, Shelley. What <u>brings</u> you <u>back</u> so soon?	M: 안녕하세요, Shelley. 왜 이렇게 일찍 돌아왔어요?
W: **I've still got a <u>sore throat</u>**.	W: **아직도 인후통이 있어요.**
M: And did you <u>take</u> the <u>medicine</u> I gave you?	M: 그럼, 제가 드린 약을 먹었나요?
W: Yes, but **it still <u>feels</u> the <u>same</u>**.	W: 네, 하지만 **똑같아요.**
M: I see. Do you have any other <u>symptoms</u>?	M: 그렇군요. 무슨 다른 증상은 있나요?
W: No, that's it.	W: 아니요, 그게 다예요.
Q: Which is <u>correct about</u> the woman according to the conversation?	Q: 대화에 따르면 여자에 대해 맞는 것은 무엇인가?
(a) 그녀는 약을 먹지 않았다.	(a) 그녀는 약을 먹지 않았다.
(b) 그녀는 주사를 맞기 원한다.	(b) 그녀는 주사를 맞기 원한다.
ⓒ 그녀의 인후통은 나아지지 않았다.	ⓒ 그녀의 인후통은 나아지지 않았다.

해설 여자에 대해 대화의 내용과 일치하는 것을 묻는 문제입니다. 여자가 아직도 인후통이 있다(I've still got a sore throat)고 언급한 후, 똑같다(it still feels the same)고 이야기하고 있으므로 그녀의 인후통은 나아지지 않았다고 한 (c)가 정답입니다.

어휘 sore[sɔːr] 아픈 throat[θrout] 목 medicine[médəsin] 약 symptom[símptəm] 증상

05

Listen to a conversation between <u>two acquaintances</u>.	두 지인 간의 대화를 들으시오.
M: It looks like I'll be <u>out of work</u> soon.	M: 저 곧 실직하게 생겼어요.
W: Oh, no. Why is that?	W: 오, 저런. 왜 그런데요?
M: **Our company is <u>outsourcing</u> its design work** now.	M: 이제 우리 회사가 디자인 업무를 외부에 맡긴대요.
W: And **that means you, too?**	W: 그건 당신도 뜻하나요?
M: **Yeah**, it's <u>inevitable</u> at this point.	M: 네, 이 시점에서는 불가피해요.
W: Well, I'm sure you'll <u>find</u> something <u>else</u>.	W: 분명 다른 것을 찾을 수 있을 거예요.
Q: Which is <u>correct</u> according to the conversation?	Q: 대화에 따르면 맞는 것은 무엇인가?
(a) The man wants to work in a <u>different field</u>.	(a) 남자는 다른 분야에서 일하기 원한다.
ⓑ The man's job is being <u>outsourced</u>.	ⓑ 남자의 일이 외부에 맡겨질 것이다.
(c) The man's company is going <u>out of business</u>.	(c) 남자의 회사가 폐업한다.

해설 대화의 내용과 일치하는 것을 묻는 문제입니다. 남자가 회사가 디자인 업무를 외부에 맡긴다(Our company is outsourcing its design work)고 언급한 후, 여자가 남자의 일도 포함되냐(that means you, too?)고 묻자, 남자가 그렇다(Yeah)고 응답하고 있으므로 남자의 일이 외부에 맡겨질 것이라고 한 (b)가 정답입니다.

paraphrase된 부분

Our company is outsourcing 우리 회사가 외주를 주다 → The man's job is being outsourced 남자의 일이 외부에 맡겨질 것이다

어휘 out of work 실직한, 직업이 없는 outsource[àutsɔ́ːrs] 외부에 맡기다, 외주 제작하다 inevitable[inévətəbl] 불가피한 field[fiːld] 분야 go out of business 폐업하다

06

Listen to <u>two friends</u> make <u>weekend plans</u>.

M: So <u>what</u> should we <u>do</u> this weekend?

W: Well, **we could go to the <u>beach</u>**. I know of a great resort.

M: I'd love to, but **I'm <u>short of cash</u>** right now.

W: Well, I could <u>lend</u> you some <u>money</u>.

M: Thanks, but I'd rather <u>not spend money</u> right now.

W: Well, let's do something <u>in town</u> then.

Q: <u>What is keeping</u> the man <u>from going</u> to the beach?

(a) He has already made <u>other plans</u>.

(b) He currently cannot <u>afford it</u>.

(c) He just <u>went there</u> last month.

두 친구가 주말 계획을 세우는 것을 들으시오.

M: 그래서 우리 이번 주말에 뭘 할까?

W: 음, 우린 해변에 갈 수 있어. 내가 좋은 휴양지를 알아.

M: 그러고 싶지만, 지금은 현금이 모자라.

W: 그럼, 내가 돈을 좀 빌려줄 수 있어.

M: 고맙지만, 지금은 돈을 안 쓰는 편이 더 나을 것 같아.

W: 음, 그럼 시내에서 뭔가를 하자.

Q: 무엇이 남자가 해변에 가는 것을 막고 있는가?

(a) 이미 다른 계획을 세웠다.

(b) 현재 그것에 쓸 돈이 없다.

(c) 바로 지난달에 거기에 갔다.

해설 남자가 해변에 가지 못하는 이유를 묻는 문제입니다. 여자가 해변에 가자(we could go to the beach)고 제안하자, 남자는 현금이 부족하다(I'm short of cash)고 거절하고 있으므로 현재 그것에 쓸 돈이 없다고 한 (b)가 정답입니다.

> paraphrase된 부분
> short of cash 현금이 모자란 → cannot afford it 그것에 쓸 돈이 없다

어휘 beach[biːtʃ] 해변   resort[rizɔ́ːrt] 휴양지, 행락지   short of ~가 부족한   cash[kæʃ] 현금, 돈   spend[spend] 쓰다, 소비하다
currently[kə́ːrəntli] 현재, 지금은

HACKERS TEST

01 (d)   **02** (b)   **03** (b)   **04** (d)

01

Listen to a conversation between two friends.

W: John, are you busy?

M: Not at the moment. Why?

W: **Do you mind dropping my books off at the library?**

M: Not at all. But what time does it close?

W: At 8 p.m. on weeknights.

M: Got it. I'll leave in a few minutes.

Q: What is the woman asking the man to do?

(a) Pick her up at 8 p.m.

(b) Call the library

(c) Drive her to the library

(d) Take her books to the library

두 친구 간의 대화를 들으시오.

W: John, 지금 바쁘니?

M: 지금은 아니야. 왜?

W: 도서관에 내 책 좀 갖다 줄래?

M: 물론이지. 그런데 거기 몇 시에 문을 닫지?

W: 평일 밤에는 오후 8시에 닫아.

M: 알았어. 몇 분 있다 갈게.

Q: 여자는 남자에게 무엇을 부탁하는가?

(a) 오후 8시에 데리러 온다

(b) 도서관에 전화한다

(c) 도서관에 태워다 준다

(d) 도서관에 그녀의 책을 가져다 준다

해설 여자가 남자에게 부탁하는 것이 무엇인지 묻는 문제입니다. 여자가 도서관에 자신의 책을 갖다 달라(Do you mind dropping my books off at the library?)고 부탁하고 있으므로 도서관에 그녀의 책을 가져다 주는 것이라고 한 (d)가 정답입니다.

> paraphrase된 부분
> dropping my books off 책을 가져다 주기 → take her books 책을 가져다 주다

어휘 at the moment 지금, 현재   mind[maind] 꺼려하다, 신경 쓰다   drop off 갖다 놓다   weeknight[wíːknàit] 평일 밤

02

Listen to a conversation between two friends.

M: **Can you believe they're raising taxes again?**

W: The government has to get money somehow.

M: But it's the third time this year!

W: Well, it's because the schools need more teachers.

M: But I heard it was to improve the subway system.

W: Either way, **it's for a good cause**.

Q: Which is correct according to the conversation?

(a) The woman heard subway prices were rising.

(b) The woman is supportive of the tax increase.

(c) The man thinks schools need more teachers.

(d) The man likes the government's plan.

두 친구 간의 대화를 들으시오.

M: 세금을 또 올린다는 걸 믿을 수 있어요?

W: 정부는 어떻게든 돈을 구해야 하니까요.

M: 하지만 올해 세 번째예요!

W: 음, 그건 학교가 교사들을 더 필요로 하기 때문이죠.

M: 하지만 전 그게 지하철 체계를 개선하기 위한 거라고 들었어요.

W: 어느 쪽이든, 좋은 목적을 위한 거예요.

Q: 대화에 따르면 맞는 것은 무엇인가?

(a) 여자는 지하철 요금이 오른다고 들었다.

(b) 여자는 세금 인상을 지지한다.

(c) 남자는 학교가 교사들을 더 필요로 한다고 생각한다.

(d) 남자는 정부의 계획을 좋아한다.

해설 대화의 내용과 일치하는 것을 묻는 문제입니다. 남자가 또 세금이 인상되는 것을 믿을 수 있는지(Can you believe they're raising taxes again?) 물은 후, 여자가 그것은 좋은 목적을 위한 것(it's for a good cause)이라고 주장하고 있으므로 여자는 세금 인상을 지지한다고 한 (b)가 정답입니다.

어휘 raise[reiz] 올리다, 인상하다 tax[tæks] 세금 government[gʌ́vərnmənt] 정부 somehow[sʌ́mhàu] 어떻게든 improve[imprúːv] 개선하다 either way 어느 쪽이든 cause[kɔːz] 목적, 이유 supportive[səpɔ́ːrtiv] 지지하는, 협력적인

03

Listen to two colleagues discuss an employee's resignation.

M: I'm surprised that Sheila's leaving the company after all these years.

W: What? I hadn't heard that.

M: Yeah, she's going back to school to finish her degree.

W: Well, good for her. But **she'll certainly be missed**.

M: I know. **It'll be difficult to replace her**.

W: True. But we'll find someone eventually.

Q: Which is correct according to the conversation?

(a) Sheila wants to pursue a second degree.

(b) The man thinks Sheila will be hard to replace.

(c) The woman knew that Sheila was leaving.

(d) The woman will apply for Sheila's position.

두 동료가 직원의 퇴직에 대해 이야기하는 것을 들으시오.

M: Sheila가 그렇게 오랫동안 일하고서 회사를 떠난다니 놀라워요.

W: 뭐라고요? 전 그런 얘기 못 들었어요.

M: 네, 그녀는 학위를 마치기 위해 학교로 돌아갈 거예요.

W: 음, 그녀에겐 좋은 일이네요. 하지만 확실히 그녀가 그리워질 거예요.

M: 그러게요. 그녀를 대체하는 건 어려울 거예요.

W: 맞아요. 하지만 결국은 누군가를 찾겠지요.

Q: 대화에 따르면 맞는 것은 무엇인가?

(a) Sheila는 두 번째 학위를 받으려고 한다.

(b) 남자는 Sheila를 대체하기 힘들 거라고 생각한다.

(c) 여자는 Sheila가 떠난다는 걸 알고 있었다.

(d) 여자는 Sheila의 직위에 지원할 것이다.

해설 대화의 내용과 일치하는 것을 묻는 문제입니다. 여자가 Sheila가 그리워질 것(she'll certainly be missed)이라고 언급하자, 남자가 그녀를 대체하는 건 어려울 것(It'll be difficult to replace her)이라고 동의하고 있으므로 남자는 Sheila를 대체하기 힘들 거라고 생각한다고 한 (b)가 정답입니다.

paraphrase된 부분

difficult to replace 대체하기 어려운 → hard to replace 대체하기 힘든

어휘 degree[digríː] 학위 certainly[sə́ːrtnli] 확실히 miss[mis] 그리워하다 replace[ripléis] 대체하다, 대신하다 eventually[ivéntʃuəli] 결국은 apply[əplái] 지원하다, 신청하다 position[pəzíʃən] 직위, 위치

04

Listen to a conversation between two friends.

W: Hi, Bill. Sorry I'm late. Traffic was a real mess.

M: No problem. I just got here myself.

W: That's good to hear. I was worried you'd have to wait.

M: **Where is Kyle?** Does he have to work late?

W: No. **He's running a temperature, so he decided to rest**.

M: Too bad. I was looking forward to seeing him.

Q: Why couldn't Kyle come?

(a) He had to stay late at the office.

(b) He was competing in a race.

(c) He had to go to the hospital.

(d) He came down with a fever.

두 친구 간의 대화를 들으시오.

W: 안녕, Bill. 늦어서 미안해. 교통이 정말 혼잡했어.

M: 괜찮아. 나도 여기 방금 왔어.

W: 그걸 들으니 다행이네. 네가 기다려야 했을까 봐 걱정했어.

M: Kyle은 어디 있어? 그가 늦게까지 일해야 해?

W: 아니. 그는 열이 나고 있어서 쉬기로 결정했어.

M: 안 됐네. 그를 보기를 기대하고 있었는데.

Q: Kyle이 오지 못하는 이유는 무엇인가?

(a) 그는 사무실에 늦게까지 남아야 했다.

(b) 그는 경주에서 경쟁하고 있었다.

(c) 그는 병원에 가야 했다.

(d) 그는 열병에 걸렸다.

해설 Kyle이 오지 못한 이유를 묻는 문제입니다. 남자가 Kyle은 어디 있는지(Where is Kyle?) 묻자, 여자가 그는 열이 나고 있어서 쉬기로 결정했다(He's running a temperature, so he decided to rest)고 설명하고 있으므로 그는 열병에 걸렸다고 한 (d)가 정답입니다.

> paraphrase된 부분
>
> He's running a temperature 그는 열이 난다 → He came down with a fever 그는 열병에 걸렸다

어휘 traffic[trǽfik] 교통 mess[mes] 혼잡, 난잡 run a temperature 열이 나다 decide[disáid] 결정하다 look forward to ~을 기대하다 come down with ~의 병에 걸리다

EXAMPLE

p. 139

Listen to a conversation between two coworkers.

M: Did you go on another business trip?

W: Yes. It was Singapore this time.

M: Lucky you. I wish I could go on business trips more often.

W: It's not as fun as you think. It can be very tiring.

M: Well, at least you have plenty of opportunities to go abroad.

W: True, but it's also nice to be home.

Q: What can be inferred from the conversation?

(a) The man wishes he could work less.

(b) The woman would like to travel more.

ⓒ The man doesn't travel on business often.

(d) The woman wants to find a new job.

두 동료 간의 대화를 들으시오.

M: 당신 또 다른 출장을 갔었나요?

W: 네. 이번에는 싱가포르였어요.

M: 좋으시겠어요. 저도 출장을 더 자주 갈 수 있으면 좋겠어요.

W: 생각만큼 즐겁지 않아요. 아주 피곤할 수도 있어요.

M: 음, 최소한 외국에 갈 기회는 많으시잖아요.

W: 맞아요, 하지만 집에 있는 것도 좋죠.

Q: 대화로부터 추론할 수 있는 것은 무엇인가?

(a) 남자는 더 적게 일할 수 있기를 바란다.

(b) 여자는 더 많이 여행하고 싶어 한다.

ⓒ 남자는 출장을 자주 다니지 않는다.

(d) 여자는 새 직업을 찾고 싶어 한다.

어휘   **business trip** 출장   **tiring**[táiəriŋ] 피곤하게 하는   **at least** 최소한, 적어도   **plenty of** 많은   **opportunity**[àpərtjú:nəti] 기회
abroad[əbrɔ́:d] 외국에, 해외에

HACKERS PRACTICE

p. 140

01 Step 4 (b)   **02** Step 4 (a)   **03** Step 4 (b)   **04** Step 4 (c)   **05** (b)   **06** (b)

01

Listen to two students discuss homework.

M: **Why did Mr. Perry give us so much homework today?**

W: I don't know. **It's such a sudden change**.

M: Honestly, I don't see how we can finish it all.

W: Well, we'd better get started on it now.

Q: What can be inferred from the conversation?

(a) 여자는 이미 숙제를 다 끝냈다.

ⓑ 선생님은 평소에 더 적은 양의 숙제를 내준다.

두 학생이 숙제에 대해 이야기하는 것을 들으시오.

M: Mr. Perry가 오늘은 왜 우리에게 숙제를 많이 내준 거지?

W: 몰라. 아주 갑작스러운 변화야.

M: 솔직히, 어떻게 다 끝낼 수 있을지 모르겠어.

W: 글쎄, 지금 시작하는 게 좋을 것 같아.

Q: 대화로부터 추론할 수 있는 것은 무엇인가?

(a) 여자는 이미 숙제를 다 끝냈다.

ⓑ 선생님은 평소에 더 적은 양의 숙제를 내준다.

해설   대화로부터 추론할 수 있는 것을 묻는 문제입니다. 여자가 Mr. Perry가 오늘은 왜 숙제를 많이 내준 것인지(Why did Mr. Perry give us so much homework today?) 묻자, 남자가 아주 갑작스러운 변화(It's such a sudden change)라고 응답하고 있으므로 선생님은 평소에 더 적은 양의 숙제를 내준다고 한 (b)가 정답입니다.

어휘   **homework**[hóumwə̀ːrk] 숙제   **sudden**[sʌ́dn] 갑작스러운   **honestly**[ánistli] 솔직히, 정직하게 말하면   **get started** 시작하다

02

Listen to a conversation between <u>two friends</u>. W: Should we go to the stadium to <u>watch</u> the <u>game</u>? M: Well, <u>tickets</u> are <u>expensive</u>. **We could just watch it on TV**. W: But **it's more exciting to see it in person**. M: I guess you're right. Q: What can be <u>inferred about</u> the woman from the conversation? ⓐ 그녀는 경기를 직접 보는 것을 더 좋아한다. (b) 그녀는 티켓의 가격에 대해 염려한다.	두 친구 간의 대화를 들으시오. W: 경기를 보러 경기장으로 가야 할까? M: 음, 티켓은 비싸잖아. **그냥 텔레비전으로 볼 수도 있어**. W: 하지만 직접 보는 게 더 신나. M: 네 말이 맞는 것 같아. Q: 대화로부터 여자에 대해 추론할 수 있는 것은 무엇인가? ⓐ 그녀는 경기를 직접 보는 것을 더 좋아한다. (b) 그녀는 티켓의 가격에 대해 염려한다.

해설 대화로부터 여자에 대해 추론할 수 있는 것을 묻는 문제입니다. 남자가 경기를 그냥 텔레비전으로 볼 수도 있다(We could just watch it on TV)고 언급하자, 여자는 직접 보는 게 더 신난다(it's more exciting to see it in person)고 이야기하고 있으므로 그녀는 경기를 직접 보는 것을 더 좋아한다고 한 **(a)**가 정답입니다.

어휘 stadium[stéidiəm] 경기장 expensive[ikspénsiv] 비싼 exciting[iksáitiŋ] 신나는, 흥분시키는 in person 직접

03

Listen to a conversation between <u>two friends</u>. M: **Did you have fun at the concert?** W: **Yeah, I had a great time**. M: I heard you got <u>VIP seats</u>. W: Right. I even got to <u>meet the musicians</u>. M: Wow! I wish I could have <u>been there</u>. W: For sure. It's much better than <u>listening to a CD</u>. Q: What can be <u>inferred</u> from the conversation? (a) 남자는 음악가이다. ⓑ 여자는 콘서트에 갔었다. (c) 남자는 CD를 구입하지 않았다.	두 친구 간의 대화를 들으시오. M: 콘서트는 즐거웠니? W: 응, 멋진 시간을 보냈어. M: 네가 귀빈석을 구했다고 들었어. W: 맞아. 음악가들을 직접 만날 수도 있었어. M: 와! 내가 거기 갔으면 좋았을 텐데. W: 그러게. CD로 듣는 것보다 훨씬 좋아. Q: 대화로부터 추론할 수 있는 것은 무엇인가? (a) 남자는 음악가이다. ⓑ 여자는 콘서트에 갔었다. (c) 남자는 CD를 구입하지 않았다.

해설 대화로부터 추론할 수 있는 것을 묻는 문제입니다. 남자가 콘서트가 즐거웠는지(Did you have fun at the concert?) 묻자, 여자가 멋진 시간을 보냈다(Yeah, I had a great time)고 응답하고 있으므로 여자는 콘서트에 갔었다고 한 **(b)**가 정답입니다.

어휘 concert[kánsə:rt] 콘서트 musician[mju:zíʃən] 음악가

04

Listen to a conversation about <u>a work assignment</u>. W: Dave, where's the new <u>client list</u> I asked for? M: Well... **I couldn't finish it because of other work**. W: What other work? I told you it was due by ten. M: But **Mr. Riley told me to do his assignment first**. W: <u>Fair enough</u>. But try to get it to me as soon as possible. M: OK. I should be able to <u>finish</u> before lunch.	업무에 대한 대화를 들으시오. W: Dave, 제가 부탁한 새 고객 리스트는 어디에 있죠? M: 음... 다른 일 때문에 그걸 끝마칠 수 없었어요. W: 무슨 다른 일이요? 10시까지라고 말했는데요. M: 하지만 Mr. Riley가 그가 맡긴 일을 먼저 하라고 했어요. W: 알았어요. 하지만 가능한 한 빨리 그걸 제게 가져오도록 해주세요. M: 좋아요. 점심 전에 끝낼 수 있을 거예요.

Q: What can be inferred about the man from the conversation?

(a) 그는 신입 사원이다.
(b) 그는 이전에 최종 기한을 놓쳤다.
ⓒ 그의 상사는 여러 명이다.

Q: 대화로부터 남자에 대해 추론할 수 있는 것은 무엇인가?

(a) 그는 신입 사원이다.
(b) 그는 이전에 최종 기한을 놓쳤다.
ⓒ 그의 상사는 여러 명이다.

해설 대화로부터 남자에 대해 추론할 수 있는 것을 묻는 문제입니다. 남자가 다른 일 때문에 고객 리스트를 끝마칠 수 없었다(I couldn't finish it because of other work)고 변명한 후, Mr. Riley가 그가 맡긴 일을 먼저 하라고 했다(Mr. Riley told me to do his assignment first)고 이야기하고 있으므로 그의 상사는 여러 명이라고 한 (c)가 정답입니다.

어휘 client[kláiənt] 고객 ask for 부탁하다, 요구하다 due[djuː] 기한이 된; ~할 예정인 assignment[əsáinmənt] 맡긴 일; 과제 as soon as possible 가능한 한 빨리

05

Listen to a conversation between two coworkers.

W: Hey, Jim. I was looking for you.
M: Oh, hi, Rachel. How come?
W: I meant to return your DVD today, but I left it at home.
M: That's OK. You can just bring it tomorrow.
W: That's the problem. **I won't be back at work until Thursday**.
M: **Not a big deal**. I won't need it anytime soon anyway.

Q: What can be inferred about the man from the conversation?

(a) He will get his DVD back tomorrow.
ⓑ He will see the woman on Thursday.
(c) He regrets lending the woman his DVD.

두 동료 간의 대화를 들으시오.

W: 이봐, Jim. 널 찾고 있었어.
M: 오, 안녕 Rachel. 왜?
W: 오늘 네 DVD 돌려주려고 했는데, 그걸 집에 놓고 왔어.
M: 괜찮아. 내일 갖고 오면 되지.
W: 그게 문제야. 나 목요일에나 출근할 것 같아.
M: 괜찮아. 어쨌든 난 그게 조만간 필요하진 않아.

Q: 대화로부터 남자에 대해 추론할 수 있는 것은 무엇인가?

(a) 그는 내일 DVD를 돌려받을 것이다.
ⓑ 그는 목요일에 여자를 만날 것이다.
(c) 그는 여자에게 DVD를 빌려준 것을 후회한다.

해설 대화로부터 남자에 대해 추론할 수 있는 것을 묻는 문제입니다. 여자가 목요일에나 출근할 것(I won't be back at work until Thursday)이라고 언급하자, 남자가 괜찮다(Not a big deal)고 이야기하고 있으므로 그는 목요일에 여자를 만날 것이라고 한 (b)가 정답입니다.

어휘 look for ~을 찾다 how come 왜, 어째서 bring[briŋ] 가져오다 big deal 큰일, 대단한 것 regret[rigrét] 후회하다, 유감으로 여기다

06

Listen to a conversation at an event center.

W: Excuse me. Could you tell me if the finance seminar has been canceled?
M: Not that I'm aware of. Why do you ask?
W: Well, **the schedule says that everyone is supposed to meet in the conference room** now, but no one's there.
M: **I think there's been a mix-up. The seminar is being held in the third floor meeting room**.
W: I see. I'll head up there now. Thanks for the information.

행사장에서의 대화를 들으시오.

W: 실례합니다. 재정 세미나가 취소됐는지 알려주실 수 있나요?
M: 제가 알기로는 아닌데요. 왜 물으시죠?
W: 음, 일정에는 지금 모든 사람이 회의실에서 만나기로 되어 있는데, 거기에 아무도 없어요.
M: 혼동이 있었던 것 같네요. 세미나는 3층 회의실에서 열리고 있어요.
W: 알겠습니다. 지금 그곳으로 갈게요. 알려주셔서 감사합니다.

○

Part 3

해커스 텝스 BASIC LISTENING

Q: What can be inferred from the conversation?

(a) A conference room is currently occupied.

(b) A schedule includes inaccurate information.

(c) A seminar has already finished.

Q: 대화로부터 추론할 수 있는 것은 무엇인가?

(a) 회의실은 현재 사용되고 있다.

(b) 일정은 잘못된 정보를 포함하고 있다.

(c) 세미나는 이미 끝났다.

해설　대화로부터 추론할 수 있는 것을 묻는 문제입니다. 여자가 일정에는 지금 모든 사람이 회의실에서 만나기로 되어 있는데 거기에 아무도 없다(the schedule says ~, but no one's there)고 하자, 남자가 혼동이 있었던 것 같다고 하면서 세미나는 3층 회의실에서 열리고 있다(I think there's been a mix-up. The seminar is being held ~ meeting room)고 했으므로 일정이 잘못된 정보를 포함하고 있다고 한 (b)가 정답입니다.

어휘　finance[fínæns] 재정　seminar[sémənàːr] 세미나　cancel[kǽnsəl] 취소하다　aware of ~을 알고 있는
be supposed to ~하기로 되어 있다, ~할 의무가 있다　conference room 회의실　mix-up 혼동

HACKERS TEST

p. 143

01 (c)　　**02** (b)　　**03** (c)　　**04** (c)

01

Listen to two friends discuss an article.

M: Grace, I heard you submitted your article to the *Daily Times*.

W: Yeah, I figured it was worth a try.

M: So **have you heard back from them?**

W: **Yes, but it wasn't the news I was hoping for.**

M: Well, you'll have other opportunities.

W: Right. There's always next time.

Q: What can be inferred from the conversation?

(a) The woman has published articles in the past.

(b) The man works for a publishing company.

(c) The woman's article was not accepted for publication.

(d) The man writes for the *Daily Times*.

두 친구가 기사에 대해 이야기하는 것을 들으시오.

M: Grace, 네가 'Daily Times'지에 기사를 제출했다고 들었어.

W: 응, 시도해볼 가치가 있다고 생각했어.

M: 그래서 그들에게서 답을 들었어?

W: 응, 하지만 내가 바라던 소식은 아니었어.

M: 음, 다른 기회가 있을 거야.

W: 맞아. 언제나 다음이 있는 법이지.

Q: 대화로부터 추론할 수 있는 것은 무엇인가?

(a) 여자는 과거에 기사를 출판한 적이 있다.

(b) 남자는 출판사에서 일한다.

(c) 여자의 기사는 출판되도록 받아들여지지 않았다.

(d) 남자는 'Daily Times'지에 기사를 쓴다.

해설　대화로부터 추론할 수 있는 것을 묻는 문제입니다. 남자가 기사를 제출한 곳에서 답을 들었는지(have you heard back from them?) 묻자, 여자가 들었지만 자신이 바라던 소식은 아니었다(Yes, but it wasn't the news I was hoping for)고 응답하고 있으므로 여자의 기사는 출판되도록 받아들여지지 않았다고 한 (c)가 정답입니다.

어휘　submit[səbmít] 제출하다　article[áːrtikl] 기사　figure[fígjər] 생각하다　hear back 답을 듣다　hope for 바라다, 희망하다
opportunity[àpərtjúːnəti] 기회　publish[pʌ́bliʃ] 출판하다, 간행하다　accept[æksépt] 받아들이다　publication[pʌ̀bləkéiʃən] 출판

02

Listen to a conversation about a device.

M: How may I help you, ma'am?

W: Well, I'm having some trouble with my hair dryer.

M: I see. What seems to be the problem?

W: Sometimes it stops working while I'm using it.

M: **We can repair it for you, but it might cost more than you paid for it.**

W: **In that case, I should probably just replace it.**

Q: What can be inferred about the woman from the conversation?

(a) She recently lost her hair dryer.

(b) She won't have her hair dryer repaired.

(c) She thought the hair dryer was still under warranty.

(d) She will return the hair dryer for a refund.

기기에 대한 대화를 들으시오.

M: 어떻게 도와드릴까요, 손님?

W: 음, 제 헤어 드라이어에 좀 문제가 있어요.

M: 알겠습니다. 뭐가 문제인 것 같으신가요?

W: 제가 사용하는 도중에 가끔씩 작동이 멈춰요.

M: 저희가 수리해 드릴 수 있지만, 손님이 지불하신 가격보다 비용이 더 들 수도 있어요.

W: 그렇다면 아마 그냥 교체해야겠네요.

Q: 대화로부터 여자에 대해 추론할 수 있는 것은 무엇인가?

(a) 그녀는 최근에 헤어 드라이어를 잃어버렸다.

(b) 그녀는 헤어 드라이어 수리를 맡기지 않을 것이다.

(c) 그녀는 헤어 드라이어가 아직 보증 기간 중이라고 생각했다.

(d) 그녀는 환불을 위해 헤어 드라이어를 반환할 것이다.

해설   대화로부터 여자에 대해 추론할 수 있는 것을 묻는 문제입니다. 남자가 헤어 드라이어를 수리할 수 있지만 지불한 가격보다 비용이 더 들 수도 있다(We can repair it for you, but it might cost more than you paid for it)고 언급하자, 여자가 그렇다면 아마 그냥 교체를 해야겠다(In that case, I should probably just replace it)고 이야기하고 있으므로 그녀가 헤어 드라이어 수리를 맡기지 않을 것이라고 한 (b)가 정답입니다.

어휘   repair[ripέər] 수리하다   cost[kɔːst] 비용이 들다; 비용   pay for ~의 값을 지불하다   probably[prάbəbli] 아마
replace[ripléis] 교환하다   under warranty 보증 기간 중인   refund[rífʌnd] 환불

03

Listen to a conversation at a lost-and-found desk.

W: Excuse me. **Has anyone turned in a cell phone?**

M: Let's see... yes, here's one. Is it yours?

W: No. **Mine's black.**

M: Wait a minute. Actually, there are several others here.

W: Is there one with a small pink bear hanging from it?

M: Oh, yes. This must be it right here.

Q: What can be inferred from the conversation?

(a) The man turned in the woman's cell phone.

(b) The woman needs to make an important call.

(c) The woman recently lost her cell phone.

(d) The man hasn't seen the woman's cell phone.

분실물 데스크에서의 대화를 들으시오.

W: 실례합니다. 누군가 휴대폰을 신고했나요?

M: 어디 보자... 네, 여기 하나 있네요. 당신 건가요?

W: 아니요. 제 것은 검은색이에요.

M: 잠깐 기다리세요. 사실, 여기 다른 게 몇 개 있거든요.

W: 작은 분홍색 곰이 달린 게 있나요?

M: 오, 네. 여기 이게 틀림없군요.

Q: 대화로부터 추론할 수 있는 것은 무엇인가?

(a) 남자가 여자의 휴대폰을 신고했다.

(b) 여자는 중요한 전화를 해야 한다.

(c) 여자는 최근에 휴대폰을 잃어버렸다.

(d) 남자는 여자의 휴대폰을 본 적이 없다.

해설   대화로부터 추론할 수 있는 것을 묻는 문제입니다. 여자가 누가 휴대폰을 신고했는지(Has anyone turned in a cell phone?) 물은 후, 자기 것은 검은색(Mine's black)이라고 설명하고 있으므로 여자는 최근에 휴대폰을 잃어버렸다고 한 (c)가 정답입니다.

어휘   turn in (사람, 물건을) 경찰에 신고하다; 들여오다   actually[ǽktʃuəli] 사실, 실제로   several[sévərəl] 여러, 몇몇의
make a call 전화를 하다   recently[ríːsntli] 최근에

04

Listen to a conversation between two parents.

W: My kids have way too many toys.

M: Mine too. It's hard to keep up with all of them.

W: And it's hard to find space to store them all. My garage is already full!

M: Actually, **I got these stackable boxes that work great**.

W: Oh, yeah. I think I saw those at the department store.

M: Yeah, that's where I got mine.

W: **I think I'll give them a try**.

Q: What can be inferred about the woman from the conversation?

(a) She will clean out the garage.

(b) She will rent a storage space.

ⓒ She will buy stackable boxes.

(d) She will get rid of some toys.

두 부모 간의 대화를 들으시오.

W: 내 아이들은 장난감을 너무 많이 갖고 있어.

M: 내 아이들도 그래. 그것들을 다 유지하기가 어려워.

W: 그걸 다 보관할 장소도 찾기 어렵고. 내 차고는 벌써 꽉 찼어!

M: 사실, 난 아주 쓸모 있는 쌓을 수 있는 상자를 구했어.

W: 오, 그래. 난 그것들을 백화점에서 본 것 같아.

M: 그래, 나도 거기서 샀어.

W: 나도 그걸 시도해 봐야겠어.

Q: 대화로부터 여자에 대해 추론할 수 있는 것은 무엇인가?

(a) 그녀는 차고를 청소할 것이다.

(b) 그녀는 저장 공간을 빌릴 것이다.

ⓒ 그녀는 쌓을 수 있는 상자를 살 것이다.

(d) 그녀는 일부 장난감을 없앨 것이다.

해설 대화로부터 여자에 대해 추론할 수 있는 것을 묻는 문제입니다. 남자가 아주 쓸모 있는 쌓을 수 있는 상자를 구했다(I got these stackable boxes that work great)고 언급하자, 여자가 자기도 그걸 시도해 봐야겠다(I think I'll give them a try)고 이야기하고 있으므로 그녀는 쌓을 수 있는 상자들을 살 것이라고 한 (c)가 정답입니다.

paraphrase된 부분

got these stackable boxes 쌓을 수 있는 상자를 구했다 → buy stackable boxes 쌓을 수 있는 상자를 산다

어휘 **keep up with** ~을 유지하다 **store**[stɔːr] 보관하다, 저장하다 **garage**[ɡərɑːdʒ] 차고 **stackable**[stǽkəbl] 쌓을 수 있는 **department store** 백화점 **give a try** 시도해 보다 **get rid of** ~을 없애다, 제거하다

p. 144

01 (b)	02 (b)	03 (b)	04 (a)	05 (d)	06 (b)	07 (b)	08 (d)	09 (c)	10 (b)

01

Listen to a conversation between two students.	두 학생 간의 대화를 들으시오.
M: **I wasn't in history class today.**	M: 오늘 역사 수업에 들어가지 않았어.
W: I know. How come?	W: 알아. 왜 그랬어?
M: Well, something came up. Anyway, **what did I miss?**	M: 음, 일이 생겼어. 아무튼, 내가 놓친 게 뭐니?
W: Oh, we watched a film called *Birth of a Nation*.	W: 오, 우린 'Birth of a Nation'이라는 영화를 봤어.
M: Is it going to be covered on the test?	M: 시험에 포함되는 거야?
W: I'm not sure. He didn't say.	W: 확실하지 않아. 교수님이 말씀 안 하셨어.
Q: What is the man mainly doing in the conversation?	Q: 대화에서 남자는 주로 무엇을 하고 있는가?
(a) Asking for help with homework	(a) 숙제에 대해 도움을 요청하기
(b) Inquiring about a class he missed	(b) 그가 빠진 수업에 대해 물어보기
(c) Talking about a historical film	(c) 역사 영화에 대해 이야기하기
(d) Explaining why he missed class	(d) 그가 왜 수업에 결석했는지 설명하기

해설 대화에서 남자가 주로 하고 있는 일을 묻는 문제입니다. 대화의 앞부분에서 남자가 오늘 역사 수업에 들어가지 않았다(I wasn't in history class today)고 언급한 후, 자신이 놓친 게 무엇인지(what did I miss?) 물어보고 있으므로 그가 결석한 수업에 대해 물어보기라고 한 (b)가 정답입니다.

paraphrase된 부분

wasn't in history class 역사 수업에 들어가지 않았다 → a class he missed 그가 놓친 수업

어휘 history[hístəri] 역사 how come 왜, 어째서 come up (일이) 생기다; 떠오르다 miss[mis] 놓치다; 결석하다 nation[néiʃən] 국가 cover[kʌ́vər] 포함하다; 덮다 ask for ~을 요청하다, ~을 부탁하다 inquire[inkwáiər] 묻다, 질문을 하다

02

Listen to a conversation between two students.	두 학생 간의 대화를 들으시오.
W: **How did your law school applications go?**	W: 네 법학 대학원 지원은 어떻게 됐어?
M: Well, **I got into four of the five schools I applied to.**	M: 음, 내가 지원한 다섯 학교 중에 네 군데 통과했어.
W: That's great. Have you made a decision yet?	W: 대단한데. 이미 결정은 내렸니?
M: No. My first choice was the one that rejected me.	M: 아니. 내가 가장 선택하고 싶었던 게 나를 거부한 곳이었어.
W: Some of the others must be OK, though.	W: 하지만 다른 곳들도 괜찮을거야.
M: Yeah, they all have good law programs.	M: 그래, 그들 모두 좋은 법학 과정을 갖고 있어.
Q: What is the main topic of the conversation?	Q: 대화의 주제는 무엇인가?
(a) The man's dream of studying law	(a) 법을 공부하려는 남자의 꿈
(b) The results of the man's law school applications	(b) 남자의 법학 대학원 지원 결과
(c) Graduate programs the man is interested in	(c) 남자가 관심 있는 대학원 과정
(d) The law school the man chose to attend	(d) 남자가 다니기로 선택한 법학 대학원

해설 대화의 주제를 묻는 문제입니다. 대화의 앞부분에서 여자가 남자의 법학 대학원 지원이 어떻게 됐는지(How did your law school applications go?) 묻자, 남자가 지원한 다섯 학교 중 네 군데를 통과했다(I got into four of the five schools I applied to)고 응답하고 있으므로 남자의 법학 대학원 지원 결과라고 한 (b)가 정답입니다.

How did your law school applications go? 네 법학 대학원 지원은 어떻게 됐어?

→ Results of the man's law school applications 남자의 법학 대학원 지원 결과

어휘 law school 법학 대학원 application[æ̀pləkéiʃən] 지원, 신청 get into 합격하다; 들어가다 apply[əplái] 지원하다, 신청하다
decision[disíʒən] 결정 yet[jet] 이미, 벌써 reject[ridʒékt] 거부하다 result[rizʌ́lt] 결과 graduate[grǽdʒuət] 대학원의
attend[əténd] 다니다

03

Listen to a conversation between two colleagues.	두 동료 간의 대화를 들으시오.
M: **I haven't been getting many sales contracts** lately.	M: 최근에 전 영업 계약을 많이 따내지 못했어요.
W: Well, what is your sales strategy?	W: 음, 당신의 영업 전략이 뭔데요?
M: I usually start by describing our products.	M: 주로 저희 제품을 설명하는 것으로 시작해요.
W: **Try listening first**. That's rule number one in sales.	W: 첫째로 고객의 말을 들어 보세요. 그게 영업 규칙 1조예요.
M: Yeah, I should find out what the clients need.	M: 네, 저는 고객이 필요로 하는 걸 찾아내야 하죠.
W: Right. And **you'll close more deals that way**.	W: 맞아요. 그렇게 하면 당신은 더 많은 계약을 체결할 수 있을 거예요.
Q: What is the conversation mainly about?	Q: 대화는 주로 무엇에 대한 것인가?
(a) Meeting with clients regularly	(a) 고객과 규칙적으로 만나기
ⓑ Obtaining more sales contracts	ⓑ 더 많은 영업 계약 달성하기
(c) Giving clients better deals	(c) 고객에게 더 좋은 거래 제공하기
(d) Forming a new sales team	(d) 새로운 영업 팀 구성하기

해설 대화의 중심 내용을 묻는 문제입니다. 대화의 앞부분에서 남자가 영업 계약을 많이 따내지 못했다(I haven't been getting many sales contracts)고 언급하자, 여자가 첫째로 고객의 말을 들어 보라(Try listening first)며 남자의 영업 전략에 대한 조언을 한 후 그렇게 하면 더 많은 계약을 체결할 수 있을 것이라(you'll close more deals that way)고 이야기하고 있으므로 더 많은 영업 계약 달성하기라고 한 (b)가 정답입니다.

close more deals 더 많은 계약을 체결하다 → Obtaining more sales contracts 더 많은 영업 계약 달성하기

어휘 sales[seilz] 영업, 판매 contract[kántræk] 계약 lately[léitli] 최근에 strategy[strǽtədʒi] 전략 product[prádʌkt] 제품, 상품
rule[ru:l] 규칙 client[kláiənt] 고객 close[klouz] 체결하다, 완수하다 obtain[əbtéin] 달성하다, 얻다
form[fɔːrm] 구성하다, 형성하다

04

Listen to a conversation between a child and a parent.	자식과 부모 간의 대화를 들으시오.
W: Dad, I have to go. My friends are waiting.	W: 아빠, 저 가야 해요. 제 친구들이 기다리고 있어요.
M: All right. **Just remember to be home by ten**.	M: 알았다. 다만 10시까지 집에 돌아오는 걸 기억해라.
W: Oh, can't I stay a little later?	W: 오, 좀 더 늦게까지 머물 순 없나요?
M: No, **it's a school night. You need your rest**.	M: 안 돼, 내일 학교 가잖아. 넌 휴식이 필요해.
W: OK, don't worry. I won't be late.	W: 좋아요, 걱정 마세요. 늦지 않을게요.
M: See you later, then. Call me if you need me.	M: 그럼 나중에 보자. 내가 필요하면 전화해라.
Q: Why does the father want his daughter to return by 10?	Q: 아버지는 왜 그의 딸이 10시까지 돌아오기를 원하는가?
ⓐ She has to attend classes tomorrow.	ⓐ 그녀는 내일 수업에 가야 한다.
(b) She did not finish her homework.	(b) 그녀는 숙제를 끝마치지 않았다.
(c) She did not get much rest last night.	(c) 그녀는 어젯밤에 충분히 쉬지 못했다.
(d) She has to meet a family friend later.	(d) 그녀는 나중에 가족의 친구를 만나야 한다.

해설 아버지가 그의 딸이 10시까지 돌아오기를 원하는 이유를 묻는 문제입니다. 아버지가 딸에게 10시까지 집에 돌아오는 걸 기억하라(Just remember to be home by ten)고 한 후, 그 이유에 대해 내일 학교에 가니 휴식이 필요하다(it's a school night. You need your rest)고 언급하고 있으므로 그녀가 내일 수업에 가야 한다고 한 (a)가 정답입니다.

어휘 stay[stei] 머물다   later[léitər] 더 늦게; 나중에   rest[rest] 휴식

05

Listen to a conversation about an order.	주문에 대한 대화를 들으시오.
M: Are you getting your usual salad?	M: 당신은 항상 먹는 샐러드 먹을 건가요?
W: I think I'll try something new, maybe the pasta or the fish.	W: 전 뭔가 새로운 걸, 아마도 파스타나 생선을 먹을까 해요.
M: **I'm going to have the grilled chicken**.	M: 전 닭구이를 먹을게요.
W: Again? Have you ever ordered anything else?	W: 또요? 다른 걸 주문해 본 적 있어요?
M: Well, it's my favorite.	M: 음, 그건 제가 아주 좋아하는 거예요.
W: You should try something else.	W: 당신은 다른 걸 시도해봐야 해요.
Q: Which does the man plan on ordering?	Q: 남자는 무엇을 주문할 예정인가?
(a) Salad	(a) 샐러드
(b) Pasta	(b) 파스타
(c) Fish	(c) 생선
(d) Chicken	(d) 닭

해설 남자가 주문할 예정인 것을 묻는 문제입니다. 남자가 닭구이를 먹겠다(I'm going to have the grilled chicken)고 언급하고 있으므로 닭이라고 한 (d)가 정답입니다.

어휘 usual[júːʒuəl] 보통의, 일반적인   grilled[grild] 구운   order[ɔ́ːrdər] 주문하다   favorite[féivərit] 아주 좋아하는 것

06

Listen to a conversation between two travelers.	두 여행자 간의 대화를 들으시오.
W: **Wasn't the tour amazing?**	W: 여행이 환상적이지 않았나요?
M: Yeah, **we saw so many great sites**.	M: 네, 우린 아주 많은 멋진 장소들을 봤어요.
W: I'm so glad we came.	W: 우리가 오게 되어서 정말 기뻐요.
M: Me too. It's always great to see Paris again.	M: 저도요. 파리를 다시 보는 건 언제나 멋져요.
W: What should we do tonight?	W: 우리 오늘 밤엔 뭘 하죠?
M: Let's check out the Latin Quarter.	M: 라틴구를 돌아보죠.
Q: Which is correct about the man and woman according to the conversation?	Q: 대화에 따르면 남자와 여자에 대해 맞는 것은 무엇인가?
(a) They just visited the Latin Quarter.	(a) 그들은 방금 라틴구를 방문했다.
(b) They both enjoyed the tour.	(b) 그들은 모두 여행을 즐겼다.
(c) They will leave Paris in the evening.	(c) 그들은 저녁에 파리를 떠날 것이다.
(d) They are visiting Paris for the first time.	(d) 그들은 파리에 처음 방문하고 있다.

해설 남자와 여자에 대해 대화의 내용과 일치하는 것을 묻는 문제입니다. 여자가 여행이 환상적이지 않았는지(Wasn't the tour amazing?) 묻자, 남자가 아주 많은 멋진 장소들을 보았다(we saw so many great sites)고 동의하고 있으므로 그들은 모두 여행을 즐겼다고 한 (b)가 정답입니다.

paraphrase된 부분

Wasn't the tour amazing? 여행이 환상적이지 않았나요? → enjoyed the tour 여행을 즐겼다

어휘 tour[tuər] 여행, 관람   amazing[əméiziŋ] 환상적인, 놀라운   site[sait] 장소   check out 보다, 확인하다
Latin Quarter (파리의) 라틴구

07

Listen to a conversation between two colleagues.

M: **It sounds like Ace Financial is in some legal trouble**.

W: Oh, yeah? What did they do?

M: **Some executives were caught doing insider trading**.

W: That's bad for the other investors.

M: Yeah. The insiders kept valuable information secret.

W: Well, there's a lot of corruption these days in stocks.

Q: Which is correct about Ace Financial according to the conversation?

(a) It is hiring some new executives.

(b) It was involved in illegal trading.

(c) Its stock prices are expected to fall.

(d) Its investors have been losing money.

두 동료 간의 대화를 들으시오.

M: Ace Financial사가 무슨 '법적 문제에 빠진 것 같아요.

W: 오, 그래요? 그들이 뭘 했는데요?

M: 일부 임원들이 내부자 거래를 하다가 붙잡혔어요.

W: 다른 투자자들에겐 안 좋은 일이군요.

M: 네. 내부자들은 귀중한 정보를 비밀로 했어요.

W: 음, 요즘 주식에는 부패가 많아요.

Q: 대화에 따르면 Ace Financial에 대해 맞는 것은 무엇인가?

(a) 새로운 임원들을 고용할 것이다.

(b) 불법 거래에 연루되었다.

(c) 주가가 하락할 것으로 예상된다.

(d) 투자자들이 돈을 잃었다.

해설   Ace Financial에 대해 대화의 내용과 일치하는 것을 묻는 문제입니다. 남자가 Ace Financial사가 무슨 법적 문제에 빠진 것 같다 (It sounds like Ace Financial is in some legal trouble)고 언급한 후, 일부 임원들이 내부자 거래를 하다가 붙잡혔다(Some executives were caught doing insider trading)고 설명하고 있으므로 불법 거래에 연루되었다고 한 (b)가 정답입니다.

> paraphrase된 부분
>
> insider trading 내부자 거래 → illegal trading 불법 거래

어휘   **legal**[líːgəl] 법적인, 법률의   **executive**[igzékjutiv] 임원, 경영진   **insider trading** 내부자 거래   **investor**[invéstər] 투자자   **valuable**[væljuəbl] 귀중한, 가치 있는   **corruption**[kərʌ́pʃən] 부패   **stock**[stɑk] 주식   **hire**[háiər] 고용하다   **involve**[invɑ́lv] 연루시키다, 연관시키다   **illegal**[ilíːgəl] 불법적인

08

Listen to a conversation at a travel agency.

W: Hello. I'd like to book a travel package.

M: OK. And where will you be traveling?

W: India. New Delhi, to be exact.

M: Yes, we have several packages for that location.

W: Oh, and **do you offer visa assistance?**

M: Sorry, **just basic travel arrangements**.

Q: Which is correct according to the conversation?

(a) The woman recently booked a travel package.

(b) The woman is not sure of her destination.

(c) The man needs the woman's contact information.

(d) The man cannot provide visa assistance.

여행사에서의 대화를 들으시오.

W: 안녕하세요. 여행 패키지를 예약하고 싶은데요.

M: 좋아요. 어디를 여행하실 건가요?

W: 인도요. 정확하게는 뉴 델리요.

M: 네, 그곳을 위한 여러 가지 패키지가 있어요.

W: 오, 그런데 비자 대행을 제공하나요?

M: 죄송하지만, 단지 기본적인 여행 예약만 제공해요.

Q: 대화에 따르면 맞는 것은 무엇인가?

(a) 여자는 최근 여행 패키지를 예약했다.

(b) 여자는 그녀의 목적지에 대해 확신이 없다.

(c) 남자는 여자의 연락처 정보가 필요하다.

(d) 남자는 비자 대행을 제공할 수 없다.

해설   대화의 내용과 일치하는 것을 묻는 문제입니다. 여자가 비자 대행을 제공하는지(do you offer visa assistance?) 묻자, 남자가 단지 기본적인 여행 예약만 제공한다(just basic travel arrangements)고 응답하고 있으므로 남자는 비자 대행을 제공할 수 없다고 한 (d)가 정답입니다.

> paraphrase된 부분
>
> offer visa assistance 비자 대행을 제공하다 → provide visa assistance 비자 대행을 제공하다

어휘   **book**[buk] 예약하다   **package**[pækidʒ] 패키지   **exact**[igzǽkt] 정확한   **location**[loukéiʃən] 장소, 위치   **offer**[ɔ́ːfər] 제공하다   **assistance**[əsístəns] 대행; 조력   **basic**[béisik] 기본적인   **arrangement**[əréindʒmənt] 예약, 준비

09

Listen to two friends discuss a new movie.

M: I saw a really interesting movie today.

W: Oh, yeah? What's that?

M: It's called *A Piece of Light*.

W: I've heard of that. **It's about a child pianist**, right?

M: Yeah, and it was so realistic and full of drama.

W: That's to be expected. **He was a real person**.

Q: What can be inferred about the movie?

(a) It used only child actors for its cast.

(b) It combines drama with humor.

ⓒ It was based on a true story.

(d) It received favorable reviews by critics.

두 친구가 새로운 영화에 대해 이야기하는 것을 들으시오.

M: 오늘 정말 재미있는 영화를 봤어요.

W: 오, 그래요? 뭔데요?

M: 'A Piece of Light'라고 해요.

W: 그거 들어봤어요. 그건 어린 피아니스트에 대한 거죠, 맞나요?

M: 네, 그리고 그건 아주 사실적이고 극적 요소로 가득해요.

W: 그건 예상할 수 있겠군요. 그는 실존 인물이었으니까요.

Q: 영화에 대해 추론할 수 있는 것은 무엇인가?

(a) 배역에 아역 배우들만을 기용했다.

(b) 극적 상황을 유머와 결합했다.

ⓒ 실제 이야기에 기반을 두었다.

(d) 비평가들로부터 호의적인 평을 받았다.

해설 영화에 대해 추론할 수 있는 것을 묻는 문제입니다. 여자가 영화가 어린 피아니스트에 대한 것(It's about a child pianist)이라고 언급한 후, 그는 실존 인물이었다(He was a real person)고 설명하고 있으므로 실제 이야기에 기반을 두었다고 한 (c)가 정답입니다.

> **paraphrase된 부분**
> He was a real person 그는 실존 인물이었다 → It was based on a true story 그것은 실제 이야기에 기반을 두었다

어휘 realistic[rìːəlístik] 사실적인, 현실적인 drama[dráːmə] 극적 요소, 극적 상황 expect[ikspékt] 예상하다, 기대하다
cast[kæst] 배역, 캐스팅 based on ~에 기반을 둔 favorable[féivərəbl] 호의적인 critic[krítik] 비평가

10

Listen to two acquaintances discuss buying a car.

W: Dave, I heard you're looking for a car.

M: Yeah, I need one for my new job.

W: So when are you going to buy it?

M: Soon. I start my delivery job next week.

W: **Do you have any particular model in mind?**

M: No, **just something that's not too expensive**.

Q: What can be inferred about the man according to the conversation?

(a) He needs to sell his old car.

ⓑ He does not want to spend much money.

(c) He just got a promotion at work.

(d) He recently got his driver's license.

두 지인이 자동차 구매에 대해 이야기하는 것을 들으시오.

W: Dave, 당신이 차를 찾고 있다고 들었어요.

M: 네, 새 직업을 위해서 하나 필요해요.

W: 그럼 언제 살 건데요?

M: 곧이요. 다음 주에 배달 일을 시작해요.

W: 무슨 특별한 모델 생각한 게 있나요?

M: 아니요, 그냥 너무 비싸지 않은 것이요.

Q: 대화로부터 남자에 대해 추론할 수 있는 것은 무엇인가?

(a) 그는 오래된 차를 팔아야 한다.

ⓑ 그는 많은 돈을 쓰고 싶어 하지 않는다.

(c) 그는 방금 직장에서 승진을 했다.

(d) 그는 최근에 운전 면허를 땄다.

해설 대화로부터 남자에 대해 추론할 수 있는 것을 묻는 문제입니다. 여자가 무슨 특별한 모델을 생각하고 있는지(Do you have any particular model in mind?) 묻자, 남자가 너무 비싸지 않은 것(just something that's not too expensive)이라고 응답하고 있으므로 그는 많은 돈을 쓰고 싶어 하지 않는다고 한 (b)가 정답입니다.

어휘 look for 찾다 delivery[dilívəri] 배달, 운송 particular[pərtíkjulər] 특별한, 특정한 expensive[ikspénsiv] 비싼
spend[spend] 쓰다, 소비하다 promotion[prəmóuʃən] 승진 recently[ríːsntli] 최근에

Part 4&5

기본기 다지기

01 보기 내용 파악하기

p. 153

01 (b)　　**02** (b)　　**03** (a)　　**04** (a)　　**05** (d)

01

(a) People should <u>meet</u> in the main conference <u>room</u>. (b) People must <u>register</u> for the conference <u>before Friday</u>.	(a) 사람들은 대회의실에 모여야 한다. (b) 사람들은 금요일 전에 회의에 등록해야만 한다.

어휘　conference[kánfərəns] 회의　register[rédʒistər] 등록하다

02

(a) <u>Global warming</u> is influenced by human <u>activity</u>. (b) <u>Countries</u> are encouraged to <u>reduce</u> greenhouse gas <u>emissions</u>.	(a) 지구 온난화는 인간의 활동에 의해 영향을 받는다. (b) 국가들은 온실 가스 방출을 줄이도록 장려된다.

어휘　global warming 지구 온난화　influence[ínfluəns] ~에게 영향을 주다　activity[æktívəti] 활동　encourage[inkə́:ridʒ] 장려하다
reduce[ridʒú:s] 줄이다　emission[imíʃən] 방출

03

(a) Scientists <u>first discovered</u> the meteorite <u>last year</u>. (b) The meteorite is <u>composed</u> of unknown <u>minerals</u>. (c) Scientists <u>found</u> the meteorite in <u>Antarctica</u>.	(a) 과학자들은 지난해에 그 운석을 처음 발견했다. (b) 그 운석은 미지의 광물들로 구성되어 있다. (c) 과학자들은 그 운석을 남극 대륙에서 발견했다.

어휘　discover[diskʌ́vər] 발견하다　meteorite[mí:tiəràit] 운석　compose[kəmpóuz] 구성하다　mineral[mínərəl] 광물

04

(a) The Z-50 is <u>faster</u> than other <u>laser printers</u>. (b) <u>People who call</u> today will <u>receive</u> a <u>discount</u>. (c) <u>Customers</u> can <u>learn</u> more about the Z-50 <u>online</u>.	(a) Z-50은 다른 레이저 프린터들보다 빠르다. (b) 오늘 주문하는 사람들은 할인을 받을 것이다. (c) 고객들은 온라인에서 Z-50에 대해 더 알 수 있다.

어휘　receive[risí:v] 받다　discount[dískaunt] 할인　customer[kʌ́stəmər] 고객; 소비자

05

(a) Irish poets <u>borrowed ideas</u> from the Romans. (b) Ireland had <u>no written script</u> when the Romans <u>arrived</u>. (c) The <u>literature</u> of Ireland was <u>prized</u> by the Romans. (d) The Romans <u>forced</u> the people of Ireland to <u>learn Latin</u>.	(a) 아일랜드 시인들은 로마인들로부터 아이디어를 빌려왔다. (b) 아일랜드는 로마인들이 도착했을 때 문자를 갖고 있지 않았다. (c) 아일랜드의 문학은 로마인들에게 높이 평가 받았다. (d) 로마인들은 아일랜드인들이 라틴어를 배우도록 강요했다.

어휘　poet[póuit] 시인　borrow[bárou] 빌리다　arrive[əráiv] 도착하다　literature[lítərətʃər] 문학　prize[praiz] 높이 평가하다; 상
force[fɔːrs] 강요하다

---

01 ○ **02** X **03** ○ **04** X **05** ○

01

| Be prepared for rain <u>after sunset</u>. | 해가 진 뒤에 올 비에 대비하세요. |
| It is going to rain at night. 밤에 비가 올 것이다. | |

어휘 prepare[pripɛ́ər] 대비하다, 준비하다 sunset[sʌ́nsèt] 일몰

02

| The merger is expected to <u>create</u> a <u>drop in wages</u>. | 합병은 급여 하락을 야기할 것으로 예상됩니다. |
| The merger will prevent people from losing their jobs. 합병은 사람들이 직업을 잃는 것을 막을 것이다. | |

어휘 merger[mɔ́ːrdʒər] 합병 create[kriéit] 야기하다; 창조하다 wage[weidʒ] 급여, 임금 prevent[privént] 막다

03

| To apply, just download the <u>applications</u> and fill them out. Then <u>send</u> them via e-mail before August 31. | 지원하시려면, 지원서를 다운받아 작성하세요. 그 다음에 그것들을 8월 31일 이전에 이메일로 보내세요. |
| People can turn in the completed forms via e-mail before August 31. 사람들은 완성된 양식을 8월 31일 이전에 이메일로 제출할 수 있다. | |

어휘 apply[əplái] 지원하다 application[æ̀pləkéiʃən] 지원서, 신청서 complete[kəmplíːt] 완성하다

04

| Lingua Voice software allows you to <u>input data</u> with your voice. Users can choose from <u>over 40 languages</u>. | Lingua Voice 소프트웨어는 당신의 목소리로 데이터를 입력하게 해드립니다. 사용자들은 40가지 이상의 언어 중에서 선택할 수 있습니다. |
| People can only write in their native language. 사람들은 그들의 모국어로만 쓸 수 있다. | |

어휘 allow[əláu] ~하게 두다, 허락하다 input[ínpùt] 입력하다

05

| <u>Scientists</u> have changed how they view oceans. For example, they previously thought that <u>life in the deep sea</u> was <u>rare</u>. However, they <u>now realize</u> that it is common. | 과학자들은 해양을 보는 시각을 바꾸어 왔습니다. 예컨대, 그들은 이전에는 심해의 생물들이 희귀하다고 생각했습니다. 그러나 그들은 지금 그것이 흔하다는 것을 알게 되었습니다. |
| Experts no longer believe that deep-sea life is uncommon. 전문가들은 더 이상 심해 생물들이 희귀하다고 생각하지 않는다. | |

어휘 view[vjuː] 시각 previously[príːviəsli] 이전에 rare[rɛər] 희귀한, 드문 realize[ríːəlàiz] 알다, 깨닫다 common[kámən] 흔한; 공통의 expert[ékspəːrt] 전문가

Part 4&5 해커스 토익 BASIC LISTENING

01 (b)   **02** (b)   **03** (a)   **04** (b)   **05** (a)

01

For <u>potential investors</u>, / I have some important advice.
잠재적인 투자자들을 위하여   중요한 조언을 하려고 합니다.

어휘   potential[pəténʃəl] 잠재적인   investor[invéstər] 투자자   advice[ædváis] 조언, 충고

02

Let's begin our discussion / by <u>examining the book's plot</u>.
토론을 시작해 봅시다.   책의 줄거리를 살펴보면서

어휘   discussion[diskʌ́ʃən] 토론, 논의   examine[igzǽmin] 살펴보다; 검토하다   plot[plɑt] 줄거리; 음모

03

Before I <u>introduce today's speaker</u>, / I'd like to welcome you all.
오늘의 연설자를 소개하기 전에   여러분 모두를 환영하고 싶습니다.

어휘   introduce[intrədjúːs] 소개하다   welcome[wélkəm] 환영하다

04

If you need <u>more information</u>, / please leave your name and phone number.
더 많은 정보가 필요하시면   이름과 전화번호를 남겨 주세요.

어휘   information[infərméiʃən] 정보   leave[liːv] 남기다; 떠나다

05

Although college enrollment has <u>grown steadily</u>, / the average graduation rate has decreased /
대학 입학이 계속해서 증가했더라도,   평균 졸업률은 감소했습니다.

over the <u>past 10 years</u>.
지난 10년 동안

어휘   enrollment[inróulmənt] 입학, 등록   average[ǽvəridʒ] 평균   graduation[grǽdʒuéiʃən] 졸업

EXAMPLE

p. 159

Air travel can be difficult / due to limited space / and uncomfortable
항공 여행은 어려울 수 있습니다   제한된 공간 때문에   그리고 불편한

seats. However, / there are some steps / you can take / to make
좌석   그러나   몇몇 방법들이 있습니다   당신이 취할 수 있는

your time more pleasant. First, / take the opportunity / to get up
당신의 시간을 더 즐겁게 하기 위한   우선   기회를 취하십시오   일어나

and stretch / whenever you have the chance. Moving around will
스트레칭을 할   기회가 생길 때마다   돌아다니는 것은 개선시킵니다

improve / blood circulation. You'll also want to make sure /
혈액 순환을   당신은 또 확실하게 하고 싶을 것입니다

to wear loose-fitting clothing / that will not feel restrictive /
느슨한 옷을 입는 것을   꽉 끼는 듯이 느껴지지 않을

in any way.
어떤 방식으로든

Q: What is the main topic of the talk?

(a) Keeping comfortable during a flight

(b) Improving blood flow through stretching

(c) Staying safe on an airplane

(d) Selecting the right clothing for air travel

항공 여행은 제한된 공간과 불편한 좌석 때문에 힘들 수 있습니다. 그러나 당신의 시간을 더 즐겁게 하기 위해 취할 수 있는 몇몇 방법들이 있습니다. 우선 기회가 생길 때마다 일어나 스트레칭을 하십시오. 돌아다니는 것은 혈액 순환을 개선시킵니다. 또한 당신은 어떻게든 꽉 끼는 듯이 느껴지지 않을 느슨한 옷을 입는 것도 잊지 마십시오.

Q: 담화의 주제는 무엇인가?

(a) 비행하는 동안 편안함을 유지하기

(b) 스트레칭을 통한 혈액 순환 개선하기

(c) 비행기에서 안전하게 있기

(d) 항공 여행을 위한 올바른 옷 선택하기

어휘 limited[límitid] 제한된 uncomfortable[ʌnkʌ́mfərtəbl] 불편한 pleasant[plézənt] 즐거운 opportunity[àpərtjú:nəti] 기회
improve[imprú:v] 개선시키다 blood circulation 혈액 순환 loose[lu:s] 느슨한, 헐거운 clothing[klóuðiŋ] 옷
restrictive[ristríktiv] 구속하는, 제한적인

HACKERS PRACTICE

p. 160

01 Step 1 (a) Step 4 (a)   **02** Step 1 (b) Step 4 (a)   **03** Step 1 (a) Step 4 (c)

04 (c)   **05** (b)   **06** (a)

Part 4

01

Unfortunately, / **our scheduled speaker** / will not be able to
유감스럽게도   저희 예정된 연사가   참석할 수 없을 것입니다

attend. Instead, / we will hear from Dr. Ramsey, / who is
그 대신   우리는 Dr. Ramsey에게 들을 것입니다

also an expert / in genetic research. We are very
역시 전문가인   유전자 연구의   우리는 대단히 운이 좋습니다

fortunate / that he agreed to speak to us / today.
그가 우리에게 강연하기를 동의해 주어서   오늘

Please join me / in welcoming Dr. Ramsey.
저와 함께해 주십시오   Dr. Ramsey를 환영하는 것을

유감스럽게도 예정된 연사가 참석할 수 없을 것입니다. 그 대신 우리는 역시 유전자 연구의 전문가인 Dr. Ramsey의 강연을 들을 것입니다. 그가 우리에게 강연하기를 동의해 주어서 우리는 대단히 행운입니다. 저와 함께 Dr. Ramsey를 환영해 주십시오.

Q: What is the announcement mainly about?

(a) 연설자 불참으로 인한 교체 연설자 소개

(b) 연설자 지각으로 인한 대체 프로그램 소개

Q: 안내는 주로 무엇에 대한 것인가?

(a) 연설자 불참으로 인한 교체 연설자 소개

(b) 연설자 지각으로 인한 대체 프로그램 소개

해설 안내의 중심 내용을 묻는 문제입니다. 안내의 앞부분에서 예정된 연사가 참석할 수 없을 것이지만, 대신해서 유전자 연구의 전문가인 Dr. Ramsey의 강연을 들을 것(our scheduled speaker will not ~ attend. Instead, we'll hear from Dr. Ramsey ~ expert in genetic research)이라고 설명하고 있으므로 연설자 불참으로 인한 교체 연설자 소개라고 한 (a)가 정답입니다.

어휘 unfortunately[ʌ̀nfɔ́ːrtʃənitli] 유감스럽게도 schedule[skédʒuːl] 예정하다 expert[ékspəːrt] 전문가
genetic[dʒənétik] 유전자의 fortunate[fɔ́ːrtʃənət] 운이 좋은 join[dʒɔ́in] 함께하다

02

If you're looking for a great computer / at a reasonable
만약 당신이 멋진 컴퓨터를 찾고 있다면   적당한 가격에

price, / look no further. Right now, / **you can get a TC-7000**
더 찾지 마세요   바로 지금   당신은 TC-7000 노트북을 살 수 있습니다

notebook / for under a thousand dollars. That price gets
                천 달러 이하에   이 가격은 당신에게 가져다 줍니다

you / the very latest processor, / along with four gigabytes of
        최신의 처리 장치를   메모리 4기가바이트와 함께

memory. You'll love its blazing speed / for surfing the
             당신은 엄청난 속도를 좋아하게 될 겁니다   인터넷 검색에서

Internet. Don't delay. Visit www.tc7000.com / today!
미루지 마세요   www.tc7000.com을 방문하세요   오늘

Q: What is being advertised?

(a) 노트북 컴퓨터

(b) 데스크톱 컴퓨터

(c) 광역 인터넷 서비스

만약 당신이 적당한 가격에 멋진 컴퓨터를 찾고 있다면 더 찾지 마세요. 바로 지금, 당신은 천 달러 이하에 TC-7000 노트북을 살 수 있습니다. 이 가격으로 당신은 4GB의 메모리와 함께 최신 처리 장치를 갖게 됩니다. 당신은 인터넷 검색에서의 엄청난 속도에 만족하실 것입니다. 미루지 마세요. 오늘 www.tc7000.com을 방문하세요!

Q: 광고되고 있는 것은 무엇인가?

(a) 노트북 컴퓨터

(b) 데스크톱 컴퓨터

(c) 광역 인터넷 서비스

해설 광고되고 있는 것을 묻는 문제입니다. 광고의 앞부분에서 멋진 컴퓨터를 찾고 있다면 당신은 TC-7000 노트북을 살 수 있다(If you're looking for a great computer ~ you can get a TC-7000 notebook)고 언급한 후, 해당 노트북의 이점을 설명하고 있으므로 노트북 컴퓨터라고 한 (a)가 정답입니다.

어휘 reasonable[ríːzənəbl] 적당한 latest[léitist] 최신의 processor[prásesər] 처리 장치 along with ~와 함께
blazing[bléiziŋ] 엄청난 surf[səːrf] (인터넷을) 검색하다 delay[diléi] 미루다

03

Welcome to the Alamo, / San Antonio's most famous
앨라모 요새에 어서 오세요   샌안토니오의 가장 유명한 관광 명소인

tourist attraction. **Before we begin our tour,** / **let me give**
                    우리의 관람을 시작하기 전에   드리게 해 주십시오

you / **a brief historical introduction**. The Alamo was built /
          간략한 역사 소개를   앨라모 요새는 지어졌습니다

in the 18th century / and served as a religious school /
    18세기에   그리고 종교 학교로 사용되었습니다

until 1793. It was later used / as a military fort / by Mexico
1793년까지 그것은 후에 사용되었습니다   군사 요새로

and the United States. After 1876, / the Alamo was
멕시코와 미국에 의해   1876년 이후   앨라모 요새는 버려졌습니다

abandoned / but was later restored / and turned into a
              그러나 후에 복원되었습니다   그리고 박물관으로 변했습니다

museum.

샌안토니오의 가장 유명한 관광 명소인 앨라모 요새에 오신 것을 환영합니다. 우리의 관람을 시작하기 전에 간략한 역사 소개를 드리도록 하겠습니다. 앨라모 요새는 18세기에 지어졌고, 1793년까지 종교 학교로 사용되었습니다. 그것은 후에 멕시코와 미국에 의해 군사 요새로 사용되었습니다. 1876년 이후에 앨라모 요새는 버려졌으나, 후에 복원되어 박물관으로 변했습니다.

Q: What is the speaker <u>mainly talking about</u>?

(a) 여행 일정 변경
(b) 관광 시 주의 사항
ⓒ 앨라모 요새의 역사

Q: 화자가 주로 이야기하고 있는 것은 무엇인가?

(a) 여행 일정 변경
(b) 관광 시 주의 사항
ⓒ 앨라모 요새의 역사

해설 담화의 중심 내용을 묻는 문제입니다. 담화의 앞부분에서 앨라모 요새에 온 것을 환영한다며, 관람을 시작하기 전에 간략한 역사 소개를 하겠다(Welcome to the Alamo ~ Before we begin our tour, let me give you a brief historical introduction)고 언급한 후, 앨라모 요새에 대한 역사를 설명하고 있으므로 앨라모 요새의 역사라고 한 (c)가 정답입니다.

어휘 tourist attraction 관광 명소 brief[briːf] 간략한, 짧은 historical[histɔ́rikəl] 역사의, 역사적인
introduction[ìntrədʌ́kʃən] 소개 serve[səːrv] 사용되다, 소용이 되다 religious[rilídʒəs] 종교적인
military[mílitèri] 군사의, 군용의 fort[fɔːrt] 요새 abandon[əbǽndən] 버리다 restore[ristɔ́ːr] 복원하다, 복구하다
turn into ~로 변하다

04

Tonight, we're going to <u>compare</u> / luxury cell phones with
오늘 밤 저희는 비교할 것입니다   고급 휴대폰들과 저렴한 제품들을

cheaper models. Our tests <u>revealed</u> / that **when it comes to**
저희 테스트는 드러냈습니다   내구성에 관해서라면

durability, / you definitely get / what you pay for.
당신은 확실히 얻는다는 것을   당신이 지불한 것을

We selected five <u>inexpensive models</u> / and <u>ranked</u> them /
저희는 다섯 가지 저렴한 제품을 택했습니다   그리고 등급을 매겼습니다

according to their durability. Only one of them /
그것들의 내구성에 따라서   그것들 중 단 하나만이

got higher than three / out of five. In contrast, / none of
3점 이상의 점수를 받았습니다   5점 만점에   대조적으로

the <u>luxury models</u> we tested / scored lower than four.
저희가 시험한 고급 제품 중 어느 것도 없었습니다   4점보다 점수가 낮았던 것은

Q: What is the speaker's <u>main point</u>?

(a) New models are more <u>durable</u> than older ones.
(b) Price is not a factor in cell phone <u>durability</u>.
ⓒ <u>Luxury cell</u> phones are more durable.

오늘 밤 저희는 고급 휴대폰들과 저렴한 제품들을 비교할 것입니다. 저희 테스트는 내구성에 있어서는 지불한 만큼 확실히 얻을 수 있다는 것을 드러내 주었습니다. 저희는 다섯 가지 저렴한 제품을 택해 그것들의 내구성에 따라서 등급을 매겼습니다. 그들 중에서 단 하나만이 5점 만점에 3점 이상의 점수를 받았습니다. 대조적으로, 저희가 시험한 고급 제품들 중엔 4점보다 점수가 낮았던 것은 없었습니다.

Q: 화자의 요점은 무엇인가?

(a) 신제품은 오래된 것들보다 튼튼하다.
(b) 가격은 휴대폰 내구성의 요인이 아니다.
ⓒ 고급 휴대폰이 더 튼튼하다.

해설 화자의 요점을 묻는 문제입니다. 담화의 앞부분에서 내구성에 있어서는 지불한 만큼 확실히 얻을 수 있다(when it comes to durability, ~ get what you pay for)고 언급한 후, 고급 휴대폰의 내구성이 더 좋은 구체적인 증거를 제시하고 있으므로 고급 휴대폰이 더 튼튼하다고 한 (c)가 정답입니다.

[paraphrase된 부분]
durability 내구성 → durable 튼튼한

어휘 compare[kəmpɛ́ər] 비교하다 luxury[lʌ́kʃəri] 고급의, 사치스러운 reveal[rivíːl] 드러내다 durability[djùərəbíləti] 내구성
definitely[défənitli] 확실히, 명확히 pay for ~의 값을 지불하다 in contrast 대조적으로 score[skɔːr] 점수를 매기다, 득점하다; 점수
durable[djúərəbl] 튼튼한

A previously unknown ⁰⁵work / of Vincent van Gogh /
이전까지 알려지지 않았던 작품   Vincent van Gogh의

is scheduled to be auctioned off / this Thursday.
경매에 나올 예정입니다   이번주 목요일에

The painting, / dated to the 1880s, / is expected to receive /
그 그림은   1880년대 것으로 여겨지는   받을 것으로 예상됩니다

bids of more than 50 million dollars. ⁰⁶The piece is believed /
5천만 달러 이상의 입찰 가격을   그 작품은 생각됩니다

to have been completed / while Van Gogh lived in
완성되었을 것으로   Van Gogh가 브뤼셀에 살면서

Brussels and studied at an art academy, / which would
미술 학교에서 공부를 하던 동안   이는 의미합니다

make it / one of his earliest works. A gallery spokesperson
그의 초기 작품들 중 하나임을   미술관 대변인은 말했습니다

said / that the painting has generated / a great deal of
그 그림이 만들어 냈다고   많은 관심을

interest / among collectors from several countries.
여러 나라에서 온 수집가들 사이에서

⁰⁵Vincent van Gogh의 이전까지 알려지지 않았던 작품이 이번 주 목요일에 경매에 나올 예정입니다. 1880년대 것으로 여겨지는 그 그림은 5천만 달러 이상의 입찰 가격을 받을 것으로 예상됩니다. ⁰⁶그 작품은 Van Gogh가 브뤼셀에서 살면서 미술 학교에서 공부를 하던 동안 완성되었을 것으로 생각되는데, 이는 그것이 그의 초기 작품 중 하나임을 의미합니다. 미술관 대변인은 그 그림이 여러 나라에서 온 수집가들 사이에서 많은 관심을 만들어 냈다고 말했습니다.

05. Q: What is the news report mainly about?

    (a) Vincent van Gogh's early influences

    ⓑ The planned auction of a painting

    (c) A painting recently discovered in Brussels

06. Q: What is correct about Vincent van Gogh?

    ⓐ He resided in Brussels as a student.

    (b) He studied art in several countries.

    (c) He managed an academy in the 1880s.

05. Q: 뉴스 보도는 주로 무엇에 대한 것인가?

    (a) Vincent van Gogh의 초기 영향력

    ⓑ 그림의 예정된 경매

    (c) 최근에 브뤼셀에서 발견된 그림

06. Q: Vincent van Gogh에 대해 맞는 것은 무엇인가?

    ⓐ 그는 브뤼셀에서 학생으로 거주했다.

    (b) 그는 여러 나라에서 미술을 공부했다.

    (c) 그는 1880년대에 학교를 운영했다.

해설 05. 뉴스 보도의 중심 내용을 묻는 문제입니다. 뉴스 보도의 앞부분에서 Vincent van Gogh의 작품이 이번 주 목요일에 경매에 나올 예정 (work of Vincent van Gogh is scheduled to be auctioned off this Thursday)이라고 언급하고 있으므로 그림의 예정된 경매라고 한 (b)가 정답입니다.

> paraphrase된 부분
> scheduled 예정된 → planned 예정된

06. Vincent van Gogh에 대한 내용과 일치하는 것을 묻는 문제입니다. 작품은 Van Gogh가 브뤼셀에서 살면서 미술 학교에서 공부를 하던 동안 완성되었을 것으로 생각된다(The piece is believed ~ completed while Van Gogh lived in Brussels and studied at an art academy)고 언급하고 있으므로 브뤼셀에서 학생으로 거주했다고 한 (a)가 정답입니다.

> paraphrase된 부분
> lived 살았다 → resided 거주했다

어휘 previously[príːviəsli] 이전까지, 예전에는 unknown[ʌ̀nnóun] 알려지지 않은 work[wəːrk] 작품
be auctioned off 경매에 나오다 painting[péintiŋ] 그림 date[deit] (사건·미술품 등에) 날짜를 매기다 bid[bid] 입찰 가격, 입찰
complete[kəmplíːt] 완성하다 spokesperson[spóukspə̀ːrsn] 대변인 generate[dʒénərèit] 만들어 내다, 생성하다
a great deal of 많은, 다량의 collector[kəléktər] 수집가 manage[mǽnidʒ] 운영하다, 관리하다

01 (d)	02 (d)	03 (b)	04 (b)	05 (d)

Part 4

01

Today **I'd like to discuss** / **something about Conrad's**
오늘 저는 논의하고 싶습니다   Conrad의 작품에 관한 것을

work / **that I haven't previously mentioned. What I'm**
                        제가 전에는 언급한 적이 없는   제가 말하는 것은

referring to / **is his representation of heroes**.
                          그의 주인공의 묘사입니다

Conrad gave his central characters / great mental strength /
        Conrad는 중심 인물들에게 주었습니다   대단한 정신력을

so they could overcome / various obstacles / during the story.
        그들이 극복해 나가도록   다양한 장애들을   이야기 중에

Some of the challenges / encountered by Conrad's heroes /
        일부 도전들은   Conrad의 주인공들이 맞닥뜨리는

include disease, hunger, and war.
        질병, 기아, 전쟁 등을 포함합니다

Q: What is the talk mainly about?

(a) The settings of Conrad's major works

(b) Obstacles Conrad's characters had to face

(c) Why Conrad used struggle as a primary theme

(d) How Conrad portrayed heroes in his stories

오늘 저는 Conrad의 작품에 관해 제가 전에는 언급한 적이 없는 것을 논의하고 싶습니다. 제가 말하는 것은 그의 주인공의 묘사입니다. Conrad는 이야기 중에서 중심 인물들에게 다양한 장애를 극복해 나가도록 대단한 정신력을 주었습니다. Conrad의 주인공들이 맞닥뜨리는 일부 도전들은 질병, 기아, 전쟁 등을 포함합니다.

Q: 담화는 주로 무엇에 대한 것인가?

(a) Conrad의 주요 작품들의 설정

(b) Conrad의 인물들이 마주해야 했던 장애들

(c) Conrad가 고난을 1차적 주제로 사용한 이유

(d) Conrad가 그의 이야기에서 주인공들을 그려낸 방식

해설 담화의 주제를 묻는 문제입니다. 담화의 앞부분에서 Conrad의 작품에 관해 전에 언급한 적이 없는 것을 논의하고 싶다며, 주인공의 묘사에 관해 논의하고 싶다(I'd like to discuss something about ~ his representation of heroes)고 언급한 후, 주인공 묘사에 대해 구체적으로 설명하고 있으므로 Conrad가 그의 이야기에서 주인공들을 그려낸 방식이라고 한 (d)가 정답입니다.

paraphrase된 부분

representation 묘사 → portray 그리다

어휘 mention[ménʃən] 언급하다 refer to 말하다 representation[rèprizentéiʃən] 묘사 overcome[òuvərkʌ́m] 극복하다
obstacle[ábstəkl] 장애, 방해물 challenge[tʃǽlindʒ] 도전, 시련 encounter[inkáuntər] 맞닥뜨리다 struggle[strʌ́gl] 고난
primary[práimeri] 1차적인, 근본적인 portray[pɔːrtréi] 그리다, 묘사하다

02

Many people think / that talent and intelligence / are the main
많은 사람들이 생각합니다   재능과 지능이

keys to success. However, the reality is / that **people can**
성공으로 가는 주된 요소라고   하지만 현실은   사람들은 성공할 수 있습니다

succeed / **if they are willing to work hard**. Of course, /
                그들이 열심히 일하려고 한다면   물론

this involves / setting goals and being consistent.
이것은 필요로 합니다   목표 설정과 일관적인 것을

Yet anyone / who is willing to put in some effort / will find /
그러나 누구든   약간의 노력을 기울일 의지가 있는 사람이라면   발견할 것입니다

that they can accomplish anything / they set out to do.
        그들이 무엇이든 성취할 수 있다는 것을   그들이 하기 시작한

많은 사람들이 재능과 지능이 성공으로 가는 주된 요소라고 생각합니다. 하지만 현실은 사람들이 열심히 일하려고 한다면 성공할 수 있다는 것입니다. 물론 이것은 목표를 설정하고 일관성이 있는 것을 필요로 합니다. 그러나 누구든 약간의 노력을 기울일 의지가 있는 사람이라면 그들이 하기 시작한 일이 무엇이든 성취할 수 있다는 것을 알게 될 것입니다.

Part 4&5

해커스 텔프 BASIC LISTENING

Q: What is the main idea of the talk?

(a) It takes talent to succeed in life.
(b) Intelligent people are more successful.
(c) Many people fail to set realistic goals.
(d) Success is possible with hard work.

Q: 담화의 요지는 무엇인가?

(a) 삶에서 성공하기 위해서는 재능이 필요하다.
(b) 지적인 사람은 더 성공적이다.
(c) 많은 사람들이 현실적 목표를 정하는 데 실패한다.
(d) 성공은 열심히 일하면 가능하다.

해설　담화의 요지를 묻는 문제입니다. 담화의 앞부분에서 사람들이 열심히 일하려고 한다면 성공할 수 있다(people can succeed if they are willing to work hard)고 언급하고 있으므로 성공은 열심히 일하면 가능하다고 한 (d)가 정답입니다.

paraphrase된 부분

people can suceed 사람들은 성공할 수 있다 → success is possible 성공은 가능하다

work hard 열심히 일하다 → hard work 열심히 일하기

어휘　talent[tǽlənt] 재능　intelligence[intélidʒəns] 지능　reality[riǽləti] 현실　willing to ~하려고 하는
involve[inválv] 필요로 하다, 수반하다　consistent[kənsístənt] 일관적인　effort[éfərt] 노력　accomplish[əkámpliʃ] 성취하다
set out 시작하다, 착수하다

03

I'll now look at a new theory / that attempts to explain / the
이제 저는 새로운 이론을 볼 것입니다　설명하려고 시도하는

huge extinction / that occurred around 250 million years
대규모의 멸종을　약 2억 5천만 년 전에 일어났던

ago. Researchers claim / that it was initiated / by vast
연구자들은 주장합니다　그것이 시작되었다고　거대한

salt lakes, / which released gases / into the atmosphere /
소금 호수들에 의해　기체들을 배출한　대기 중에

and led to drier air / and higher temperatures. These
그리고 더 건조한 공기로 이끈　더 높은 온도와

extremely salty bodies of water / created desert-like
이러한 극도로 염도가 높은 수역은　사막과 같은 환경을 만들었습니다

conditions / over large areas of the globe, / leading to the
지구의 많은 지역에 걸쳐　대량의 멸종으로 이끈

massive die-out / previously / blamed on a large meteor
예전에는　거대한 운석의 영향 탓으로 돌려졌던

impact.

Q: What is the main idea of the lecture?

(a) A large meteor caused the massive die out.
(b) Salt lakes may have triggered an historic extinction.
(c) The world's species are threatened by desertification.
(d) Salty bodies of water produce dangerous gases.

이제 저는 약 2억 5천만 년 전에 일어났던 대규모의 멸종을 설명하려고 시도하는 새로운 이론을 볼 것입니다. 연구자들은 대기 중에 기체들을 배출하고 공기를 더 건조하게 만들며 온도를 더 높인 거대한 소금 호수들에 의해 그것이 시작되었다고 주장합니다. 이러한 극도로 염도가 높은 수역은 지구의 많은 지역을 사막과 같은 환경으로 만들었고, 이것은 예전에는 거대한 운석의 영향 탓으로 알려졌던 대량의 멸종으로 이어졌습니다.

Q: 강의의 요지는 무엇인가?

(a) 거대한 운석이 대량의 멸종을 야기했다.
(b) 소금 호수들이 역사적 멸종을 일으켰을지도 모른다.
(c) 세계의 종들이 사막화에 위협받고 있다.
(d) 염도가 높은 수역은 위험한 기체를 배출한다.

해설　강의의 요지를 묻는 문제입니다. 강의의 앞부분에서 연구자들은 약 2억 5천만 년 전에 일어났던 대규모 멸종에 대해 연구자들은 거대한 소금 호수들에 의해 시작되었다고 주장한다(the huge extinction ~ 250 million years ago. Researchers claim that it was initiated by vast salt lakes)고 언급한 후, 구체적인 과정에 대해 설명하고 있으므로 소금 호수들이 역사적 멸종을 일으켰을지도 모른다고 한 (b)가 정답입니다.

paraphrase된 부분

occur 일어나다 → trigger 일으키다

250 million years ago 2억 5천만 년 전 → historic 역사적인

어휘　theory[θíːəri] 이론　attempt[ətémpt] 시도하다　extinction[ikstíŋkʃən] 멸종　initiate[iníʃièit] 시작하다
vast[væst] 거대한, 광대한　atmosphere[ǽtməsfìər] 대기　extremely[ikstríːmli] 극도로　globe[gloub] 지구; 구체
massive[mǽsiv] 대량의　previously[príːviəsli] 예전에　blame on ~의 탓으로 돌리다　meteor[míːtiər] 운석, 유성

Part 5

04
~
05

⁰⁴Are you overworked / and in need of a break? / Then /
과로하셨습니까   그리고 휴식이 필요하십니까   그렇다면

you should consider / a visit to White Lake Chalet /
당신은 고려하셔야 합니다   White Lake Chalet에 방문하는 것을

in the Swiss Alps. Here you can leave / the stresses of
스위스 알프스에 있는   여기서 당신은 남겨놓을 수 있습니다

your everyday life / behind. We offer a variety of activities /
일상의 스트레스를   뒤에   저희는 다양한 활동을 제공합니다

depending on the season. Enjoy mountain climbing / with
계절에 따라   등산을 즐기세요

one of our experienced guides / in the spring or fall, /
저희의 숙련된 가이드 중 한 명과   봄이나 가을에

and take a cruise around the lake / during the summer.
그리고 호수 주변에서 유람선을 타세요   여름에

And ⁰⁵**we provide / guests who come in the winter / with a**
또한 저희는 제공합니다   겨울에 오는 손님들에게

complimentary cross-country skiing lesson. For more
무료 크로스컨트리 스키 강습을   더 많은 정보를 얻으려면

information, / call 1-888-THELAKE.
1–888-THELAKE로 전화하세요

⁰⁴과로하셨고 휴식이 필요하십니까? 그렇다면 당신은 스위스 알프스에 있는 White Lake Chalet에 방문하는 것을 고려하셔야 합니다. 여기서 당신은 일상의 스트레스를 잊을 수 있습니다. 저희는 계절에 따라 다양한 활동을 제공합니다. 봄이나 가을에 저희의 숙련된 가이드 중 한 명과 등산을 즐기시고, 여름에는 호수 주변에서 유람선을 타세요. 또한 ⁰⁵저희는 겨울에 오는 손님들에게 무료 크로스컨트리 스키 강습을 제공합니다. 정보를 더 얻으려면, 1-888-THELAKE로 전화하세요.

---

04. Q: What is mainly being advertised?

(a) A tour of a Swiss historical site
(b) A relaxing vacation in the Swiss Alps
(c) A real estate opportunity in Switzerland
(d) A mountain climbing trip in the Swiss Alps

05. Q: When is a lesson offered free of charge?

(a) In the spring
(b) In the summer
(c) In the fall
(d) In the winter

---

04. Q: 주로 광고되고 있는 것은 무엇인가?

(a) 스위스 역사 유적지 투어
(b) 스위스 알프스에서의 편안한 휴가
(c) 스위스의 부동산 호기
(d) 스위스 알프스에서의 등산 여행

05. Q: 강습은 언제 무료로 제공되는가?

(a) 봄에
(b) 여름에
(c) 가을에
(d) 겨울에

해설 04. 광고되고 있는 것을 묻는 문제입니다. 광고의 앞부분에서 과로하였고 휴식이 필요하다면 스위스 알프스에 있는 White Lake Chalet에 방문하는 것을 고려해야 한다(Are you overworked and in need of a break? Then you should consider a visit ~ in the Swiss Alps)고 언급한 후, 구체적인 휴가 정보를 제공하고 있으므로 스위스 알프스에서의 편안한 휴가라고 한 (b)가 정답입니다.

05. 강습이 언제 무료로 제공되는지를 묻는 문제입니다. 광고의 마지막 부분에서 겨울에 오는 손님들에게 무료 크로스컨트리 스키 강습을 제공한다(we provide guests who come in the winter with a complimentary cross-country skiing lesson)고 언급하고 있으므로 겨울이라고 한 (d)가 정답입니다.

paraphrase된 부분

complimentary 무료의 → free of charge 무료의, 공짜

어휘 **overwork**[òuvərwə́ːrk] 과로하다; 과로시키다 **break**[breik] 휴식; 중단 **consider**[kənsídər] 고려하다 **a variety of** 다양한, 많은
mountain climbing 등산 **experienced**[ikspíəriənst] 숙련된, 경험 있는 **cruise**[kruːz] 유람선
complimentary[kàmpləméntəri] 무료의 **relaxing**[riléksiŋ] 편안한, 나른한 **real estate** 부동산
opportunity[àpərtjúːnəti] 호기, 기회

EXAMPLE

p. 165

Good afternoon, everyone. We will begin our tour / of the
모두들 안녕하세요   우리는 견학을 시작할 것입니다

Salem Technology Museum / at one, / about 15 minutes from
Salem Technology 박물관의   1시에   지금부터 15분쯤 후인

now. Before that, / I just want to discuss / a few rules. First, /
그 전에   저는 단지 논의하고 싶습니다   몇 가지 규칙들   첫째로

please do not touch any of the objects / on display, / as some
어떤 물건에도 손대지 마십시오   전시 중인   어떤 품목들은

items are fragile and irreplaceable. Also, / food and drinks are
깨지기 쉽고 대체 불가능하므로   또한   먹을 것과 음료수는

not allowed / inside the museum / at any time.
허용되지 않습니다   박물관 안에서   언제든

Q: Which is correct according to the instructions?

(a) Tourists may bring snacks on the tour.
(b) Participants should not touch the displays.
(c) The tour leader will be 15 minutes late.
(d) The museum will open at one.

모두들 안녕하세요. 우리는 Salem Technology 박물관의 견학을 지금부터 15분쯤 후인 1시에 시작할 것입니다. 그 전에 저는 단지 몇 가지 규칙을 논의하고 싶습니다. 첫째로, 어떤 품목들은 깨지기 쉽고 대체 불가능하므로 전시 중인 어떤 물건에도 손대지 마십시오. 또한 박물관 안에서 먹을 것과 음료수는 언제든 허용되지 않습니다.

Q: 지시에 따르면 맞는 것은 무엇인가?

(a) 관광객들은 견학에 가벼운 음식을 가져올 수 있다.
(b) 참여자들은 전시품을 만져서는 안 된다.
(c) 견학 지도자는 15분 늦을 것이다.
(d) 박물관은 1시에 열 것이다.

어휘 discuss[diskʌ́s] 논의하다 object[ábdʒikt] 물건, 물체 on display 전시 중인 item[áitəm] 품목
fragile[frǽdʒəl] 깨지기 쉬운, 연약한 irreplaceable[ìripléisəbl] 대체 불가능한 allow[əláu] 허용하다

HACKERS PRACTICE

p. 166

01 Step 1 (a) Step 4 (b)   **02** Step 1 (b) Step 4 (b)   **03** Step 1 (a) Step 4 (c)
04 (c)   **05** (a)   **06** (a)

Part 4

01

It is much easier / to find a job / if you graduate / from a
훨씬 더 쉽습니다   직업을 찾기가   만약 당신이 졸업한다면

professional program, / such as accounting or nursing.
전문적인 프로그램을   회계나 간호 같은

Having a <u>degree</u> / in these fields / will give you / employment
학위를 갖는 것은   이러한 분야들에서   당신에게 줄 것입니다   취업의 기회를

<u>opportunities</u> / even during hard economic times. People
                   심지어 경제적으로 어려운 시기 동안에도

with professional <u>degrees</u> / also earn more <u>money</u> /
전문 학위를 가진 사람들은   또한 더 많은 돈을 법니다

on average.
평균적으로

만약 당신이 회계나 간호 같은 전문적인 프로그램을 졸업한다면, 직업을 찾기가 훨씬 더 쉽습니다. 이러한 분야들에서 학위를 갖는 것은 심지어 경제적으로 어려운 시기 동안에도 당신에게 취업의 기회를 줄 것입니다. 전문 학위를 가진 사람들은 또한 평균적으로 더 많은 돈을 법니다.

Q: Which is correct according to the talk?

(a) 회계사가 간호사보다 더 많은 돈을 번다.

(b) 전문 학위는 취업 기회를 제공한다.

Q: 담화에 따르면 맞는 것은 무엇인가?

(a) 회계사가 간호사보다 더 많은 돈을 번다.

(b) 전문 학위는 취업 기회를 제공한다.

해설 담화의 내용과 일치하는 것을 묻는 문제입니다. 회계나 간호와 같은 전문적인 프로그램을 졸업하면 직업을 찾기 쉽다(It is much easier to find a job ~ from ~ accounting or nursing)고 언급하고 있으므로 전문 학위는 취업 기회를 제공한다고 한 (b)가 정답입니다.

어휘 graduate[grǽdʒuèit] 졸업하다 accounting[əkáuntiŋ] 회계 degree[digríː] 학위 field[fiːld] 분야
employment[implɔ́imənt] 취업; 일자리 opportunity[àpərtjúːnəti] 기회 economic[èkənámik] 경제적인
earn[əːrn] (일하여) 벌다, 얻다 on average 평균적으로

02

Thank you / for calling Kim's Interior Design. **We are open** /
감사합니다   Kim's Interior Design에 전화해 주셔서   저희는 엽니다

from 10 a.m. to 5 p.m., / <u>Monday</u> through Friday. If you'd
오전 10시부터 오후 5시까지   월요일부터 금요일까지

like to <u>leave a message</u>, / you may do so / after the tone.
만약 당신이 메시지를 남기고 싶으시다면   그렇게 하세요   신호음이 난 후에

In case of an <u>emergency</u>, / **you may <u>reach me</u>** / **on my**
비상시에는   연락해 주세요

cell phone at 269-5854 / **anytime before 10 p.m.**
제 휴대폰 269-5854로   오후 10시 전에 언제라도

Thanks again. We at Kim's <u>appreciate</u> / your business.
다시 한번 감사합니다   저희 Kim's는 감사드립니다   귀하의 거래에

Kim's Interior Design에 전화해 주셔서 감사합니다. 저희는 월요일부터 금요일, 오전 10시부터 오후 5시까지 영업합니다. 만약 메시지를 남기고 싶으시다면 신호음이 난 뒤에 남겨 주세요. 비상시에는 오후 10시 전에는 언제라도 제 휴대폰 269-5854로 연락해 주세요. 다시 한번 감사합니다. 저희 Kim's는 귀하의 거래에 감사드립니다.

Q: Which is <u>correct about</u> Kim's Interior Design according to the message?

(a) 월요일에 문을 닫는다.

(b) 영업 시간 이외에도 전화를 받는다.

(c) 평일에는 밤 10시까지 문을 연다.

Q: 메시지에 따르면 Kim's Interior Design에 대해 맞는 것은 무엇인가?

(a) 월요일에 문을 닫는다.

(b) 영업 시간 이외에도 전화를 받는다.

(c) 평일에는 밤 10시까지 문을 연다.

해설 Kim's Interior Design에 대해 메시지의 내용과 일치하는 것을 묻는 문제입니다. 오전 10시부터 오후 5시까지 영업한다(We are open from 10 a.m. to 5 p.m.)고 언급한 후, 비상시에는 오후 10시 전에는 언제라도 자신의 휴대폰으로 연락하라(In case of an emergency ~ reach me on my cell phone ~ before 10 p.m.)고 설명하고 있으므로 영업 시간 이외에도 전화를 받는다고 한 (b)가 정답입니다.

어휘 tone[toun] 신호음, 발신음 emergency[imə́ːrdʒənsi] 비상시, 비상 사태 appreciate[əpríːʃièit] 감사하다; 높이 평가하다

03

And now for local news. **A Las Vegas woman** / **is in critical**
다음은 지역 소식입니다   라스베이거스의 한 여성이   중태에 빠져 있습니다

condition / **after being in an <u>accident</u>** / earlier today.
사고를 당한 후   오늘 이른 시각

Police say / the woman was <u>crossing the street</u> / when she
경찰은 말합니다   여자가 길을 건너고 있었다고   그녀가 치였을 때

was <u>hit</u> / by a speeding driver. The driver <u>left the scene</u> /
과속 운전자에 의해   운전자는 현장을 떠났습니다

and has yet to be identified. However, / the <u>suspect</u> was
그리고 아직 확인되지 않았습니다   그러나   용의자는 전하는 바에 따르면

reportedly / driving a pickup truck / with Nevada tags.
소형 오픈 트럭을 몰고 있었습니다   네바다 번호판이 달린

다음은 지역 소식입니다. 라스베이거스의 한 여성이 오늘 이른 시각 사고를 당한 후 중태에 빠져 있습니다. 경찰은 여자가 길을 건너다가 과속 운전자에 의해 치였다고 말합니다. 운전자는 현장을 떠났으며 아직 확인되지 않았습니다. 그러나 전하는 바에 따르면 용의자는 네바다 번호판이 달린 소형 오픈 트럭을 몰고 있었다고 합니다.

Q: Which is <u>correct about</u> the accident according to the news report?

(a) 목격자가 없다.

(b) 운전자는 술 취한 상태였다.

ⓒ 여성은 심각한 부상을 당했다.

Q: 뉴스 보도에 따르면 사고에 대해 맞는 것은 무엇인가?

(a) 목격자가 없다.

(b) 운전자는 술 취한 상태였다.

ⓒ 여성은 심각한 부상을 당했다.

해설 사고에 대해 뉴스 보도의 내용과 일치하는 것을 묻는 문제입니다. 라스베이거스의 한 여성이 사고를 당한 후 중태에 빠져 있다(A Las Vegas woman is in critical condition after being in an accident)고 언급하고 있으므로 여성은 심각한 부상을 당했다고 한 (c)가 정답입니다.

어휘 local[lóukəl] 지역의 critical[krítikəl] 위독한 accident[金ksidənt] 사고 cross[krɔːs] 건너다 identify[aidéntəfài] 확인하다 suspect[sʌ́spekt] 용의자 reportedly[ripɔ́ːrtidli] 전하는 바에 따르면, 보도에 의하면 tag[tæg] 번호판; 꼬리표

04

Massage is / an ancient form of therapy / known to <u>provide</u> /
마사지는   오래된 치료 형태입니다   제공하는 것으로 알려진

<u>pain relief</u>. Studies have shown / that athletes who received
통증 완화를   연구는 보여주었습니다   마사지 요법을 받은 운동선수들이

massage therapy / after an injury / reported <u>less pain</u> /
                  부상을 입은 뒤   더 적은 통증을 보고했다는 것을

than those / who did not receive therapy. Massage has also
선수들보다   요법을 받지 않은   마사지는 또한 증명되었습니다

been <u>proven</u> / to reduce blood pressure and /
                  혈압을 감소시키고

improve circulation, / and **it is even helpful** /
순환을 개선시키는 것으로   그리고 심지어 도움이 됩니다

in the treatment / **of psychological problems**.
치료에   심리적인 문제들의

Q: What is a <u>benefit of massage</u> according to the lecture?

(a) Greater <u>muscle</u> strength

(b) A lower <u>heart</u> rate

ⓒ Improved <u>mental</u> health

마사지는 통증 완화를 제공하는 것으로 알려진 오래된 치료 형태입니다. 연구는 부상을 입은 뒤 마사지 요법을 받은 운동선수들이 요법을 받지 않은 선수들보다 더 적은 통증을 보고했다는 것을 보여주었습니다. 마사지는 또한 혈압을 감소시키고 순환을 개선시키는 것으로 증명되었습니다. 그리고 심지어 **심리적 문제의 치료에도 도움이 됩니다.**

Q: 강의에 따르면 마사지의 이점은 무엇인가?

(a) 더 강한 근력

(b) 더 낮은 심박수

ⓒ 개선된 정신 건강

해설 마사지의 이점을 묻는 문제입니다. 마사지가 심지어 심리적 문제의 치료에도 도움이 된다(it is even helpful in the treatment of psychological problems)고 언급하고 있으므로 개선된 정신 건강이라고 한 (c)가 정답입니다.

[paraphrase된 부분]

psychological 심리적인 → mental 정신의

어휘 ancient[éinʃənt] 오래된, 고대의 therapy[θérəpi] 치료법, 요법 relief[rilíːf] 완화; 위안 athlete[金θliːt] 운동선수 injury[índʒəri] 부상 prove[pruːv] 증명하다 blood pressure 혈압 circulation[sə̀ːrkjuléiʃən] 순환 treatment[tríːtmənt] 치료; 대접 psychological[sàikəládʒikəl] 심리적인 heart rate 심박수 mental[méntl] 정신의, 심적인

05
~
06

⁰⁵Today we'll discuss / Medgar Evers, / who played a key
오늘 우리는 논의할 겁니다　　Medgar Evers에 대해　　핵심적인 역할을 한

role / in the American civil rights movement / during the
　　　　　미국 시민 평등권 운동에서

1950s and 1960s. Evers <u>did well</u> in college. He was
1950년대와 1960년대 동안　　Evers는 대학 성적이 좋았습니다　　그는 회원이었습니다

a member / of the debate team / and served as <u>class</u>
　　　　토론 팀의　　　그리고 학생 회장으로 일했습니다

<u>president</u>. In 1954, / ⁰⁶**Evers applied to law school** / **but**
　　　　1954년에　　　　Evers는 법학 대학원에 지원했습니다

was rejected / because of his race. His case received /
그러나 거절당했습니다　　그의 인종 때문에　　　그의 사건은 받았습니다

national attention / and became a <u>central feature</u> / in the
국가적인 주목을　　　　그리고 중심적 주안점이 되었습니다

campaign / against <u>segregation</u> in schools. Unfortunately, /
캠페인에서　　　　교내의 차별에 맞서는　　　　불행하게도

Evers was killed in 1963 / by an <u>opponent</u> / of the civil
Evers는 1963년에 살해당했습니다　　반대자에 의해

rights movement. Since then, / numerous <u>monuments</u>
미국 시민 평등권 운동의　　그 이후로　　　수많은 기념물이 세워졌습니다

have been erected / around the country / in his honor.
　　　　　　　　전국에　　　　그를 기리기 위해

오늘 우리는 1950년대와 1960년대 동안 미국 시민 평등권 운동에서 핵심적인 역할을 한 Medgar Evers에 대해 논의할 것입니다. Evers는 대학 성적이 좋았습니다. 그는 토론 팀의 회원이었으며 학생 회장으로 일했습니다. 1954년에 ⁰⁶Evers는 법학 대학원에 지원했으나 그의 인종 때문에 거절당했습니다. 그의 사건은 국가적인 주목을 받았고 교내의 차별에 맞서는 캠페인에서 중심적 주안점이 되었습니다. 불행하게도, Evers는 미국 시민 평등권 운동의 반대자에 의해 1963년에 살해당했습니다. 그 이후로, 그를 기리기 위해 전국에 수많은 기념물이 세워졌습니다.

05. Q: What does the talk <u>mainly focus on</u>?

ⓐ An important figure in a <u>social movement</u>

(b) A recipient of a prestigious <u>academic award</u>

(c) The <u>founder</u> of an integrated college

06. Q: Which is <u>correct</u> according to the talk?

ⓐ Evers was refused entry to <u>law school</u>.

(b) Segregation in <u>higher education</u> was banned in 1954.

(c) Evers did well in his career <u>as a lawyer</u>.

05. Q: 담화는 주로 무엇에 초점을 맞추고 있는가?

ⓐ 사회 운동의 주요 인물

(b) 권위 있는 학업 우수상의 수상자

(c) 통합 대학의 설립자

06. Q: 담화에 따르면 맞는 것은 무엇인가?

ⓐ Evers는 법학 대학원 입학을 거부당했다.

(b) 고등 교육에서의 차별은 1954년에 금지되었다.

(c) Evers는 변호사로서의 경력에 있어 성공적이었다.

해설　05. 담화의 주제를 묻는 중심 내용 문제입니다. 담화의 앞부분에서 1950년대와 1960년대 동안 미국 시민 평등권 운동에 핵심적인 역할을 한 Medgar Evers에 대해 논의할 것이다(Today we'll discuss Medgar Evers, who played a key role in the American civil rights movement during the 1950s and 1960s)라고 언급한 후, Medgar Evers에 대한 설명을 하고 있으므로 사회 운동의 주요 인물이라고 한 (a)가 정답입니다.

> paraphrase된 부분

played a key role 핵심 역할을 했다 → An important figure 주요 인물

06. 담화의 내용과 일치하는 것을 묻는 문제입니다. Evers가 법학 대학원에 지원했으나 거절당했다(Evers applied to law school but was rejected)고 언급하고 있으므로 Evers가 법학 대학원 입학을 거부당했다고 한 (a)가 정답입니다.

> paraphrase된 부분

was rejected 거절되었다 → was refused 거부당했다

어휘　key[kiː] 핵심적인, 중요한; 열쇠　civil rights 시민 평등권　movement[múːvmənt] 운동　debate[dibéit] 토론
serve[səːrv] 일하다, 공헌하다　reject[ridʒékt] 거절하다　race[reis] 인종　attention[əténʃən] 주목, 주의
feature[fíːtʃər] 주안점; 특징　segregation[sègrigéiʃən] (인종·성별의) 차별; 분리　opponent[əpóunənt] 반대자, 적
numerous[njúːmərəs] 수많은, 다수의　monument[mɔ́ːnjumənt] 기념물　erect[irékt] 세우다　figure[fígjər] 인물; 숫자
prestigious[prestídʒəs] 권위 있는, 유명한　integrated[íntəgreitid] 통합된, 인종 차별을 하지 않는　refuse[réfjuːz] 거부하다
entry[éntri] 입학; 입장　ban[bæn] 금지하다　career[kəríər] 경력, 직업

| 01 (c) | 02 (d) | 03 (a) | 04 (d) | 05 (a) |

Part 4

01

All of Ireland will see / overcast skies / today. Those of you
아일랜드의 모든 분들은 볼 것입니다   흐린 하늘을   오늘

in the southern areas / may see some clearing / this evening.
남부 지역에 계신 분들은   아마 개는 것을 보게 될 겁니다   오늘 저녁

Otherwise, / expect periods of showers / on and off
그 외에는   소나기가 내릴 것을 예상하십시오   하루 내내 불규칙적으로

throughout the day. **Tomorrow, / a front will gradually**
내일   전선은 서서히 이동할 것입니다

move / toward the island, / bringing cooler temperatures /
섬을 향해서   더 낮은 온도를 가져오면서

and an end to the rain.
비의 끝과 함께

Q: Which is correct according to the weather report?

(a) Warmer temperatures are expected tomorrow.

(b) It will rain all day tomorrow.

(c) The rain will stop tomorrow.

(d) Skies will be sunny in the south this morning.

아일랜드 전 지역에서 오늘 흐린 하늘을 볼 것입니다. 남부 지역에 계신 분들은 아마 오늘 저녁 개는 것을 보게 될 겁니다. 그 외의 지역에서는 하루 종일 불규칙적으로 소나기가 내릴 것을 예상하십시오. 내일은 전선은 섬을 향해 서서히 이동하면서 온도를 더 낮춤과 동시에 비가 그칠 것입니다.

Q: 일기 예보에 따르면 맞는 것은 무엇인가?

(a) 내일은 더 따뜻한 날씨가 예상된다.

(b) 내일은 하루 종일 비가 올 것이다.

(c) 내일은 비가 그칠 것이다.

(d) 오늘 아침 남부는 하늘이 맑을 것이다.

해설 일기 예보의 내용과 일치하는 것을 묻는 문제입니다. 내일은 전선이 섬을 향해 서서히 이동하면서 온도를 더 낮춤과 동시에 비가 그친다 (Tomorrow, a front will gradually move ~ an end to the rain)고 언급하고 있으므로 내일 비가 그칠 것이라고 한 (c)가 정답입니다.

paraphrase된 부분

end to the rain 비의 끝 → rain will stop 비가 그칠 것이다

어휘 overcast[óuvərkæst] 흐린, 우중충한 clear[kliər] 개다 shower[ʃáuər] 소나기 on and off 불규칙적으로, 때때로
throughout[θru:áut] ~ 내내, ~ 동안 front[frʌnt] 전선 gradually[grædʒuəli] 서서히 temperature[témpərətʃər] 온도

02

Make your own delicious bread / at home / with the GrainPro
당신만의 맛있는 빵을 만드세요   가정에서   GrainPro 자동 제빵 기계와 함께

automatic bread maker / from SunMills. All you have to do is /
SunMills사의   당신이 해야 하는 일이라곤

add flour and water, / and GrainPro will do the rest!
밀가루와 물을 넣는 것입니다   그러면 GrainPro가 나머지를 할 것입니다

It also comes with / a special recipe book / that will help
그것에는 딸려옵니다   특별 요리법 책이   당신이 빵을 굽도록 도와줄

you bake bread / just like the professionals do.
전문가들이 하는 것처럼

Visit us online / to receive a coupon / for 10 percent off, /
저희를 온라인으로 방문하세요   쿠폰을 받으시려면   10퍼센트 할인을 위한

and order your GrainPro / today.
그리고 당신의 GrainPro를 주문하세요   오늘

SunMills사의 GrainPro 자동 제빵 기계로 가정에서 당신만의 맛있는 빵을 만드세요. 당신이 해야 하는 일이라곤 밀가루와 물을 넣는 것뿐이고, GrainPro가 나머지를 할 것입니다! 그것에는 당신이 전문가들처럼 빵을 굽도록 도와줄 특별 요리법 책이 딸려옵니다. 10퍼센트 할인 쿠폰을 받으시려면 온라인으로 방문하시고, 오늘 당신의 GrainPro를 주문하세요.

Q: Which is correct about the GrainPro according to the advertisement?

(a) It is only available to professionals.
(b) It includes a money-back guarantee.
(c) It is on sale at 20 percent off.
ⓓ It comes with a bread cookbook.

Q: 광고에 따르면 GrainPro에 대해 맞는 것은 무엇인가?

(a) 전문가들만 이용 가능하다.
(b) 환불 가능한 보증서를 포함한다.
(c) 20퍼센트 할인 판매 중이다.
ⓓ 빵 요리책이 딸려온다.

해설   GrainPro에 대해 광고의 내용과 일치하는 것을 묻는 문제입니다. 빵을 굽도록 도와줄 특별 요리법 책이 딸려온다(It also comes with a special recipe book that will help you bake bread)고 언급하고 있으므로 빵 요리책이 딸려온다고 한 (d)가 정답입니다.

paraphrase된 부분
recipe book 요리법 책 → cookbook 요리책

어휘   own[oun] ~만의, 고유한   automatic[ɔ̀:təmǽtik] 자동의   flour[fláuər] 밀가루   recipe[résəpì:] 요리법, 조리법
bake[beik] (빵·과자 등을) 굽다   available[əvéiləbl] 이용 가능한   money-back 환불이 가능한   guarantee[gæ̀rəntí:] 보증서, 보증

03

Adults interested in adoption / **once had to meet** /
입양에 관심이 있는 성인들은   한때는 충족시켜야 했습니다

strict eligibility requirements. This meant / that only
엄격한 자격 요건들을   이것은 의미했습니다   사람들만이

people / who were married / and under a certain age /
     결혼했고   일정 연령 아래의

could legally adopt children. But **the adoption process** /
합법적으로 아이를 입양할 수 있다는 것을   하지만 입양 과정이

has now become more flexible. A new law states /
지금은 더 유연해졌습니다   새로운 법은 제시합니다

that as long as individuals are financially stable /
개인들이 재정적으로 안정되어 있는 한

and fit to adopt, / they do not have to meet / the marriage
입양에 적합하며   그들은 충족시키지 않아도 된다고

and age requirements.
결혼과 연령 요구 조건들을

Q: How has the adoption law changed?

ⓐ Eligibility requirements are not as strict.
(b) Financial reports are no longer required.
(c) The waiting period has been shortened.
(d) Adults can now choose which child to adopt.

입양에 관심이 있는 성인들은 한때는 엄격한 자격 요건들을 충족시켜야 했습니다. 이것은 결혼을 한 일정 연령 아래의 사람들만이 합법적으로 아이를 입양할 수 있다는 것을 의미했습니다. 하지만 지금은 입양 과정이 더 유연해졌습니다. 새로운 법은 개인이 재정적으로 안정되고 입양에 적합한 한, 결혼과 연령 요구 조건들을 충족시키지 않아도 된다고 제시하고 있습니다.

Q: 입양 법안은 어떻게 바뀌었는가?

ⓐ 자격 요건들이 덜 엄격하다.
(b) 재정 보고서들은 더 이상 요구되지 않는다.
(c) 대기 기간이 짧아졌다.
(d) 성인들은 이제 입양할 아이를 선택할 수 있다.

해설   입양 법안이 어떻게 바뀌었는지 묻는 문제입니다. 과거에는 입양에 관심이 있는 성인들이 엄격한 자격 요건을 충족시켜야 했다(Adults interested in adoption ~ meet strict eligibility requirement)고 언급한 후, 지금은 입양 과정이 더 유연해졌다(the adoption process has now become more flexible)고 대조하고 있으므로 자격 요건들이 덜 엄격하게 변했다고 한 (a)가 정답입니다.

paraphrase된 부분
more flexible 좀 더 유연한 → not as strict 덜 엄격한

어휘   interested in ~에 관심이 있는   adoption[ədápʃən] 입양   meet[mi:t] (필요·요구 등을) 충족시키다   strict[strikt] 엄격한
eligibility[èlidʒəbíləti] 자격   requirement[rikwáiərmənt] 요건, 필요 조건   legally[lí:gəli] 합법적으로
process[práses] 과정, 절차   flexible[fléksəbl] 유연한   state[steit] 제시하다, 나타내다; 진술하다
financially[finǽnʃəli] 재정적으로   stable[stéibl] 안정된   fit[fit] 적합한   shorten[ʃɔ́:rtn] 줄이다

04
~
05

04Our schools need teachers / who are great leaders, /
우리 학교는 교사들이 필요합니다　　　　　탁월한 지도자인

not just ones who know the material. 04It is essential /
단지 자료를 잘 아는 사람들이 아닌　　　필수적입니다

that they be able to control / the classroom / while
그들이 통제할 수 있는 것은　　　교실을

inspiring students. But it is impossible / to determine /
학생들을 고무시키는 동시에　　하지만 불가능합니다　알아내는 것은

whether teachers have this ability / simply by looking at
교사들이 그러한 능력을 가지고 있는지　　단순히 그들의 이력서만 보고

their résumés. That's why / it's important to see teachers
그들의 이력서　그것이 이유입니다　활동 중인 교사들을 보는 것이 중요한

in action. 05Only by watching them / conduct sample
그들을 보는 것이어야만　　시범 강의를 하는 것을

lessons / with a group of students / can we evaluate /
학생 집단과　　우리는 평가할 수 있습니다

their leadership abilities. Therefore, / I believe / we
그들의 리더십 능력을　　따라서　저는 생각합니다

should make this / a requirement / for all teachers /
우리가 이것을 만들어야 한다　필요 조건으로　모든 교사들에게

applying for a position / at our schools.
일자리에 지원하는　　우리 학교에

04. Q: What kind of teachers does the speaker want to hire?

  (a) Teachers with their own materials
  (b) Teachers with the best résumés
  (c) Teachers with the most experience
  (ⓓ) Teachers with leadership skills

05. Q: What would the speaker like applicants to do?

  (ⓐ) Give a teaching demonstration
  (b) Provide a professional reference
  (c) Submit a writing sample
  (d) Present a training certificate

04우리 학교는 단지 자료를 잘 아는 사람들이 아닌, 탁월한 지도자인 교사들이 필요합니다. 04그들이 학생들을 고무시키는 동시에 교실을 통제할 수 있는 것은 필수적입니다. 하지만 단순히 교사들의 이력서만 보고 그들이 그러한 능력을 가지고 있는지를 알아내는 것은 불가능합니다. 그것이 활동 중인 교사들을 보는 것이 중요한 이유입니다. 05그들이 학생 집단과 시범 강의를 하는 것을 보아야만 우리는 그들의 리더십 능력을 평가할 수 있습니다. 따라서 저는 우리 학교의 일자리에 지원하는 모든 교사들에게 이것을 필요 조건으로 만들어야 한다고 생각합니다.

04. Q: 화자는 어떤 유형의 교사를 고용하기를 원하는가?

  (a) 고유의 자료를 가진 교사
  (b) 최고의 이력서를 지닌 교사
  (c) 가장 경험이 많은 교사
  (ⓓ) 리더십 기술이 있는 교사

05. Q: 화자는 지원자들이 무엇을 하기를 바라는가?

  (ⓐ) 수업을 시연한다.
  (b) 직업 추천서를 제공한다.
  (c) 작문 샘플을 제출한다.
  (d) 실습 증명서를 제시한다.

해설　04. 화자가 고용하고자 하는 교사의 유형을 묻는 문제입니다. 학교는 탁월한 지도자인 교사들이 필요하며 그들이 교실을 통제할 수 있는 것은 필수적(Our schools need teachers who are great leaders ~. It is essential that they be able to control the classroom)이라고 언급하고 있으므로 리더십 기술이 있는 교사라고 한 (d)가 정답입니다.

　paraphrase된 부분
be able to control the classroom 교실을 통제할 수 있다 → leadership skills 리더십 기술

05. 화자가 지원자에게 무엇을 하기를 바라는지 묻는 문제입니다. 교사들이 학생 집단과 시범 강의를 하는 것을 보아야만 그들의 리더십 능력을 평가할 수 있다(Only by watching them conduct sample lessons ~ can we evaluate their leadership abilities)고 언급한 후, 우리 학교의 일자리에 지원하는 모든 교사들에게 이것을 필요 조건으로 만들어야 한다(Therefore, ~ we should make this a requirement ~ at our schools)고 주장하므로 수업을 시연한다고 한 (a)가 정답입니다.

　paraphrase된 부분
conduct sample lessons 시범 강의를 하다 → Give a teaching demonstration 수업을 시연하다

어휘　**material**[mətíəriəl] 자료, 교재　**essential**[isénʃəl] 필수적인　**inspire**[inspáiər] 고무하다, 격려하다
determine[ditə́ːrmin] 알아내다, 측정하다　**ability**[əbíləti] 능력　**résumé**[rézumèi] 이력서　**conduct**[kəndʌ́kt] 하다, 지도하다
evaluate[ivǽljuèit] 평가하다　**requirement**[rikwáiərmənt] 필요 조건, 요건　**give a demonstration** 시연하다
teaching[tíːtʃiŋ] 수업, 교수

EXAMPLE

p.171

From next semester, / the school will no longer require uniforms.
다음 학기부터   학교는 더 이상 교복을 요구하지 않을 것입니다

However, / this does not mean / all forms of attire / are acceptable.
그러나   이것이 의미하지 않습니다   모든 형태의 복장이   용인될 수 있다는 것을

Students will not be allowed / to wear hats / in the classroom.
학생들은 허용되지 않을 것입니다   모자를 쓰는 것이   교실에서

In addition, / gym clothing may only be worn / during PE classes.
게다가   체육복은 오직 입어질 것입니다   체육 수업 동안

Failure to observe these standards / may result in disciplinary
이 기준을 지키지 않는 것은   징계 조치로 이어질 수 있습니다

action.

Q: What can be inferred from the announcement?

(a) Gym teachers have complained about the dress code.

(b) Students must wear collared shirts.

ⓒ Students still must follow a school dress code.

(d) Uniforms will be required for all students.

다음 학기부터 학교는 더 이상 교복을 요구하지 않을 것입니다. 그러나 이것이 모든 형태의 복장이 용인된다는 것을 의미하지는 않습니다. 학생들은 교실에서 모자를 쓰는 것이 허용되지 않을 것입니다. 게다가, 체육복은 체육 수업 동안만 입을 수 있습니다. 이 기준을 따르지 않으면 징계 조치로 이어질 수 있습니다.

Q: 안내로부터 추론할 수 있는 것은 무엇인가?

(a) 체육 교사들은 복장 규정에 대해 불평해왔다.

(b) 학생들은 칼라가 있는 셔츠를 입어야 한다.

ⓒ 학생들은 여전히 학교의 복장 규정을 따라야 한다.

(d) 모든 학생들에게 교복이 요구될 것이다.

어휘   semester[siméstər] 학기   require[rikwáiər] 요구하다   uniform[júːnəfɔ̀ːrm] 교복, 제복   attire[ətáiər] 복장
acceptable[ækséptəbl] 용인할 수 있는   allow[əláu] 허용하다   gym[dʒim] 체육   PE 체육(physical education)
observe[əbzə́ːrv] (규칙 등을) 지키다; 관찰하다   disciplinary action 징계 조치   collared[kálərd] 칼라가 있는

HACKERS PRACTICE

p.172

01 Step 1 (a)   Step 4 (b)   **02** Step 1 (a)   Step 4 (a)   **03** Step 1 (a)   Step 4 (b)
04 (b)   **05** (b)   **06** (c)

Part 4

01

Big Bear National Park has / much to offer travelers.
Big Bear 국립 공원은 갖고 있습니다   여행자들에게 제공할 많은 것을

You can go hiking / on one of our scenic mountain trails,
당신은 하이킹을 할 수 있습니다   저희의 경치 좋은 산길들 중 하나에서

or you may want to take a dip / in one of the park's clear
또는 당신은 몸을 담그고 싶을지도 모릅니다   공원의 깨끗한 산 시냇물들 중 하나에서

mountain streams. **Adventurous travelers / may even**
모험을 좋아하는 여행자들은

want to try / white water rafting or rock climbing.
시도해보고 싶을지도 모릅니다   급류 래프팅이나 암벽 등반을

For detailed information / about Big Bear, / please contact /
세부적인 정보를 얻으려면   Big Bear에 대해   연락해 주십시오

the national park service.
국립 공원 서비스에

Big Bear 국립 공원은 여행자들에게 제공할 많은 것을 갖고 있습니다. 당신은 경치 좋은 산길들 중 하나에서 하이킹을 할 수 있고, 또는 공원의 깨끗한 산 시냇물들 중 하나에서 몸을 담그고 싶을지도 모릅니다. 모험을 좋아하는 여행자들은 급류 래프팅이나 암벽 등반을 시도해보고 싶을지도 모릅니다. Big Bear에 대해 세부적인 정보를 얻으려면 국립 공원 서비스에 연락해 주십시오.

○

Q: What can be inferred from the talk?

(a) 공원은 방문객들을 위해 연중 운영된다.

ⓑ 공원은 극한 스포츠를 즐길 수 있는 기회를 제공한다.

Q: 담화로부터 추론할 수 있는 것은 무엇인가?

(a) 공원은 방문객들을 위해 연중 운영된다.

ⓑ 공원은 극한 스포츠를 즐길 수 있는 기회를 제공한다.

해설 담화로부터 추론할 수 있는 것을 묻는 문제입니다. 모험을 좋아하는 여행자들은 급류 래프팅이나 암벽 등반을 시도해보고 싶을지도 모른다. (Adventurous travelers ~ try white water rafting or rock climbing)라고 언급하고 있으므로 공원은 극한 스포츠를 즐길 수 있는 기회를 제공한다고 한 (b)가 정답입니다.

어휘 national[nǽʃənl] 국립의, 국가의   scenic[síːnik] 경치 좋은   trail[treil] 산길, 오솔길   take a dip 몸을 담그다
stream[striːm] 시냇물, 개울   adventurous[ədvéntʃərəs] 모험을 좋아하는, 모험적인   white water 급류

02

Now for business news. **Experts now say / that the**
다음은 비즈니스 뉴스입니다   전문가들은 현재 말합니다

economic downturn may not last / as long as / they
경기 침체가 지속되지 않을지도 모른다고   만큼 오래

once thought. Consumer spending is up by 7 percent, /
그들이 한때 생각했던   소비자 지출은 7퍼센트 정도 상승했습니다

and unemployment has dropped / by 3 percent / since
그리고 실업률은 떨어졌습니다   3퍼센트 정도

February. Analysts are hopeful / that the economy will be
2월 이후로   분석가들은 희망을 갖고 있습니다   경제가 돌아올 것이라는

back / to normal / soon.
정상으로   곧

Q: What can be inferred from the announcement?

ⓐ 전문가들은 한때 경기 침체가 오래 지속될 것이라고 예상했다.

(b) 분석가들은 소비자들이 너무 많은 지출을 한다고 믿고 있다.

다음은 비즈니스 뉴스입니다. 전문가들은 현재 경기 침체가 그들이 한때 생각했던 만큼 오래 지속되지 않을지도 모른다고 말합니다. 2월 이후 소비자 지출은 7퍼센트 정도 상승했고, 실업률은 3퍼센트 정도 떨어졌습니다. 분석가들은 경제가 곧 정상으로 돌아올 것이라는 희망을 갖고 있습니다.

Q: 안내로부터 추론할 수 있는 것은 무엇인가?

ⓐ 전문가들은 한때 경기 침체가 오래 지속될 것이라고 예상했다.

(b) 분석가들은 소비자들이 너무 많은 지출을 한다고 믿고 있다.

해설 안내로부터 추론할 수 있는 것을 묻는 문제입니다. 전문가들은 현재 경기 침체가 그들이 한때 생각했던 만큼 오래 지속되지 않을지도 모른다고 말한다(Experts now say that the economic downturn ~ not last as long they once thought)고 언급하고 있으므로 전문가들은 한때 경기 침체가 오래 지속될 것이라고 예상했다고 한 (a)가 정답입니다.

어휘 expert[ékspəːrt] 전문가   downturn[dáuntəːrn] 침체, 하강   last[læst] 지속되다   consumer[kənsúːmər] 소비자
unemployment[ʌnimplɔ́imənt] 실업률   analyst[ǽnəlist] 분석가

03

Go Live is an experienced agency / that matches young
Go Live는 경험 있는 대행사입니다   젊은 예술가들을 중개하는

artists / with jobs in the music industry. If we accept you /
예술가들   음악 산업의 일자리와   저희가 당신을 받아들인다면

as a client, / we guarantee you / a music contract / or you
고객으로   저희는 당신에게 보장합니다   음악 계약을   그렇지 않으면 당신은

pay us nothing. Why would we make a promise / like that?
아무 것도 지불하지 않아도 됩니다   왜 저희가 약속을 할까요?   이와 같은

It's because / we have the best agents / in the business /
왜냐하면   저희는 최고의 중개인들을 가졌기 때문입니다   업계에서

and a large resource network. You will not find an offer /
그리고 거대한 자원 네트워크를   당신은 제안을 찾지 못할 것입니다

like ours / anywhere else. For more information, / visit us /
저희와 같은   다른 어디에서도   더 많은 정보를 얻으시려면   저희를 방문하십시오

Go Live는 젊은 예술가들에게 음악 산업의 일자리를 중개하는 경험 있는 대행사입니다. 저희가 당신을 고객으로 받아들인다면 저희는 음악 계약을 보장해 드리며, 그렇게 하지 못할 경우 당신은 아무것도 지불하지 않아도 됩니다. 왜 저희가 이런 약속을 할까요? 왜냐하면 저희는 업계 최고의 중개인과 거대한 자원 네트워크를 가졌기 때문입니다. 당신은 다른 어디에서도 저희와 같은 제안을 찾지 못할 것입니다. 더 많은 정보를 얻으려면 www.goliveagency.com 으로 저희를 방문하십시오.

at www.goliveagency.com.
www.goliveagency.com으로

Q: What can be <u>inferred about</u> Go Live from the advertisement?

(a) 유명한 음악가를 고객으로 두고 있다.

(b) 그들의 고객이 성공할 것이라는 것을 확신한다.

(c) 고객들에게 장기 계약을 제공한다.

Q: 광고로부터 Go Live에 대해 추론할 수 있는 것은 무엇인가?

(a) 유명한 음악가를 고객으로 두고 있다.

(b) 그들의 고객이 성공할 것이라는 것을 확신한다.

(c) 고객들에게 장기 계약을 제공한다.

해설 광고로부터 Go Live에 대해 추론할 수 있는 것을 묻는 문제입니다. Go Live는 음악 계약을 보장하고, 그렇게 하지 못할 경우 고객은 아무것도 지불하지 않아도 된다(we guarantee you a music contract or you pay us nothing)고 언급하고 있으므로 그들의 고객이 성공할 것이라는 것을 확신한다고 한 (b)가 정답입니다.

어휘 match[mætʃ] 중개하다 guarantee[gæ̀rəntíː] 보장하다, 보증하다 contract[kántrækt] 계약 agent[éidʒənt] 중개인, 대리인
resource[ríːsɔːrs] 자원 offer[ɔ́ːfər] 제안

04

One of the first things / I tell young <u>entrepreneurs</u> / is that
첫 번째 것들 중 하나는   제가 젊은 기업가들에게 말하는

they are likely to encounter / many **challenges** / on their
그들이 부딪치기 쉽다는 것입니다   많은 시련들에

way to success. Today's <u>business climate</u> is / not what it
그들이 성공으로 가는 도중에   오늘날의 기업 환경은   예전과는 다릅니다

used to be. **It's no longer enough** / **to offer a good <u>product</u>** /
더 이상 충분치 않습니다   좋은 제품을 제공하는 것은

at a reasonable price, / or simply to smile / at customers.
합당한 가격에   또는 단지 미소짓는 것은   고객들에게

Business owners these days / must find a way / to make
요즘의 기업 경영주는 방법을   찾아야만 합니다

themselves <u>stand out</u>. They have plenty of <u>opportunities</u> /
그들 자신이 눈에 띄도록 만들   그들은 많은 기회를 가졌습니다

but face greater <u>competition</u> / than ever before.
그러나 더 큰 경쟁에 마주합니다   그 어느 때보다도

Q: What can be <u>inferred</u> from the talk?

(a) Today's businesses have poor <u>customer service</u>.

(b) It has become more difficult to <u>succeed in business</u>.

(c) New <u>business laws</u> make it hard to create profits.

제가 젊은 기업가들에게 말하는 첫 번째 것들 중 하나는 그들이 성공으로 가는 도중에 많은 시련에 부딪치기 쉽다는 것입니다. 오늘날의 기업 환경은 예전과는 다릅니다. 더 이상 합당한 가격에 좋은 제품을 제공하는 것, 또는 단지 고객들에게 미소짓는 것만으로는 충분치 않습니다. 요즘의 기업 경영주는 그들 자신이 눈에 띄도록 만들 방법을 찾아야만 합니다. 그들은 많은 기회를 가졌지만, 그 어느 때보다도 더 큰 경쟁에 마주하고 있습니다.

Q: 담화로부터 추론할 수 있는 것은 무엇인가?

(a) 오늘날의 기업들은 고객 서비스가 나쁘다.

(b) 사업에서 성공하기가 더 어려워졌다.

(c) 새로운 기업 법안들이 이익 창출을 어렵게 만든다.

해설 담화로부터 추론할 수 있는 것을 묻는 문제입니다. 젊은 기업가들이 성공으로 가는 도중에 많은 시련에 부딪치기 쉽다(they are likely to encounter many challenges on their way to success)고 언급한 후, 더 이상 합당한 가격에 좋은 제품을 제공하는 것, 또는 고객들에게 미소짓는 것만으로 충분치 않다(It's no longer enough to offer a good product ~, or simply to smile at customers)고 설명하고 있으므로 사업에서 성공하기가 더 어려워졌다고 한 (b)가 정답입니다.

[paraphrase된 부분]

encounter many challenges 많은 시련에 부딪치다 → more difficult 더 어려운

어휘 entrepreneur[àːntrəprənə́ːr] 기업가 encounter[inkáuntər] 부딪치다, 마주치다 challenge[tʃǽlindʒ] 시련, 도전
climate[kláimit] 환경, 기후 reasonable[ríːzənəbl] 합당한, 적당한 stand out 눈에 띄다 plenty of 많은
opportunity[àpərtjúːnəti] 기회, 호기 face[feis] 마주하다, 직면하다 competition[kàmpitíʃən] 경쟁 profit[práfit] 이익

05 ~ 06

As <u>international</u> students, / many of you are interested /
국제 학생으로서　　여러분들 중 많은 수가 관심이 있습니다

in learning a <u>foreign language</u>. ⁰⁵Today, / I want to talk /
외국어를 배우는 것에　　오늘　저는 이야기하고 싶습니다

about a <u>mistake</u> / that most students make / when
실수에 대하여　　대부분의 학생들이 범하는

doing this. Many think / that the <u>best approach</u> is /
이것을 할 때　많은 사람들이 생각합니다　　최선의 방법은

to spend hours at a time <u>studying</u>. This isn't actually
공부하는 데 한 번에 몇 시간을 들이는 것이라고　　이것은 사실상 진실이 아닙니다

true, / though. ⁰⁶When learning a language, / you
하지만　　언어를 배울 때

should <u>limit</u> your study time / to 30 minutes per
공부 시간을 제한해야 합니다　　한 번에 30분으로

session. While you may feel / that this isn't <u>enough time</u>, /
당신은 느낄지도 모르지만　　이것이 충분한 시간이 아니라고

it's important / to keep in mind / that ⁰⁶the progress you
중요합니다　명심하는 것이　　당신이 이루는 진척

make / after the <u>first half hour</u> / is insignificant.
처음 30분 이후에　　미미합니다

국제 학생으로서 여러분들 중 많은 수가 외국어를 배우는 것에 관심이 있습니다. ⁰⁵오늘 저는 대부분의 학생들이 이것을 할 때 범하는 실수에 대하여 이야기하고 싶습니다. 많은 사람들이 공부하는 데 한 번에 몇 시간을 들이는 것이 최선의 방법이라고 생각합니다. 하지만 이것은 사실상 진실이 아닙니다. ⁰⁶언어를 배울 때 공부 시간을 한 번에 30분으로 제한해야 합니다. 당신은 이것이 충분한 시간이 아니라고 느낄지도 모르지만 ⁰⁶당신이 처음 30분 이후에 이루는 진척은 미미하다는 것을 명심하는 것이 중요합니다.

05. Q: What is the <u>main purpose</u> of the talk?

   (a) To describe <u>various errors</u> made by international students

   (b) To correct a <u>misperception</u> about language education

   (c) To announce a <u>requirement</u> to enroll in a language course

06. Q: What can be <u>inferred</u> from the talk?

   (a) Students <u>benefit</u> from living overseas.

   (b) <u>Language fluency</u> can be achieved quickly.

   (c) Long study sessions are <u>inefficient</u>.

05. Q: 담화의 주요 목적은 무엇인가?

   (a) 국제 학생들에 의해 발생하는 여러 실수를 설명하기 위해

   (b) 언어 교육에 대한 오해를 바로잡기 위해

   (c) 언어 강좌에 등록하기 위한 자격 요건을 알려주기 위해

06. Q: 담화로부터 추론할 수 있는 것은 무엇인가?

   (a) 학생들은 해외에 사는 것으로부터 이익을 얻는다.

   (b) 언어 유창성은 빨리 성취될 수 있다.

   (c) 긴 공부 시간은 효과적이지 않다.

해설 05. 담화의 주요 목적을 묻는 문제입니다. 담화의 앞부분에서 오늘 대부분의 학생들이 외국어를 배울 때 범하는 실수에 대하여 이야기 하고 싶다(Today, I want to talk about a mistake that most students make when doing this)고 언급한 후, 많은 사람들이 공부하는 데 한 번에 몇 시간을 들이는 것이 최선의 방법이라고 생각하지만 이것은 사실상 진실이 아니다(Many think that the best approach is to spend hours ~ isn't actually true, though)라고 설명하고 있으므로 언어 교육에 대한 오해를 바로잡기 위해라고 한 (b)가 정답입니다.

06. 담화로부터 추론할 수 있는 것을 묻는 문제입니다. 언어를 배울 때 공부 시간을 한 번에 30분으로 제한해야 한다(When learning a language, you should limit ~ to 30 minutes per session)고 언급한 후, 처음 30분 이후에 이루는 진척은 미미하다(the progress you make ~ is insignificant)라고 언급하고 있으므로 긴 공부 시간은 효과적이지 않다고 한 (c)가 정답입니다.

어휘 international[ìntərnǽʃənl] 국제의　foreign[fɔ́:rən] 외국의　approach[əpróutʃ] 방법, 접근하다　limit[límit] 제한하다
session[séʃən] (어느 활동의) 기간; 활동　keep in mind 명심하다　misperception[mispərsépʃən] 오해
benefit from ~로부터 이익을 얻다　fluency[flú:ənsi] 유창성　inefficient[ìnifíʃənt] 효과적이 아닌

01 (a) **02** (d) **03** (b) **04** (c) **05** (d)

Part 4

01

May I have your attention, / please? The CEO has asked 잠시 주목해 주시겠습니까 부디 CEO가 제게 요청하셨습니다 me / to inform you / of some difficult news. As some of you 당신들에게 알려드리라고 몇 가지 곤란한 소식을 여러분 중 일부가 may have heard, / we unexpectedly lost / our largest client. 들었을지 모릅니다만 우리는 예상치 못하게 잃었습니다 우리의 가장 큰 고객을 This means / that the company cannot maintain / its past 이것은 의미합니다 회사가 유지할 수 없다는 것을 operating costs, / and so **there may be** / **some job cuts**. 그것의 과거 운영 비용을 그래서 있을지 모릅니다 일자리 삭감이 Although we hope / it doesn't happen, / it will be inevitable / 비록 우리는 희망하지만 그것이 일어나지 않기를 그것은 불가피할 것입니다 if we do not find / a new source of income / immediately. 만일 우리가 찾지 않는다면 새로운 수입 원천을 즉시 Q: What can be inferred from the speech? ⓐ Some people may lose their jobs. (b) The company has failed to pay its taxes. (c) Several new positions will open up immediately. (d) The company has made poor investment decisions.	잠시 주목해 주시겠습니까? CEO가 저에게 여러분들에게 곤란한 소식을 알려드릴 것을 요청하셨습니다. 여러분 중 몇몇은 들었을지 모릅니다만, 우리는 예상치 못하게 우리의 가장 큰 고객을 잃었습니다. 이것은 회사가 과거의 운영비용을 유지할 수 없다는 것을 의미하며, 그래서 **일자리 삭감이 있을지도 모릅니다**. 비록 우리는 그것이 일어나지 않기를 희망하지만, 즉시 새로운 수입원을 찾지 못한다면 그것은 불가피할 것입니다. Q: 연설로부터 추론할 수 있는 것은 무엇인가? ⓐ 일부 사람들이 직업을 잃을 수도 있다. (b) 회사는 세금을 지불하지 못했다. (c) 몇 가지 새로운 일자리가 즉시 생겨날 것이다. (d) 회사는 서투른 투자 결정을 내렸다.

해설 연설로부터 추론할 수 있는 것을 묻는 문제입니다. 일자리 삭감이 있을지도 모른다(there may be some job cuts)고 언급하고 있으므로 일부 사람들이 직업을 잃을 수도 있다고 한 (a)가 정답입니다.

paraphrase된 부분

may ~일지도 모른다 → probably 아마도

job cuts 일자리 삭감 → lose jobs 직업을 잃다

어휘 attention[ətén∫ən] 주의, 주목 unexpectedly[ʌnikspéktidli] 예상치 못하게 maintain[meintéin] 유지하다
operating[ápərèitiŋ] 운영상의 inevitable[inévətəbl] 불가피한 source[sɔːrs] 원천, 근원
immediately[imíːdiətli] 즉시, 즉각적으로 tax[tæks] 세금 open up (자리·직위가) 비다; 열리다 investment[invéstmənt] 투자

02

I now want to talk / about the impact / that the rise of the 저는 이제 이야기하고 싶습니다 영향에 대하여 몽골 제국의 부상이 미친 Mongol empire had / on Eurasia. **The first major result** / 유라시아에 첫 번째 주된 결과는 **was the creation of a vast communication system**. 광대한 소통 체계의 형성이었습니다 The Mongols used horses / to carry messages and mail / 몽골인들은 말을 이용했습니다 메시지나 편지를 운반하기 위해 throughout the empire, / so **information could be passed** / 제국의 도처로 그래서 정보는 전해질 수 있었습니다 **from place to place** / **with great speed**. Another effect 여기저기로 대단한 속도로 또 다른 영향은 증가였습니다 was an increase / in cultural exchange. Evidence of this / 문화 교류의 이것의 증거는	저는 이제 몽골 제국의 부상이 유라시아에 미친 영향에 대하여 이야기하고 싶습니다. **첫 번째 주된 결과는 광대한 소통 체계의 형성이었습니다**. 몽골인들은 제국의 도처로 메시지나 편지를 전달하기 위해 말을 이용했고, 그래서 정보는 대단한 속도로 여기저기에 전해질 수 있었습니다. 또 다른 영향은 문화 교류의 증가였습니다. 이것의 증거는 몽골의 정복 이후 유라시아 언어들에서 나타났던 많은 수의 몽골어 단어에서 볼 수 있습니다.

◐

can be seen / in the great number / of Mongolian words /
보일 수 있습니다　　　대단한 수에서　　　몽골어 단어의

that appeared in Eurasian languages / after the Mongol
유라시아 언어들에서 나타났던　　　　몽골의 정복 이후

conquests.

Q: What can be inferred from the lecture?

(a) Local people were recruited for the Mongol army.

(b) The Mongols conquered all of Eurasia.

(c) Cultural diversity decreased after the Mongol
invasions.

(d) Communication in Eurasia became more efficient.

Q: 강의로부터 추론할 수 있는 것은 무엇인가?

(a) 지방 주민들은 몽골 군대에 징집되었다.

(b) 몽골인들은 유라시아 전역을 정복했다.

(c) 몽골의 침략 이후 문화적 다양성은 감소했다.

(d) 유라시아 내의 소통은 더 효율적으로 되었다.

해설 강의로부터 추론할 수 있는 것을 묻는 문제입니다. 몽골 제국이 유라시아에 미친 영향의 첫 번째 주된 결과가 광대한 소통 체계의 형성이었다(The first major result ~ a vast communication system)고 언급한 후, 정보가 대단한 속도로 여기저기에 전해질 수 있었다(information could be passed ~ with great speed)고 설명하고 있으므로 유라시아 내의 소통은 더 효율적으로 되었다고 한 (d)가 정답입니다.

어휘 impact[ímpækt] 영향 rise[raiz] 부상, 상승; 출현 empire[émpaiər] 제국 creation[kriéiʃən] 형성 vast[væst] 광대한 throughout[θruːáut] 도처에 from place to place 여기저기에, 이리저리 exchange[ikstʃéindʒ] 교류, 교환 appear[əpíər] 나타나다 conquest[kánkwest] 정복 recruit[rikrúːt] 징집하다, 채용하다 conquer[káŋkər] 정복하다 diversity[divə́ːrsəti] 다양성 invasion[invéiʒən] 침략, 침입

03

Next I'd like to talk / about identity theft. This crime occurs /
다음으로 저는 이야기하고 싶습니다　신분 위장 절도에 대해　　이 범죄는 일어납니다

whenever an individual uses / another person's means /
언제든 개인이 사용할 때　　　　다른 사람의 수단들을

of identification / with the intent / of committing an illegal act.
신분 증명의　　　목적을 가지고　　　불법적인 일을 저지를

It was not listed / as a separate and punishable offense /
그것은 목록에 오르지 않았습니다　　독립되고 처벌 가능한 범죄로

until Congress passed / the Identity Theft Act / in 1998.
국회가 통과시킬 때까지　　신분 위장 절도 법령을　　1998년에

Prior to that, / offenders were charged / under existing
그 이전에　　　범죄자들은 고발되었습니다　　현행법들로

laws / dealing with / fraud or related crimes, / which we
　　　다루는　　사기죄나 관련 범죄를　　우리는 필요가 있습니다

need / to briefly cover.
간단히 다룰

다음으로 저는 신분 위장 절도에 대해 이야기하고 싶습니다. 이 범죄는 언제든 개인이 다른 사람의 신분 증명 수단을 불법적인 일을 저지를 목적으로 사용할 때 일어납니다. 그것은 국회가 1998년에 신분 위장 절도 법령을 통과시킬 때까지 독립적으로 처벌 가능한 범죄로서 목록에 오르지 않았습니다. 그 이전에 범죄자들은 사기죄나 관련 범죄를 다루는 현행 법들로 고발되었으며, 이는 우리가 간단히 다룰 필요가 있습니다.

Q: What is the speaker most likely to do next?

(a) Give examples of fraud cases tried in the US

(b) Provide details of previous fraud policies

(c) List punishments for identity theft

(d) Explain definitions of identity theft

Q: 화자는 다음에 무엇을 할 것 같은가?

(a) 미국에서 재판한 사기죄의 예를 보여준다.

(b) 이전의 사기죄 정책의 세부 사항을 알려준다.

(c) 신분 위장 절도에 대한 처벌들을 나열한다.

(d) 신분 위장 절도의 정의를 설명한다.

해설 화자가 다음으로 할 일을 묻는 문제입니다. 1998년 신분 위장 절도 법령이 통과되기 이전에는 신분 위장 범죄자들이 현행 법들로 고발되었다(Prior to that, offenders were charged under existing laws)고 언급한 후, 이를 간단히 다룰 필요가 있다(which we need to briefly cover)고 이야기하고 있으므로 이전의 사기죄 정책의 세부 사항을 알려준다고 한 (b)가 정답입니다.

어휘 identity[aidéntəti] 신분 theft[θeft] 절도 identification[aidèntifikéiʃən] 신분 증명 intent[intént] 목적 commit[kəmít] 저지르다 illegal[ilíːgəl] 불법적인 separate[sépərèit] 독립된 punishable[pʌ́niʃəbl] 처벌 가능한 offense[əféns] 범죄 congress[káŋgris] (미국) 국회 act[ækt] 법령, 조례 prior to ~ 이전에 charge[tʃáːrdʒ] 고발하다 existing[igzístiŋ] 현행의, 현재의 deal with ~을 다루다 fraud[frɔːd] 사기, 사기죄 try[trai] 재판하다 definition[dèfəníʃən] 정의

04
~
05

05Due to some recent incidents, / the city has decided /
최근의 사건들 때문에   시는 결정했습니다

to close the downtown park / after dark. Police
시내 공원을 폐쇄하기로   어두워진 이후

officers have begun / patrolling the park, / and they are
경찰관들은 시작했습니다   공원 순찰을   그리고 그들은

authorized / to issue tickets / to people found there / after
권한을 부여받았습니다 딱지를 발행할 수 있는 공원에서 발견되는 사람들에게

hours. **04Offenders will receive / a $25 fine, / which they**
폐쇄 시간 이후 위반한 사람들은 받을 것입니다 25달러의 벌금형을

will be required to pay / within two weeks. Anyone who
그것은 그들이 지불하도록 요구됩니다   2주 내에

fails to do this / will face additional fines. The city council
이것을 어기는 사람은   추가적인 벌금에 처할 것입니다   시 의회는 믿습니다

believes / **05this decision will improve / the safety of**
이 결정이 향상시킬 것이라고   주민들의 안전을

residents / and cut down / on criminal activity.
그리고 줄일 것이라고   범죄 활동을

05최근의 사건들 때문에, 시에서는 어두워진 이후에 시내 공원을 폐쇄하기로 결정했습니다. 경찰관들은 공원 순찰을 시작했고, 폐쇄 시간 이후에 공원에서 발견되는 사람들에게 딱지를 발행할 수 있는 권한을 부여받았습니다. 04위반한 사람들은 25달러의 벌금형을 받을 것이고, 그것은 2주 내에 지불하도록 요구될 것입니다. 이것을 어기는 사람은 추가적인 벌금에 처할 것입니다. 시 의회는 05이 결정이 주민들의 안전을 향상시키고 범죄 활동을 줄일 것이라고 믿습니다.

04. Q: What is correct about people discovered in the park after hours?

(a) They will need to show an official pass.
(b) They will be asked to provide a reason.
ⓒ They will have to pay a financial penalty.
(d) They will be banned for two weeks.

05. Q: What can be inferred about the park from the announcement?

(a) Downtown residents rarely visit there.
(b) Several people have been robbed there.
(c) The city will build a police station there.
ⓓ Crimes have occurred there at night.

04. Q: 폐쇄 시간 이후 공원에서 발견된 사람들에 대해 맞는 것은 무엇인가?

(a) 그들은 공식 통행증을 보여주어야 할 것이다.
(b) 그들은 사유를 대도록 요구될 것이다.
ⓒ 그들은 벌금을 내야 할 것이다.
(d) 그들은 2주 동안 금지될 것이다.

05. Q: 안내로부터 공원에 대해 추론할 수 있는 것은 무엇인가?

(a) 시내 거주자들은 그곳을 거의 방문하지 않는다.
(b) 여러 사람들이 그곳에서 강도를 당했다.
(c) 시는 그곳에 경찰서를 지을 것이다.
ⓓ 밤에 그곳에서 범죄가 일어났다.

해설 04. 폐쇄 시간 이후 공원에서 발견된 사람들에 대한 내용과 일치하는 것을 묻는 세부 정보 문제입니다. 폐쇄 시간 준수를 위반한 사람들은 25달러의 벌금형을 받을 것이다(Offenders will receive a $25 fine)라고 언급하고 있으므로 벌금을 내야 할 것이라고 한 (c)가 정답입니다.

[paraphrase된 부분]

fine 벌금형 → financial penalty 벌금

05. 안내로부터 공원에 대해 추론할 수 있는 것을 묻는 문제입니다. 최근의 사건들 때문에 시에서 어두워진 이후에 시내 공원을 폐쇄하기로 결정했다(Due to some recent incidents, the city ~ close the downtown park after dark)고 언급한 후, 이 결정이 주민들의 안전을 향상시키고 범죄 활동을 줄일 것(this decision ~ cut down on criminal activity)이라고 설명하고 있으므로 밤에 그곳에서 범죄가 일어났다고 한 (d)가 정답입니다.

[paraphrase된 부분]

after dark 어두워진 이후 → at night 밤에

criminal activity 범죄 활동 → Crimes 범죄

어휘 incident[ínsidənt] 사건 patrol[pətróul] 순찰하다, 순시하다 after hours 폐쇄 후에, 근무 시간 후에
fine[fain] 벌금형; 벌금을 물리다 council[káunsəl] 의회 decision[disíʒən] 결정 improve[imprú:v] 향상시키다, 개선하다
pass[pæs] 통행증, 통과하다 rob[rɑb] 강도질 하다

HACKERS TEST

p. 180

01 (c)　　**02** (a)　　**03** (a)　　**04** (b)　　**05** (d)　　**06** (d)

Part 4

01

Protect your family's future / with a plan from
당신 가족의 미래를 보호하세요　Secure Insurance의 보험 상품을 통해

Secure Insurance. Our health insurance policies /
저희 건강 보험 정책들은

take care of your loved ones / in case of serious
당신의 가족을 돌보아 드립니다

illness or critical injury. **Our policies provide /**
심각한 질병이나 치명적인 부상이 있을 경우　저희 정책은 제공합니다

complete coverage for hospital expenses.
병원 비용에 대한 완벽한 보상을

We have a range of monthly and yearly plans, /
저희는 광범위한 월별, 연도별 상품을 갖고 있으며,

so you're certain / to find an insurance policy /
따라서 당신은 확실합니다　　보험 정책을 찾을 것이

that works for you. Call Secure Insurance /
당신에게 맞는　　Secure Insurance에 전화하세요

and begin protecting your family / today.
그리고 당신의 가족을 보호하기 시작하십시오　　오늘

> 흥미 유발
> 및 광고
> 대상 소개
>
> 광고
> 내용의
> 구체화
>
> 연락처 및
> 이용 방법

Secure Insurance의 보험 상품으로 당신 가족의 미래를 보호하세요. 저희 건강 보험 정책은 심각한 질병이나 치명적인 부상이 있을 경우 당신의 가족을 돌보아 드립니다. **저희 정책은 병원 비용에 대한 완벽한 보상을 제공합니다.** 저희는 광범위한 월별, 연도별 상품이 있으므로 귀하에게 맞는 보험 정책을 찾을 수 있을 것이라 확신합니다. Secure Insurance에 전화하셔서, 오늘부터 당신의 가족 보호를 시작하십시오.

Q: Which is correct about Secure Insurance according to the advertisement?

(a) It offers full dental coverage.
(b) It does not provide monthly plans.
(c) It covers all hospital costs.
(d) It gives discounts to families.

Q: 광고에 따르면 Secure Insurance에 대해 맞는 것은 무엇인가?

(a) 치과 치료를 전액 부담한다.
(b) 월별 상품은 제공하지 않는다.
(c) 모든 병원비를 부담한다.
(d) 가족들에게 할인을 해 준다.

해설　Secure Insurance에 대해 광고의 내용과 일치하는 것을 묻는 세부 정보 문제입니다. 광고 내용이 구체화되는 중간 부분에서 정책이 병원 비용에 대한 완벽한 보상을 제공한다(Our policies provide complete coverage for hospital expenses)고 언급하고 있으므로 모든 병원비를 부담한다고 한 (c)가 정답입니다.

　　paraphrase된 부분

　　complete coverage 완벽한 보상 → covers all 모두 부담하다
　　hospital expenses 병원 비용 → hospital costs 병원비

어휘　protect[prətékt] 보호하다　insurance[inʃúːərəns] 보험　policy[pάləsi] 정책, 제도　loved one 가족　in case of ~할 경우
　　illness[ílnis] 질병　critical[krítikəl] 치명적인; 중요한　injury[índʒəri] 부상　provide[prəváid] 제공하다
　　coverage[kʌ́vəridʒ] 보상 범위　expense[ikspéns] 비용; 지출　certain[sə́ːrtn] 확실한, 확신하는

02

In entertainment news, / the Screen Actors Guild, or
연예 뉴스에 의하면   영화배우 조합, 또는 SAG는

SAG, / is planning a protest / to attract attention / to
항의할 것을 계획 중입니다   주의를 끌기 위해

the growing problem of illegal downloading. The guild
점점 커지는 불법 다운로드 문제로의   조합은 말했습니다

said / that **they want to educate the public** / **about**
그들은 대중을 교육하고 싶다고   인터넷 절도와

Internet theft / and its negative effects / on the movie
그것의 부정적 영향에 대해   영화산업에 미치는

industry. In order to attract attention to their cause, /
그들의 주장에 주의를 끌기 위하여

they plan to boycott / an upcoming award ceremony.
그들은 참가를 거부할 계획입니다   다가오는 이번 시상식에

뉴스 내용
소개

뉴스
내용의
구체화

Q: What is the SAG mainly trying to do according to the
news report?

ⓐ Raise awareness about Internet theft

(b) Promote the idea of free movie downloads

(c) Attract more actors to the movie business

(d) Advertise an upcoming awards show

연예 뉴스에 의하면, 일명 SAG라고 불리는 영화배우 조합은 점점 커지는 불법 다운로드 문제에 대해 주의를 환기하기 위해 항의 운동을 계획 중이라고 합니다. 조합은 그들이 인터넷 절도에 대해, 그리고 그것이 영화 산업에 미치는 부정적 영향에 대해 **대중을 교육하고 싶다**고 말했습니다. 그들의 주장에 주의를 끌기 위하여 그들은 다가오는 이번 시상식 참가를 거부할 계획입니다.

Q: 뉴스 보도에 따르면 SAG는 주로 무엇을 하려고 하는가?

ⓐ 인터넷 절도에 대한 인식을 높인다.

(b) 무료 영화 다운로드에 관한 사고방식을 고무시킨다.

(c) 영화 사업에 더 많은 배우를 끌어들인다.

(d) 다가오는 시상식을 홍보한다.

해설 뉴스 보도에서 **SAG**가 하려고 하는 일을 묻는 세부 정보 문제입니다. 뉴스 내용이 구체화되는 중간 부분에서 그들은 인터넷 절도에 대해 대중을 교육하고 싶어 한다(they want to educate the public about Internet theft)고 언급하고 있으므로 인터넷 절도에 대한 인식을 높인다고 한 (a)가 정답입니다.

paraphrase된 부분

educate 교육하다 → raise awareness 인식을 높이다

어휘 protest[próutest] 항의 attract[ətǽkt] 끌다, 매혹시키다 illegal[ilíːgəl] 불법의 theft[θeft] 절도, 도둑질
negative[négətiv] 부정적인 industry[índəstri] 산업 cause[kɔːz] 주장, 운동 boycott[bɔ́ikɑt] 참가를 거부하다
awareness[əwɛ́ərnis] 인식 promote[prəmóut] 고무하다 advertise[ǽdvərtàiz] 홍보하다 upcoming[ʌ́pkʌ̀miŋ] 다가오는

03

According to research / published in the *Journal*
조사에 따르면   *Journal of Public Health*지에서 발표된

of Public Health, / **income has a direct effect** /
수입은 직접적인 영향력을 미칩니다

on life expectancy. The study found / that people
기대 수명에   그 연구는 발견했습니다

who earned more than $70,000 per year / have a
매년 7만 달러 이상을 버는 사람들은

death rate / that is half that of people / earning under
사망률을 가진다고   사람들의 절반인   3만 달러 이하를 버는

$30,000. People who earn less than $15,000 / are
만 5천 달러보다 적게 버는 사람들은

even more at risk. However, some experts feel /
더욱 큰 위험에 처해 있습니다   그러나, 일부 전문가들은 느끼고 있습니다

that the statistical gaps / will narrow in the future.
이러한 통계적 차이가   미래에는 줄어들 것이라고

뉴스 내용
소개

뉴스
내용의
구체화

'Journal of Public Health'지에서 발표된 조사에 따르면, **수입은 예상 수명에 직접적인 영향을 미친다**고 합니다. 그 연구는 매년 7만 달러 이상을 버는 사람들은 3만 달러 이하를 버는 사람들의 절반의 사망률을 갖는다는 것을 발견했습니다. 만 5천 달러보다 적게 버는 사람들은 더욱 큰 위험에 처해 있습니다. 그러나 몇몇 전문가들은 이러한 통계적 차이가 미래에는 줄어들 것이라고 느끼고 있습니다.

Q: What is the main idea of the news report?

@ Income and life span have a close relationship.

(b) Wealthy people work hard for their money.

(c) Poor people are less concerned about health.

(d) Current income distributions are unfair.

Q: 뉴스 보도의 요지는 무엇인가?

ⓐ 수입과 수명은 밀접한 연관이 있다.

(b) 부유한 사람들은 돈을 위해 열심히 일한다.

(c) 가난한 사람들은 건강에 대해 덜 염려한다.

(d) 현재의 수입 분배는 불공평하다.

해설 뉴스 보도의 요지를 묻는 중심 내용 문제입니다. 뉴스 내용이 소개되는 앞부분에서 수입은 예상 수명에 직접적인 영향을 미친다(income has a direct effect on life expectancy)고 언급한 후, 구체적인 조사 결과를 제시하고 있으므로 수입과 수명이 밀접한 연관이 있다고 한 (a)가 정답입니다.

어휘 publish[pΛbliʃ] 발표하다 income[ínkʌm] 수입, 소득 effect[ifékt] 영향, 효과 expectancy[ikspéktənsi] 기대, 기대치
rate[reit] 비율 risk[risk] 위험 statistical[stətístikəl] 통계적인 wealthy[wélθi] 부유한
concerned[kənsə́:rnd] 염려하는 distribution[dìstrəbjú:ʃən] 분배, 배급 unfair[ʌnfέər] 불공평한

04

And now for your local forecast. The hot weather /
이번에는 지역 기상 예보입니다   더운 날씨는

we've been experiencing / across the region / shows
우리가 경험하고 있는   지역을 막론하고

no signs of improving. **We will continue to see** /
개선될 조짐을 보이지 않고 있습니다   우리는 계속해서 보게 될 것입니다

high temperatures / for the next several days. And
높은 온도를   이후 며칠 동안

there is very little chance of rain / except for those of
그리고 비가 올 가능성은 매우 적습니다   북부에 계신 분들을 제외하면

you in the north. Fortunately, the breezes blowing in /
다행히 불어 들어오는 미풍이

off the west coast / will keep conditions bearable /
서쪽 해안에서   상태를 견딜 만하게 해줄 것입니다

today and tomorrow.
오늘과 내일

뉴스 내용 소개

뉴스 내용의 구체화

이번에는 지역 기상 예보입니다. 지역을 막론하고 우리가 경험하고 있는 더운 날씨는 개선될 조짐을 보이지 않고 있습니다. 이후 며칠 동안 높은 온도는 이어질 것입니다. 그리고 북부에 계신 분들을 제외하면 비가 올 가능성은 매우 적습니다. 다행히 서쪽 해안에서 불어 들어오는 미풍이 오늘과 내일을 견딜 만한 상태로 유지해 줄 것입니다.

Q: Which is correct according to the weather forecast?

(a) It will be very humid in the afternoon.

ⓑ The high temperatures will continue.

(c) There is a good chance of rain on the west coast.

(d) The region will get some relief from the heat soon.

Q: 일기 예보에 따르면 맞는 것은 무엇인가?

(a) 오후에는 매우 습할 것이다.

ⓑ 높은 온도가 지속될 것이다.

(c) 서쪽 해안에서는 비가 올 가능성이 높다.

(d) 이 지역은 곧 더위가 좀 누그러질 것이다.

해설 일기 예보의 내용과 일치하는 것을 묻는 세부 정보 문제입니다. 일기 예보 내용이 구체화되는 중간 부분에서 계속해서 높은 온도를 보게 될 것(We will continue to see high temperature)이라고 언급하고 있으므로 높은 온도가 지속될 것이라고 한 (b)가 정답입니다.

paraphrase된 부분

continue to see high temperatures 계속해서 높은 온도를 보다 → high temperatures will continue 높은 온도가 지속되다

어휘 forecast[fɔ́:rkæst] 예보, 예측 experience[ikspíəriəns] 경험하다 improve[imprú:v] 개선하다, 나아지다
temperature[témpərətʃər] 온도 except[iksépt] ~을 제외하고 fortunately[fɔ́:rtʃənətli] 다행히 breeze[bri:z] 미풍
bearable[bέ:ərəbl] 견딜 만한 humid[hjú:mid] 습기찬, 눅눅한 relief[rilí:f] 경감, 제거

05The HL-300 / is the most adaptable vacuum /
HL-300은　　　　　가장 응용력이 뛰어난 진공청소기입니다

on the market. Its powerful motor will help you /
시장에서　　　　그것의 강력한 모터는 당신을 도울 것입니다

clean your entire home / in no time. It works / on
당신의 집 전체를 청소하도록　　금세　　그것은 작동합니다

floors, rugs, and even furniture. 06**The HL-300 comes**
바닥, 양탄자, 심지어 가구에까지도　　HL-300은 함께 제공됩니다

with more than a dozen attachments. These will
12개가 넘는 부속품들과　　　　이것들은 쉽게 만들 것입니다

make it easy / to access those hard-to-reach spaces.
닿기 어려운 공간에 접근하는 것을

What's more, / its lightweight design / allows it to be
게다가　　　　그것의 가벼운 디자인은

moved effortlessly / around the home. If you order
그것이 손쉽게 움직이게 해줍니다　집안 곳곳을　만약 온라인으로 주문하신다면

online, / you'll receive a special discount.
특별 할인을 받게 될 것입니다

As with all our products, / delivery is free!
저희의 다른 모든 제품들처럼　　배송은 무료입니다

홍미 유발 및 광고 대상 소개

광고 내용의 구체화

연락처 및 이용 방법

05HL-300은 시장에서 가장 응용력이 뛰어난 진공청소기입니다. 그것의 강력한 모터는 당신이 집 전체를 금세 청소하도록 도와줄 것입니다. 그것은 바닥, 양탄자, 심지어 가구에까지도 작동합니다. 06HL-300은 12개가 넘는 부속품들과 함께 제공됩니다. 이것들은 닿기 어려운 공간에 접근하는 것을 쉽게 만들어줄 것입니다. 게다가, 그것의 가벼운 디자인은 집 안 곳곳을 손쉽게 움직이도록 해줍니다. 만약 온라인으로 주문하신다면, 특별 할인을 받게 될 것입니다. 저희의 다른 모든 제품들처럼 배송은 무료입니다!

05. Q: What is the advertisement mainly about?

(a) A carpet steamer

(b) A dishwasher

(c) A washing machine

(d) A vacuum cleaner

06. Q: Which is correct about the HL-300 according to the advertisement?

(a) Its motor is the most powerful on the market.

(b) It can only be purchased through a Web site.

(c) Its price is comparable to those of other models.

(d) It includes a number of accessories.

05. Q: 광고는 주로 무엇에 대한 것인가?

(a) 카펫 스팀기

(b) 식기 세척기

(c) 세탁기

(d) 진공청소기

06. Q: 광고에 따르면 HL-300에 대해 맞는 것은 무엇인가?

(a) 그것의 모터는 시장에서 가장 강력하다.

(b) 웹사이트를 통해서만 구매될 수 있다

(c) 가격은 다른 모델들과 비슷하다.

(d) 여러 부속품들을 포함하고 있다.

해설　05. 광고되고 있는 것을 묻는 중심 내용 문제입니다. 광고 앞부분에서 HL-300은 시장에서 가장 응용력이 뛰어난 진공청소기이다(The HL-300 is the most adaptable vacuum on the market)라고 언급하고 있으므로, 진공청소기라고 한 (d)가 정답입니다.

06. HL-300에 대해 광고의 내용과 일치하는 것을 묻는 문제입니다. 광고 내용이 구체화되는 중간 부분에서 HL-300은 12개가 넘는 부속품들과 함께 제공된다(The HL-300 comes with more than a dozen attachments)고 언급하고 있으므로 여러 부속품들을 포함하고 있다고 한 (d)가 정답입니다.

paraphrase된 부분
attachments 부속품들 → accessories 부속품들

어휘　adaptable[ədǽptəbl] 응용할 수 있는, 적응성이 좋은　vacuum[vǽkjuəm] 진공청소기　entire[intáiər] 전체의, 완전한
rug[rʌg] 양탄자, 깔개　attachment[ətǽtʃmənt] 부속품　lightweight[láitwèit] 가벼운, 경량의　effortlessly[éfərtləsli] 손쉽게
delivery[dilívəri] 배송, 운반　comparable[kámpərəbl] 비슷한

HACKERS TEST

p. 186

01 (a)   **02** (a)   **03** (c)   **04** (c)   **05** (c)   **06** (d)

Part 4

01

Before we start / our tour of Beijing, / I'd like to /
시작하기 전에   우리의 베이징 여행을   저는 하려고 합니다

quickly go over the schedule. We'll start our
재빨리 일정을 다시 살펴보는 일을   우리는 여행을 시작할 것입니다

journey / by visiting / the national art museum. Then
방문하는 것으로   국립 예술 박물관을   그리고

we'll have lunch / at a famous restaurant nearby.
점심을 먹을 것입니다   근처의 유명한 식당에서

In the afternoon / we'll rent bikes / and go for a short
오후에는   자전거를 빌릴 것입니다   그리고 짧은 자전거 여행을 할 것입니다

ride / through the Forbidden City. Finally, / we'll pay
자금성을 통과하여   마지막으로

a visit / to the Beijing Zoo / to see the giant pandas.
우리는 방문할 것입니다   베이징 동물원을   자이언트 판다를 보기 위해

안내 대상 소개

안내의 세부 내용

Q: What is the main topic of the announcement?

ⓐ An itinerary for a Beijing tour
(b) The best time to visit Beijing
(c) Bicycle tours of Beijing
(d) Museums in the Beijing area

베이징 여행을 시작하기 전에, 저는 간단히 일정을 다시 살펴보려고 합니다. 우리는 국립 예술 박물관을 방문하는 것으로 여행을 시작할 것입니다. 그리고 근처의 유명한 식당에서 점심을 먹을 것입니다. 오후에는 자전거를 빌려서, 자금성을 통과하는 짧은 자전거 여행을 할 것입니다. 마지막으로, 우리는 자이언트 판다를 보러 베이징 동물원을 방문할 것입니다.

Q: 안내의 주제는 무엇인가?

ⓐ 베이징 여행 일정
(b) 베이징 방문에 가장 좋은 시기
(c) 베이징의 자전거 여행
(d) 베이징 지역의 박물관들

해설 안내의 주제를 묻는 중심 내용 문제입니다. 안내 대상이 소개되는 앞부분에서 베이징 여행을 시작하기 전에 간단히 일정을 다시 살펴보겠다 (Before we ~ tour of Beijing, I'd like to ~ go over the schedule)고 언급한 후, 일정에 대해 구체적으로 이야기하고 있으므로 베이징 여행 일정이라고 한 (a)가 정답입니다.

paraphrase된 부분

tour of Beijing 베이징 여행 → Beijing tour 베이징 여행
schedule 계획 → itinerary 일정

어휘 journey[dʒə́ːrni] 여행   national[nǽʃənl] 국립의, 국가의   museum[mjuːzíːəm] 박물관   nearby[níərbài] 근처에
rent[rent] 빌리다   go for ~을 하러 가다   Forbidden City 베이징의 자금성   pay a visit 방문하다

02

Thank you / for calling the Wayne County Library. ⌉ 업체명
감사합니다　　　　Wayne County 도서관에 전화해 주셔서　　┘ 소개

We are currently / undergoing renovations / and will ⌉
저희는 현재　　　　　보수 공사를 진행 중이며

not reopen / until July 9. If you have books / to return, ├ 메시지의
다시 열지 않습니다　7월 9일까지　　만약 책이 있으시다면　반납할　 세부 내용

you may drop them off / at one of our branch
반납해 주십시오　　　　　저희의 분관 중 하나에

locations. **If you are calling / about the job** ⌉
만일 전화 중이시라면　　일자리를 구할 용무로

opportunities / that will be available / at our new ├ 추가 정보
가능할　　　　　저희의 새로운 시설에서　　 및 끝인사

facility, / send your résumé / to jobs@wcl.org. ┘
이력서를 보내십시오　　　jobs@wcl.org로

Q: What can be inferred about the library from the
　telephone message?

ⓐ It will be expanding the size of its staff.

(b) It will not charge overdue fines before July 9.

(c) It will offer tours of the new facility.

(d) It will pay for construction with public funds.

Wayne County 도서관에 전화해 주셔서 감사합니다. 저희는 현재 보수 공사를 진행 중이며, 7월 9일에 재개장할 것입니다. 만약 반납할 책이 있으시다면 저희의 분관 중 하나에 반납해 주십시오. 만일 저희의 새로운 시설에서의 일자리를 구하고자 전화하셨다면, jobs@wcl.org로 이력서를 보내십시오.

Q: 전화 메시지로부터 도서관에 대해 추론할 수 있는 것은 무엇인가?

ⓐ 직원 규모를 확장할 것이다.

(b) 7월 9일 이전에는 연체료를 부과하지 않을 것이다.

(c) 새로운 시설의 관람을 제공할 것이다.

(d) 공금으로 공사 대금을 지불할 것이다.

해설　메시지로부터 도서관에 대해 추론할 수 있는 것을 묻는 문제입니다. 추가 정보 및 끝인사가 나오는 뒷부분에서 새로운 시설에서의 일자리를 구하려고 전화했다면 이력서를 보내라(If you are calling about the job opportunities ~ send your résumé)고 언급하고 있으므로, 직원 규모를 확장할 것이라고 한 (a)가 정답입니다.

어휘　currently[kə́:rəntli] 현재, 지금은　renovation[rénəvèiʃən] 보수 공사　drop off 내려놓다; 줄어들다　branch[bræntʃ] 분관, 지점
　　　opportunity[àpərtjú:nəti] 기회　facility[fəsíləti] 시설　résumé[rézumèi] 이력서　expand[ikspǽnd] 확장하다
　　　charge[tʃá:rdʒ] 부과하다, 청구하다　overdue fine 연체료　construction[kənstrʌ́kʃən] (건설) 공사, 건축

03

Today / I'd like to update you all / on some recent ⌉ 안내 대상
오늘　저는 여러분 모두를 갱신해 드리고자 합니다　최근의 몇몇 발전에 대해서　 소개

developments. We will be launching a new product / ┘
　　　　우리는 새로운 제품을 출시할 것입니다

next month, / the HD-2 media phone. This is a major ⌉
다음 달에　　　　HD-2 미디어 폰　　　이것은 큰 업그레이드입니다

upgrade / from the previous model. **Display screen**
　　　　예전 모델로부터의

clarity and brightness / have been improved, / and ├ 안내의
화면의 선명도와 밝기가　　　　　개선되었으며　　　 세부 내용

several features have been updated. In particular, /
여러 가지 특징들이 갱신되었습니다　　　　　특히

the HD-2 will have / more than a dozen / additional
HD-2는 가질 것입니다　　12가지 이상의　　　추가적인

touch screen options. We're certain / that there will ⌉ 끝인사
터치 스크린 선택 사항을　　　저희는 확신합니다　　　 및 권유

be high demand / for this model.
높은 수요가 있을 것이라고　이 모델에 대해

〇

오늘 저는 여러분 모두에게 최근의 몇몇 발전에 대해서 새로이 알려 드리고자 합니다. 우리는 다음 달에 새로운 제품인 HD-2 미디어 폰을 출시할 것입니다. 이것은 예전 모델로부터 크게 업그레이드된 것입니다. **화면의 선명도와 밝기가 개선되었으며** 여러 가지 특징들이 갱신되었습니다. 특히, HD-2는 12가지 이상의 추가적인 터치 스크린 선택 사항을 가질 것입니다. 저희는 이 모델에 대해 높은 수요가 있을 것이라고 확신합니다.

Q: Which is correct according to the talk?

(a) The company wants to enter a new market.
(b) The previous model had very little demand.
ⓒ The new screen is brighter and clearer.
(d) The company is launching its first touch screen device.

Q: 담화에 따르면 맞는 것은 무엇인가?

(a) 회사는 새로운 시장에 진입하기 원한다.
(b) 예전 모델은 수요가 거의 없었다.
ⓒ 새로운 화면은 더 밝고 선명하다.
(d) 회사는 첫 번째 터치 스크린 장치를 출시할 것이다.

해설 담화의 내용과 일치하는 것을 묻는 세부 정보 문제입니다. 안내의 세부 내용이 나오는 중간 부분에서 화면의 선명도와 밝기가 개선되었다 (Display screen clarity and brightness have been improved)고 언급하고 있으므로, 새로운 화면은 더 밝고 선명하다고 한 (c)가 정답입니다.

paraphrase된 부분

clarity and brightness have been improved 선명도와 밝기가 개선되었다 → is brighter and clearer 더 밝고 선명하다

어휘 launch[lɔːntʃ] 출시하다, 출범하다 previous[príːviəs] 예전의 clarity[klǽrəti] 선명도, 명확함 improve[imprúːv] 개선하다
feature[fíːtʃər] 특징 in particular 특히; 상세히 dozen[dʌ́zn] 12개, 1다스 device[diváis] 장치

04
I appreciate everyone / coming on such short notice.
모든 분에게 감사드립니다   이렇게 급히 모여주신

I called this meeting / because we have been
저는 이 회의를 소집했습니다   우리가 가지고 있기 때문에

having / scheduling problems. Too many people
일정 문제를   너무 많은 사람들이

are taking time off / at the same time. So I'd like you /
휴가를 내고 있습니다   한꺼번에   그러니 해주셨으면 합니다

to mark on the calendar / which dates you'd prefer /
달력에 표시를   어떤 날짜를 선호하시는지

for your vacations / this year. No more than two
휴가를 내기 위해   올해에   두 명 이상의 사람들은

people / can be gone / at one time. So if more than
갈 수 없습니다   동시에   따라서 두 명 이상의 사람들이

two people / choose the same dates, / some of you
같은 날짜를 택한다면   당신들 중 일부는

will have to select / other dates.
택해야 할 것입니다   다른 날짜를

안내 대상 소개
안내의 세부 내용
끝인사 및 권유

이렇게 급히 모여주신 모든 분께 감사드립니다. 우리가 일정 문제를 겪고 있기 때문에 저는 이 회의를 소집했습니다. 너무 많은 사람들이 한꺼번에 휴가를 내고 있습니다. 그러니 올해 휴가를 내기 위해 어떤 날짜를 선호하시는지 달력에 표시를 해주셨으면 합니다. 두 명 이상의 사람들은 동시에 떠날 수 없습니다. 따라서 두 명 이상의 사람들이 같은 날짜를 택한다면 일부는 다른 날짜를 택해야 할 것입니다.

Q: What is the announcement mainly about?

(a) Reducing vacation expenses
(b) Changing business hours
ⓒ Solving vacation schedule problems
(d) Scheduling business trips

Q: 안내는 주로 무엇에 대한 것인가?

(a) 휴가 비용 줄이기
(b) 근무 시간 바꾸기
ⓒ 휴가 일정 문제 해결하기
(d) 출장 계획 짜기

해설 안내의 주제를 묻는 중심 내용 문제입니다. 안내 대상이 소개되는 앞부분에서 일정 문제를 겪고 있기 때문에 이 회의를 소집했다(I called this meeting ~ having scheduling problems)고 언급한 후, 많은 사람들이 한꺼번에 휴가를 내고 있으니 문제 해결을 위해 달력에 선호 날짜를 표시하라고 요청하고 있으므로 휴가 일정 문제 해결하기라고 한 (c)가 정답입니다.

paraphrase된 부분

taking time off 휴가를 내다 → vacation 휴가

어휘 appreciate[əpríːʃièit] 감사하다 on short notice 급히, 곧바로, 즉각 call a meeting 회의를 소집하다 take time off 휴가를 내다
reduce[ridʒúːs] 줄이다, 감소시키다 expense[ikspéns] 비용

05
~
06

Hello. You have reached / Professor Stein's voice
안녕하세요   당신은 도달했습니다   Stein 교수의 음성 사서함에

mail. ⁰⁵I will be on leave / from November 5 to 9.
저는 휴가 중일 것입니다   11월 5일부터 9일까지

If you have questions / about an assignment, /
만일 질문이 있다면   과제에 관해서

please stop by / my teaching assistant's office.
들러주세요   제 학습 조교 사무실에

If you need academic advice, / you may call
학문적 조언이 필요하다면   Dr. Wilson에게 전화하시면 됩니다

Dr. Wilson / at extension 011. ⁰⁶I will not be able to
구내전화 011번으로   저는 유지할 수 있습니다

hold / regular office hours / until November 12.
정규 근무 시간을   11월 12일이 되어서야

For any matter / that requires my immediate
어떤 사안이든   저의 즉각적인 주목을 요하는

attention, / you may send me an e-mail /
제게 이메일을 보내십시오

at stein@mcu.edu. I'll do my best / to reply /
stein@mcu.edu로   저는 최선을 다할 겁니다 답장하기 위해

as soon as I can. Thank you.
가능한 한 빠르게   감사합니다

업체명
소개

메시지의
세부 내용

추가 정보
및 끝인사

안녕하세요. Stein 교수의 음성 사서함입니다. ⁰⁵저는 11월 5일부터 9일까지 휴가 중일 것입니다. 만일 과제에 관해서 질문이 있다면 제 학습 조교 사무실에 들러주세요. 학문적 조언이 필요하다면, 구내전화 011번으로 Dr. Wilson에게 전화하시면 됩니다. ⁰⁶저는 11월 12일이 되어서야 정규 근무 시간을 유지할 수 있습니다. 저의 즉각적인 주목을 요하는 어떤 사안이든 stein@mcu.edu로 제게 이메일을 보내십시오. 저는 가능한 한 빠르게 답장하기 위해 최선을 다할 겁니다. 감사합니다.

05. Q: What is the main purpose of Professor Stein's recorded message?

(a) To inform students of his new office location
(b) To let people know when his leave will begin
(c) To provide instructions for when he is away
(d) To announce his transfer to another university

06. Q: When will Professor Stein next be available to meet with students?

(a) On November 5
(b) On November 9
(c) On November 11
(d) On November 12

05. Q: Stein 교수의 녹음 메시지의 주요 목적은 무엇인가?

(a) 학생들에게 그의 새로운 사무실의 위치를 알려주기 위해
(b) 사람들에게 그의 휴가가 언제 시작하는지 알려주기 위해
(c) 그가 떠나 있는 동안 지시사항을 제공하기 위해
(d) 그의 다른 대학교로의 전근을 안내하기 위해

06. Q: Stein 교수가 다음에 학생들과 만날 수 있는 때는 언제일 것인가?

(a) 11월 5일에
(b) 11월 9일에
(c) 11월 11일에
(d) 11월 12일에

Part 4&5

해커스 탑스 BASIC LISTENING

해설 05. Stein 교수의 녹음 메시지의 목적을 묻는 중심 내용 문제입니다. 메시지의 앞부분에서 11월 5일부터 9일까지 휴가 중일 것(I will be on leave from November 5 to 9)이라고 언급한 후, 세부 내용이 나오는 중간 부분에서 과제에 관해서 질문이 있으면 학습 조교 사무실에 들르고, 학문적 조언이 필요하다면 Dr. Wilson에게 전화하면 된다(If you have questions about an assignment, ~ stop by my teaching assistant's office ~ need academic advice, you may call Dr. Wilson)고 했으므로 그가 떠나 있는 동안 지시사항을 제공하기 위해라고 한 (c)가 정답입니다.

paraphrase된 부분
on leave 휴가 중인 → when he is away 그가 떠나 있는 동안

06. Stein 교수가 다음에 학생들과 만날 수 있는 때가 언제인지를 묻는 세부 정보 문제입니다. 11월 12일이 되어서야 정규 근무 시간을 유지할 수 있다(I will not be able to hold regular office hours until November 12)고 언급하고 있으므로, 11월 12일이라고 한 (d)가 정답입니다.

어휘 reach[riːtʃ] 도달하다, 닿다 assignment[əsáinmənt] 과제 academic[ӕkədémik] 학문적인
extension[iksténʃən] 구내전화; 확장 office hours 근무 시간 immediate[imíːdiət] 즉각적인 attention[əténʃən] 주목, 관심
announce[ənáuns] 안내하다, 공지하다 transfer[trænsfɔ́ːr] 전근; 옮기다

HACKERS TEST

p. 192

01 (d)	02 (d)	03 (d)	04 (d)	05 (a)	06 (a)

Part 4

01

Now **I'd like to talk / about the landscape and**
이제 저는 이야기하고 싶습니다   페루의 풍경과 문명에 대해서

civilization of Peru. Peru has a diverse natural
페루는 다양한 자연 환경을 가졌습니다

environment, / but it is mainly composed of / rain
하지만 그것은 주로 구성되어 있습니다

forests and mountains. It also has / over 2,400
우림과 산들로   그것은 또한 갖고 있습니다

kilometers of coastline. Peru is known / for its unique
2,400km 이상의 해안선을   페루는 알려져 있습니다

food, music, and dance. What makes these things
독특한 음식, 음악, 그리고 춤으로   이것들을 특별하게 만드는 것은

special / is their interesting blend / of American,
그들의 흥미로운 혼합입니다

Spanish, and Asian influences.
미국, 스페인, 아시아의 영향들의

(소개 대상 제시)
(소개 대상의 세부 내용)

이제 저는 페루의 풍경과 문명에 대해 이야기하고 싶습니다. 페루는 다양한 자연 환경을 가졌습니다. 하지만 그것은 주로 우림과 산들로 구성되어 있습니다. 또한 그것은 2,400km 이상의 해안선을 갖고 있습니다. 페루는 독특한 음식, 음악, 그리고 춤으로 유명합니다. 이것들을 특별하게 만드는 것은 미국, 스페인, 아시아의 영향으로 이루어진 그들의 흥미로운 혼합입니다.

Q: What is the main topic of the talk?

(a) Diverse landscapes of Peru
(b) The native peoples of Peru
(c) Foreign influences on Peruvian food
(d) The geography and culture of Peru

Q: 담화의 주제는 무엇인가?

(a) 페루의 다양한 풍경
(b) 페루의 원주민들
(c) 페루 음식에 대한 외국의 영향
(d) 페루의 지리와 문화

해설   담화의 주제를 묻는 중심 내용 문제입니다. 소개 대상이 제시되는 앞부분에서 페루의 풍경과 문명에 대해 이야기하고 싶다(I'd like to talk about the landscape and civilization of Peru)고 언급한 후, 그에 대해 구체적으로 설명하고 있으므로 페루의 지리와 문화라고 한 (d)가 정답입니다.

paraphrase된 부분
landscape 풍경 → geography 지리
civilization 문명 → culture 문화

어휘   landscape[lǽndskèip] 풍경   civilization[sìvəlizéiʃən] 문명   diverse[divə́ːrs] 다양한   environment[inváiərənmənt] 환경
composed of ~로 구성된   rain forest 우림   coastline[kóustlàin] 해안선   unique[juːníːk] 독특한, 희귀한
blend[blend] 혼합, 조화   native[néitiv] 본토의, 본래의   geography[dʒiáɡrəfi] 지리, 지리학

02

Today I'll recommend / some tips on how to soothe /
오늘 저는 추천하겠습니다   어떻게 달래는지에 대한 몇 가지 방법을

the effects of sunburn. One natural home remedy /
햇볕에 입은 화상을   한 가지 자연적인 자택 요법은

is to fill a tub with water / and add four cups of
욕조를 물로 채우고   네 컵의 오트밀을 더하는 것입니다

(소개 대상 제시)
(소개 대상의 세부 내용)

오늘 저는 햇볕에 입은 화상을 달래는 몇 가지 방법을 추천하겠습니다. 한 가지 자연적인 자택 요법은 욕조를 물로 채우고 네 컵의 오트밀을 더하는 것입니다. 그 다음 최소한 30분 동안 그저 욕조에 누워 계십시오. 이것은 즉각적인 통증 완화를 제공할 것입니다. 만약 오트밀이 없다면 우유와 같은 일반적인 유제품으로 대체할 수 있습니다.

oatmeal. Then just lie in the tub / for at least half an
그 다음 그저 욕조에 누우십시오   최소한 30분 동안

hour. This should offer / immediate pain relief.
이것은 제공할 것입니다   즉각적인 통증 완화를

If you don't have oatmeal, / you can substitute /
만약 오트밀이 없다면   대체할 수 있습니다

any common dairy product, / such as milk.
어떤 일반적인 유제품으로   우유와 같은

Q: Which is correct according to the talk?

(a) Cool water helps to moisturize the skin.

(b) Avoid lying in the tub for more than half an hour.

(c) Cooking the oatmeal increases its effectiveness.

(d) Milk is a suitable alternative to oatmeal.

Q: 담화에 따르면 맞는 것은 무엇인가?

(a) 시원한 물은 피부 보습을 돕는다.

(b) 30분 이상 욕조에 눕는 것을 피하라.

(c) 오트밀을 요리하는 것은 그것의 효과를 높여준다.

(d) 우유는 오트밀의 적합한 대체물이다.

해설 담화의 내용과 일치하는 것을 묻는 세부 정보 문제입니다. 소개 대상의 세부 내용이 나오는 뒷부분에서 오트밀이 없다면 우유와 같은
유제품으로 대체할 수 있다(If you don't have oatmeal, you can substitute any common dairy product, such as milk)고
언급하고 있으므로 우유는 오트밀의 적합한 대체물이라고 한 (d)가 정답입니다.

paraphrase된 부분

substitute 대체하다 → suitable alternative 적합한 대체물

어휘 **soothe**[su:ð] 달래다, 완화하다 **sunburn**[sʌ́nbə̀:rn] 햇볕에 입은 화상 **home remedy** 자택 요법 **tub**[tʌb] 욕조
oatmeal[óutmì:l] 오트밀 **at least** 최소한, 적어도 **immediate**[imí:diət] 즉각적인; 인접한 **relief**[rilí:f] 완화; 위안
substitute[sʌ́bstətjù:t] 대체하다, 대신하다 **dairy**[dɛ́əri] 유제품의, 우유의 **moisturize**[mɔ́istʃəràiz] 보습하다
avoid[əvɔ́id] 피하다 **effectiveness**[iféktivnis] 효과, 효율성 **alternative**[ɔ:ltɔ́:rnətiv] 대체물, 대안

03

Good evening / and welcome to Logotech's annual
안녕하십니까   Logotech의 연례 회의에 오신 것을 환영합니다   인사말

meeting / of stockholders. First on the agenda is /
주주들의   첫 번째 의제는

the financial report. This year / our company had
재정 보고입니다   올해   회사는 수익을 올렸습니다

revenues / of over four million dollars. We expect /
4백만 달러가 넘는   우리는 예상합니다

that this will increase / over the next quarter / due to
이것이 증가할 것이라고   다음 분기 동안   판매량 덕분에

sales / from our new software line. Moreover, /
우리의 새 소프트웨어 라인의   게다가

we plan / to attract more investors / so that we
우리는 계획합니다   더 많은 투자자를 끌어들일 것을   우리가 지속할 수 있도록

can continue / to grow.
성장을

안건 및
배경 소개

결정 사항
및 계획

안녕하십니까, Logotech의 연례 주주 회의에 오신
것을 환영합니다. 첫 번째 의제는 재정 보고입니다.
올해 우리 회사는 4백만 달러가 넘는 수익을 올렸습
니다. 우리는 새 소프트웨어 라인의 판매량 덕분에 다
음 분기 동안 수익이 증가할 것이라고 예상합니다. 게
다가 우리가 성장을 지속할 수 있도록 더 많은 투자
자를 끌어들일 계획입니다.

Q: Which is correct about Logotech according to the talk?

(a) It will open a new technology department.

(b) Its debts totaled four million dollars last year.

(c) It plans to merge with another company.

(d) It will seek additional investors.

Q: 담화에 따르면 Logotech에 대해 맞는 것은 무
엇인가?

(a) 새로운 기술 부서를 열 것이다.

(b) 작년 부채는 총 4백만 달러였다.

(c) 다른 회사와의 합병을 계획하고 있다.

(d) 추가적인 투자자를 찾을 것이다.

해설 Logotech에 대해 담화의 내용과 일치하는 것을 묻는 세부 정보 문제입니다. 결정 사항 및 계획이 나오는 뒷부분에서 더 많은 투자자를
끌어들일 계획(we plan to attract more investors)이라고 언급하고 있으므로 추가적인 투자자를 찾을 것이라고 한 (d)가 정답입니다.

어휘 stockholder[stákhòuldər] 주주 agenda[ədʒéndə] 의제, 협의 사항 financial[finǽnʃəl] 재정의 revenue[révənjù:] 수익, 수입
quarter[kwɔ́:rtər] 분기 due to ~ 덕분에, ~ 때문에 attract[ətrǽkt] 끌어들이다, 매혹하다 investor[invéstər] 투자자
debt[det] 부채, 빚 total[tóutl] 총계를 내다 merge[mə:rdʒ] 합병하다, 병합하다 additional[ədíʃənl] 추가적인

04

Good afternoon. Today's meeting is about our goal / 안녕하십니까 오늘 회의는 우리의 목표에 대한 것입니다	인사말
of staying ahead of our competitors / in the market. 우리 경쟁자들보다 앞선 우위를 지킨다는 시장에서	
The board has approved / an aggressive 이사회는 승인했습니다 공격적인 광고 캠페인을	안건 및 배경 소개
advertising campaign / that will highlight the 우수함을 돋보이게 할	
superiority / of our products. The plan is to use / 우리 제품의 계획은 사용하는 것입니다	
attractive ads and billboards / to capture the attention / 매력적인 광고들과 광고 게시판을 주의를 사로잡기 위해	결정 사항 및 계획
of consumers. We hope / to increase our market 소비자들의 우리는 바랍니다 시장 점유율을 증가시키기를	
share / by 15 percent / before the end of the year. 15퍼센트 정도 연말 전에	

안녕하십니까. 오늘 회의는 시장에서 경쟁자들보다 앞선 우위를 지킨다는 우리의 목표에 대한 것입니다. 이사회는 우리 제품의 우수함을 돋보이게 할 공격적인 광고 캠페인을 승인했습니다. 소비자의 주의를 사로잡기 위해 매력적인 광고들과 광고 게시판을 사용하는 것이 우리의 계획입니다. 우리는 연말 전에 시장 점유율을 15퍼센트 정도 증가시키기를 바랍니다.

Q: What is the main idea of the talk?

(a) The company needs to study its competitors.
(b) The company should hire more advertisers.
(c) The company's business has declined.
(d) The company plans to advertise aggressively.

Q: 담화의 요지는 무엇인가?

(a) 회사는 경쟁자들을 연구할 필요가 있다.
(b) 회사는 더 많은 광고주를 고용해야 한다.
(c) 회사 사정이 쇠퇴하고 있다.
(d) 회사는 공격적으로 광고할 계획이다.

해설 담화의 요지를 묻는 중심 내용 문제입니다. 안건 및 배경을 소개하는 중간 부분에서 이사회가 공격적인 광고 캠페인을 승인했다(The board has approved an aggressive advertising campaign)고 언급한 후, 그에 대한 계획을 설명하고 있으므로 회사는 공격적으로 광고할 계획이라고 한 (d)가 정답입니다.

board 이사회 → company 회사

aggressive advertising campaign 공격적인 광고 캠페인 → advertise aggressively 공격적으로 광고하다

어휘 competitor[kəmpétətər] 경쟁자 aggressive[əgrésiv] 공격적인, 적극적인 advertising[ǽdvərtàiziŋ] 광고의
superiority[səpìəriɔ́rəti] 우수함 billboard[bílbɔ̀:rd] 광고 게시판 capture[kǽptʃər] 사로잡다, 붙잡다
decline[dikláin] 쇠퇴하다, 하락하다

Part 5

05
~
06

05Most people believe / that organic food is more 대부분의 사람들은 믿습니다 유기농 음식이 영양가가 더 높다고	소개 대상 제시
nutritious / than conventional food. But according 기존 음식보다 하지만 연구에 따르면	
to a study / conducted by our research team, / 우리 연구팀에 의해 이루어진	
this is not true. Our scientists measured / 이것은 사실이 아닙니다 우리 과학자들은 측정했습니다	소개 대상의 세부 내용
the vitamin and mineral content / of more than 50 비타민과 미네랄 성분을 50개 이상의 식품에서	

05대부분의 사람들은 유기농 음식이 기존 음식보다 영양가가 더 높다고 믿습니다. 하지만 우리 연구팀에 의해 이루어진 연구에 따르면, 이것은 사실이 아닙니다. 우리 과학자들은 50개 이상의 식품에서 비타민과 미네랄 성분을 측정했습니다. 06그들은 영양 성분 면에서 의미 있는 차이점을 발견하지 못했습니다. 그러나, 유기농 식품은 비유기농 식품보다 평균적으로 70퍼센트 이상 더 비쌉니다. 이것은 소비자들이 알고 있는 유기농 식품 섭취의 건강상 이점을

food products. **⁰⁶They found no significant**
그들은 의미 있는 차이점을 발견하지 못했습니다

differences / in terms of nutrition. However, /
영양 성분 면에서 그러나

organic products are / on average / 70 percent
유기농 식품은 평균적으로 70퍼센트 이상 더 비쌉니다

more expensive / than non-organic ones. This is
비유기농 식품보다 이는

because / consumers are willing to pay a premium /
왜냐하면 소비자들은 높은 가격을 낼 의향이 있습니다

for the perceived health benefits of eating organic
알고 있는 유기농 식품 섭취의 건강상 이점을 위해

foods.

위해 높은 가격을 낼 의향이 있기 때문입니다.

05. Q: What is the talk mainly about?

   ⓐ A study comparing organic and conventional foods

   (b) The health benefits of organic food

   (c) The nutritional content of various foods

   (d) An analysis of rising food prices

06. Q: What can be inferred from the talk?

   ⓐ Organic foods are generally overpriced.

   (b) Scientists rarely study organic foods.

   (c) Customers prefer to buy inexpensive products.

   (d) Studies into nutrition are largely inconclusive.

05. Q: 담화는 주로 무엇에 대한 것인가?

   ⓐ 유기농 식품과 기존 식품을 비교한 연구

   (b) 유기농 식품의 건강상 이점

   (c) 다양한 음식의 영양 성분

   (d) 상승하는 식품 가격의 분석

06. Q: 담화로부터 추론할 수 있는 것은 무엇인가?

   ⓐ 유기농 식품은 일반적으로 너무 비싼 값이 매겨져 있다.

   (b) 과학자들은 유기농 식품을 거의 연구하지 않는다.

   (c) 소비자들은 값싼 상품을 구매하는 것을 선호한다.

   (d) 영양에 대한 연구는 대부분 결론이 나지 않는다.

해설 05. 담화의 중심 내용을 묻는 문제입니다. 담화의 앞부분에서 대부분의 사람들이 유기농 음식이 기존 음식보다 영양가가 더 높다고 믿지만 우리 연구팀에 의해 이루어진 연구에 따르면 이것은 사실이 아니다(Most people believe that organic food is more nutritious than conventional food ~ this is not true)라고 언급한 후, 연구에 대한 설명을 하고 있으므로 유기농 식품과 기존 식품을 비교한 연구라고 한 (a)가 정답입니다.

06. 담화로부터 추론할 수 있는 것을 묻는 추론 문제입니다. 담화의 뒷부분에서 50개 이상의 식품에서 영양 성분의 차이점을 발견하지 못했음에도 유기농 식품은 비유기농 식품보다 평균적으로 70퍼센트 이상 더 비싸다(They found no significant differences in terms of nutrition ~ organic products are on average 70 percent more expensive than non-organic ones)라고 언급하고 있으므로 유기농 식품은 일반적으로 너무 비싼 값이 매겨져 있다고 한 (a)가 정답입니다.

> paraphrase된 부분

more expensive 더 비싸다 → overpriced 너무 비싼 값이 매겨지다

어휘 organic[ɔːrgǽnik] 유기농의 nutritious[njuːtríʃəs] 영양가가 높은 conventional[kənvénʃnl] 기존의, 전통적인
measure[méʒər] 측정하다 content[kántent] 성분, 내용물 significant[signífikənt] 의미 있는; 중요한
in terms of ~의 (측)면에서 premium[príːmiəm] 높은 금액, 할증금 analysis[ənǽləsis] 분석
inconclusive[ìnkənklúːsiv] 결론이 나지 않는

HACKERS TEST

p. 198

01 (d) **02** (d) **03** (a) **04** (d) **05** (c) **06** (c)

Part 4

01

In my opinion, / the government needs to create /
제 의견으로는   정부는 만들 필요가 있습니다

a higher minimum wage. Anyone who works /
더 높은 최저임금을   일하는 사람은 누구나

should be able to meet / the basic needs / of their
충족할 수 있어야 합니다   기본적인 필요를   그들의 가족의

families. Not having a reasonable wage /
적당한 월급을 받지 못하는 것은

means many people cannot afford / food, shelter, and
많은 사람들이 살 여유가 없다는 것을 의미합니다   음식, 집, 그리고 교통수단을

transportation. Unfortunately, / **the current minimum**
불행하게도   현재의 최저임금은 충분하지 않습니다

wage is not enough, / as it barely covers / the cost
그것은 거의 감당할 수 없으므로   집세 비용을

of rent / for a small home. This is unacceptable.
작은 주택의   이것은 용인할 수 없는 일입니다

> 주장 및 문제점 제시
> 주장 및 문제점의 구체화
> 주장 강조 및 제안

Q: Which is correct according to the speech?

(a) Many people are unemployed.

(b) The minimum wage has been raised.

(c) Housing prices are rising rapidly.

(d) The current minimum wage is insufficient.

제 의견으로는, 정부가 최저임금을 높일 필요가 있습니다. 일하는 사람은 누구나 그들 가족의 기본적인 필요를 충족시킬 수 있어야 합니다. 적당한 월급을 받지 못하는 것은 많은 사람들이 음식, 집, 그리고 교통수단을 살 여유가 없다는 것을 의미합니다. 불행하게도 현재의 최저임금은 작은 주택의 집세도 거의 감당할 수 없으므로 충분하지 않습니다. 이것은 용인할 수 없는 일입니다.

Q: 연설에 따르면 맞는 것은 무엇인가?

(a) 많은 사람들이 실업 상태이다.

(b) 최저임금이 상승했다.

(c) 주택 가격이 급속히 상승하고 있다.

(d) 현재의 최저임금은 불충분하다.

해설 연설의 내용과 일치하는 것을 묻는 세부 정보 문제입니다. 주장 및 문제점이 구체화되는 중간 부분에서 현재의 최저임금은 충분하지 않다 (the current minimum wage is not enough)고 언급하고 있으므로 현재의 최저임금은 불충분하다고 한 (d)가 정답입니다.

paraphrase된 부분

not enough 충분하지 않은 → insufficient 불충분한

어휘 minimum wage 최저임금 meet[miːt] (필요, 요구 등을) 충족시키다, 만족시키다 reasonable[ríːzənəbl] 적당한, 합당한
afford[əfɔ́ːrd] ~할 여유가 있다 shelter[ʃéltər] 집, 피난처 transportation[trænspərtéiʃən] 교통수단, 수송 기관
unfortunately[ʌnfɔ́ːrʃənətli] 불행하게도, 유감스럽게도 barely[béərli] 거의 ~할 수 없는 cover[kʌ́vər] 감당하다, 포함하다
unacceptable[ʌnəkséptəbl] 용인할 수 없는, 받아들일 수 없는 insufficient[ìnsəfíʃənt] 불충분한, 부족한

02

Today I'll talk / about the social order / in ancient
오늘 저는 이야기할 것입니다   사회적 지위에 대하여   고대 중국의

China. Basically, / people were viewed / strictly
기본적으로   사람들은 보여졌습니다   엄격하게

according to their relations / with others, / not as
엄격히 그들의 관계에 따라   다른 사람들과의

separate and independent individuals. For example, /
구분되고 독립적인 개인으로서가 아니라   예를 들면

> 강의 주제 제시
> 구체적인 설명

오늘 저는 고대 중국의 사회적 지위에 대하여 이야기할 것입니다. 기본적으로 사람들은 구분되고 독립적인 개인으로서가 아니라, 엄격하게 다른 사람들과의 관계에 따라 인식되었습니다. 예를 들면, 한 남자는 그냥 한 남자가 아니라 아버지, 아들, 또는 남편이었습니다. 그리고 이 사회적 지위는 심지어 친척이 아닌 이들과의 관계로도 확장되었습니다.

a man was not just a man / but a father, son, or
한 남자는 그냥 한 남자가 아니라   아버지, 아들, 또는 남편이었습니다

husband. And **this social order** / **even extended** /
그리고 이 사회적 지위는   심지어 확장되었습니다

to relationships between nonrelatives.
친척이 아닌 이들과의 관계로도

Q: What will the speaker likely talk about next?

(a) The ancient Chinese system of government

(b) The various family relationships in China

(c) Ancient Chinese views on marriage

(d) Examples of social order outside the family

Q: 화자는 다음에 무엇에 대해 말할 것 같은가?

(a) 고대 중국의 정부 체계

(b) 중국의 다양한 가족 관계

(c) 결혼에 대한 고대 중국의 관점

(d) 가족 외의 사회적 지위의 예

해설 화자가 다음으로 말할 것 같은 내용을 묻는 추론 문제입니다. 구체적인 설명이 나오는 뒷부분에서 사회적 지위가 심지어 친척이 아닌 이들과의 관계로도 확장되었다(this social order even extended to relationships between nonrelatives)고 언급하고 있으므로 가족 외의 사회적 지위의 예라고 한 (d)가 정답입니다.

paraphrase된 부분

nonrelatives 친척이 아닌 사람들 → outside the family 가족 외의

어휘 social[sóuʃəl] 사회적인, 사회의 order[ɔ́ːrdər] 지위, 위계, 서열; 질서 ancient[éinʃənt] 고대의, 먼 옛날의
strictly[stríktli] 엄격하게 separate[sépərèit] 구분된, 개별적인 extend[iksténd] 확장되다, 넓어지다
relationship[riléiʃənʃìp] 관계 relative[rélətiv] 친척, 인척

03

As college administrators, / it is our responsibility /
대학 관리자로서   우리의 의무입니다

to make sure / that our students have adequate
확실히 하는 것   우리 학생들이 충분한 재원을 갖게 하는 것을

financial resources / for college. In order to achieve
대학을 위한   이것을 이루기 위해

this, / we should seek out / more funding / for
우리는 찾아내야 합니다   더 많은 자금 제공을

scholarships and grants. **Over half of our**
장학금과 보조금을 위한   절반 이상의 졸업생들이

graduates / **have taken out loans** / **to pay for**
대출을 한 경험이 있습니다   학자금 마련을 위해

school. Obviously, / offering more scholarships / will
명백히   더 많은 장학금을 제공하는 것은

help our current students / and make our institution /
현재의 학생들을 도울 것입니다   그리고 우리 기관을 만들 것입니다

more attractive / for prospective students.
더 매력적으로   장래의 학생들에게

주장 및
문제점
제시

주장 및
문제점의
구체화

주장 강조
및 제안

대학 관리자로서 우리 학생들이 대학을 다닐 충분한 재원을 가지도록 준비하는 것은 우리의 의무입니다. 이것을 이루기 위해 우리는 장학금과 보조금을 제공할 더 많은 자금을 찾아내야 합니다. **절반 이상의 졸업생들이 학자금 마련을 위해 대출을 한 경험이 있습니다.** 더 많은 장학금을 제공하는 것은 명백히 현재의 학생들을 도울 것이며 또한 장래의 학생들에게 우리 기관을 더 매력적으로 만들 것입니다.

Q: Which is correct about American college students?

(a) Most of them have to borrow money for college.

(b) They are having a difficult time finding jobs.

(c) Some of them drop out before graduation.

(d) No scholarships are currently available to them.

Q: 미국 대학생들에 대해 맞는 것은 무엇인가?

(a) 그들 대부분이 대학에 다니기 위해 돈을 빌려야 한다.

(b) 그들은 직업을 구하는 데 어려움을 겪고 있다.

(c) 그들 중 일부는 졸업 전에 중퇴한다.

(d) 현재 그들은 아무 장학금도 받을 수 없다.

해설 미국 대학생들에 대해 일치하는 것을 묻는 세부 정보 문제입니다. 주장 및 문제점이 구체화되는 중간 부분에서 절반 이상의 졸업생들이 학자금 마련을 위해 대출을 한 경험이 있다(Over half of our graduates have taken out loans to pay for school)고 언급하고 있으므로 미국 학생들 대부분이 대학에 다니기 위해 돈을 빌려야 한다고 한 (a)가 정답입니다.

paraphrase된 부분

over half 절반 이상의 → most 대부분의

어휘 administrator[ædmínəstrèitər] 관리자; 이사 responsibility[rispànsəbíləti] 의무, 책임 adequate[ǽdikwət] 충분한
resource[rí:sɔ̀:rs] 원천, 자원 in order to ~하기 위해 achieve[ətʃí:v] 이루다, 달성하다 seek out 찾아내다
scholarship[skálərʃìp] 장학금 grant[grænt] 보조금 obviously[ábviəsli] 명백하게 institution[ìnstətjú:ʃən] 기관, 시설
attractive[ətrǽktiv] 매력적인 prospective[prəspéktiv] 장래의, 장차의 drop out 중퇴하다, 낙오하다

04

I'll now talk / about an organism / you're probably all
저는 이제 이야기할 것입니다 　생물에 대해서 　아마 여러분 모두 친숙하실

familiar with, / the hydra. Hydras live / in fresh water
히드라 　히드라는 삽니다 　민물 호수나 개울 속에

lakes and streams. They have tube-like bodies / and
그들은 관 같은 몸체를 가집니다

a set of arms / for catching prey. Although they are
일련의 상지와 　먹이를 붙잡기 위한 　비록 그들은

hardly mobile, / they are capable of moving / a few
거의 이동할 수 없지만 　그들은 움직일 수 있습니다

inches per day. Perhaps / the most remarkable thing /
하루에 몇 인치를 　아마도 　가장 주목할 만한 점

about these species / is that **they do not age and**
이 종에 대하여 　그들이 늙지 않고 영속적이라는 것입니다

are immortal.

강의 주제 제시

구체적인 설명

저는 이제 아마 여러분 모두 친숙하실 생물인 히드라에 대해서 이야기할 것입니다. 히드라는 민물 호수나 개울에 삽니다. 그들은 먹이를 잡기 위한 일련의 상지와 관 같은 몸체를 갖고 있습니다. 비록 그들은 거의 이동할 수 없지만, 하루에 몇 인치는 움직일 수 있습니다. 아마도 이종에 대하여 가장 주목할 만한 점은 그들이 늙지 않고 영속적이라는 것입니다.

Q: What is correct about hydras according to the talk?

(a) They feed on fresh water plants.

(b) They often prey on small fish.

(c) They can move several feet in a day.

(d) They do not grow old and die.

Q: 담화에 따르면 히드라에 대해 맞는 것은 무엇인가?

(a) 그들은 민물에 사는 식물들을 먹고 산다.

(b) 그들은 대개 작은 물고기를 잡아먹는다.

(c) 그들은 하루에 수 피트를 움직일 수 있다.

(d) 그들은 나이를 먹지도 죽지도 않는다.

해설 히드라에 대해 담화의 내용과 일치하는 것을 묻는 세부 정보 문제입니다. 구체적인 설명이 나오는 뒷부분에서 그들은 늙지 않고 영속적
(they do not age and are immortal)이라고 언급하고 있으므로 나이를 먹지도 죽지도 않는다고 한 (d)가 정답입니다.

paraphrase된 부분

age 늙다 → grow old 나이를 먹다

immortal 영속적인 → not die 죽지 않다

어휘 organism[ɔ́:rgənìzm] 생물; 유기체 fresh water 민물 stream[stri:m] 개울 capable of ~할 수 있는
remarkable[rimá:rkəbl] 주목할 만한 species[spí:ʃi:z] 종 age[eidʒ] 늙다 immortal[imɔ́:rtl] 영속적인 prey on ~을 먹고 살다

Part 5

05 ~ 06

Now I want to focus on / Norwegian literature. **⁰⁵The**
이제 저는 초점을 맞추고 싶습니다 　노르웨이 문학에

literature of Norway has / a long and varied
노르웨이의 문학은 갖고 있습니다 　길고 다양한 역사를

history. Before the 11th century, / it mostly
11세기 이전에는 　그것은 주로 구성되었습니다

consisted of / native poetry. Later, / it was influenced /
향토적 시문학으로 　나중에 　그것은 영향을 받았습니다

by Christian elements, / and medieval Norwegian
기독교적 요소들에 의해 　그리고 중세 노르웨이 작가들은

writers / began to write / histories and religious texts.
쓰기 시작했습니다 　역사서와 종교적 저작들을

강의 주제 제시

구체적인 설명

이제 저는 노르웨이 문학에 초점을 맞추고 싶습니다. ⁰⁵노르웨이의 문학은 길고 다양한 역사를 갖고 있습니다. 11세기 이전에는, 그것은 주로 향토적 시문학으로 구성되어 있었습니다. 나중에 그것은 기독교적 요소들에 의해 영향을 받았으며, 중세 노르웨이 작가들은 역사서와 종교적 저작들을 쓰기 시작했습니다. ⁰⁶19세기경에는 노르웨이 문학에서 민족주의가 출현했고, 작가들은 그들의 과거에 대해 매우 흥미를 갖게 되었습니다. 20세기에 노르웨이 작가들은 계급과 성 역할과 같은 사회적 이슈에 더욱 초점을 맞추기 시작했습니다. 노르웨이에서 여성 작가들이 명성

06By the 19th century, / a sense of nationalism
19세기경에는 민족주의가 출현했습니다

을 얻기 시작한 것은 이 시기였습니다.

appeared / in Norwegian literature, / and writers
노르웨이 문학에서 그리고 작가들은

became very interested / in their past. In the 20th
매우 흥미를 갖게 되었습니다 그들의 과거에 대해 20세기에

century, / Norwegian writers / began to focus more
노르웨이 작가들은 더욱 초점을 맞추기 시작했습니다

on / social issues such as class and gender roles.
계급과 성 역할과 같은 사회적 이슈에

It was during this period / that female authors
이 시기였습니다 노르웨이에서 여성 작가들이

gained prominence in Norway.
명성을 얻기 시작한 것이

05. Q: What is the main idea of the lecture?

(a) Native elements in Norwegian literature
(b) Foreign influences on Norwegian literature
ⓒ Historical variation in Norwegian literature
(d) Christian writers of Norwegian literature

06. Q: What began to interest Norwegian writers in the 19th century?

(a) Poetry
(b) Religion
ⓒ Nationalism
(d) Social issues

05. Q: 강의의 요지는 무엇인가?

(a) 노르웨이 문학의 향토적 요소
(b) 노르웨이 문학에 대한 외국의 영향
ⓒ 노르웨이 문학의 역사적 변화
(d) 노르웨이 문학의 기독교 작가

06. Q: 무엇이 19세기 노르웨이 작가들의 흥미를 끌기 시작했는가?

(a) 시
(b) 종교
ⓒ 민족주의
(d) 사회적 이슈

해설 05. 강의의 요지를 묻는 중심 내용 문제입니다. 강의 주제가 제시되는 앞부분에서 노르웨이 문학은 길고 다양한 역사를 갖고 있다(The literature of Norway has a long and varied history)고 언급한 후, 시대의 흐름에 따른 노르웨이 문학의 다양한 변화를 설명하고 있으므로 노르웨이 문학의 역사적 변화라고 한 (c)가 정답입니다.

paraphrase된 부분

The literature of Norway 노르웨이 문학 → Norwegian literature 노르웨이 문학
varied history 다양한 역사 → Historical variation 역사적 변화

06. 19세기에 노르웨이 작가들의 흥미를 끌기 시작한 것이 무엇인지 묻는 세부 정보 문제입니다. 강의의 중간 부분에서 19세기경에는 노르웨이 문학에서 민족주의가 출현했다(By the 19th century, ~ nationalism appeared in Norwegian literature)고 언급하고 있으므로, 민족주의라고 한 (c)가 정답입니다.

어휘 focus on ~에 초점을 맞추다 Norwegian[nɔːrwíːdʒən] 노르웨이의, 노르웨이인의 literature[lítərətʃùər] 문학
varied[véərid] 다양한, 다채로운 consist of ~로 구성되다 poetry[póuitri] 시문학, 시 influence[ínfluəns] 영향을 주다
element[éləmənt] 요소; 성분 medieval[mìːdíːvəl] 중세의 religious[rilídʒəs] 종교적인
nationalism[nǽʃənəlìzəm] 민족주의, 국가주의 appear[əpíər] 출현하다, 나타나다 gender[dʒéndər] 성별
prominence[prámənəns] 명성 variation[vɛ̀əriéiʃən] 변화

01 (a)	02 (a)	03 (a)	04 (c)	05 (d)	06 (d)	07 (a)	08 (a)	09 (c)	10 (d)

Part 4

01

Looking for a place / to escape / from your daily routine?
장소를 찾고 계십니까   탈출할   당신의 매일의 일상으로부터

Then come to Fox Hill Resort. **Our resort offers /**
그렇다면 Fox Hill Resort로 오십시오   저희 휴양지는 제공합니다

a beautiful country setting / with excellent facilities.
아름다운 시골 환경을   훌륭한 시설들과 함께

Watch a movie / in one of our stylish cabins / or play golf /
영화를 보십시오   저희의 멋진 오두막집들 중 하나에서   또는 골프를 치세요

at our exclusive course. Or just sit back / and watch the
저희의 전용 코스에서   또는 그냥 물러앉아   석양을 바라보십시오

sunset. For a relaxing stay / in the country, / contact us /
편안한 숙박을 위해   전원에서의   저희에게 연락하십시오

at info@foxhill.com.
info@foxhill.com으로

Q: What is mainly being advertised?

(a) A vacation in the countryside
(b) A membership at a golf club
(c) A tour of a country village
(d) A property for sale in the country

매일의 일상으로부터 탈출할 장소를 찾고 계십니까? 그렇다면 Fox Hill Resort로 오십시오. **저희 휴양지는 훌륭한 시설과 함께 아름다운 시골 환경을 제공합니다.** 저희의 멋진 오두막집들 중 하나에서 영화를 보거나 저희 전용 코스에서 골프를 치세요. 아니면 그냥 물러앉아 석양을 바라보십시오. 전원에서의 편안한 숙박을 위해 info@foxhill.com으로 저희에게 연락하십시오.

Q: 주로 무엇이 광고되고 있는가?

(a) 시골에서의 휴가
(b) 골프 클럽의 회원권
(c) 시골 마을의 관광
(d) 시골에서 판매 중인 부동산

해설 광고되고 있는 것을 묻는 문제입니다. 광고의 앞부분에서 휴양지가 아름다운 시골 환경을 제공한다(Our resort offers a beautiful country setting)고 언급한 후, 구체적인 내용을 제시하고 있으므로 시골에서의 휴가라고 한 (a)가 정답입니다.

paraphrase된 부분
a relaxing stay in the country 시골에서의 편안한 숙박 → a vacation in the countryside 시골에서의 휴가

어휘 look for 찾다 escape[iskéip] 탈출하다 routine[ruːtíːn] 일과 resort[rizɔ́ːrt] 휴양지 offer[ɔ́ːfər] 제공하다
setting[sétiŋ] 환경, 배경 facility[fəsíləti] 시설 stylish[stáiliʃ] 멋진, 유행하는 cabin[kǽbin] 오두막집
exclusive[iksklúːsiv] 전용의, 배타적인 sit back 물러앉다, 편안히 쉬다 sunset[sʌ́nsèt] 석양 relaxing[rilǽksiŋ] 나른한, 편안한
contact[kántækt] 연락하다 countryside[kántrisàid] 시골 property[prápərti] 부동산, 재산

02

I believe / **the rights of minorities / should be protected.**
저는 믿습니다   소수자들의 권리가   보호되어야 한다고

This country was founded / on liberty and equality, /
이 나라는 세워졌습니다   자유와 평등 위에

but many people are still marginalized / in our society.
그러나 많은 사람들이 여전히 내몰리고 있습니다   우리 사회에서

It is simply unfair / for people to be denied opportunities /
단순히 불공평합니다   사람들이 기회를 얻지 못하는 것은

because of their sex, religion, or skin color. Clearly, /
그들의 성별, 종교, 또는 피부색 때문에   확실히

something must be done / to prevent prejudice / against
원가가 행해져야 합니다   편견을 막기 위해서

저는 소수자들의 권리가 보호되어야 한다고 믿습니다. 이 나라는 자유와 평등 위에 세워졌지만 우리 사회에서 여전히 많은 사람들이 내몰리고 있습니다. 사람들이 그들의 성별, 종교, 또는 피부색 때문에 기회를 얻지 못하는 것은 단순히 불공평한 것입니다. 혜택받지 못한 이들에 대한 편견을 막기 위해서 원가를 해야만 합니다.

the underprivileged.
혜택받지 못한 이들에 대한

Q: What is the main topic of the talk?

ⓐ Fighting discrimination against minorities

(b) Promoting education for the underprivileged

(c) The need for religious tolerance

(d) A change in the country's civil rights laws

Q: 담화의 주제는 무엇인가?

ⓐ 소수자에 대한 차별과 싸우기

(b) 혜택받지 못한 사람들의 교육 증진

(c) 종교적 관용의 필요성

(d) 국가의 시민권법의 변화

해설 담화의 주제를 묻는 문제입니다. 담화의 앞부분에서 소수자들의 권리가 보호되어야 한다(the rights of minorities should be protected)고 주장한 후, 구체적인 근거를 제시하고 있으므로 소수자에 대한 차별과 싸우기라고 한 (a)가 정답입니다.

어휘 minority[minɔ́ːrəti] 소수자, 소수 found[faund] 세우다, 건립하다 liberty[líbərti] 자유 equality[ikwálə ti] 평등
marginalize[máːrdʒinəlàiz] 내몰다, 몰아내다 deny[dinái] (줄 것을) 주지 않다; 부정하다 religion[rilídʒən] 종교
prejudice[prédʒudis] 편견 underprivileged[ʌ̀ndərprívəlidʒd] 혜택받지 못한 discrimination[diskrìmənéiʃən] 차별
religious[rilídʒəs] 종교적인 tolerance[tálərəns] 관용 civil rights law 시민권법

03

City officials are investigating a flood / that left thousands of
시 공무원들은 홍수를 조사 중입니다   수천의 사람들을 남긴

people / homeless. Waters rose quickly on Saturday,
집 없는 사람들로   토요일에 물이 급격히 올라갔습니다

as streams flooded / roadways and nearby fields.
급류가 넘쳐남에 따라   도로와 근처 들판에

Emergency crews are working / day and night / to bring
구조요원들은 일하고 있습니다   밤낮으로

people to safety. **Those rescued claim / that the town's**
사람들을 안전하게 대피시키기 위해 구조된 사람들은 주장합니다

flood warning system failed. Therefore, / **they were not**
마을의 홍수 경고 시스템이 작동하지 않았다고   그러므로 그들은 경고받지 못했습니다

warned / of the approaching floodwaters.
접근하는 홍수에 대해

Q: Which is correct according to the news report?

ⓐ Residents were not alerted prior to the flood.

(b) The town recently installed a warning system.

(c) Emergency crews have located all the victims.

(d) Some people were trapped inside their homes.

시 공무원들은 수천의 사람들의 집을 앗아간 홍수를 조사 중입니다. 토요일에 급류가 도로와 근처 들판에 넘쳐남에 따라 수위는 급격히 올라 갔습니다. 구조요원들은 사람들을 안전하게 대피시키기 위해 밤낮으로 일하고 있습니다. 구조된 사람들은 마을의 홍수 경고 시스템이 작동하지 않았다고 주장합니다. 그러므로 그들은 접근하는 홍수에 대해 경고받지 못한 것입니다.

Q: 뉴스 보도에 따르면 맞는 것은 무엇인가?

ⓐ 주민들은 홍수에 대해 미리 경고를 듣지 못했다.

(b) 마을은 최근에 경고 시스템을 설치했다.

(c) 구조요원들은 모든 희생자들을 찾아냈다.

(d) 어떤 사람들은 그들의 집 안에 갇혔다.

해설 뉴스 보도의 내용과 일치하는 것을 묻는 문제입니다. 구조된 사람들은 마을의 홍수 경고 시스템이 작동하지 않았다고 주장한다(Those rescued claim ~ flood warning system failed)고 언급한 후, 그들이 홍수에 대해 경고받지 못했다(they were not warned of the approaching floodwaters)고 부연 설명하고 있으므로 주민들은 홍수에 대해 미리 경고를 듣지 못했다고 한 (a)가 정답입니다.

paraphrase된 부분

they were not warned of the approaching floodwaters 그들은 접근하는 홍수에 대해 경고받지 못했다
→ Residents were not alerted prior to the flood 주민들은 홍수에 대해 미리 경고를 듣지 못했다

어휘 official[əfíʃəl] 공무원, 관리 investigate[invéstəgèit] 조사하다 flood[flʌd] 홍수 stream[striːm] 급류, 흐름
emergency crew 구조요원 rescue[réskjuː] 구조하다 warning[wɔ́ːrniŋ] 경고 therefore[ðɛ́ərfɔ̀ːr] 그러므로
approach[əpróutʃ] 접근하다 resident[rézidənt] 주민 alert[əláːrt] 경고하다 prior to ~에 앞서 recently[ríːsntli] 최근에
locate[lóukeit] 찾아내다, 발견하다 victim[víktim] 희생자 trap[træp] 가두다, 덫으로 잡다

04

Thank you for calling Elite Fashion. Our hours are / from
　Elite Fashion에 전화 주셔서 감사합니다　　　　　저희 근무 시간은

9 a.m. to 5 p.m., / Monday through Friday. If you are
오전 9시부터 오후 5시까지　　월요일부터 금요일까지입니다

calling to change an order, / please press 1. If you have
주문을 변경하기 위해 전화하셨다면　　1번을 눌러 주세요

questions about a bill, / please press 2. **To request a**
청구서에 의문이 있으시다면　　2번을 눌러 주세요　인쇄된 카탈로그를 요청하시려면

printed catalog, / press 3. For all other inquiries, / please
3번을 눌러 주세요　　다른 모든 문의를 위해서는

visit our office / during normal business hours.
저희 사무실을 방문해 주세요　　일반 근무 시간 중에

Q: Which is correct according to the message?

(a) The business is open from 9 to 6.

(b) People should press 1 to inquire about a bill.

(ⓒ) People should press 3 to ask for a catalog.

(d) People must visit the office to change an order.

Elite Fashion에 전화 주셔서 감사합니다. 저희 근무 시간은 월요일부터 금요일까지 오전 9시부터 오후 5시입니다. 주문을 변경하기 위해 전화하셨다면 1번을 눌러주세요. 청구서에 의문이 있으시다면 2번을 눌러 주세요. **인쇄된 카탈로그를 요청하시려면 3번을 눌러 주세요**. 다른 모든 문의는 일반 근무 시간 중에 저희 사무실을 방문해 주세요.

Q: 메시지에 따르면 맞는 것은 무엇인가?

(a) 업무는 9시부터 6시까지이다.

(b) 청구서에 대해 문의하기 위해서는 1번을 눌러야 한다.

ⓒ 카탈로그를 요청하려면 3번을 눌러야 한다.

(d) 주문을 변경하기 위해서는 사무실을 방문해야 한다.

해설　메시지의 내용과 일치하는 것을 묻는 문제입니다. 인쇄된 카탈로그를 요청하려면 3번을 누르라(To request a printed catalog, press 3)고 언급하고 있으므로 카탈로그를 요청하려면 3번을 눌러야 한다고 한 (c)가 정답입니다.

> paraphrase된 부분
>
> To request a printed catalog 인쇄된 카탈로그를 요청하려면 → to ask for a catalog 카탈로그를 요청하려면

어휘　order[ɔ́ːrdər] 주문　bill[bil] 청구서　request[rikwést] 요청하다　inquiry[inkwáiəri] 문의, 질문　ask for 요청하다, 부탁하다

05

Welcome, everyone. It's time to begin our tour /
모두 환영합니다　　　우리의 관광을 시작할 시간입니다

of Westminster Abbey. As you know, / Westminster Abbey /
웨스트민스터 성당의　　아시다시피　　웨스트민스터 성당은

is the place / where British monarchs, / such as Henry VIII, /
장소입니다　　영국의 왕들이　　헨리 8세 같은

were crowned. But it is also the burial place / for many
왕위에 오른　　그리고 또한 매장지이기도 합니다　　많은 유명한 사람들의

famous people. **On the tour / we'll see / some of these**
　　관람에서　우리는 볼 것입니다

beautiful tombs, / including the burial place / of the
이 아름다운 무덤들 중 몇 개를　　매장지를 포함하여

writer Geoffrey Chaucer. Chaucer was a tenant / of the
작가 Geoffrey Chaucer의　　　Chaucer는 거주지였습니다

abbey / prior to his death / in 1400.
성당의　　그의 죽음 이전에　　1400년의

Q: Which is correct about Westminster Abbey according to
　 the talk?

(a) It was constructed for Henry VIII.

(b) It was built in the year 1400.

(c) Several British monarchs were born there.

(ⓓ) Geoffrey Chaucer once lived there.

모두 환영합니다. 웨스트민스터 성당 관광을 시작할 시간입니다. 아시다시피, 웨스트민스터 성당은 헨리 8세 같은 영국의 왕들이 왕위에 오른 장소입니다. 그리고 또한 많은 유명한 사람들의 매장지이기도 합니다. 관람에서 우리는 이 아름다운 무덤들 중 몇 개를 볼 것인데, 그 중에는 작가 Geoffrey Chaucer의 무덤도 포함되어 있습니다. 1400년 그가 죽기 전에 Chaucer는 성당의 거주자였습니다.

Q: 담화에 따르면 웨스트민스터 성당에 대해 맞는 것은 무엇인가?

(a) 헨리 8세를 위해 건축되었다.

(b) 1400년에 지어졌다.

(c) 여러 영국의 왕들이 그곳에서 태어났다.

ⓓ Geoffrey Chaucer가 한때 그곳에서 살았다.

해설 웨스트민스터 성당에 대해 담화의 내용과 일치하는 것을 묻는 문제입니다. 관람에서 작가 Geoffrey Chaucer의 무덤을 볼 것(On the tour we'll see ~ of the writer Geoffrey Chaucer)이라고 언급한 후, Chaucer는 성당의 거주자였다(Chaucer was a tenant of the abbey)고 설명하고 있으므로 Geoffrey Chaucer가 한때 그곳에 살았다고 한 (d)가 정답입니다.

paraphrase된 부분

Chaucer was a tenant of the Abbey Chaucer는 성당의 거주자였다
→ Geoffrey Chaucer once lived there Geoffery Chaucer는 한때 그곳에서 살았다

어휘 abbey[金bi] 성당, 수도원 monarch[mánərk] 왕, 군주 crown[kraun] 왕위에 앉히다, 왕관을 씌우다 burial[bériəl] 매장
tomb[tu:m] 무덤 include[inklú:d] 포함하다 tenant[ténənt] 거주자, 주민 prior to ~ 전에, ~에 앞서

06

Now let's talk about animals / that are facing extinction. 이제 동물들에 대해 이야기해 봅시다　　멸종에 직면해 있는 The first one I'd like to discuss / is the honeybee. 가장 먼저 논의하고 싶은 것은　　꿀벌입니다 Honeybee populations have declined / due to habitat loss. 꿀벌의 개체수는 감소했습니다　　서식지를 잃었기 때문에 This is particularly true / where hardwood forests have 이것은 특히 사실입니다　　활엽수림이 제거된 곳에서 been cleared. **Hardwood trees provide / important** 활엽수는 제공합니다　　중요한 음식원을 **food sources / for bees / early in the spring season.** 벌들에게　　이른 봄에 **Often these forests are replanted / with pine trees, /** 종종 이 숲은 새로 심어집니다　　소나무들로 **which are not a significant food source for bees.** 벌들의 중요한 음식원이 아닌 Q: What can be inferred from the lecture? (a) Pine trees are an important food source for honeybees. (b) Honeybee populations have begun to increase. (c) Honeybees reproduce early in the spring. (d) Pine forests do not support large honeybee populations.	이제 멸종에 직면해 있는 동물들에 대해 이야기해 봅시다. 가장 먼저 논의하고 싶은 것은 꿀벌입니다. 서식지 감소로 인해 꿀벌의 개체 수는 감소했습니다. 이것은 특히 활엽수림이 제거된 곳에서의 상황입니다. 활엽수는 이른 봄에 벌들에게 중요한 음식원을 제공합니다. 종종 이러한 숲은 벌들의 중요한 음식원이 아닌 소나무들로 새로 심어집니다. Q: 강의로부터 추론할 수 있는 것은 무엇인가? (a) 소나무는 꿀벌들에게 중요한 음식원이다. (b) 꿀벌 개체 수는 증가해 왔다. (c) 꿀벌들은 이른 봄에 번식한다. (d) 소나무 숲은 대규모 꿀벌 집단을 부양하지 못한다.

해설 강의로부터 추론할 수 있는 것을 묻는 문제입니다. 활엽수는 이른 봄에 벌들에게 중요한 음식원을 제공한다(Hardwood trees provide important food sources ~ early in the spring season)고 언급한 후, 종종 이 숲이 벌들의 중요한 음식원이 아닌 소나무들로 새로 심어진다(Often these forests are replanted ~ not a significant food source for bees)고 설명하고 있으므로 소나무 숲은 대규모 꿀벌 집단을 부양하지 못한다고 한 (d)가 정답입니다.

paraphrase된 부분

pine trees 소나무들 → pine forests 소나무 숲
are not a significant food source for bees 벌들의 중요한 음식원이 아니다
→ do not support large honeybee populations 대규모 꿀벌 집단을 부양하지 못한다

어휘 face[feis] 직면하다 extinction[ikstíŋkʃən] 멸종 honeybee[hʌ́nibì:] 꿀벌 population[pàpjuléiʃən] 개체 수, 집단
decline[dikláin] 감소하다, 하락하다 due to ~ 때문에 habitat[hǽbitæt] 서식지 loss[lɔ:s] 잃음, 상실
particularly[pərtíkjulərli] 특히 hardwood[há:rdwùd] 활엽수 clear[kliər] 제거하다 provide[prəváid] 제공하다
source[sɔ:rs] 원천, 근원 replant[ripl金nt] 다시 심다; 옮겨 심다 pine tree 소나무 significant[signífikənt] 중요한
reproduce[rì:prədjú:s] 번식하다 support[səpɔ́:rt] 부양하다, 유지하다

07
~
08

For the rest of the class today, / **⁰⁷we are going to discuss** /
오늘 남은 수업 시간 동안에   우리는 논의할 것입니다

Jane Austen, / a British author who wrote six major novels /
Jane Austen에 대해   6개의 주요 소설을 쓴 영국 작가

that achieved both critical and popular success. Even though
평단의 호평과 인기를 모두 얻은   그녀가 글쓰기를 시작했음에도 불구하고

she began writing / in the late 18th century, / **⁰⁷her works**
18세기 말에   그녀의 작품들은 가득합니다

are full / of themes that are still relevant today.
오늘날에도 관련 있는 주제들로

What's interesting is / that many of the themes /
흥미로운 것은   대부분의 주제들이

she explored in her books / were drawn from her own
그녀가 책에서 탐구한   그녀 자신의 인생에서 얻어졌습니다

life. Take the conflict / between individual freedom and
갈등을 봅시다   개인의 자유와 사회적 의무 사이의

social obligation, / a recurring plot element in her writing.
그녀의 글에서 되풀이되는 줄거리적 요소인

Austen was fascinated / with this topic / because she
Austen은 매료되었습니다   이 주제에   그녀는 고군분투했기 때문에

struggled / against the strict standards / of behavior
엄격한 기준에 대항하여   여성들의 행동의

for women / of her period. For example, / **⁰⁸some people**
그녀 시대의   예를 들어   몇몇 사람들은

thought badly of Austen / because women of her social
Austen을 나쁘게 생각했습니다   그녀의 사회 계층의 여성들은

class were expected to have husbands.
남편이 있도록 기대되었기 때문에

오늘 남은 수업 시간 동안에 ⁰⁷우리는 평단의 호평과 인기를 모두 얻은 6개의 주요 소설을 쓴 영국 작가인 Jane Austen에 대해 논의할 것입니다. 그녀가 18세기 말에 글쓰기를 시작했음에도 불구하고 ⁰⁷그녀의 작품들은 오늘날에도 관련 있는 주제들로 가득합니다. 흥미로운 것은 그녀가 책에서 탐구한 대부분의 주제들이 그녀 자신의 인생에서 얻어진 것이라는 점입니다. 그녀의 글에서 되풀이되는 줄거리적 요소인 개인의 자유와 사회적 의무 사이의 갈등을 봅시다. Austen은 그녀 시대의 여성들의 행동에 대한 엄격한 기준에 대항하여 고군분투했기 때문에 이 주제에 매료되었습니다. 예를 들어, ⁰⁸몇몇 사람들은 Austen이 속한 사회 계층의 여성들은 남편이 있을 것으로 기대되었기 때문에 그녀를 나쁘게 생각했습니다.

07. Q: What is the main topic of the talk?

Ⓒ The themes explored in Austen's novels
(b) Austen's portrayal of society in the 18th century
(c) Austen's influence on 18th-century writers
(d) The widespread popularity of Austen's works

08. Q: What can be inferred about Jane Austen?

Ⓒ She remained unmarried throughout her life.
(b) She had few friends who appreciated literature.
(c) She felt that good behavior was important for women.
(d) She coauthored several works with other women.

07. Q: 담화의 주제는 무엇인가?

Ⓒ Austen의 소설에서 탐구된 주제들
(b) 18세기 사회에 대한 Austen의 묘사
(c) 18세기 작가들에 대한 Austen의 영향
(d) Austen의 작품의 광범위한 인기

08. Q: Jane Austen에 대해 추론할 수 있는 것은 무엇인가?

Ⓒ 그녀의 생애 동안 결혼하지 않은 채로 있었다.
(b) 문학을 감상하는 친구가 거의 없었다.
(c) 여성들에게 선행이 중요하다고 느꼈다.
(d) 다른 여성들과 몇몇 작품을 공동 집필했다.

해설   07. 담화의 주제를 묻는 문제입니다. 담화의 앞부분에서 Jane Austen에 대해 논의할 것이다(we are going to discuss Jane Austen)라고 언급한 후, 그녀의 작품들은 오늘날에도 관련 있는 주제들로 가득하다(her works are full of themes that are still relevant today)고 설명하고 있으므로 Austen의 소설에서 탐구된 주제들이라고 한 (a)가 정답입니다.

08. Jane Austen에 대해 추론할 수 있는 것을 묻는 문제입니다. 몇몇 사람들은 Austen이 속한 사회 계층의 여성들은 남편이 있을 것으로 기대되었기 때문에 그녀를 나쁘게 생각했다(some people thought badly of Austen because women of her social class were expected to have husbands)고 언급하고 있으므로 그녀의 생애 동안 결혼하지 않은 채로 있었다고 한 (a)가 정답입니다.

어휘   discuss[diskʌ́s] 논의하다   theme[θiːm] 주제   relevant[réləvənt] 관련 있는   explore[ikspló:r] 탐구하다; 탐험하다
conflict[kánflikt] 갈등   individual[ìndəvídʒuəl] 개인의, 개인적인   social[sóuʃəl] 사회적인   obligation[àbləgéiʃən] 의무
recurring[rikə́:riŋ] 되풀이되는   fascinated[fǽsəneitid] 매료된   struggle[strʌ́gl] 고군분투하다, 애쓰다
portrayal[pɔːrtréiəl] 묘사, 초상   widespread[wáidspred] 광범위한, 널리 퍼진   appreciate[əprí:ʃièit] 감상하다, 감사하다

coauthor[kouɔ́ːθər] ~을 공동 집필하다

09The International Student Union is pleased /
국제 학생 연합은 기쁩니다

to announce / that the fourth annual Young Leaders of
알리게 되어　　　　　　제4회 연례 내일의 젊은 리더 학회가

Tomorrow conference / will be held / in Singapore /
개최될 것입니다　　　싱가포르에서

from October 19 to 21. Students from around the world /
10월 19일에서 21일까지　　　세계 곳곳에서 온 학생들이

will gather to / discuss important issues in international
논의하기 위해 모일 것입니다　　국제 관계에서의 중요한 이슈들을

relations. As in previous years, / **10the conference will**
지난해처럼　　　　　　학회는 포함할 것입니다

include a speech contest / on the last day of the event.
연설대회를　　　　　　행사의 마지막 날에

The speakers / will be evaluated / by a panel of judges, /
연설자들은　　　평가될 것입니다　　심사 위원들에 의해

and three winners / will be selected. **10All attendees /**
그리고 세 명의 수상자가　　선정될 것입니다　　모든 참석자들은

are welcome to participate / in this competition.
참여할 수 있습니다　　　이 대회에

Please keep in mind / that registration must be done /
유념해 주십시오　　　등록이 완료되어야 한다는 점을

at least two weeks prior to / the start of the conference.
최소한 2주 전에　　　　학회의 시작

It is recommended / that this be done earlier / as there has
권고합니다　　　　　일찍 그것을 할 것을

been a lot of interest / in this year's conference. For more
많은 관심이 쏟아진 만큼　　올해의 학회에

information, / please contact Dana Parris, / the conference
더 많은 정보를 얻기 위해서는　　Dana Parris에게 연락하십시오

organizer, / by e-mail / at d.parris@isu.com.
학회 주최자인　　이메일로　　d.parris@isu.com으로

09국제 학생 연합은 제4회 연례 내일의 젊은 리더 학회가 10월 19일에서 21일까지 싱가포르에서 개최되는 것을 알리게 되어 기쁩니다. 세계 곳곳에서 온 학생들이 국제 관계의 중요한 이슈들을 논의하기 위해 모일 것입니다. 지난해처럼 10학회는 행사의 마지막 날에 연설대회를 포함할 것입니다. 연설자들은 심사 위원들에 의해 평가될 것이고, 세 명의 수상자가 선정될 것입니다. 10모든 참석자들은 이 대회에 참여할 수 있습니다. 최소 학회가 시작하기 2주 전에 등록이 완료되어야 한다는 점을 유념해 주십시오. 올해 학회에 많은 관심이 쏟아진 만큼 일찍 그것을 할 것을 권고합니다. 더 많은 정보를 얻기 위해서는 학회 주최자인 Dana Parris에게 d.parris@isu.com으로 이메일로 연락하십시오.

09. Q: What is the purpose of the announcement?

(a) To explain a registration process
(b) To introduce a university instructor
(c) To announce an academic event
(d) To confirm a venue change

10. Q: Which is correct according to the announcement?

(a) Students will travel to Singapore after a conference.
(b) A speech will be given by a political leader.
(c) An organizer will contact participants by e-mail.
(d) Attendees will be allowed to enter a contest.

09. Q: 안내의 주요 목적은 무엇인가?

(a) 등록 절차를 설명하기 위해
(b) 대학 강사를 소개하기 위해
(c) 학술 행사를 알리기 위해
(d) 장소 변경을 확인하기 위해

10. Q: 안내에 따르면 맞는 것은 무엇인가?

(a) 학생들은 학회 후에 싱가포르로 여행할 것이다.
(b) 연설이 정치 지도자에 의해 행해질 것이다.
(c) 주최자는 참가자들에게 이메일로 연락할 것이다.
(d) 참석자들은 대회에 참가하는 것이 허락될 것이다.

해설 09. 안내의 목적을 묻는 문제입니다. 대화의 앞부분에서 국제 학생 연합은 제4회 연례 내일의 젊은 리더 학회가 10월 19일에서 21일까지 싱가포르에서 개최되는 것을 알리게 되어 기쁘다(The International Student Union is pleased to announce that ~ Young Leaders of Tomorrow conference will be held in Singapore from October 19 to 21)고 언급하고 있으므로 학술 행사를 알리기 위해라고 한 (c)가 정답입니다.

10. 안내의 내용과 일치하는 것을 묻는 문제입니다. 학회는 행사의 마지막 날에 연설대회를 포함할 것이다(the conference will include a speech contest on the last day of the event)라고 한 후, 모든 참석자들은 이 대회에 참여할 수 있다(All attendees are welcome to participate in this competition)고 언급하고 있으므로 참석자들은 대회에 참가하는 것이 허락될 것이라고 한 (d)가 정답입니다.

> paraphrase된 부분
> are welcome to participate 참여할 수 있다 → be allowed to enter 참가하는 것이 허락되다

어휘 　conference[kánfərəns] 학회, 회의 　hold[hould] 개최하다, 열다 　gather[gǽðər] 모이다 　relation[riléiʃən] 관계 include[inklúːd] 포함하다 　speech[spiːtʃ] 연설, 웅변 　attendee[ətendíː] 참석자, 출석자 　registration[rèdʒistréiʃən] 등록 prior to ~ 전에, ~에 앞서 　recommend[rèkəménd] 권고하다, 추천하다 　organizer[ɔ́ːrgənàizər] 주최자

해커스텝스 **HackersTEPS.com**

스타강사의
무료 적중예상특강

무료 매일 실전
텝스 문제

무료 텝스 단어시험지
자동생성기

해커스인강 **HackersIngang.com**

본 교재
인강

교재
무료 MP3

텝스 온라인
실전모의고사

받아쓰기&
쉐도잉 프로그램

무료
단어암기자료